THE LOGIC OF WESTERN SOCIOLOGICAL THEORIES

第二卷 建构论社会学理论

谢立中 著

西方社会学理论的逻辑

第二卷

目 录

导 言 ········· 001

上编　非马克思主义建构论社会学理论

第一章　韦伯的"理解社会学" ········· 005
一、对社会现实的"建构论"理解 ········· 006
二、理解社会学的方法论 ········· 019
三、理解社会学的基本概念 ········· 041
四、西方近代社会历史进程的理想类型：社会的理性化 ········· 054
结 语 ········· 071

第二章　舒茨的现象学社会学理论 ········· 079
一、舒茨早期对现象学社会学的阐释 ········· 080
二、舒茨晚年对现象学社会学的进一步发展 ········· 112
三、加芬克尔的"本土方法学"对舒茨现象学社会学的继承和推进 ········· 130
结 语 ········· 136

第三章　符号互动主义社会学理论 ········· 140
一、米德：符号互动研究的先驱 ········· 141
二、布鲁默：符号互动主义的观点与方法 ········· 144

三、戈夫曼：互动秩序与自我表演……………………………… 162
　　结　语……………………………………………………………… 173

第四章　弗洛伊德精神分析学说的社会理论………………………… 177
　　一、弗洛伊德精神分析学说的基本思想………………………… 177
　　二、人类文明形成和发展的心理根源…………………………… 186
　　三、社会群体的心理基础………………………………………… 197
　　结　语……………………………………………………………… 206

第五章　霍曼斯的社会交换理论………………………………………… 209
　　一、演绎的实证主义……………………………………………… 210
　　二、把人带回社会学……………………………………………… 214
　　三、作为交换的社会行为………………………………………… 220
　　四、用心理学命题解释各种社会现象…………………………… 223
　　结　语……………………………………………………………… 229

下编　马克思主义建构论社会学理论

第六章　卢卡奇论历史与阶级意识……………………………………… 235
　　一、社会历史的特性与阶级意识的作用………………………… 236
　　二、物化现象与资产阶级的阶级意识…………………………… 242
　　三、无产阶级的阶级意识与物化现象的消除…………………… 248
　　结　语……………………………………………………………… 256

第七章　葛兰西的实践哲学理论………………………………………… 257
　　一、葛兰西论"实践哲学"……………………………………… 258
　　二、文化领导权与市民社会理论………………………………… 264
　　三、有机知识分子和阵地战……………………………………… 270
　　结　语……………………………………………………………… 277

第八章　法兰克福学派的批判理论 … 279
- 一、对"传统理论"的批评 … 280
- 二、"批判理论"的特征 … 286
- 三、对当代资本主义社会现实的批判 … 291
- 结　语 … 298

第九章　弗洛伊德主义的马克思主义 … 300
- 一、赖希与"弗洛伊德主义的马克思主义" … 301
- 二、弗洛姆与"弗洛伊德主义的马克思主义" … 313
- 结　语 … 324

第十章　埃尔斯特与理性选择论的马克思主义 … 326
- 一、方法论的个人主义 … 327
- 二、对马克思主义生产方式发展理论的重构 … 333
- 三、对马克思主义阶级和阶级斗争理论的重构 … 340
- 四、对马克思主义政治和意识形态理论的重构 … 345
- 结　语 … 353

本卷小结 … 356

导　言

　　在本书中，所谓"建构论社会学理论"指的是以下述基本理论预设为基础而形成的那些社会学理论流派。按照这一基本理论预设，"社会"并不像结构论社会学理论所说的那样是一种独立于/外在于个人的、有着自己独立运行机制的客观实体，"社会"只不过是我们用来指称无数个人行动之集合的一个名称而已。"社会"，以及我们所称的所有"社会现象"（如家庭、村落、企业、阶级、国家等，以及封建制度、资本主义制度，还有人口流动、战争、革命等历史事件），都并非像个体行动或互动那样一种真实的存在，真实存在的只是无数个体的行动或者互动而已，"社会"和所有"社会现象"都只是无数个体行动的集合或联合，是诸多个人通过自己富有意义的行动建构出来的。

　　在西方社会学理论的发展史中，建构论社会学理论是作为结构论社会学理论的对立面或对话者出现的。如前所述，在"个人与社会"的关系问题上，持结构论社会学理论者强调"社会"的优先性，主张社会的第一性或决定性、个人的第二性或派生性，认为"社会"虽然是由无数个人通过自己有意识的行动集合而成，但它一旦形成就不仅具备自己特殊的结构需求和运行机制，成为一种外在于社会成员个体行动的独立存在，而且反过来对于它所由以构成的那些个体行动具有决定性的约束作用。与此相反，在"个人和社会"的关系问题上，持建构论社会学理论者则强调"个人"的优先性，主张个体的第一性或决定性、社会的第二性或派生性，认为

"社会"不是一种外在于个体行动的独立性实在，而只是无数个体行动的集合或联合，甚至只是一个虚名而已。建构论社会学理论的这种立场，在社会学理论文献中通常也被称为"社会唯名论"。

和结构论社会学理论一样，建构论社会学理论也包括非马克思主义的建构论社会学理论和马克思主义的建构论社会学理论两大阵营。韦伯的"理解社会学"，舒茨的"现象学社会学"，米德和布鲁默的"符号互动主义"，加芬克尔的"常人方法学"，弗洛伊德精神分析学说的社会理论，霍曼斯的"社会交换论"，可以被视为非马克思主义建构论社会学理论的主要代表；卢卡奇的物化和阶级意识理论，葛兰西的"实践哲学"，霍克海默、阿多诺和马尔库塞等人的"批判理论"，赖希和弗洛姆等人的"弗洛伊德主义的马克思主义"，埃尔斯特的"理性选择论的马克思主义"等，则是马克思主义建构论社会理论的主要代表。在本卷的上下编中，我们将分别对这两大阵营的主要思想作一简要的梳理、分析和比较。

上编
非马克思主义建构论社会学理论

第一章　韦伯的"理解社会学"

韦伯是西方最具影响力的社会学家之一。帕森斯在《社会行动的结构》一书中，将韦伯列为他所称社会行动理论研究领域中两大思想传统之一即唯心主义传统的主要代表人物，与另一传统即实证主义传统的主要代表人物马歇尔、帕累托和涂尔干并列。当代美国著名社会学理论家亚历山大在《社会学的理论逻辑》一书中，则将韦伯视为与"社会学唯物主义"的代表马克思、"社会学唯心主义"的代表涂尔干并列，试图对这两种社会学立场进行综合以建立一种更具综合性的多维社会学理论的最初代表。和亚历山大一样，国内外几乎所有社会学理论教科书都将韦伯和马克思、涂尔干列为西方社会学古典时期的三位主要代表人物，视他们的社会学理论为西方社会学的三大经典理论。毫无疑问，韦伯是值得获得这样的尊重和地位的。本书作者同样将韦伯视为西方社会学中应该与马克思、涂尔干并列的一位经典作家，但理由却略有不同。韦伯将自己创建的社会学称为"理解社会学"，人们也公认他"开创了以'社会行动'作为研究对象的传统，为社会学区隔出一片专属的领域"[1]。但在本书作者看来，按照本书所使用的术语，韦伯的"理解社会学"实际上是西方社会学中被我们称为"建构论社会学理论"的最初版本。因此，在一定意义上，我们可以将韦伯确认为西方社会学中非马克思主义建构论社会学理论的奠基人，正如涂

---

[1] 韦伯：《社会学的基本概念》，顾忠华译，台湾远流出版事业股份有限公司，1993年，第6页。

尔干可以被视为西方社会学中非马克思主义结构论社会学理论的奠基人一样。正因为如此，我们选择从韦伯开始来展开对非马克思主义建构论社会学理论的叙述和讨论。[1]

一、对社会现实的"建构论"理解

在人们通常所说的西方社会学经典三大家中，涂尔干是在学术生涯肇始就自觉地以社会学家自居，将"社会学"作为自己从事学术研究的主要领域，而马克思则自始至终都不曾使用"社会学"这个名词来指称自己的研究中那些今日人们以"社会学"一词来覆盖的领域，不愿意将自己关于社会现象的一般理论即历史唯物主义理论归入"社会学"理论的范畴。与这两人不同，韦伯在其学术生涯中虽然没有像马克思那样自始至终回避"社会学"这个名称，拒绝使用"社会学"这个名词来指称自己关于社会现象的理论，但也并非像涂尔干那样一开始就自觉地以社会学家自居，将他自己后来所称的（与历史学、经济学并列的）"（理解）社会学"（或"普通社会学"[2]）作为自己的研究领域。纵观韦伯的一生，他的学术兴趣，至少从其表面形式或内容上看，其实自始至终都以西方及其他相关地区社会经济史方面的主题作为研究焦点。例如，在其学术生涯的早期，除了临时承担的一些社会经济调查项目之外，其最主要的一些研究成果是《中世纪贸易公司的历史》《罗马农业史及其对公法和私法的意义》等历史研究类著述，而其中后期的学术兴趣也主要在西方及非西方世界历史进程中宗教与资本主义经济发展之间的关系这一从其早期的社会经济史研究中生发出来的具有"大历史"性质的研究课题之上。[3]在很大程度上，韦伯的"理解社会学"其实正是他在从事这些社会经济史课题研究的过程中，感到在

---

[1] 韦伯著述的内容极其丰富，但鉴于本书的主题，我们在此主要关注韦伯自称为"普通社会学"的那部分内容。

[2] 参见温克尔曼在为韦伯《经济与社会》一书德文第5版所撰前言中的有关说明。见韦伯：《经济与社会》（上卷），林荣远译，商务印书馆，1997年，第5页。

[3] 当然，用今天国内社会学界流行的术语来说，我们也可以将韦伯的这些研究称为"历史社会学"研究。

缺乏社会理论指导的情况下对具体的、个别的历史现象进行经验研究会遭遇困难,进行反思后,逐步形成的一种用于克服这一困难、满足自身社会经济史研究之理论需要的工具。

一般认为,韦伯在社会历史研究方面所持的理论立场,一方面是对文德尔班、李凯尔特和狄尔泰等人倡导的,以反实证主义为特征的"人文科学"(或"文化科学")思潮的一种认同与发扬,但另一方面又是对这一思潮中某些极端立场的批评与超越。因此,在某种程度上,韦伯可以被视为西方现代社会科学史上最早尝试对实证主义和历史主义思想进行综合的思想家之一。

在韦伯之前,文德尔班、李凯尔特、狄尔泰、雅斯贝尔斯等人从康德的学说出发,曾经激烈地拒斥孔德等人倡导的实证主义社会科学观。这些人"意欲击败人文科学中的自然主义和唯物主义,维护这些学科的独特性使之不受实证主义异端的侵害"[1]。在《自然科学概念构成的界限》和《文化科学和自然科学》等著作中,李凯尔特首先将科学研究的对象从"质料"方面区分为两种类型,一是"自然"现象,二是"文化"现象。就其本义而言,所谓自然现象就"是自然而然地由土地里生长出来的东西",文化现象则是"人们播种之后从土地里生长出来的"东西。因此,可以将"自然"定义为"那些从自身中成长出来的、'诞生出来的'和任其自生自长的东西的总和",而将"文化"定义为"或者是人们按照预计目的直接生产出来的,或者是虽然已经是现成的,但至少是由于它所固有的价值而为人们特意地保存着的(那些东西的总和)"[2]。基于"自然"和"文化"现象在"质料"方面所存在的这样一种区别,李凯尔特进一步明确提出,自然科学和文化科学在研究方法或逻辑形式方面也必然存在重要的区别:尽管无论是自然现象还是文化现象都是由无数既连续又异质的个别现象构成的,但自然科学所关注的主要是个别现象之间的连续性或同质性,而文化科学所

---

[1] 科瑟(科塞):《社会学思想名家》,石人译,中国社会科学出版社,1990年,第268页。
[2] 李凯尔特:《文化科学和自然科学》,涂纪亮译,商务印书馆,1986年,第20页。

关注的则主要是个别现象之间的独特性或异质性。[1]之所以如此，主要是因为"在一切文化现象中都体现出某种为人所承认的价值，……反之，一切自行生出来或成长起来的东西，却可以不从价值的观点加以考察，而如果这种东西的确不外是上述意义的自然，那就必须不从价值的观点加以考察"[2]。由于自然现象是"自然"发生的，并非人们在特定价值观念的引导下按照特定目的生产出来的，因而其本身并无特殊的价值或意义。因此，尽管任何一块石头相对其他石头而言也是独一无二的，但这种个别性对人类来说并没有什么特殊意义，不值得我们去关心。我们关心的只是各种自然现象所包含的那些共同性。文化现象则不同：文化现象都是人们在特定价值观念的引导下生产出来的，其中每一个别现象（例如歌德及其作品）从特定价值角度看都程度不同地具有自己无可替代的独特性。对于我们来说，我们所关注的正是每个文化现象自身具有的这种独特性，而非它们的共同性。这种关注点方面的不同就决定了两种科学在研究方法或逻辑形式方面的不同：对于自然科学家来说，科学研究的目的主要是寻找适用于解释一切自然现象产生和变化的普遍规律。为了达到这一目的，就需要采用从特殊到一般的方法即"普遍化"的方法，[3]因此，自然科学属于"规律"科学。"认识自然就意味着从普遍因素中形成普遍概念，如果可能的话，形成关于现实的绝对普遍的判断，也就是说，发现自然规律的概念。"[4]而文化科学则不是像自然科学那样以寻求适用于一切个别现象的普遍规律为目的，而是以揭示某个文化现象相对其他文化现象所具有的独特性或个别性为目的。因此，尽管没有因素妨碍我们采用自然科学中那种"普遍化"的方法来对文化现象进行研究，通过对个别现象的归纳得出一些看上去适用于所有现象的普遍概念和规律，但这样一些普遍概念和规律对于我们理

---

[1] 作为一个新康德主义者，李凯尔特认为现实本身是极为复杂的，在经验内容上是"一种茫无边际的杂多"（李凯尔特：《文化科学和自然科学》，第30页），因此，无论从概念还是从概念组成的判断来看，科学研究都只是我们从某种先天的判断出发，从特定角度对现实作的一种简化，而非对现实的一种机械反映。自然科学和文化科学在对象关注点上面的不同，就是源于它们对自己研究的现实对象所据先天判断方面的不同。

[2] 同上书，第21页。

[3] 同上书，第43页。

[4] 同上书，第38页。

解歌德这一个别现象的独特性毫无价值,因为我们从我们所得到的普遍概念和规律中能够推演出来的只是每一个别现象共同具有的性质,而非个别现象自身拥有的、由其所有特性统一起来构成的独特性。为了获得对后者的理解,我们就必须采用一种与自然科学方法完全不同的方法——对个别事物的独特性进行描述的方法即"历史的、个别化"的方法来达到这一目的,因此,文化科学原则上属于"历史"科学。这是因为,文化科学研究的领域正是由无数此类具有独特性的个别现象所构成的领域,这一领域就是人类历史的领域。[1]一句话,研究对象在"质料"方面存在的区别,必然导致"自然科学"和"文化科学"在科学研究的逻辑"形式"上产生必要的区别。自然科学的研究方法具有确定的界限,不能把它简单地照搬到文化科学的领域中来。[2]此外,李凯尔特还指出,为了客观地(而非由研究者主观随意地)把某一文化现象的个别意义,我们必须把握这一现象所在时空范围内的一切人们共同认可的价值观念,从这一价值观念出发来理解和判断这一现象的价值和意义,因为正是这种人们共同认可的价值观念使得这一文化现象对于这一时空范围内的人们来说具有独特的客观价值和意义,并因此而成为历史的文化科学所关注和研究的对象。[3]

---

[1] "对于那种与任何价值无联系、从而被看作上述意义的纯粹'自然'的现实,我们在大多数情况下仅仅具有一种就逻辑意义而言的自然科学兴趣,因此,这个现实的个别形态之所以对我们具有意义,并不是由于它们的个别性,而往往只是作为说明一个或多或少普遍的概念的事例。反之,至于文化现象以及那些被我们当作文化萌芽阶段或类似之物而与文化现象相联系的现象,情况则与此不同;也就是说,在这里,我们对于特殊和个别之物及其一次性过程感兴趣,因而我们要求用历史的、个别化的方法去认识特殊和个别之物。"(参见李凯尔特:《文化科学和自然科学》,第71—72页。)

[2] 需要补充说明的一点是,在李凯尔特看来,自然现象和文化现象从"质料"方面看所具有的这种区别并非完全是实体性的,而是分析性的。同一个现象从不同科学角度或研究兴趣看,可以分析性地归属于自然现象或文化现象。例如,地壳是纯自然现象,可以作为自然科学对象按自然科学方法加以研究,但它也可以作为文化发展的场所而成为文化科学的对象,按文化科学的方法加以研究。机器、人类甚至人的心理现象等也是如此。"自然和历史所指的不是两种不同的实在,而是就两种不同的观点而言的同一种现实。……当我们从普遍性的观点来观察现实时,现实就是自然;当我们从个别性和特殊性的观点来观察现实时,现实就是历史。"(同上书,第51页。)在社会学中,这种将不同科学研究对象之间的区别视为分析性的而非实体性的看法,不仅为韦伯所继承,更被帕森斯进一步发展为一种被他称为"分析的实在论"的理论观点。

[3] 李凯尔特坚决主张把文化概念"理解为众所公认的价值附着于其上的那些实在对象的总和,这些实在对象由于人们考虑到这种价值而得到保存"(同上书,第27页)。这种将文化现象与公认的价值相联系的做法,一方面使得对文化的研究具有客观性,但另一方面也使得这种客观性通常只是在一定的时空范围内才有效,因为价值往往只是为一定时空范围内的人们所共同认可:"如果一种与价值相联系的叙述的客观性始终只是对或大或小范围的文化人来说才存在,那么这种客观性就是历史地局限的客观性。"(同前书,第121页。)

与李凯尔特等人将关于人类社会生活的研究称为 Kulturwissenschaft（中译为"文化科学"）有所不同，狄尔泰将与自然科学相对的关于人的科学称为 Geisteswissenschaften（中译为"精神科学"或"人文科学"）。[1] 在《人文科学导论》《精神科学中历史世界的建构》《历史中的意义》[2] 等著述中，狄尔泰与李凯尔特等人一样认为，存在着两种不同的科学研究对象。一种是自然世界中的现象，另一种则是受精神影响的世界中的现象。前者是独立于人类精神活动自然而然地存在和变化着的，后者则是经由人类的精神活动创造出来的。因此，对自然现象的认识只能以对这些现象之外在特征的感知和观察为基础，通过对这些由观察得来的感知材料进行归纳来实现，但对受精神影响的世界中的各种现象（劳动、生活、战争、国家、教会、制度、习俗、著述、艺术作品等）的认识则不能仅仅通过这种归纳方法来实现，因为经由人类精神活动创造出来的这些现象是被创造它的人们赋予了某种特定的价值和意义的。对于研究这些现象的学者来说，只有把握了人们在创造这些现象时赋予它们的那些价值和意义，才能够对这些现象的产生和变化作出合理的理解，而要做到这一点，唯一的途径就是以"移情"一类的方式去体验那些通过自己的活动创造了这些现象的人的内在精神世界，以这种体验及人们对自身体验的表达为基础，通过理解这些体验及人们对这些体验的表达来设法把握作为人们精神活动产物的那些现象内含的价值和意义。[3] 狄尔泰说："存在于生活之中的宝贵的东西，都被包含在人们可以体验的东西之中，而且，外部历史的全部喧嚣都以这种东西为中心而存在；但是，在这种东西之中，却出现了自然界一无所知的各种目标。……只有在具有主动性的、能够做出回应的、自我确定的、

---

[1] 关于狄尔泰所用 Geisteswissenschaften 一词的中译到底是"精神科学"还是"人文科学"为好，请参见《人文科学导论》（华夏出版社，2004 年）一书的中译者赵稀方在此书中译本"译者后记"和《历史中的意义》（译林出版社，2011 年）、《精神科学引论》（译林出版社，2014 年）两书的中译者艾彦在两书中译本"译者前言"中，以及《精神科学中历史世界的建构》（中国人民大学出版社，2010 年）一书译者安延明在此书中译本第一部分"关于精神科学基础的研究"注释 [1] 中所作的说明。

[2] 此书系后人以《精神科学中历史世界的建构》等著作的手稿为据重新编排而成的一部狄尔泰著作。

[3] 狄尔泰据此明确反对孔德、穆勒（密）、斯宾塞等人以自然科学为楷模建构出来的那种"社会学"思路。具体论述参见狄著《人文科学导论》第一篇第 14—17 章中的论述。另外，关于以"体验"为基础形成的再现过程，包括体验、表达和理解之间的具体关系，则可参见狄尔泰在《精神科学中历史世界的建构》一书第三部第一部分中的论述。

在我们的内心之中运动发展的精神世界之中,生活才具有价值、目标、意义……"[1] "如果我们仅仅根据感知和认识来考虑人类,那么,它对于我们来说就会纯粹作为某种物理事实而存在,因而我们就只能根据自然科学来对它加以说明。但是,只要人们体验人类的各种状态,对他们的体验加以表达,并且对这些表达进行理解,那么,人类就会变成精神科学的主题。生活、表达和理解的相互关系,既包含着人们用来进行相互沟通的各种姿态、各种面部表情和语词,包含着各种具有永恒性的、把创造者的深邃之处展现给能够理解它的人的心理创造过程,也包含着精神在那些——确实可以使人类本性永远表现出来的——社会结构之中的、具有永恒性的客观化过程。"[2] 狄尔泰还认为,对人类个体精神生活的理解是我们对整个人类或人类中某个群体的社会历史现实进行理解的基础:"作为社会和历史得以形成的元素的生命单位,也就是精神物理学的个体;对于这些生命单位的研究构成了人文科学最基本的成分。"[3] 而人类个体为理解自己的生活所撰写的自传,则由于其具有理解者与被理解者完全同一这样一个特点,应该也可以成为我们理解作为传主的个体精神生活的可靠根据。因此,个体的自传是精神科学研究最为基本的材料。狄尔泰说:"我们所面对的理解生命的过程,是以自传这样一种最高级、最富有启发性的形式存在的。这里存在的是一种外部的、可以觉察的生命历程,它为人们理解那在某种环境之中把它产生出来的东西,构成了根据。对它进行理解的人与那个曾经把它创造出来的人,并没有什么不同之处。理解过程所具有的某种特殊的亲密关系,就来源于此。"[4] 因此,通过个体自传而达到对个体生命或精神生活的理解,可以说"是全部历史性理解的根源"[5]。"理解过程的主题始终都是某种具有个体色彩的东西。……在这个受到精神影响的世界之中,个体是一种内在固有的价值;的确,它是我们可以毋庸置疑地加以确定的唯

---

[1] 狄尔泰:《历史中的意义》,艾彦译,译林出版社,2011年,第5页。
[2] 同上书,第7页。
[3] 狄尔泰:《人文科学导论》,赵稀方译,华夏出版社,2004年,第31页。
[4] 狄尔泰:《历史中的意义》,第25页。
[5] 同上书,第26页。

——一种内在固有的价值。"[1] "全部历史所具有的任务,就是把握各种互动系统。通过把各种个体的脉络挑选出来并且加以研究,历史学家就可以更加深刻地洞察历史世界所具有的结构了。宗教、艺术、国家、政治组织和宗教组织,就构成了这样的脉络和无处不在的历史。就这些脉络而言,最基本的脉络是处于环境之中的个体的生命历程——这种生命历程既受到这样的环境的影响,同时也对这样的环境产生影响;它就存在于某个个体的记忆之中。"[2] 狄尔泰还从施莱尔马赫的诠释学理论那里受到启发,进一步探讨了理解个体精神生活的基本方法,这就是将个体在特定时空情境下的精神生活置于其所处的各种意义脉络(首先是个体生命史整体的意义脉络,其次是个体所处的各种互动系统,如家庭、族群、宗教、国家等意义脉络)之中,依据"整体和局部"不断循环的诠释学原理,从有待我们理解的精神生活事件与其所处各种意义脉络之间的相互作用,来达成对这一事件的理解。"只有通过存在于整体和它的各个部分之间的特殊关系,人们才可能发现生命"[3];个体生命中的每一时刻"都是从它与这种整体的联系之中,都是从过去和未来之间的关系之中,都是从这个个体与人类之间的关系之中,得出它的意义的"[4]。

在自己的学术生涯中,韦伯深受上述这些学者的影响。终其一生,韦伯始终坚持自然科学和社会科学存在着一定差别的观点,坚持为社会科学寻找一种与自然科学有所不同的研究方法。在其几乎所有讨论理论和方法论的著述中,韦伯大体上延续了李凯尔特、狄尔泰等人的思路,反复通过强调社会文化现象与价值之间的关联,以及社会文化现象是一种蕴含意义的现象,来重申社会科学或文化科学与自然科学在方法论方面的区别。韦伯指出,社会科学与自然科学之间的区别,归根结底源自社会现象和自然现象之间的这样一种区别:自然现象的形成和变化,完全是一种在我们人类个体意识之外发生的、由自然物体之间无意识的相互作用所推动的过

---

[1] 狄尔泰:《历史中的意义》,第60页。
[2] 同上书,第30页。
[3] 同上书,第50页。
[4] 同上书,第52页。

程。对于这样一些现象，我们当然可以也只能像实证主义者所说的那样，从对其外部特征的观察入手来加以把握。然而，社会现象则完全不同。正像李凯尔特、狄尔泰等人指出的那样，任何一种社会现象从根本上说都是由人们在特定价值观引导下的有意义的行动构成的，是人们有意识地建构出来的。因此，为了理解这些社会现象，我们就必须去理解构成它们的那些人类行动，理解人们赋予那些行动及其产物的意义。早在其最早的一部理论著述《罗雪尔与克尼斯：历史经济学的逻辑问题》中，韦伯就明确地指出："人类行为过程以及一切人类表达都能够被蕴含意义地解释。"[1]"基于'文化'这一概念的内涵，也就必然意味着，只有当我们具备了关于某种意义联结（nexus）的知识时，这种阐释才算完成。这种意义联结被视为我们行为的决定性要素之一，可被理解的人类行动，或者更一般的'行为'，就嵌于其中。"[2] 在之后的《批判施塔姆勒》一文中，韦伯更是反复说明，一切社会文化现象都是通过某些行动者自身赋予这一现象某种特定意义的方式而被建构为一种特定社会文化现象的。因此，理解这一特定社会文化现象何以形成的唯一途径，就是把握这些行动者自身赋予这一现象的那种主观意义，根据主观意义来理解和解释这一现象。例如，假定我们发现两个不曾有任何社会关系的人，他们相遇并"交换"各自的物品。"不难想到，仅仅描述交换过程中能见到的现象，比如肌肉运动，以及（可以说）构成了该行为的'素材'或'材料'的'说话'声——假如他们有所交谈的话——是绝对无法把握所发生事件的'本质'的。"韦伯说，"这种想法完全正确"，因为"所发生事件的'本质'是由'意义'构成的"。交换双方赋予了他们这些可见的行为以某种特定的"意义"，正是这些"'意义''制约'着他们未来行为的过程。如果没有这种'意义'，……'交换'不但在经验上不可能，在观念中也无法想象"。[3] 确凿无疑的是，只有当我们通过某种途径把握住了两个行动者赋予自己"交换"行为的主观意

---

[1] 韦伯：《罗雪尔与克尼斯：历史经济学的逻辑问题》，李荣山译，上海人民出版社，2020年，第164页。
[2] 同上书，第107页。译文略有改动。
[3] 韦伯：《批判施塔姆勒》，李荣山译，上海人民出版社，2020年，第95—96页。

义时，我们才能够对他们的行为有一个真正合理的理解和解释。例如，只有当我们最终发现他们自己将相互递送物品的行为界定为"交换"时，我们才能够说他们正在从事的是一种交换行为，而非其他行为。可见，社会文化科学研究的任务就是，把握以自己的行动建构了某种社会文化现象的行动者自己赋予该现象的主观意义，由此来理解和解释社会文化现象的产生和变化。这与只能以由对事物的关系从外部进行观察归纳所得的普遍规律来解释自然现象之产生和变化的自然科学的确非常不一样。

不仅如此，韦伯还接纳和进一步发挥了狄尔泰等人的这样一种观点，即对个体生命意义的把握对于我们理解更为宏大的人类社会生活过程具有根本价值，明确地将其发展为一种被后人称为"社会唯名论"的见解，认为人们通常所说的"社会"并不是一种真正独立的存在物，而只是一个名词而已，真正的实在只是个人的行动，而不可能是在时间、空间上低于或超越个人的什么事物的行动（前者如构成个人机体的细胞等，后者如由个人构成的政府、企业等集体）。这构成了韦伯在其理解社会学的构思中一以贯之的一个见解。早在发表于1913年的《关于理解社会学的一些范畴》一文中，韦伯就明确指出，在社会过程中，"理解社会学将单一个体及其行动视作最底层的单位、理解社会学的'原子'（如果此处允许我们使用这种值得商榷的类比的话）"。对于理解社会学来说，"单一个体是采取有意义的行为的唯一承载者与最高边线。……像'国家''协作社''封建制度'之类的概念，对于社会学而言，一般来说，指涉的是人类共同行动的某种特定类型范畴。而社会学的任务，就是将这些概念还原成'可让人理解'的行动，亦即无一例外地还原成参与其中的单一人类（个体）的行动"。[1]而在以该文为基础进一步修订发挥而成的《社会学的基本概念》中，这些话被重复："从社会学对于行动主体理解性的诠释来说，（后面）这些集体构造必须被视为只不过是特殊行动的组织模式和结果，因为这些个人是主观可理解性行动唯一的承载者。……社会学中并没有像个人的集合体去'行动'这类的东西。当社会学论及如政府、国家、民族、公

---

[1] 韦伯：《关于理解社会学的一些范畴》，郑作彧译，《社会理论学报》2019年秋季号，第302—303页。

司、家庭或军团等类似的集体构造时,毋宁只在指称某些种类的个人实际或可能的社会行动之过程而已。"[1]"在像'国家''教堂''社团''婚姻'等'社会构造'的例子中,其社会关系也只存在于参与者依其行动的意义内涵相互发生过、发生着、或未来会发生一定关联的机会里。持续澄清此点对于避免'物化地'使用这些概念是重要的。譬如说,一个'国家'设若丧失了以特定方式进行有意义之社会行动的机会,那么它便不再具有社会学上相关于'国家'的意涵。这种机会可能很高,也可能低得近乎消失。但只有当它确实存在时,相关的社会关系才得以发生。我们不可能找到其他更清楚的表达方式,来宣称一个特定的'国家'仍然在那里,或已经'不存在'了。"[2]韦伯指出,与自然物体的运动或动物的活动不一样,人类个体的行动是一种有意义的行动。因此,对于人类个体的行动及其产物(如机器),"若没有论及意义的话,这样一个客体就全然无法理解"[3]。韦伯从狄尔泰的诠释学观点出发,将行动的"意义"界定为行动者本人赋予其行动的"主观意义",认为"所谓'行动'意指行动个体对其行为赋予主观的意义——不论外显或内隐,不作为或容忍默认"[4]。把握人们的行动,就是要把握人们赋予自己行动过程与结果的那些主观意义。对于社会学这样"一个涉及行动之意义的学科而言,'解释'意味着能够掌握到根据行动者自己的主观意义,他的行动所系属其中的意义关联"[5]。因此,只有在我们把"国家""封建主义"一类的社会历史现象还原为参与建构这些现象的那些个人的行动,并对这些人赋予其行动的主观意义有了确切的了解之后,我们才可以说对这些现象有了比较适当的理解。

基于上述看法,韦伯对在社会科学研究中那种将个人行动置于社会

---

[1] 韦伯:《社会学的基本概念》,第34页。
[2] 同上书,第53页。当然,这种否认"社会"是一个独立的实在、将全部社会现象还原为个人行动的"社会唯名论"观点,虽然和涂尔干等人的看法相左,但却并非韦伯"理解社会学"以及"符号互动论""现象学社会学"等反实证主义"建构论社会学"的专利。正如我们后面将会看到的,像霍曼斯这样的实证主义社会学家也明确认同这样一种"社会唯名论"的主张。韦伯一类的社会唯名论者与霍曼斯一类的社会唯名论者之间的重要区别在于:霍曼斯将人类行动简单地看作一种对外界刺激的反应过程,而韦伯则像狄尔泰等人那样将"个人的行动"与"意义"关联起来。
[3] 同上书,第24页。
[4] 同上书,第19页。
[5] 同上书,第27页。

整体之中、从行动在整体中所具有的功能来对其加以解释的"功能分析方法"或"有机社会学方法"进行了评论。对于这种方法，韦伯并不完全排斥。他认为，就理解社会学而言，这种方法可能会有两方面的用处。第一，这种功能分析框架可用于实际直观和临时取向的目的（但必须注意不要过高估计它的认知价值，不要将其使用的概念不恰当地"物化"，以为它们所描述的对象是一种实际的存在）；第二，这种方法可以帮助我们找出对于解释某一社会现象而言至关重要的那些社会行动。但韦伯指出，通过这种方法达到的对社会行动的了解，只不过是社会学分析的开始而已。因为，"社会有机体"和一般的生物有机体实际上完全不同。对社会"有机体"的了解，我们具有自然科学家在研究生物有机体时所不具有的一项特殊优势：在社会科学中，"我们有能力超越仅止于证明功能的关系和规律、法则。我们可以完成某些在自然科学中永远无法达成的东西，即对参与其中的个人能够'理解'其行动的主观意义。……自然科学由于受限于追求客体及事件中因果一致性的法则，并引用这些法则来'解释'个别事实，便做不到这点。我们并不能'理解'细胞的行为，而只能观察那些有关的功能和以这些通则来确认其运作过程"。相对于自然科学家那种单纯的"观察性解释"而言，社会科学对人类行为的这种"诠释性理解的解释"，"不啻是一项额外的成就"。[1]因此，韦伯毫不含糊地宣称，"主观意义的理解仍是社会学知识的根本特质"[2]。

不过，在把握行动者赋予某一现象之主观意义的方式或途径这一问题上，韦伯的看法有过一些变化。在发表于1904年的《社会科学和社会政策中的"客观性"》一文中，我们还可以看到这样的句子："在社会科学中，我们关心的是心理的和精神的现象，关于这些现象的移情理解自然是一种与一般精确自然科学的方案能够或力图解决的明显不同的问题。"[3]但在发表于1905年的《克尼斯与非理性问题》一文中，韦伯的看法有了变化。韦伯开始质疑狄尔泰等人认为社会历史研究只能以"移情"或"直

---

[1] 韦伯：《社会学的基本概念》，第36页。
[2] 同上书，第37页。
[3] 韦伯：《社会科学方法论》，朱红文等译，中国人民大学出版社，1992年，第70页。

觉"等方式去复制个体主观感觉经验或意义的看法（当然，更不同意将社会文化现象的意义可以通过"移情"或"直觉"方式加以把握这一点作为自然科学与社会文化科学之间的主要区别）。韦伯认为，对个体行动及作为个体行动之后果的社会历史事件之意义的把握，不能单纯以（从某种特定价值角度出发）复制和再现行动者在行动过程中的个体主观感觉经验所获得的理解为依据，因为作为理解者的我们并不能真的完全复制被理解者的个体感觉经验。我们在以"移情"等方式对某个行动者的"经验"进行体验时，所得到的其实是作为理解者的我们在对他人进行理解的过程中获得的"经验"，这种"经验"既非被理解者自身的经验，也非理解者在处于被理解者所处特定情境下所可能有的经验。我们"根本无法保证这些感觉会与作者及读者所移情的历史人物之感觉相吻合——无论以何种方式吻合"[1]。韦伯举例说，无论谁对一个"杂技演员进行'移情'，他'经验'到的东西既不是杂技演员在绷索上所'经验'的东西，也不是假使他自己站在绷索上将会'经验'到的东西。他所'经验'的东西与杂技演员的经验甚至都不具备任何明确的、想象性的关系。最重要的还在于，这意味着它不但不能成为合格的'知识'——无论在这个词的何种意义上，而且也无法构成'历史性'知识的对象。因为就眼下这个例子而言，'历史性'知识的对象理当是这位杂技演员的经验，而非正在移情的历史学家的经验"[2]。然而，就是这种作为理解者的我们在理解他人时所得到的"经验"，也不具有客观性，不能成为科学思维的对象。韦伯认为，对行动之主观意义的把握必须建立在以概念形式对行动之主观意义所作的客观表述基础之上，而不能建立在作为理解者的我们以"移情"或"直觉"等方式所获得的那些主观经验之上。自然科学和社会文化科学之间的区别，不在于社会文化现象可以通过"移情"或"直觉"等方式来直接把握，而在于这些现象都是蕴含人类文化或价值意义的现象，因而可以且需要通过对其所蕴含意义的把握来加以理解。而在对社会文化现象之蕴含意义的感受方式方面，社会文化科学与自然科学并无本质上的不同：对于意图把握个体

---

[1] 韦伯：《罗雪尔与克尼斯：历史经济学的逻辑问题》，第137页。
[2] 同上书，第126页。

社会文化现象独特性的历史性科学研究来说，正如在以探寻一般性规律为特征的自然科学中实际上发生的那样，一套可以用来表述各种行动及其主观意义的概念（当然是一种与自然科学中的概念在性质上非常不同的概念）框架的形成也是这类研究得以正常开展所必不可少的逻辑前提。

此外，有些人认为，由于历史性科学研究的最终目的是对各个特殊的个别历史事件加以描述和重现，揭示个别历史事件的特殊文化意义，因此也无须去探讨个别历史事件各个环节或因素的一般法则。和李凯尔特等人一样，韦伯也将把握特定的社会历史现象的独特性、个别性当作社会文化科学的主要目标，并且认为社会历史现象的独特性、个别性无法从一般经验规律中推演出来，而只能从我们对社会历史现象进行考察时所据的价值取向中推演出来。[1]但韦伯指出，只要我们试图去探讨个别历史事件各个环节或因素之间的因果关系，我们就不可避免地需要借助一些抽象的一般性概念和法则。"如果说史学家们的因果知识是由把具体结果推断为具体原因所组成的，那么，不运用'规则学'知识，即关于回溯的因果次序的知识，关于任何个别后果的有效推断一般都是不可能的。……我们的一般知识越确切、越全面，这种推断的必然性就越大。"[2]对个别事实之间因果关系的判断，始终取决于对如下问题的回答："如果把那个事实排除出被当作共同决定的因子来考虑的诸因素的集合，或者如果它在某个方面被更改了，那么，根据那些一般的经验规则，事件的进程能以不同于任何对我们的兴趣来说是决定性的特征的任何方式而获得某种方向吗？"[3]例如，对马拉松战役之历史意义的判断取决于对以下问题的回答：假定马拉松战役的结果与历史上实际出现的结果不同，那么，参照一般的经验规律，西方文明后来的发展方向是否有可能发生根本变化？因此，描述和再现个别历史事件与探讨社会历史现象的一般法则这两件事情之间并不存在根本的矛

---

[1] "一种文化现象构型的意义以及这种意义的根据无论如何不能根据一种分析性规律体系来推导并明白地表达，不管这种分析性规律体系是多么完善，因为文化事件的意义预先就含有一种对这些事件的价值取向。文化概念是一个价值概念。因为并且只有当我们把经验现实与价值观念联系起来时，它在我们看来才成为'文化'。"（韦伯：《社会科学方法论》，第72页。）

[2] 同上书，第75页。

[3] 同上书，第167页。

盾和冲突。它们实际上是相辅相成的，是社会历史科学应该同时开展的两项基本工作。就此而言，社会科学与自然科学之间又没有根本的区别。为了探讨社会历史现象的一般法则，我们有必要向自然科学采借一定的研究手段（如统计分析、验证程序等），只不过我们要根据社会历史现象的特殊性质对这些研究手段及研究结果作出一种与它们在自然科学研究领域中的意义很不相同的理解而已。韦伯说他和李凯尔特在下面这一点上的观点是非常接近的，即"我们都认为，与'无生命'的自然一样，'精神'或者'智识'现象——无论这些模糊的术语可能会被如何定义——也可以用抽象概念与法则来分析。精确程度不够严格以及量化可能性上的限制，不是由我们这里的概念、法则之'精神'或'智识'对象所特有的属性导致的。相反，真正的问题在于，那些最终会被发现的一般有效性法则，是否有助于理解那些我们认为值得了解的文化实在方面"[1]。"不管在什么地方，只要关于某一文化现象即'历史个别'的因果说明被纳入考虑中，那么关于因果规律的知识就不是研究的目的，而只是一种手段。"[2]

正是上述这样一些对文化或精神科学研究的反思，推动韦伯去提炼一套适用于社会历史现象的概念和理论框架，逐渐形成了一种既不同于文德尔班、李凯尔特、狄尔泰等人的"历史主义"模式，又不同于孔德、涂尔干等人的"实证主义"模式的社会研究理论和方法论。韦伯将自己提出的这套社会研究理论和方法论称为"理解社会学"。

二、理解社会学的方法论

我们首先来看韦伯提出的一套用来研究社会历史现象的方法论主张。

在有关社会科学方法论的系列文章以及《经济与社会》第一章等著述中，韦伯比较系统地论述了他所认同的社会研究方法论。概要说来，这

---

[1] 韦伯：《罗雪尔与克尼斯：历史经济学的逻辑问题》，第163页。应该说，李凯尔特等人也没有完全否定在文化科学研究的归因过程中需要使用一般规律知识，但总的来说，这种看法在李凯尔特等人的著述中只是偶尔一现，不像在韦伯的著述中那样得到反复的重申。

[2] 韦伯：《社会科学方法论》，第74页。

套被称为"理解社会学"的理论模式在研究方法上至少包括以下几个基本环节。

1. 将社会现象还原为个体行动

如前所述,韦伯认为,"社会"本身不是一种独立的存在,它只是一个名称,一个用来标识无数个体行动集合的名称而已。凡被涂尔干视为独立于/外在于个体的那些社会现实,像国家、团体、封建主义等,在韦伯看来本质上都只是无数个体有意义的行动的一种集合,只是标志着一定类型的人类互动,是个体行动和互动的效果而已。所以,对韦伯而言,要想理解社会现实,或涂尔干所说的任一团体现象,就必须把它还原为以自己的行动建构了社会现实的那些个体的行为,通过把握他们在行动时赋予其行动的主观意义,去理解这些行动及作为这些行动后果的那些社会现实。用韦伯的话来说,就是要把这些概念所表示的现象毫无例外地变成(或还原为)参与建构这些社会现实的个人行动。因此,在韦伯看来,把各种社会现象还原为可以理解的个体行动是社会学的首要任务。而要理解个体行动,就要深入行动者的意义世界,通过把握行动者在行动时赋予行动的主观意义来达到对行动的理解。因此,理解社会学的第二个步骤便是"理解"行动的主观意义。

2. "理解"行动的主观意义

韦伯指出,作为社会科学研究对象的那些人类个体行动跟自然界物体运动的最大差别就是:后者的运动是无意识的,而前者则大体上是在特定意识的引导下进行的。所以,自然科学家在研究自然现象的运动变化时,只能从外部去观察自然界的运动,并用所观察到的自然物体之间的相互作用去解释它们的运动变化。而社会科学家在研究人类行动时会比自然科学家研究自然物体多一个优势,就是我们可以运用理解的方式去理解行动者,具体说,就是去理解行动者在行动时赋予行动的主观意义,通过对主观意义的理解来解释行动者的行动以及作为个人或无数人行动之后果的那些社会现象。因此,对主观意义的理解仍是社会学知识的根本特质,解释就意味着能够掌握行动者自己的主观意义或行为动机与他的行动及其后果之间的联系。遵循涂尔干的方法论原则,即从外部特征对社会现象进行观察，看上去非常相似的一些行动，使其得以发生和进行的行动动机或主观意义可能完全不同，因而其社会性质应该就不同（如同样是在进行数字计算的两个行动者，一个可能是在进行科学研究，另一个则可能是在统计营业收入；以同样的工具和方式在伐木的两个行动者，一个可能是在从事家务劳动，另一个则可能是在从事雇佣劳动；如此等等）。所以，只有把握了行动者从事某项行动的动机或主观意义，我们才能够解释这项行动，解释作为个人行动之后果的任何一种社会现象。而要把握行动者赋予行动的主观意义，则只能靠理解的方法，而不能凭借从外部对行动进行观察和归纳的方法。外部观察难以把握个人行动的主观意义，只有深入行动者的意义世界，才能理解他为什么要如此行动。那么，我们如何对行动者赋予行动的主观意义加以理解呢？

在《经济与社会》第一章中，韦伯论述了我们可以用来对作为理解对象的行动之主观意义获得"明确"理解的两种方式或途径，这其实也可以被视为我们用来对行动者赋予行动之主观意义进行理解的两种方式或途径：第一种获得明确理解的途径是理性的途径。主要适用于把握其主观意义是我们凭理智可以清楚地加以理解的行动。"理性的理解在这里是指以理智可直接而清楚地对意义加以掌握的理解，在最极致的情况下表现为与数学式或逻辑命题相联系的意义关联。譬如当某人引用 $2\times 2=4$ 此命题或是以勾股定理进行论证，或当他依据我们一般接受的思考模式演绎出逻辑上的'正确'结论时，我们可以完全清楚地理解其意义关联。同样的，当某人根据我们熟知的'经验事实'，以一定手段达到既定目标并产生一定行动结果，其行动便可以理性地理解。任何对这类理性倾向的目的行动的诠释，在理解其手段选择上具有高度的明确性。"[1] 第二种获得明确理解的途径是从感觉方面进行同情式（情绪的或艺术欣赏式）的再体验。主要适用于那些由非理性的情感动机所推动且我们可以完全感性地再体验当事者所经历之情感脉络（如焦虑、愤怒、雄心、羡慕、嫉妒、爱、热情、骄傲、仇恨、忠诚、奉献及各种欲望等）的行动。对于这样一些行动，我

---

[1] 韦伯：《社会学的基本概念》，第21页。引文有改动（出于语言习惯方面或其他因素的考虑，本书对引自该书的一些文字略微进行了改动。除特殊情况外，后面一般不再说明）。

们越是能够敏于感受和浸入其中，我们就越能够对其达成一种同情式的理解。即使激发这些行动的情感在强度上超出了作为理解者的我们感受的范围，我们也还是有可能在一定程度上以同情方式去理解它们的意义，并以理性的方式去解释它们对行动过程和手段选择的影响。[1]

有一些行动，既不是由目的理性推动又不是由非理性的情感动机推动，而是由某些终极的"目标"或"价值"推动的。对于这些行动所倾向的终极"目标"或"价值"，我们可能常常无法明确地加以理解。而且，当这些目标或价值与我们自己所持的目标或价值偏离得越远，我们就越无法以同情式的体验去理解。韦伯认为，对于这样一些目标或价值，在特定情况下，我们必须满足于对它们只作理性的理解。如果连这一点也做不到的话，那就只能把它们当作既成事实来接受，在此基础上，尽可能"去理性地解释或达到拟情体验最近似的程度，以便对受这些动机驱使的行动过程多少能有所理解"[2]。

不过，韦伯又认为，"对一种以类型建构为目的的科学分析而言，所有非理性的、由情感决定的行动要素，都可以视作与目的理性行动之概念式纯粹类型的偏离部分加以研究与描述。例如，在解释'证券市场的恐慌'时，就可以如此分析：首先试图决定，假若没有受到非理性影响，行动过程将会如何；然后，便可以引进非理性的成分，以说明偏离上述假设所观察到的现象"[3]。由于这种理论上建构出来的严格的目的理性行动模式具有明确的可理解性和清晰度，因此，对于社会学来说，可以把它们作为理论上的类型（理念型）来看待，以便将实际上受到各种非理性因素（如情感、错误等）影响的行动当作对纯粹理性行动的"偏离"现象来看待。当然，必须明白这只是一种方法上的策略，不能因此而以为在现实生活中理性真的可以支配一切。

韦伯还认为，从理解的深度上看，无论是何种途径的理解，都可能有两种方式或层次。首先是对行动（包括其所表达出）的主观意义作"直

---

[1] 韦伯：《社会学的基本概念》，第21页。
[2] 同上书，第22页。
[3] 同上书，第23页。

接观察的理解"。"当我们听到或看到 2×2=4 这个命题时，我们能借着直接观察而理解它的意义，这是对概念的直接理性理解的例子。我们也可以理解表情所显示的愤怒、暴动、叫喊或非理性的运动，这是非理性情绪反应的直接观察之理解。我们亦可以用相似的观察方式了解伐木者的行动，或者某人伸手关门或用枪瞄准动物的行动，这是对行动的理性观察的理解。"但理解也可以是另一种方式或层次上的。这另一种方式或层次上的理解即是对行动的主观意义作"解释性的理解"：当我们了解到行动者采取一项行动的"动机"并根据"动机"来理解这项行动时，我们便可以"解释性"地理解他采取这项行动的原因，以及这项行动的确切性质。例如，"当我们根据'动机'来理解一个行动者陈述或写下 2×2=4 这个命题的意义时，通常可以理解到他为什么在这个时候及这些情境下如此做。如果我们知道他正在结账或作科学论证，或者从事其他工作，而此命题是从属于这些行动的一部分时，我们便可获致一个可理解的及更概括的意义脉络"。"因此，我们对砍伐木材或举枪瞄准的行动，不仅可以直接地观察，也可以经由动机去理解：如果我们知道伐木者是为薪资工作，或是为了他自己燃火之用，或者可能只是一种消遣活动而已（这是理性的例子）；但是，他也可能是为宣泄因愤怒而生的冲动（这是非理性的例子）。同样的，我们也可以了解一个人举枪瞄准的动机：如果我们知道他是行刑队员而被命令射击，或他与敌人作战（这是理性的行动），或者他只为了泄恨，后者是被情感所决定的，因此在某种意义上来说是非理性的。最后，我们对愤怒的爆发，亦可以有一个动机的理解：如果我们知道它是被嫉妒、尊严受伤害或被侮辱所引起的话，这些例子全都是由感情所决定的，因此是源自非理性的动机。"[1]社会科学研究的目标，就是要达到对行动及其主观意义的这种"解释性理解"。[2]

综合韦伯的相关论述（包括前面韦伯关于因果解释不同类型的论述），我们可以看到，韦伯确实提出了一种和涂尔干等实证主义者非常不同的关于社会现象形成和变化的因果解释模型。仿照涂尔干的表述，对于

---

[1] 参见韦伯：《社会学的基本概念》，第25—26页。
[2] 同上书，第27页。

包括自然科学家和社会科学家在内的所有持实在论立场的学者来说，因果解释的基本原则可以简单表述为：一种客观现象的产生和变化只能用另一种客观现象来加以解释。用公式来表示即

一种客观现象产生和变化的原因＝另一种／几种客观现象

对于包括自然科学家和社会科学家在内的所有持实证主义立场的学者来说，因果解释的基本原则可以简单表述为：一种（可直接观察的）客观现象的产生和变化只能用另一种或几种（可直接观察的）客观现象来加以解释。用公式来表示即

一种（可直接观察的）客观现象产生和变化的原因＝另一种／几种（可直接观察的）客观现象

对于涂尔干一类不仅持实证主义，而且持所谓"社会学主义"立场的社会学家来说，因果解释的基本原则可以简单表述为：一种（可直接观察的）社会现象的产生和变化只能用另一种（可直接观察的）社会现象来加以解释。用公式来表示即

一种（可直接观察的）社会现象产生和变化的原因＝另一种／几种（可直接观察的）社会现象

而对于韦伯一类持理解社会学立场的学者来说，因果解释的基本原则可以简单表述为：一种社会现象的产生和变化只能用行动者赋予自己行动的主观意义（或行动者的行动动机）来加以解释。用公式来表示即

一种社会现象产生和变化的原因＝行动者赋予建构这一社会现象的行动的主观意义（或动机）

换句话说，对于韦伯一类的理解社会学家而言，一种社会现象产生和变化的直接原因，不能到其他社会现象当中去寻找（当然，更不能到一些

自然现象中去寻找），而只能到通过自己的行动建构这一社会现象的行动者赋予自己行动的主观意义或动机中去寻找。毋庸置疑，这是一种与涂尔干及其他实证主义者完全不同的因果分析和解释模型。韦伯认为，对于人类个体的行动及其产物（如机器），"若没有论及意义的话，这样一个客体就全然无法理解"[1]；对于社会学这样"一个涉及行动意义的学科而言，'解释'意味着能够掌握到根据行动者自己的主观意义，他的行动所系属其中的意义关联"[2]。这种将行动者赋予自己行动的主观意义与其行动过程联系起来，以前者来解释后者的做法，就是一种独特的因果解释模式。韦伯说："研究动机的历史'解释'属于因果说明，它与对一切具体自然过程所做的因果解释具有完全相同的逻辑含义。因为其宗旨是去寻找一个'充分'的理据。"[3]"能以意义来理解的心灵的关联脉络，以及特别以目的理性为导向的动机实现过程，对于社会学来说完全具有因果链（比方最初从'外在的'情境化开始，到最终再次导向'外在的'所采取的行为）各个环节的性质。"[4]

李凯尔特、狄尔泰以及受他们影响的其他许多学者，在将文化科学或精神科学与自然科学对立起来的同时，也都将因果解释与自然科学中那种单纯以一般性或规律性命题为前提进行推论所得到的因果解释等同，认为因果解释只能有这一种类型，而不能有其他类型。由于在历史性科学中，科学研究的目的是理解从某种价值立场来看某一历史现象的个别性、独特性，这种个别性、独特性无法从一般性规律中推演出来，因而历史性科学既无须也无法作出因果解释。韦伯认为这种看法是完全错误的。因果解释并非只能来源于以一般性或规律性命题为前提而进行的逻辑推演，以行动者赋予行动的主观意义与在这一意义引导下采取的行动之间的逻辑关联为依据同样可以建立一种因果解释。因果关系的实质含义只是表示不同现象在产生和发展过程中所具有的联系，这种联系可以是一种独一无二的动态

---

[1] 韦伯：《社会学的基本概念》，第 24 页。
[2] 同上书，第 27 页。
[3] 韦伯：《罗雪尔与克尼斯：历史经济学的逻辑问题》，第 149 页。
[4] 韦伯：《关于理解社会学的一些范畴》，《社会理论学报》2019 年秋季号，第 300—301 页。

的联系，而不必然是规律性的联系。

无论是以直接还是以间接的方式，韦伯的上述思想都是当代社会科学研究领域中质性研究方法的重要理论来源或依据。按照这样一种全新的因果解释模型，某种社会现象产生或变化的原因，只能是通过自己的行动建构这一社会现象的行动者赋予自己行动的那些主观意义或动机，而不能是这些主观意义或动机之外的什么因素。这并不是要否定行动者主观意义或动机之外的因素（行动者为达成目标所使用的手段或工具的物理化学等自然性质，行动过程所处的物理环境，集体行动过程中为协调行动所制定的各种制度或规范等）在行动或社会现实建构过程中的作用，而是说这些因素最多只能算作对行动过程的发生和进行具有"刺激"、"阻碍"或"促进"等作用的条件因素，[1] 而非促使某些社会现象得以被建构出来的那些行动过程发生的直接"原因"（因而也就不是让这些社会现象产生和变化的直接原因）。因此，探寻行动者在采取某项行动时赋予行动的主观意义或动机，并将其作为此项行动以及社会现实产生的原因，以此来解释这些社会现实的产生，就成为社会学研究的特殊任务。由于行动者主观意义或动机的内在性（内在于行动者的内心世界）、模糊性等特征，这一任务不可能采用上述实证主义所主张的那套以对研究对象的外部客观特征进行客观观察为起点的研究方法，只能借助新的以意义的理解或诠释为特征的诠释研究方法来加以完成。如韦伯所说的那样，"怎样才能使'主观的'或'有意义的'取向在实验上可能证明其存在，即使今日的专家也不敢多言。这些社会动物心灵状态要想在有意义地去'理解'的基础上来把握，即便设定为理想的目标，也只是在极有限的范围内可能达成"[2]。

因此，在韦伯一类理解社会学者看来，与实证研究方法相比，理解社会学研究方法的最大优势是，它可以帮助我们揭示社会现实产生和变化的真实原因。这也正是韦伯积极倡导和践行"理解社会学"的主要原因。

3. 把握行动意义的三种形式

韦伯指出，通过上述程序，我们所获得的"理解"意味着对下列几类

---

[1] 韦伯：《社会学的基本概念》，第33页。
[2] 同上书，第38页。

行动的意义之诠释性的掌握：

（a）某个行动者在特定历史情境下所采取的具体个别行动的主观意义，这在历史学研究中表现得最为典型，因为历史学研究主要就是"致力于对那些个别的、具有文化显著性的行动、结构和人格进行因果分析与解释"[1]。

（b）在对诸多事例（既包括现实事例也包括历史事例）所作的大量观察中发现的行动的平均或类似的主观意义，这在社会学研究中表现得最为典型。这是因为，与致力于对个别行动进行分析和解释的历史学不同，社会学"乃是建立类型概念，并追求经验事实的普遍规律的一门学科"[2]。在韦伯看来，社会学和历史学是两个既存在明显区别又存在紧密联系的学科。它们之间的区别在于：历史学的任务是对历史上的个别经验事实进行解释，社会学的任务则是探求适用于诸多个别经验事实的普遍规律。它们之间的联系则在于：历史学对个别经验事实进行解释时必须借助一定的普遍规律，这种普遍规律主要由社会学来提供，或者如韦伯所言，"社会学的概念建构与寻求通则，主要也是基于下列的考虑：即它（社会学）是否能因此而对于有文化显著性的现象的因果归责问题有所贡献"[3]；而社会学在构建适用于相关经验事实的普遍规律时所需要参照的经验事实部分就来自历史学研究。在社会学所确立的类型概念中，有一些就是具有经验统计性质的"平均类型"。不过，韦伯认为，这种平均类型方式上的意义理解即使在社会学研究中也不会是一种很普遍的意义把握方式。他指出："我们必须明白，在社会学的领域中，'平均'以及'平均类型'唯有关联到那些质上相同、只在程度上有所差异的有意义行为时，方才能够较明确地建构起来。这样的例子确实存在。但是与历史学和社会学相关的人类行动，大部分却是受到十分异质的动机所影响，而很难以真正意义下的'平均'概念来掌握。"[4] 对于这些很难以平均概念来掌握的人类行动及其结

---

[1] 韦伯：《社会学的基本概念》，第42页。
[2] 同上。
[3] 同上。
[4] 同上书，第44页。

果,我们必须以另一种方式来加以把握,这种方式就是由于韦伯的大力倡导而在社会学中变得非常著名的"理想类型"。

(c)纯粹类型或"理想类型"的意义:以概念建构的方式形成一种或多种行动者的纯粹类型或理想类型来想象其可能的主观意义,这在经济学领域中表现得最为典型。"纯经济理论的概念和'法则'是这种理想类型的例子。它们论证如果人是非常理性、不被错误或感情因素所影响的话,人类会以何种方式行动;进一步而言,如果行动是完全且清楚的指向单一目的的话,则会极大化其经济利得。而事实上,只有在少数事例(如股票交易)中,人们的行动过程才会如此,甚至在这种情况下,实际的行动往往也只是近似于理想类型而已。"[1]尽管这种纯粹类型或理想类型的意义把握方式在经济学中得到了最为典型的表现,但这并不意味着这种意义把握方式只有经济学才能加以使用。事实上,这种把握方式适用于包括历史学、社会学等在内的社会文化科学的每一个门类或领域。

韦伯指出,对于社会文化科学研究来说,"理想类型"具有特别重要的意义。和李凯尔特等人一样,韦伯认为,包括社会文化现象在内的任何现实事物本身在内容方面都很少是以一种纯粹的形式(如纯粹的"氧"、纯粹的"理性行动"、纯粹的"资本主义"、纯粹的"自由竞争市场"等)存在的,而往往是与其他事物(如其他气体、"非理性行动"、"官僚制"等)混杂在一起的。但是,我们在认识现实(尤其是社会文化现实)中的某个现象时,又不可能且不需要从概念或理论上同时把握这一现象所包含的所有方面,而只是或只能是从某种特定价值取向出发对这一现象所包含的某个方面或某些内容加以认识,为此,我们必须形成和使用一些只指涉我们所需要认识的这一或这些方面内容的概念或理论。显然,这些概念或理论并非对这一具体现象之实际内容或结构的镜像式反映或再现,而只是我们出于认识的需要,将这一现象的某些方面从其原本与无限多样的其他方面之间的联系中,观念性地(或用后来帕森斯使用的术语,即"分析性"地)抽象分离出来加以建构的产物,是一种与该现象的实际存在保持

---

[1] 韦伯:《社会学的基本概念》,第20、27—28页。为与本书的用词相一致,在本书中,我们将原译者在译文中使用的"理念型"一词一律改为"理想类型"。

一定距离的纯"理念"或"理想"类型。韦伯举例说:"譬如说,同样的历史现象可能有一部分接近于'封建'的制度,在另一部分是'家产制',然后又有'官僚制'和'卡里斯玛'成分。为了让这些字眼起码能够有其明确的含义,社会学必须勾勒出每一种结构形态的'纯粹'类型(理想类型),而使它们成为一个个尽可能展现完备之意义妥当性的概念单位。正因为如此,这些理想类型的绝对纯粹形式,就像那基于绝对真空的前提所计算出来的物理反应一样,不太可能会在现实中存在。社会学的决疑论(因果推论),唯有在纯粹类型或理想类型的基础上方有可能做到。"[1]

韦伯指出,理想类型的方法不仅可以用来建构客观外在的对象,也可以用来建构主观意识过程。例如,在现实生活中,"实际的行动往往是在其'主观意义'处于模糊的半意识或根本无意识状态的情形下进行。行动者对自己行动的主观意义经常只有不清楚的一份'感觉',而非知道或'确切明白';他的行动很多时候是被本能冲动或习惯所制约。只是偶尔的并且在大量同样的行动中常只有个别的几件事例,行动的意义(不论是理性的或是非理性的)才能够被提升到意识的层面上来。真正有其效果的,即被完全清楚意识到的有意义行动,在现实中始终只是一种边界的情况。任何社会学和历史学对现实的分析研究都不应该忽视这项事实。但是这并不妨碍社会学可以经由对主观意义的可能形式加以分类来建构概念,好似行动真的是在有意识的意义倾向下进行"[2]。

韦伯认为,虽然"理想类型"不是对经验现实的反映或再现,而只是对经验现实的理想建构,但这并不意味着理想类型对于我们把握经验现实就没有意义。恰恰相反,正是通过将经验现实与理想类型对比,看到经验现实与理想类型之间的距离,我们才能更容易地获得关于行动者的真实知识,因为这种距离告诉我们经验现实与理想类型相比在哪些地方存在着偏离,进而启示我们去发现经验现实中可能存在但理想类型当中尚未纳入的新内容、新因素。"譬如为了解释1866年普奥战争的经过,史学家必须首先推估:无论是对普鲁士的毛奇将军或是对奥国的贝纳德克将军而言,双

---

[1] 韦伯:《社会学的基本概念》,第43页。
[2] 同上书,第45—46页。

方如果各能够完全获悉己方和敌军的情报，那么在最理想的目的理性情况下，交战的双方将应该如何地进行部署。接下来才得以比较：这场战役实际的部署又是如何，而因果地来解释所观察到的（理想和实际之间的）差距——不管这是通过何种原因，如不正确的信息、确实发生过的错误、思虑上的疏失、领导者的个性或战争策略以外的考量等所致。在这里，历史学也（隐然地）应用了目的理性行动的理想类型建构。"[1] 韦伯还认为，"理想类型愈是尖锐而明确地被建构出来，意味着它愈远离真实的世界，但在这层意义下反而愈能够尽善其责，达成它在形塑专门概念、进行分类和启发上的功能"[2]。

4. 理解成果的检验：解释的意义适当性和因果适当性

韦伯认为，虽然意义诠释是我们正确把握一项人类行动（及其产物）的必然途径，但单纯只是达到对行动的意义作出明确的、可理解的诠释这一结果，还不足以让我们宣称对该项行动作出了正确有效的理解或解释。出于以下原因，我们对于正在探究的行动的意义所作出的诠释有可能是不正确的：首先，行动者可能隐藏了许多（不愿公开承认的）"动机"和"压抑"，"或许这些才是其行动的真正驱力，因此，即使主观诚实的自我告白也只具有相对的价值而已"。其次，一些在观察者看来似乎相同或相似的行动过程，实际上可能出于行动者极为不同的复杂动机。甚至有些表面上看非常相似的行动，其意义取向却可能是彼此对立的。再次，任何既定情境下的行动者，都经常会处于敌对或冲突的刺激之下，但对于这些相冲突的动机之相对强度，我们却往往难以甚至不可能完全掌握。鉴于这些给我们的诠释造成的困难，我们在对行动的意义作出了明确的、可理解的诠释之后，还有必要对这种诠释的"因果有效性"进行验证。在《关于理解社会学的一些范畴》一文中，韦伯就曾明确指出："纯粹对具体的行为所进行的'有意义的'说明，即便有非常高的'明确性'，对于社会学来说首先也仅是归因假设。这种说明还需要有最适切的证明。而且这个证明必须借助原则上与其他假设一样的证明手段。"这种检验性的证明甚至可

---

[1] 韦伯：《社会学的基本概念》，第45页。
[2] 同上书，第44—45页。

以借助统计方式来进行："若通过说明性的假设，将以目的理性为导向的动机置入因果链，那么因果链在某些良好的情况下，特别是与目的理性有关的情况下，是可以直接用于统计检验的，并且在这种情况当中可以用作（相对来说）最好的有效性的证明。"[1]

那么，怎样对一项诠释性研究的结果进行检验呢？在从事实证性科学研究的学者那里，科学研究的程序至少包括两个步骤。首先是发现变量之间的因果关系，形成一个可以用来解释因变量变化状况的科学命题。完成这一步骤的方式有两种：一是归纳法，二是演绎法。如果采用前一种方式，就需先对研究对象的不同方面（或变量）进行客观观察，在获得必要的资料以后，通过对观察到的资料进行归纳分析（统计分析就是一种归纳分析），来考察我们所观察到的变量中哪些变量与我们要解释的因变量有共变关系，它们之间共变的程度有多大，等等，据此形成一个可以用来解释因变量变化的命题。如果采用第二种方式，则需要先确定一些与研究主题相关的基本理论前提（如公理、假设、分析性原理等），再依据这些基本理论前提来推断哪些变量与我们要解释的因变量有共变关系，从而推演出可以用来解释因变量变化的假设性命题。但无论是采用何种方式，当我们据以形成一个可以用来对因变量的变化加以解释的科学命题之后，研究人员下一步应做的工作，就是对这一解释命题进行验证。验证的具体方法是用在其他时空条件下后续观察到的同类经验事实同之前研究所得到的结果相对照，看从之前通过归纳或演绎得到的解释命题所演绎出来的事实陈述和后续观察到的结果是否一致。如果一致，之前的研究结论就得到了进一步的证实。如果不一致，它就可能要被修正，甚至要被抛弃。

按照韦伯的论述，我们用诠释或理解的方法去从事社会科学研究时，其实也要经过这样一些相同的程序。按前所述，当我们进入研究对象的意义世界里，获得此人采取某项行动的主观动机后，即可以用这一主观动机去解释此人在某时某地所采取的那项行动，以及作为这项行动之后果的那些社会现象。和实证性量化研究学者所做的研究一样，此时此刻我们得到

---

[1] 韦伯：《关于理解社会学的一些范畴》，《社会理论学报》2019年秋季号，第301页。

的正是一种与实证性量化研究领域中的科学命题类似的东西,尽管在诠释性质性研究领域里人们可能不将这些研究成果称为科学命题(但其实质与实证性量化研究中的科学命题却是相同的,即都是可以用来对引起研究对象变化的原因进行解释的科学陈述)。而且,与实证性量化研究学者面临的情境相似的是,对于这项诠释成果的正确性,到目前为止研究人员也是不确定的。因此,韦伯认为,我们也需要对这类诠释性研究成果的适当性做进一步的验证。而帮助我们判断此项诠释性研究成果是否具有适当性的具体方法,也与实证性量化研究领域中的学者用来检验其科学命题正确与否的方法一样,即用在其他时空条件下后续进行的诠释性质化研究所得到的结果同之前同类研究所得到的结果相对照,看从之前的研究所得到的解释性陈述中可演绎出的行动结果和后续研究所得到的解释性陈述可演绎出的行动结果是否一致。如果一致,之前的研究结论就得到了进一步的证实。如果不一致,它就可能要被修正,甚至要被抛弃。对此,在《社会学的基本概念》一文中,韦伯明确地宣称:"一般说来,通过将对事件意义的主观解释与事件的具体过程加以比较来对这一解释意义诠释进行验证,正如在每个假设那里所出现的情况一样,都是不可或缺的。"[1] 他进一步解释说:"因果的解释意味着:根据任一可被计算的、在理想情况下可被量化的概率规则,一个被观察的特定过程(精神的或物质的)会依序跟随(或伴随)另一个特定过程而发生。"[2]

据此,韦伯提出,我们在用理解的方法得到一个研究成果之后,这个研究成果是否可以接受,我们还需要对它作一个判断。这个判断要依据两方面的标准来进行,一方面的标准是"意义的适当性",另一方面的标准是"因果的适当性"。所谓意义的适当性,指的是该诠释能将某个人(或者某群人)的某项行动及其结果跟这个人(或这些人)采取这项行动时赋予行动的主观意义(或行为动机)之间的因果关联揭示出来。用韦伯的话来说,就是按照该诠释,一项行动中相互关联着的"各要素,根据我们感

---

[1] 韦伯:《社会学的基本概念》,第 29 页。译文参照帕森斯等人的英译本(Max Weber, *The Theory of Social and Economic Organization*, trans. by A. M. Henderson and T. Parsons, Free Press, 1947, p.97)有所改动。

[2] 同上书,第 31 页。

情和思考的习常模式，可被认为构成了'典型的'意义关联"。如果能够做到这一点，该诠释就具有了意义的适当性。所谓因果适当性，则指的是该诠释所揭示的主观意义（或行为动机）与行动及其后果之间的那样一类因果联系能够在不同的时空条件下反复被观察到，两者之间存在着涂尔干说的那种共变关系：有这么一个动机就必有那么一个行为及其相应的后果。如果是这样，那么我们就说该诠释也具有因果的适当性。用韦伯的话来说就是："事情前后序列的诠释，如果我们根据经验的规则发现它始终以同样的方式进行，便是'因果上妥当的'。"如果一项诠释研究成果能够符合这两方面的标准，我们就可以说这项研究成果是一项"正确的因果诠释"。韦伯说："一项具体行动的正确因果诠释意味着：行动的外在过程及动机可以被如实地把握，并同时达到对其一切关联的有意义的理解。而对一项典型的行动（可理解的行动类型）所作的因果性诠释……既可以在意义上妥当地展示出来，又可以因果妥当地（不论何种程度）确认。"[1]对一项行动的诠释，我们如果不能最终达到上述两方面的要求，那它就是一种不适当的诠释。具体言之，一项未能在意义关联方面得到明确阐释的经验规则，无论它所描述的过程被经验证实的概率有多高，它始终不过是一个不可理解的统计规则而已，不是一项"因果"诠释。"统计数据只要是在说明一个行为的经过与后果，那么对我们来说，只有当它真的在具体的情况下可以根据意义来说明，才是真的有在'解释'。"[2]相反，如果一项行动在意义关联方面得到了明确阐释，但这项阐释却始终未能得到经验资料证实的话，这项阐释就不能被认为是一项"正确"的阐释。

韦伯在自己的著述中以"格雷欣定律"即"劣币驱逐良币定律"的研究为例来对上述观点加以说明。

当我们观察到劣币驱逐良币现象时，我们会很想知道造成这一现象的原因是什么。我们可以采用实证性的量化研究方法来达成这一目标。我们可以确定一个可测量的指标，如"劣币（在市场流通过程中的）占有率"（用符号 Y 表示）等，用它来指涉劣币驱逐良币现象的实际状况（经过一

---

[1] 韦伯：《社会学的基本概念》，第31页。
[2] 韦伯：《关于理解社会学的一些范畴》，《社会理论学报》2019年秋季号，第301页。

段时间后，在货币流通过程中劣币占有率最终大于良币占有率，即意味着观察到了劣币驱逐良币现象；反之则不然）。然后，像涂尔干研究自杀率那样，选择一定数量的样本，对样本中良劣两种货币使用者的各种外部特征（如性别、年龄、婚姻状况、家庭成员规模、生活所在地的市场经济发展水平、政府对经济的干预水平、收入、受教育水平、健康状况、职业、宗教归属、籍贯等）进行观察，然后运用统计分析方法对"劣币占有率"与从两种货币使用者那里观察到的各种经验事实之间的关系进行分析。假定通过统计分析，我们发现，对劣币占有率的变化影响最大的因素主要是上述因素中的某一个或几个（我们且用符号 $X_1, X_2, \cdots, X_n$ 表示）。由此，我们便可以得出如下结论：导致劣币驱逐良币现象出现的主要原因是 $X_1, X_2, \cdots, X_n$。具体而言即是，因素 $X_1, X_2, \cdots, X_n$ 每变化一个单位，劣币占有率就相应地变化（提高或降低）$b_1, b_2, \cdots, b_n$ 个单位。用统计学中的多元回归模型来表示就是：$Y = a + b_1X_1 + b_2X_2 + \cdots + b_nX_n + \varepsilon$。

如前所述，从理解社会学的角度来看，上述这种按照实证性研究方式对劣币驱逐良币现象所作的研究及其结果，并没有找到导致这一现象形成和变化的真正原因，因为和任何一种社会现象一样，劣币驱逐良币这一现象也是无数个体行动者的"有意义的行动"的结果，导致这一现象形成和变化的真正原因应该是通过自己的行动构建了这一现象的那些行动者赋予自己行动的主观意义或行动动机。只有把握了这样一些主观意义或行动动机，我们才有可能对这一现象作出更为适当的解释。用理解社会学方法来对这一现象进行研究，我们就需要把这一现象的形成过程还原到个体行为的层面上，通过对出现劣币驱逐良币现象的特定时空范围内相关行动者货币使用过程中的主观意义或行动动机进行考察，来探寻可以合理解释劣币驱逐良币现象发生的原因。通过考察，我们可能发现，这些行动者都是具有高度目的理性意识的个体，他们在行动（包括货币使用过程）中总是要对行动的成本—效益进行计算，并且根据计算的结果来作出行动决策。因此，当他们发现使用劣币和储存良币能够给自己带来更大收益时，储存良币、抛用劣币就成为他们最自然的行动选择。当几乎所有人都具有高度的目的理性意识，因而都按这一策略行动时，由于众多个体行动的聚合效应，就涌现出劣币驱逐良币这一宏观社会现象。

按照韦伯的见解，上述依循理解社会学思路对劣币驱逐良币这一现象所作的因果解释，由于将劣币驱逐良币这一现象视为无数个体行动者行动的结果，揭示了行动者的主观意义／行动动机与行动者的相关行动（货币使用中抛用劣币、惜用或储存良币）及其宏观后果（劣币驱逐良币）之间的因果联系，从而使我们对劣币驱逐良币这一现象的解释具有意义的适当性。尽管如此，韦伯认为，上述解释虽然"是对于在某种情境及预设下的人类行动的理性清楚的诠释"，但这种阐释的实际有效性（实际生活到底在多大程度上与这一定律的描述相一致）却并不能从这阐释本身的明确性和可理解性当中得到证明。这一阐释的实际有效性只有借着有效统计证据才可以被证明。[1]虽然就劣币驱逐良币这一现象而言，人们在上述解释出现之前就已经观察到了相关经验事实，但如果没有上述具有意义适当性的因果解释，我们对这一现象进行因果解释的需要就无法得到满足。但如果这一具有"意义的适当性"的因果解释不能反复得到经验事实的证实，那么它的正确性或因果适当性就依然得不到确认，因而"无论它在理论上的论证多么完全，对于真实世界的行动的理解而言，也将是毫无价值的"[2]。而为了验证上述解释是否具有因果适当性，我们就必须按照理解社会学的思路对不同时空范围内个体行动者的货币使用行为进行更多的考察，以确定上述解释是否始终能够与实际观察到的行动后果相一致。在这里，所遵循的原则与实证主义其实完全一样：如果上述具有意义适当性的因果解释能够在更大的时空范围内得到确认，那么其正确性或因果适当性程度就越高，反之则越低。

韦伯指出，就劣币驱逐良币这一定律而言，大量的统计资料已经表明它对特定情境和目的理性假设条件下的人类行动所作出的阐释常常是有效的。但也有不少的行动阐释难以得到或根本得不到经验资料的证明。在这种情况下，这些阐释的有效性就难以得到确认，甚至始终只能停留在假设的层面上。

---

[1] 韦伯：《社会学的基本概念》，第29页。
[2] 同上书，第30页。

在韦伯自己关于新教伦理与资本主义之间关系的经典论著中，实际上也正是以与上述方式类似的方式来解释新教伦理与资本主义精神之间的因果联系机制。韦伯首先陈述了一个有趣的发现：在许多欧洲国家里，资本拥有者、雇主、受过高等教育的熟练工人和现代企业中受过高级培训的技术或者经营人员等代表资本主义经济成分的中产阶级，绝大多数都是新教徒。换句话说，在代表资本主义经济成分的中产阶级人口和新教徒人口之间存在着高度的相关性。如果我们实施与该主题相关的统计调查并用量化方法来对调查结果加以表示，那就应该得出这一统计关系式：$Y = a + b_1 X + \varepsilon$。其中：$Y$ 表示代表资本主义经济成分的中产阶级占总人口的比例，X 为新教徒占总人口的比例。从实证主义量化研究的角度来看，据此我们可以提出如下有关资本主义经济成分发展（其主要指标为中产阶级人口的发展）的因果解释：导致资本主义经济成分发展的主要原因是新教徒在总人口中的比例的增长。新教徒比例越大，资本主义经济成分的发展程度就越高。用量化术语来说就是，新教徒在总人口中的比例每变化一个单位，资本主义经济成分就相应地变化（提高或降低）b_1 个单位。对实证主义量化研究者来说，得到了这样一个统计关系式，也就意味着得到了一个可以用来描述和解释资本主义经济成分变化的因果解释模型。

然而，对于韦伯这样的理解社会学家来说，这种因果解释模型是不能作为最终的解释模型予以接受的，因为它充其量只是揭示了资本主义经济成分的变化与新教徒人口比例变化这两种客观现象之间的相关性，但并没有揭示出导致资本主义经济成分变化的真正原因。在韦伯看来，资本主义经济成分变化这一现象也是无数个体行动者有意义之行动的结果，导致这一现象形成和变化的真正原因也应该是通过自己的行动构建了这一现象的那些行动者赋予自己行动的主观意义或行动动机。只有把握了这样一些主观意义或行动动机，我们才有可能对这一现象作出具有意义适当性的解释，才能揭示导致资本主义经济成分变化的真实原因。上述统计因果模型全然没有揭示出资本主义经济成分的变化与相关个体有意识的行动之间的关联，因而首先就不符合理解社会学所要求的意义的适当性这一标准。

韦伯在《新教伦理与资本主义精神》一书中所做的工作，就是按照理解社会学的因果解释模型来探讨导致资本主义经济成分变化的真实原因。通过细致的分析，韦伯发现，导致资本主义经济成分与新教徒比例这两者高度相关的主要原因是：新教徒（主要是加尔文宗教徒）信仰的教义所包含的伦理原则促成的新教徒个体行动，与资本主义经济成长之间具有更大的亲和性，从而有力地促进了资本主义经济成分的发展。

这一因果解释模型，在韦伯看来，由于揭示了行动者的主观意义／行动动机（新教伦理）与行动者的相关行动及其宏观后果（资本主义经济成分的发展）之间的因果联系，因而具有了意义的适当性，是一个比上述统计关系式更为适当的因果解释模型。尽管如此，韦伯认为，上述解释也只是从西欧的历史情境中探索出来的，其实际有效性（实际生活过程到底在多大程度上与这一模型的描述相一致）并不能单纯地从其本身的明确性和可理解性当中得到证明。这一阐释的实际有效性也必须借助有效统计证据才可以被证明。如果这一具有意义适当性的因果解释不能反复得到经验事实的证实，那么它的正确性或因果适当性就依然得不到确认。为了验证上述解释是否具有因果适当性，我们也必须按照理解社会学思路对更多时空范围内个体行动者与资本主义经济成分的发展之间的关系进行更多的考察。正是基于这样一种理论立场，韦伯才在上述西欧研究之外，进一步对中国、印度等国家的个体行动者的宗教意识、行动伦理及其对资本主义经济成长的影响进行了考察。韦伯发现，通过这些考察，上述对西欧资本主义发展历史进行研究所得到的因果解释是可以成立的，具有因果适当性，从而确认了这一因果解释模型的有效性或可接受性。[1]

5. 价值关联和价值中立

"价值关联"和"价值中立"是韦伯学说中一对具有广泛影响的概念，也是韦伯在批判继承李凯尔特等人的文化科学理论基础上提出的两条社会科学方法论原则。恰当地理解这两条原则的内涵及其之间的关系，对于我们恰当地理解韦伯社会学说同样具有非常重要的意义。不过，鉴于讨论和澄清这对原则及其关系的文献已经很多，我们在这里只参照韦伯自己

---

[1] 参见韦伯：《儒教与道教》，王容芬译，商务印书馆，2002年；《印度的宗教：印度教与佛教》，康乐、简惠美译，上海三联书店，2020年；《古犹太教》，康乐、简惠美译，广西师范大学出版社，2010年；等等。

的论述对此作一概述。

所谓"价值关联",指的是研究者自觉地将某种价值观念与自身的研究活动关联起来,在这种价值观念的引导下进行活动。反之,所谓"价值中立"则是研究者自觉地将所有的价值观念悬置,在研究活动中自觉地采取一种中立的立场,尽可能使自己的研究活动不受任何一种价值观念的影响。按照韦伯的说明,"价值关联"和"价值中立"这两个原则涉及的是社会文化科学研究过程中的两个基本阶段,即研究选题的确立和研究结论的获得这两个阶段。"价值关联"原则是我们在研究选题的确立这一阶段所必须遵循的基本原则,而"价值中立"则是我们在研究结果的获取阶段所必须遵循的基本原则。

在确立研究选题的阶段,必须采取"价值关联"的原则。韦伯指出:"一旦我们思考在直接具体情况中我们所遭遇的生活的情形,就会呈现出'内在'或'外在'于我们自身的生生灭灭的、相继的或共存的事件的无限多样性。如果我们执意要对'个别现象'的所有个别成分都作出详尽无遗的描述,更不待说作出因果解释,那么,即使我们的注意力集中于单一'对象',例如,一种具体交换行为,可以看到,这种绝对无限的多样性仍然不会减少。"因此,事实上,"有限人类理智所能从事的对无限现实的所有分析,都建立在这样一种不言而喻的假定的基础上,即,只有这种现实的有限部分能构成科学研究的对象,只有这种有限部分在'值得认识'的意义上是'重要的'。但是,这种部分据以被选择的标准是什么呢?"如前所述,沿着李凯尔特等人的思路,韦伯说,他所感兴趣的那种社会科学,其"目的就是理解我们在其中生活着的现实的独特性质。……我们希望理解,在其当代表现形式中的个别事件的关系和文化意义,另一方面,它们在历史上成其为这样而不是那样的原因"。[1] 而个别历史事件的文化意义及其独特原因既不可能从所谓的历史"规律"当中推演出来,也不可能像涂尔干等人所说的那样,通过归纳在"无预设的"这一前提下对经验现实进行观察所得到的经验材料来获得。相反,"我们对它的意义有感

---

[1] 韦伯:《社会科学方法论》,第68页。

知，是它成为我们研究对象的先决条件"[1]。而我们只有在自己所信奉的价值观念的指引之下，才能够对事件的文化或价值意义有所感知。因此，任何社会科学研究，就其理论关怀、主题和资料选择方面的工作而言，都必然与一定的价值相关联，是在一定的价值观念引导下进行的。"社会科学中的问题是根据被讨论的现象的价值关联而选择出来的。……'与价值的关联'仅仅是指对特殊科学'兴趣'的哲学解释，这种兴趣决定了对特定课题和经验分析的问题的选择。"[2]

然而，这并不意味着我们在整个科学研究过程中要把"价值关联"的原则一直信守下去。相反，在研究主题确定之后对研究对象的具体研究过程中，我们则必须采取一种"价值中立"的原则。韦伯明确指出，理论关怀、主题和资料选择方面的价值关联性，并不意味着社会科学家应该将自己的价值观念贯穿全部的研究活动过程，把所有的研究结论都表达为一种价值判断，甚至把价值观念的取舍当作社会科学研究的终极目的。韦伯认为，理论关怀、主题和资料选择方面的价值关联与科学研究过程当中的价值中立并不是绝对冲突、不可兼容的两个方面。尽管在理论关怀、主题和资料选择方面不可避免且必须存在价值关联性，但在具体的科学研究过程当中，研究者应该而且可以做到价值中立。而只要遵循价值中立的原则，科学研究的客观性也就能够得到保证，研究者所得出的研究结论对所有具有不同价值信仰的人来说就都具有同样的科学参考价值。"科学真理正是对任何追求真理的人都同样有效的。"[3]在韦伯看来，价值关联和价值中立的兼容性来源于价值判断和事实判断之间的区别。科学研究所能够揭示的只是"在特定条件下事物将会如何变化"一类的事实判断，至于这种变化态势是值得欢迎或是应该加以反对，只能由个人参照特定的价值取向来加以判断，科学本身对其是无力进行评估的。至于各种价值取向之间的冲突（"诸神的冲突"）则只能通过科学以外的方式来加以解决。

---

[1] 韦伯：《社会科学方法论》，第72页。
[2] 同上书，第20页。
[3] 同上书，第79页。

6. 理解社会学的研究程序和方法小结

综上所述，我们可以把韦伯所构思的被其称为"理解社会学"的研究方法大致概括如下：

（1）在特定价值观念的引导下确立所要研究的相关社会现象或问题；

（2）将所要研究的相关社会现象还原为通过自己的行动建构了这一现象的那些个体的行动；

（3）通过理解的方式来把握行动者在行动时赋予自身行动的主观意义（动机）；

（4）以行动者赋予自身行动的主观意义（动机）来解释其行动；

（5）用众多相关行动者的行动集合来解释作为其结果的那一社会现象的产生和变化，形成一个对该现象的产生和变化具有"意义适当性"的因果解释；

（6）通过进一步的后续研究来对上述具有"意义适当性"的因果解释进行验证，以确定其是否也具有"因果适当性"。

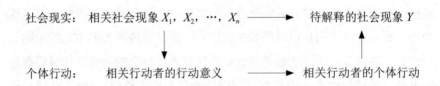

社会现实：相关社会现象 $X_1, X_2, \cdots, X_n$ ⟶ 待解释的社会现象 Y

个体行动：相关行动者的行动意义 ⟶ 相关行动者的个体行动

以前述韦伯在《新教伦理与资本主义精神》一书中所作的研究为例，我们可以将上述理解社会学研究方法图示如下：

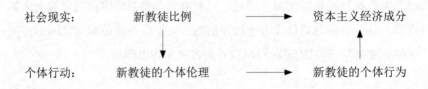

社会现实：　　新教徒比例　　⟶　　资本主义经济成分

个体行动：　新教徒的个体伦理　⟶　新教徒的个体行为

三、理解社会学的基本概念

如上所述,在韦伯看来,理想类型对于社会研究来说具有非常重要的意义。能否形成一套有关社会现象的理想类型,在很大程度上影响着理解社会学研究的质量和进程。以现有的资料为基础,构建一套能够为理解社会学研究服务的理想类型,就成为理解社会学的重要任务之一。韦伯在《经济与社会》一书(尤其是其中的第一部分)中所做的就是这样一项工作。以下我们仅将韦伯在该书第一部分第一章中以理想类型形式陈述的可以普遍适用于社会研究各个领域的一般概念概述如下。[1]

(一)行动和社会行动

行动是理解社会学最基本的概念之一。按照韦伯的界定,作为理解社会学之研究对象的"行动",主要指的是各种有意义的行动。"所谓'行动',意指行动个体对其行为赋予主观的意义——不论外显或内隐,不作为或容忍默认。"[2] 因此,行动者没有赋予其主观意义的行为不能被看作"行动"。

如前所述,虽然韦伯把行动的意义等同于行动者赋予行动的主观意义,但他又认为行动的主观意义并不必须为行动者自己明确意识到,行动的主观意义与行动者对这些意义的明确意识并不是一回事,了解这二者间的区别非常重要。然而,它们之间的差别"并不妨碍社会学可以经由对主观意义的可能形式加以分类来建构概念,好似行动真的是在有意识的意义倾向下进行"。当然,"当社会学涉及处理现实的具体问题时,这些概念和

---

[1] 在以理想类型的方式建构一套可以普遍适用于社会研究各领域的一般概念方面,韦伯最早的尝试是在1911—1913年间进行的,其主要成果包含在发表于1913年的《关于理解社会学的一些范畴》一文中。但韦伯在这篇文章中所作的阐述被包括李凯尔特在内的一些人认为过于艰涩,难以理解。故在1918—1920年间韦伯重新撰写了这部分内容。这就是我们在《经济与社会》一书第一部分第一章"社会学的基本概念"中所看到的那些内容。因此,一般认为,韦伯在这一章中对社会学一般概念所作的阐述相对其在《关于理解社会学的一些范畴》一文中的阐述更为成熟。故本书主要以这部分内容来作为韦伯在社会学一般概念方面的代表性阐述。

[2] 韦伯:《社会学的基本概念》,第19页。

现实之间的距离必须纳入考虑，并在程度上和形式上加以定位"。[1]

需要重申的是，说理解社会学的研究对象是有意义的行动，并不是说在理解社会学的研究中对于那些缺乏主观意义的过程就不必加以考虑。这些过程及其规律并不因此就不重要。"这类过程或规律只是被移到可理解的行动以外的另一种位置，即当作行动的'条件'、'刺激'、'阻碍'或'促成'的因素。"[2] 韦伯的这一看法，后来在帕森斯的行动理论中得到了进一步的发挥。

当行动者赋予行动的主观意义不涉及他人行动时，行动就只是个人性的行动，而不具有社会性。例如，行动如果只是指向事物性对象引起的行为期望，便称不上是"社会的"；仅止于冥想或孤独祷告的宗教行为也不能算是社会行动。相反，当行动者在主观意向上将自己的行动指向他人的行动时，行动的性质就发生重要的变化。此时的行动就具有了社会性，成为韦伯所说的"社会行动"。在这里，所谓指向他人的行动，可以是指向他人过去完成的行动、现在进行的行动，也可以是指向预期未来可能会发生的行动，"例如对过去攻击的报复、对目前攻击的防卫或对未来可能攻击的预防等"。所谓他人，则可以是个人也可以是不确定的多数人，可以是熟人也可以是陌生人。

在理解韦伯的"社会行动"概念时，有以下几点必须注意：

（1）并非人与人之间的每种接触都属于社会行动，只有那些行动者有意识地将自己的行动指向他人的行动才是社会行动。譬如两辆自行车突然相撞，假如相撞本身是主观无意的，那么这不过是一个自然现象一般的事件。但这两个骑车的人如果试图相互避让，或在相撞发生后对骂或相互道歉，这些行动便都是社会行动。

（2）社会行动也不等于许多人一致的行动。例如，当下雨时，街上的一群行人同时撑开雨伞。这些行动就不是社会行动，因为这些行动在主观意向上通常不指向他人，每个人都只是为了避免被雨淋湿而行动。

（3）社会行动也不等于受到他人影响的每个行动。例如，在群众集会

---

[1] 韦伯：《社会学的基本概念》，第46页。
[2] 同上书，第33页。

场所，人们常常会相互影响，如果这种影响只是条件反射性的，缺乏意义关联，那么此时人们受集会影响而激发出来的一些行动（狂欢、暴怒、鼓舞、沮丧等）就不属于社会行动。

（二）行动的基本类型：目的理性行动、价值理性行动、传统性行动、情感性行动

按照行动者主观意向的不同性质，又可以将社会行动首先区分为理性行动和非理性行动两种基本类型。其中，理性行动又可以进一步区分为目的理性行动、价值理性行动两种亚类型；非理想行动也可以进一步区分为传统性行动和情感性行动两种亚类型。这样，综合起来，就有四种基本的理想类型。

1. 目的理性行动

按照韦伯的界定，所谓"目的理性行动"，指的是这样一种性质的行动，即行动者在行动过程中将周围环境及他人行为当作一定的"条件"或"手段"来看待，通过对这些条件或手段的利用来达到自己所追求的、经过理性谋划而确定的某种目的。"目的理性行动的成立，是行动者将其行动指向目的手段和附带结果，同时他会去理性地衡量手段之于目的、目的之于附带结果，最后也会考量各种可能目的之间的各种关系。"[1]

2. 价值理性行动

所谓"价值理性行动"，即行动者纯粹出于对某一特定行动本身包含的某种（伦理的、审美的、宗教的或其他任何形式的）价值的有意识的、坚定的信仰而采取的行动，而不管这一行动能否取得成功。"纯粹的价值理性行动，是当一个人不顾及他可预见的后果，只求维护他对其义务、荣誉、美感、宗教情操、忠诚或某件'事务'之重要性的信念而义无反顾的行动"；"价值理性行动是一种始终依循着'诫命'或'要求'的引导，并以此为己任的行动。只有当人类行动是指向这类要求时，我们才将其归为价值理性行动——即使这些指向常呈现为程度十分不同、大多数时候也相

---

[1] 韦伯：《社会学的基本概念》，第51页。

当分散的片段情况"。[1]

3. 情感性行动

所谓"情感性行动",即由现时的情绪或感觉状况所决定的行动。纯粹的情感性行动常常处在理解社会学所谓"有意义的"行动之范畴的边缘地带,它"是为了满足那些直接的报复、享受、热爱、喜乐和对抒发直接感情的需要——无论它们是以何种被动或升华的方式出现——作出反应的行动"。情感性行动和价值理性行动之间有着某些共同之处,"即行动的意义对它们而言,不是那种看得见的成功,而纯粹以作出这些特定形式的行动为其依归";二者之间的区别主要在于"后者是通过对行动的终极立场的有意识揭示,和始终一贯地按部就班朝向其信奉的价值",而前者则常常只是一种对于非日常性的刺激无从控制的反应。[2] 当情感性行动乃有意识地使情绪状况得以纾解时,情感性行动就可能朝着价值理性行动,或朝着目的理性行动,或两者兼有的方向转变。

4. 传统性行动

所谓"传统性行动",则是根深蒂固、约定俗成的习惯所决定的行动。传统性行动"只是一种含糊的对于习惯性刺激以重复其固有态度作出的反应。所有我们习以为常的日常行动都接近此一类型"[3]。和情感性行动一样,纯粹的传统性行动也是处于理解社会学所谓"有意义的"行动之范畴的边缘地带甚至范围之外,但也和情感性行动类似,当行动和习惯之间的联系在不同程度及意义上被有意识地加以维持时,传统性行动便也接近于价值理性行动。

韦伯指出,行动的上述分类并没有穷尽行动(特别是社会行动)的所有形式。"它们仅仅是为了社会学的目的所创造出来的概念上的纯粹类型。"[4] 在现实生活中,实际的行动只是或多或少地接近这些类型,或者是混杂着来自不同类型的要素。

---

[1] 韦伯:《社会学的基本概念》,第51页。
[2] 同上。
[3] 同上书,第50页。
[4] 同上书,第52页。

（三）社会关系

如上所述，当行动者在行动中将自己的主观意向指向他人时，行动者的行动就具有了社会意义，成了"社会行动"。但在这个时候，被行动者的主观意向指向的那个他人，并不一定要对该行动者的这种"指向"作出相应的反应，甚至可以对这种"指向"毫无感觉。在这种情况下，我们还不能说在这两个行动者之间存在着一定的"社会关系"。然而，当不同的行动者将自己的行动意向指向对方的时候，情况就发生了变化。这个时候，一定的"社会关系"就出现了。按照韦伯的定义，所谓"社会关系"，乃行动者在行动的主观意向中考虑对方、以对方为取向的社会行动。

按照韦伯的解说，在理解"社会关系"一词的含义时有以下几个主要方面需要注意：

（1）"社会关系"这个概念的基本特征，就在于行动者和他人之间存在着某种最低限度的关联。至于这种关联的内容是什么（冲突、敌对、爱情、友谊、忠诚、市场交换等），则是暂时无关紧要的事情。

（2）在一个既定的社会关系中，相互指向的所有参与者并不必然赋予此一关系以相同的主观意义内涵，这种关系也不必然具有互惠的性质。例如，当某人试图与另一人建立友谊、爱情、忠诚、信任等关系（在主观上赋予其与另一人的关系以此种意义）时，却可能在对方那里遇到迥异的反应（对方给彼此之间的关系赋予了完全不同的意义）：行动者 A 期望与行动者 B 建立友谊关系，但后者却可能只希望与前者建立一种利益交换关系。只有在少数情况下，关系双方的期望才会完全吻合。尽管如此，只要行动双方始终在自己的主观意向上将自己的行动指向对方，双方的社会关系就始终是存在的。只有当这种期望方面的差异确实使参与者行动的关联全然断绝时，社会关系才会消失。

（3）社会关系可能具有转瞬即逝的性质，也可能具有长期持续的性质。后者指的是某种双方皆期望发生的相互指向的行动有持续地重复发生的机会。唯有在这种重复发生的机会或概率的前提下，才谈得上社会关系的"存在"。"因此，所谓存在着一种'友谊'或一个'国家'，其意思不过是：我们作为观察者，判断是否或以前有过某种机会，使得一些人会根据他们特定的态度而作出一般意义下（相关的）、特定类型的行动。"[1]

（4）社会关系的意义内涵可能有所改变，例如一个曾立基于团结的政治关系可以转变为利益冲突的关系。在这种情况下，我们可以说一种"新"的关系已经出现，也可以说持续存在的旧关系已经有了新的意义内涵。当然，在不同的情况下，社会关系意义内涵的改变程度可以有不同：可以是完全改变，也可以是部分改变（其他部分则维持不变）。

（5）在社会关系的意义内涵中保持相对不变者，就构成所谓的关系"准则"。

（6）社会关系的意义内涵可以是经由双方通过相互沟通达成的"共识"而形成。这意味着参与者彼此对未来的行动有所承诺。"在这种情况下，每个参与者——只要他理性地考量——通常会怀着不同程度的信心，假定对方会以他所理解的、经过双方同意的方式行动。他自己的行动也一方面目的理性式地指向这种（或多或少有意义地'忠于'的）期望，另一方面价值理性式地指向'信守'他所理解的承诺内容的'义务'。"[2]

（四）社会秩序及其正当性基础

韦伯指出，在社会行动中，可以观察到某些实际上的规律性，即"同一个行动者或许多人的行动过程会在一种典型相似的主观意义引导之下重复地发生"[3]。韦伯认为社会学就是要考察这些典型的行动模式，这和只寻求对重大历史事件之间的个别联系作出因果归责的历史学是有所不同的。

行动取向的重复性或规律性可以建立在不同的基础之上，由此形成行动取向的不同类型。

韦伯说，当一种社会行动取向的稳定性、规律性实际存在的机会在一群人中仅仅由于反复操练而产生时，我们就可以称它为"习惯"。习惯是可以不断改变的，并不一定长期延续下去。但当某种习惯出于某些原因

---

[1] 韦伯：《社会学的基本概念》，第54—55页。
[2] 同上书，第55页。
[3] 同上书，第56页。

得以长期延续而使取向于它的人习以为常时,我们就可以将这种习惯称为"风俗"。风俗是一种缺乏外在保证的行动规则,它对行动者而言并没有法律那样的强制效力。行动者并非出于某种规范性的强制而是出于这样或那样的原因自愿地顺应这些规则。与此同时,他也有意无意地期待着他所属群体的其他成员出于同样的原因而依照这套风俗来行动。当然,这并不是说风俗对行动者毫无压力,而只是说这种压力没有法律那样的效力。实际上,以风俗为取向的社会行动的稳定性来自这样的事实:"那些不将自己的行动倾向于它的人,便会'不自在地'行动,也就是说,他必须忍受大大小小的各种不方便和不愉快,而只要他周围的大多数人仍旧依循着固有的风俗行事,这种情形便不会消失。"[1]

相反,如果一种社会行动取向的稳定性、规律性实际存在的机会只是由于各个行动者出于获利的动机而纯粹目的理性地指向同样的期望所受到的约束,那么这种规律性就只能被称为"利益制约的"规律性。韦伯指出:"社会行动过程中许多特别明显的规律性,尤其是(但不仅仅是)经济行动,并非决定于任何有效的规范取向,也非立基于风俗,而是完全取决于:参与者的社会行动方式依其特质而言,乃是尽量配合着他们主观的正常估算下的利益,并将行动倾向于这种主观的想法和知识。譬如在'自由'市场中价格形成的规律性,便是一个例子。市场交易的当事人视他自己的行动为'手段',指向自己典型的经济利益此一'目的',同时也指向他预期中其他人典型的期望,作为可能满足其目的的'条件'。当他们愈严格地依目的理性来行动,则会愈同样地对既定情境作出反应,因此便出现了行动和态度上的一致性、规律性与持续性,这些性质甚至常比指向规范和义务的行动还要稳定,即便上述的规范在一个群体中有着实际上的'约束'效力。"[2] 和以风俗为取向的行动类似,以利益为取向的行动的稳定也来自:"若有谁不将自己行动指向对方的利益——他不去'估计'它们——那么他会受到对方的强力抵制,或得到他不愿见到和不在预期中的

---

[1] 韦伯:《社会学的基本概念》,第59页。
[2] 同上书,第58页。

后果,换言之,他因此而承担了伤害自己利益的风险。"[1]

韦伯认为,社会变迁的一个重要趋向就是,行动取向的类型越来越多地从以风俗为取向转向以利益为取向,是在行动过程中"把内在未经思索地接受流传下来的风俗习惯,替换成深思熟虑地有计划地适应于利害状况"[2]。

除此之外,行动取向的稳定性、规律性也可以建立在"正当秩序"的基础上。所谓"正当秩序",指的是行动者相信存在并出于这样那样的原因而自觉遵守的秩序。韦伯举例说:"如果家具搬运公司通常在租约期满时登广告招徕顾客,这一规律性是被自利心所驱使。如果一个推销员按月或按星期日子去拜访特定的顾客群,其行为不是习惯所致就是自利心的结果。然而,当一个公务员每天在固定的时候上班,他并非只基于他可置之不理的习惯或自利心的基础而行动;在一般原则下,他的行动也被秩序的效力(如公务员规章)所决定,这一秩序之所以为他所信守,一方面是因为不服从将对其私人不利,另一方面也因为违反这些规定对他的责任感(当然,这可多可少)而言是有害的。"[3] 韦伯认为,和以风俗为取向的行动及以利益为取向的行动相比,由于行动者自觉将遵守秩序当作自己的义务或责任,因此以正当秩序为取向的行动往往具有相对更高的稳定性。

一种以某一秩序为取向的行动真正出现的机会(概率),就是此一秩序的"效力"。秩序的效力取决于行动者能够在多大程度上自觉地将对它的遵守当成自己的义务,或者说,认为它有"正当性"。在实际生活中,不同的行动者对同一秩序可能会有不同的理解,但只要这些行动者仍然认为它有正当性,自觉遵守这一秩序,它就是具有效力的。但当许多人否认或怀疑这一秩序的正当性,因而使规避或违反这一秩序的行为成为规律性的现象时,这一秩序的效力便相当有限甚至完全消失。

一个行动者,可以出于以下理由而赋予某种秩序以正当性的效力:(1)出于这种秩序是原本就存在的一种传统而赋予其正当性的效力;"权

---

[1] 韦伯:《社会学的基本概念》,第59页。
[2] 同上书,第58页。
[3] 同上书,第60页。

威正当性最古老和普遍的形式,便是植根于传统的神圣性"[1]。(2)出于感情上(尤其是情绪上)对新的先知或被认为是值得仿效的榜样的信仰而赋予这些先知或榜样所宣示的秩序以正当性效力;历史上有许多新的秩序是由先知的预言或者至少被认为是先知的宣示而获得正当性的。(3)出于对某种价值理念的信仰而赋予包含此一绝对价值的秩序以正当性效力;所谓"自然法"就是由于其内含的绝对价值而被人们赋予正当性效力的一种秩序。"即使自然法在事实的发展上,并不总是与其宣示的理想相一致,但是我们必须承认:它的严整逻辑对行为仍有其影响,而这使它和神意法、成文法和传统法律都有所不同。"[2](4)出于对合法性的接受而给包含在被认为具有合法性的某种成文规定中的秩序赋予正当性效力。合法性的接受又可能是由于以下两种情况之一:一是相关人员的自愿同意;二是某些人对其他人拥有正当的权威,因而强制后者服从。由于具有合法性而被接受,是现代社会中最普遍的一种正当性形式。

与此相应,秩序的正当性便可以由以下主要方式获得保证:(1)情感的方式:使人从情绪上乐意顺从某一秩序而让该秩序的正当性获得保证。(2)宗教的方式:以使人出于得救之信仰而对拥有救赎资源者产生依赖这种方式,来对某种秩序的正当性加以保证。(3)价值理性的方式:使人相信某种秩序内含的那些终极价值而让该秩序的正当性获得保证。这三种方式都是通过内在的效果来对秩序的正当性加以保证。此外,还可以有(4)外在效果的方式:通过外在效果(如压力)的方式让某种秩序的正当性获得保证。这又包括以下两种具体情况:首先,就某种秩序而言,如果在一个特定的群体中偏离了它,就会使偏离者实际感受到一种普遍的指责;这种普遍的指责所造成的强大压力可能促使偏离者重新接受这一秩序,从而对秩序的正当性加以保证。其次,则是以由一群执法人员对违反秩序者进行惩戒的方式来对秩序的正当性加以保证。其正当性由前一种方式来加以保证的秩序就叫作"规范",由后一种方式来加以保证的就叫作"法律"。

---

[1] 韦伯:《社会学的基本概念》,第68页。
[2] 同上。

和前面讨论行动类型时一样，韦伯指出，上述对行动稳定性、社会秩序及其正当性的类型划分也只是一种理想型而已。在现实生活中实际存在的，往往可能是各种类型的混合物。

（五）社会关系的基本类型

按照韦伯的论述，社会关系可以区分为斗争关系和合作关系两大类。

当行动是企图贯彻行动者的意志来压制他人的抵抗，以达成对他人也想获得的机会和利益的控制时，这种社会关系就是斗争关系；当斗争是以和平的即不直接诉诸暴力的方法来进行时，这种社会关系就是竞争关系；当竞争过程在目的和手段方面都以某种规则为取向时，这种社会关系就是规则化的竞争关系；当斗争或竞争的各方缺乏明确的对抗意图，斗争或竞争只是以潜在的形式存在时，这种社会关系就是选择关系。

当行动的取向是行动者之间的合作时，所形成的社会关系就是合作关系。合作关系又可以划分成两大类型：

当合作是建立在参与者主观感受到的互相隶属性之上时，所形成的社会关系就叫作共同体关系。参与者主观感受到的互相隶属性既可以是以情感为基础的，也可以是以传统为基础的。像家庭、宗教团体、民族和军队等社会群体中的社会关系就是比较典型的共同体关系。

当合作是建立在参与者理性获利的主观动机之上时，所形成的社会关系就叫作结合体关系。参与者理性获利的动机既可以是出于目的理性式的考虑也可以是出于价值理性式的考虑。比较纯粹的结合体关系有以下几种类型：（1）以目的理性为基本原则的自由市场交换。（2）纯粹通过自由协商过程而实现的"目的结社"，这种结社的意图或手段完全是在追求成员的事务性利益。（3）基于价值理性方面的动机而实现的"信念结社"，例如"理性的"教派。这种教派，"假若其不计及情感上和情绪上的利益，完全只是为了服务一件'事'而存在"。[1]

韦伯重申，无论是斗争关系与合作关系的划分，还是共同体关系与结

---

[1] 韦伯：《社会学的基本概念》，第74页。

合体关系的划分，都只是一种理想类型而已。首先，就斗争关系与合作关系的划分而言，无论是在共同体关系中还是在结合体关系中，斗争关系在一定程度上都存在。表面上看，共同体关系与斗争关系是完全对立的，然而，韦伯指出："不容隐瞒的事实是：加诸较弱一方身上的各式各样的强迫，即使是在最亲密的共同体关系中，仍是相当普遍的事情。更甚者，导致生活机会和生存机会不同的'物竞天择'过程，持续地在这些关系中进行，就像在其他地方一样。"同样，在结合体关系中，存在着的也只是对抗利益之间的妥协，而非利益对抗本身的消失。"在此仅有部分斗争目标或斗争手段被排除，或者至少有想要这样做的企图。在妥协范围之外，参与者之间的利益冲突本身与对机会的竞争仍然存在。"其次，以共同体关系与结合体关系的划分而言，情况也是如此。大部分社会关系都在不同程度上同时具有这两种关系的性质。例如，"不论社会关系的主要考虑是如何冷静的可计算性或目的理性（如同商人对待顾客般），皆有可能涉入情绪性价值，并超越功利性的原始目的。每种超越立即性共同目的之追求的社会关系，若持续一段时间让同样一群人交往，而且不是一开始便限定只在技术性的范围之内结合，多少会出现共同体的连带关系。因此，在相同的军队单位、相同的学校班级、相同的工厂或办公室的结合情况中，总是有这样的趋势，当然其程度上的变异相当大。相反的，一种通常被视为主要是共同体的社会关系，可能会有部分甚或全体成员在行动上或多或少地指向目的理性式考虑。例如，家庭团体的成员究竟是以'共同体'的感觉去面对它，抑或以'结合体'方式利用这种关系来达到自身的目的，这之间的变异可能性很大"。[1]

所有的合作关系，无论是共同体关系还是结合体关系，又可以根据其开放或封闭的状态来进一步分类。一种社会关系，不管是共同体关系还是结合体关系，只要依行动者的主观意向和具约束力的规则不排除任何想加入者的参与，就可以称之为"开放的"关系；相反，根据行动者的主观意向和具约束力的规则，使某些人的参与被排除、限制或限定于某些条件，

---

[1] 韦伯：《社会学的基本概念》，第74—75页。

那么就可以称之为"封闭的"关系。而无论是开放的还是封闭的关系，都可能是出于传统的、情感的、价值理性方面的或目的理性方面的原因形成的。例如，家庭就是出于传统方面的原因而形成的一种封闭性的共同体关系；性爱关系、忠诚关系则是出于情感方面的原因而形成的封闭关系；一个分享着某种明确信仰的宗教共同体是出于价值理性方面的原因而形成的共同体关系；垄断财团则是出于目的理性方面的原因而形成的封闭性结合体关系；等等。一般说来，当社会关系能够为参与者提供某种精神或物质方面的利益得以满足的机会时，就特别容易基于理性的理由而导致封闭：假如参与者期待他人的认可来让满足机会在程度上、方式上、安全性上和价值上取得改善，那么他们就倾向于使关系保持为开放性的；反之，假如他们期待以垄断的方式来改善其地位，那么他们就倾向于使关系保持为封闭性的。

（六）社会组织

一种对外封闭或限制外人加入的社会关系，当它的规则是由特定的个人（如领导者）以及可能是管理人员的部分人来加以执行时，就称为组织。所谓"组织行动"，实际上意指：为贯彻组织秩序，由管理人员本身凭借其执政权或代表权之正当性而发动的行动；组织成员接受管理人员依据规章所指导的（和组织有关的）行动。

韦伯指出，就组织这一概念而言，组织成员之间的关系究竟是共同体关系还是结合体关系这一点并不重要，重要的是存在着一个或一群执行组织规则的领导或管理干部。只要存在着这样一个领袖或一群管理干部，不管是共同体还是结合体关系就都可以发展为一个组织。"一个'领袖'的存在，如一家之主、协会的董事会、经理、君主、总统和主教等，他们的行动是关切组织秩序的贯彻，这样便足够了：因为这类特殊的行动不仅指向既定的秩序，而且还有强制成员服从的意思。""组织是否'存在'，端视领袖或管理干部存在与否。更精确地说，它的存在有赖于某人可以从事下列行动的机会，即以他的方式将组织秩序予以贯彻；换言之，当情况发生时，可被期待以如此方式行动的个人能够出现。""如果在特定人群或个人身上欠缺了这种行动类型的机会，那么它便只是一种'社会关系'而已，还称不上是'组织'"；而反过来，"只要存在着这种行动的机会，即使其中的个人可能完全更换了，社会学意义下的组织仍'存在'"。[1]

组织首先可以根据其秩序的产生方式区分为"自律的"和"他律的"两种类型：假如一个组织的秩序是由其成员凭借自身的特质建立起来的，那它就是一个自律的组织；反之，假如这个组织的秩序是由组织以外的人强加的，那它就是一个他律的组织。其次，组织还可以根据其领袖和管理人员的产生方式区分为"自治的"和"他治的"两种类型：假如一个组织中的领袖和管理人员都是依据组织自己的秩序规章产生的，那它就是一个自治的组织；反之，假如这个组织中的领袖和管理人员完全是由外人指派的，那它就是一个他治的组织。组织分类的这两个维度可以交叉，从而形成自律他治、自治他律、自律自治、他律他治四种组织类型。

此外，组织还可以根据组织秩序的性质和适用范围来进行分类。根据秩序的性质，可以把组织区分为"行政型组织"和"规约型组织"两种类型：假如一个组织的秩序主要是通过其行政机构及其成员采取有明文规定并有计划地执行的行动来实现的，那么这个组织就是行政型组织；反之，假如一个组织的秩序主要是通过对其成员的社会行动进行规范约束的形式来实现的，那么这一组织就可叫作规约型组织。而根据组织秩序的适用范围，假如一个组织其明文秩序的效力只及于那些依个人意志自愿加入的成员，那么这一组织便可称为"社团"；反之，假如一个组织的明文秩序可以在一个明确的范围内有效地强加给所有符合特定标准的行动，那么这一组织就可称为"机构"。"'机构'的类型主要是国家与其周遭的所有非自主性组织，以及教会——只要其规则乃理性建立的。一个机构的秩序常宣称对于具备一定特质（如出生、居留、对特定设施的使用等）的人员有其效力，不论当事者个人是否愿意加入，也不顾及他是否有参与过规则的制定。"[2]

一个组织，若其成员隶属于既定秩序的支配关系，则可称为"统治组

---

[1] 韦伯：《社会学的基本概念》，第85页。
[2] 同上书，第91页。

织"。所谓"统治",涉及一项特定内容的命令会得到特定人群服从的机会。而一个统治组织,如果在既定范围内其存在与秩序是持续地由其管理人员使用或威胁使用暴力予以保证的,就可称为"政治组织"。村社、家族、行会或工会都是一种政治组织。而当一个政治组织的管理人员成功地宣称其对为了施行秩序而使用暴力的"正当性"拥有垄断的权利时,就可称为"国家"。相反,如果一个统治组织的内部强制性秩序主要是通过分配或取消救赎性资源的方式来加以保证时,就可称为"神权组织"。其管理人员宣称对神权式强制的正当性具有垄断权的神权组织就是教会。

总起来看,与其"社会唯名论"的理论立场相一致,韦伯在上述概念框架的排列中试图严格贯彻"一切复杂的社会(关系、结构、组织)现象都应该视为可理解的、意向性的个体行动"这样一个理解社会学的基本原则,采用了一种从个体行动推演出社会关系、社会结构和社会组织,从微观社会(关系、结构、组织)现象逐渐上升到宏观社会(关系、结构、组织)现象的逻辑结构。

四、西方近代社会历史进程的理想类型:社会的理性化

以现有的历史资料为依据,对西方社会(尤其是西方近代社会)的历史进程进行详尽的描述和分析,在此基础上建立起一种有关西方社会历史演变过程的"理想类型",以帮助人们更好地理解人类社会(包括西方社会和非西方社会)的历史演变过程,差不多是韦伯一生学术研究活动的主要内容。韦伯的绝大部分著作,基本上都是在处理这一课题。

作为将"生产关系"看作全部社会现象产生和变化之基础的历史唯物主义者,马克思曾经致力于从生产关系类型的变化这个角度来考察人类历史的演变过程,并将从封建社会向资本主义社会的转变理解为近代西方社会历史进程的核心内容。作为将"社会"看作一种外在于个人并制约着个人行为的实证主义"社会唯实论"者,孔德、涂尔干等人曾致力于从社会秩序(社会联结、社会整合)类型的变化这个角度来完成这一工作,并

将从"前工业社会"(或"机械团结")秩序向"工业社会"(或"有机团结")秩序的转变理解为西方近代社会历史进程的核心内容。与此类似,作为主张把全部社会现象还原为有意义的个人行动的理解社会学家,韦伯则致力于从行动取向类型的变化这个角度来把握人类历史的演变过程,并从这一角度出发将行动和社会生活取向的"理性化"建构为西方近代社会历史进程之理想类型的核心内容。

什么是行动和社会生活的"理性化"趋势?对于这个问题,韦伯似乎并未作过明确的、统一的解释。从韦伯关于行动取向两大类型(理性和非理性)的说法来看,所谓行动与生活的"理性化",应该指的是行动与社会生活的取向类型日益从各种"非理性"的取向类型转向"理性"的取向类型。具体说来,就是行动和社会生活日益从"情感"和"传统"的支配下解脱出来,越来越多地从属于"理性"的安排,越来越多地出于"理智"的考虑。但在韦伯的行动取向类型学中,"理性"至少有两种亚类型,即"目的理性"和"价值理性"。以此而言,行动和社会生活的"理性化"应当既可以理解为行动和社会生活的"目的理性化",也可以理解为行动和社会生活的"价值理性化"。事实上,韦伯在《经济与社会》第一章某处讲到社会的理性化趋势时,就明确说"理性化可以有着不同的方向:它既可以积极地朝向有意识的价值理性化,也可以消极地朝着牺牲风俗习惯、牺牲情感性行动和价值理性行动,只利于一种弃绝任何价值信念,纯粹目的理性式行动的方向前进"[1]。尽管如此,阅读韦伯关于行动和社会生活理性化过程的论述,我们还是可以感受到,在韦伯那里,行动和社会生活"理性化"之说主要还是指行动和社会生活的"目的理性化",即行动者在行动和社会生活中越来越多地"把内在未经思索地接受流传下来的风俗习惯,替换成深思熟虑地有计划地适应于利害状况"。[2]韦伯认为,这种在行动和社会生活方面越来越多地放弃"情感"和"传统"的取向,转向以"目的理性"为取向的趋势,正是西方社会近代以来历史进程的核心或实质内容。在他看来,无论是马克思所说的从封建社会向资本主义社会的转

---

[1] 韦伯:《社会学的基本概念》,第59页。
[2] 同上书,第58页。

变也好,还是孔德、涂尔干等人所说的从前工业社会向工业社会的转变也好,本质上都不过是社会生活"(目的)理性化"的一种表现与结果。

韦伯采用"理想类型"的方法,从不同的方面来描述和分析西方社会的"(目的)理性化"进程。

(一)技术的理性化

韦伯明确地区分了"经济"与"技术"两个概念。在他那里,"'技术'意味着行动所应用的手段的内涵,与行动最终以之为取向的行动意向或目的正好相对立"。也就是说,"技术"这个词指的是行动者在行动中用来达到目标的那些手段。当然,在实际生活中,具体什么东西应被看成达成目标的手段或"技术",其界限是相对模糊的。"一个具体的行动的最终意向,把它放在一个行动的总的相互关系中,可能是'技术'性质的,亦即在那个更为广泛的相互关系的意义上,是手段;然而此时对具体的行动来说,这个(从那个相互关系上看)技术效益就是意向,而由它为此所应用的手段就是它的'技术'。因此,对于一切行动来说,都有在这个意义上的技术:祈祷技术、苦行技术、思维和研究技术、记忆技术、教育技术、政治统治或僧侣统治技术、管理技术、性爱技术、战争技术、(例如一位演奏能手的)音乐技术、一位雕刻家或画家的技术、司法技术等等。"所谓"技术"的(目的)理性化,就是行动者在行动中所采用的技术越来越符合"目的理性"的原则或要求。而目的理性的基本原则就是"用力最少"原则或"效率"原则,即与其他技术手段相比,运用此一技术手段能使行动取得最大的成果。凡是符合目的理性原则的技术就是"理性的"技术:"'理性的'技术意味着应用有意识地和有计划地以经验和深思熟虑为取向的手段,在最合理的情况下,则是以科学的思维为取向的。"[1]在任何社会,技术的理性化都是一个漫长的历史过程,受到各种不同因素的影响,有着许多不同的发展路径。在西方国家,就工业生产的技

---

[1] 韦伯:《经济与社会》(上卷),林荣远译,商务印书馆,1997年,第87页。译文略有修改(出于语言习惯方面或其他因素的考虑,本书对引自该书的一些文字也略微进行了改动。除特殊情况外,后面也一般不再说明)。

术而言，17—18世纪所发生的技术变革对于工业技术的理性化进程来说具有非常关键的意义。生产过程的机械化，不仅使生产过程在很大程度上摆脱了对人力、兽力等自然力量的依赖，而且使生产的工艺过程及其改进可以与科学思维相结合，从而使生产过程从一切传统的束缚下解放出来，随着科学的发展而不断发展。

（二）经济的理性化

按照韦伯的解说，所谓"经济"，指的是一种自主安排的持续的经济行动；所谓"经济行动"，指的是一种以和平的方式运用其（对包括自身劳动力在内的各种资源的）支配权力来从事的主要以经济为取向的行动[1]；而一项行动，"只要当它根据其所认为的意向，以设法满足对效用的欲望为取向时，就应该叫作'以经济为取向'"[2]；而所谓"效用"，则指的是行动者主观上估计的某种物品或人的活动在满足其需求、欲望方面所可能具有的用处或意义。"经济"与前面所说的"技术"之间的区别主要在于：经济是一种以满足行动者对效用的欲望为目的或取向的行动，而技术则只是为实现某一目标或取向所采用的那些手段。"经济主要以应用的目的为取向，技术则是以（既定的目标下）必须应用的手段为取向。"[3] 所谓的"技术问题"，通常指的是运用什么样的手段去实现某个既定的目标或取向。它不必考虑目标或取向本身的选择问题。而"经济问题"则主要是指：同人们的整体需求相比，行动要加以实现的这个目标或取向本身是否可取？当我们将现有的资源用于实现这个目标时，会对其他需求的满足或效用的获取产生什么样的影响？等等。换句话说，技术问题涉及的主要是既定行动目标下不同手段之间的比较，经济问题涉及的则主要是既定行动资源下不同需求、欲望或目标之间的比较。当我们问"采用什么样的装备

---

[1] 这意味着：（1）凡在主观上不以经济为取向（尽管在行动中可能会将经济情况作为影响行动的一个方面加以考虑）的行动当然就不属于经济行动；（2）凡主观上虽然以经济为取向，但却并非通过和平地运用其支配权力（而是借助暴力等手段）来实现这种取向的行动，也不属于经济行动。关于这两点的说明详见韦伯：《经济与社会》（上卷），第86页。

[2] 同上书，第87页。译文略有修改。

[3] 同上书，第88页。

才能移动一定的荷载，或者才能从一定的深度把矿产品运送出来，其中哪些装备较合适或最合适"时，我们提出的就是一个技术性问题；而当我们问"运送这些产品的耗费是否能够通过产品的销售而得到支付"或"运送这些产品时产生的资源和劳动力耗费会否影响其他利益的提供"时，我们提出的就是一个经济问题。[1]

人们的经济取向可以是传统式的，也可以是目的理性式的。所谓经济的理性化指的就是人们的经济行动越来越普遍地从传统式取向转变为目的理性式取向（越来越普遍地以"用力最少"或"效益最大"为取向）。理性经济行动的典型特征是：（1）行动者将现有的资源有计划地在当前和未来之间进行分配；（2）行动者按其估计的重要性顺序，根据边际效用原则，将现有的资源有计划地在不同使用领域之间进行分配；（3）行动者出于获得比所支出的成本更大的收入的预期，有计划地运用自己支配的各种手段去获取效用；（4）通过与他人的结社而有计划地获取对有些效用的有保障的支配权或参与支配的权力。

在西方国家经济理性化的进程中，市场交易、货币制度和资本主义企业经营方式的出现具有非常关键的意义。

（1）货币的出现使得理性的经济计算具备一种最完善的手段。韦伯说，"一种经济行为的形式上的合理应该称为它在技术上可能的计算和由它真正应用的计算的程度"[2]；而"纯粹从技术上看，货币是'最完善的'经济计算手段，也就是说，经济行为取向的形式上的最合理的手段"[3]。因此，它也是目的合乎理性的生产经济的特殊手段。韦伯认为，以实物形式也可以对劳动过程的耗费与成果进行测量和比较，但它只能在非常有限的范围内进行。"实物计算既没有在货币估计意义上的'财富'，也没有统一的（即用货币估计的）'收入'。"由于缺乏统一的测量尺度或单位，它

---

[1] 或者，还可以用韦伯所举的另外一个例子来加以说明：当我们问"用什么工具或手段才能够最好地生产出大气层的空气"时，我们问的就是一个技术问题；而当我们问"在正常的情况下，这样做是否需要或值得"时，问的就是一个经济问题。见韦伯：《经济与社会》（上卷），第88页。
[2] 同上书，第106页。
[3] 同上书，第107页。

"只有在质上相同的物品之内才是可能的"[1]。而"一旦考虑不同方式和多种用途的生产手段或者质上不同的最终产品,单纯'计算'也就开始成为问题"[2]。"用货币计算,尽管有种种必须预计到的未知因素,在原则上总是一项可以解决的计算任务。"[3]

（2）市场交换为货币计算达到最高的合理程度提供了必要的制度性前提。货币计算的合理程度是与许多特殊的条件联系在一起的。这些特殊条件当中最重要的之一,就是一个市场交换体制的存在。只有在一个有着广泛的市场自由和充分的讨价还价余地的市场体系中,物品的实际价值及其变化才能够正确地通过货币数量（价格）及其他波动反映出来。任何合理的货币计算,都是以价格为取向。而合理的货币价格是参与竞争的人们自由斗争和妥协的产物,是凭借实力自由较量的结果。因此,韦伯说,货币计算"是在最广泛的市场自由的——即在既不存在强加的和经济上不合理的,也不存在唯意志的和经济上合理的（即以市场机会为取向的）垄断意义上的市场自由——实质性前提下,达到最高的合理程度"[4]。

（3）资本主义企业组织为生产过程中货币的合理计算提供了必要的制度性前提。按照韦伯的说法,资本计算是货币计算的一种特别形式。"资本计算是通过对一个赢利企业一方面在开始时整个赢利货物（以实物或货币计算）,和另一方面在结束时（还剩有的和新获得的）赢利货物的货币估计数量,进行比较,对赢利机会和成果的估计和检验。"[5]资本计算是以"有利可图"为取向的。韦伯认为,"货币计算在资本计算的形式中,达到作为经济行为在计算方面的取向手段最高的合理程度"[6]。而就生产性企业而言,资本计算的合理性又只有在剥夺全体劳动者对生产手段的占有、"使劳动者屈从于企业家的统治"[7]等条件下才可以达到最高的合理程度。

---

[1] 韦伯:《经济与社会》（上卷）,第109页。
[2] 同上书,第122页。
[3] 同上书,第125页。
[4] 同上书,第129页。
[5] 同上书,第112页。
[6] 同上书,第128页。
[7] 同上书,第161页。

因为只有这样企业家才能够按照企业经营的需要自由地选择和使用工人及其他资源、进行合理的资本计算、提高自己的经营素质以及维持企业生产的最佳纪律等。可见，资本主义企业组织是最符合"目的理性"原则的一种生产组织形式。而事实上，资本主义企业组织也正是西方国家中经济行为理性化进程的历史结果。[1]

（三）统治行为的理性化

统治，即在特定人群里使一项或一切命令得到服从的机会，可以建立在服从者出于情感、习俗、价值信念或物质利益等方面的考虑而形成的各种不同的动机之上，但一般来讲，任何一种可靠的统治，除了这些因素之外，还需要加上另一个因素，即被统治者对统治之合法性的信仰。韦伯指出："一切经验表明，没有任何一种统治自愿地满足于仅仅以物质的动机或者仅仅以情绪的动机，或者仅仅以价值理性的动机，作为其继续存在的机会。毋宁说，任何统治都企图唤起并维持对它的'合法性'的信仰"，"根据所要求的合法性种类的不同，服从的类型，为保证服从而确定的行政管理班子的类型，以及实施统治的特点，也是根本不同的"。[2] 因此，韦伯根据合法统治赖以建立的基础将统治行为分为三种理想类型，即魅力型统治、传统型统治和法理型统治。

（1）魅力型统治。即将统治的合法性建立在众人因为某个人的人格魅力、英雄气概及对由他所启示或创立的制度之神圣性的崇敬而对此人的统治自愿服从的基础之上。

（2）传统型统治。即将统治的合法性建立在众人对适用已久的传统之神圣性以及统治者的权威是由这一传统所授予这一点的信任的基础之上。传统型统治具有长老制、家长制、家产制、封建制等多种不同的形式。

（3）法理型统治。即将统治的合法性建立在众人对统治者是依照某一

---

[1] 韦伯认为，资本主义企业在世界上很多时候和很多地方都出现过，但以自由劳动组织为基础的资本主义企业则只在现代西方世界出现。这种现代资本主义企业组织的出现正是西方世界社会生活理性化进程的结果之一。关于这一点，可参见韦伯在其《宗教社会学论文集》绪论中的相关论述（见韦伯：《新教伦理与资本主义精神》，苏国勋等译，社会科学文献出版社，2010年）。

[2] 韦伯：《经济与社会》（上卷），第239页。

经由公认的程序制定出来的、超出个人（包括统治者）意志的普遍法则来进行统治，统治者的权威是由这一普遍法则所授予这一点的信任的基础之上。最典型的法理型统治是现代的官僚制度（科层制）。

在这三种统治类型中，魅力型统治是最缺乏理性精神的。魅力型统治是"纯粹以领袖的人格与魅力作为基础，完全以人为中心的支配关系，相信此人有超凡入圣的能力，或是以一种很宗教式的情操相信他而追随他"[1]。在魅力型统治下形成的统治团体是一种感情共同体，没有等级制度，也没有"薪金"或"俸禄"，信徒和扈从与统治者一起生活在仁爱和伙伴的共产制度之中；其行政管理班子不是专业上训练有素的"官员"，而只是领袖的"信徒""扈从""亲信"；没有正常的"任免"程序，而只是由领袖依照直觉来对服从者随意加以"召唤"；没有规章，没有抽象的法律原则，也没有以法律原则或传统先例为取向的律例，有的多是在具体情况下依据启示、神谕、灵感或领袖意志不断重新加以创造的法令或规定；等等。所有这些特征都使得魅力型统治下的统治行为充满了感情色彩，充满了不确定性、不可预测性或不可计算性。

与魅力型统治相比，传统型统治具有一定程度的理性化色彩，但理性化程度仍然有限。在传统型统治下，统治者是依照传统遗留下来的规则来确定的，且统治者的统治行为在一定程度上也要受到传统的约束；统治者不能任意订立"新"法则，即使要这样做时也须从传统中寻找依据。因此，被统治者在一定程度上服从的实际上是传统而非个人，这使得传统型统治有一定的规则可循。但传统对统治者的约束又是相当有限的。统治者在相当程度上具有任意专断的权利，且往往走向世袭制；统治者要么在没有行政管理班子的情况下直接进行统治，要么只招募与自己有关系的人来建立一种既缺乏固定权限、固定等级制度、固定薪金，又缺乏正常的任免与晋升程序及专业培训制度的行政管理班子。这些又使得传统型统治的确定性、可预测性大打折扣，限制了统治行为的理性化程度。

只有法理型统治才是最具理性精神的统治类型。在法理型统治下，统

---

[1] 顾忠华：《韦伯学说》，广西师范大学出版社，2004年，第166—167页。

治者只是一些依据公认的程序和法律选拔出来、受过专门培训、具有专业技能、担任公共职务的人；这些人组成一个有着固定任免和升迁程序、明确的议事规则，在职务、财务和办公场所等方面都公私分明的等级体制，他之所以可以发号施令，只是因为他在整个等级体制中占据了一个"上级"的位置；所谓统治或行政管理，不过就是在法律规则限制之内依据普遍标明的原则合理地维护团体制度所规定的利益，统治者必须严格依法按章办事；被统治者服从的实际上只是法律而非某个或某些人，并且只是在法律或制度赋予的管理权限范围之内才有义务服从上级。所有这些特征使得法理型统治下的统治行为具有最大程度的确定性、可预测性和可计算性，最不易受当事人感情或特定价值观念的影响，因而最符合目的理性的原则。

和前面一样，所谓统治行为的理性化，也就是统治行为越来越符合目的理性的基本要求，在具体形式上表现为统治行为的类型从魅力型统治和传统型统治越来越普遍地转变为法理型统治。"在前理性主义时代，几乎整个行为的取向都被传统和魅力瓜分殆尽"[1]；而在理性主义的现代，法理型统治，尤其是其典型的形式——现代官僚体制则几乎成为社会各个领域、各个层次普遍实行的甚至唯一的管理形式。

韦伯指出，官僚制度之所以迅速发展，成为现代社会居统治地位的管理形式，正是由于它从目的理性的立场来看具有优越性。"官僚体制的组织广泛传播的决定性的原因，向来是它的纯技术的优势超过任何其他的形式。一种充分发达的官僚体制机制与其他形式的关系，恰恰如同一台机器与货物生产的非机械方式的关系一样。精确、迅速、明确、精通档案、持续性、保密、统一性、严格的服从、减少摩擦、节约物资费用和人力，在由训练有素的具体官员进行严格官僚体制的，特别是集权体制的行政管理时，比起所有合议的或者名誉职务的和兼任职务的形式来，能达到最佳的效果。只要是涉及复杂的任务，那么有偿的官僚体制的工作不仅更加精确，而且结果往往甚至比形式上无偿的名誉职务的工作更加便宜"[2]；"根据

---

[1] 韦伯：《经济与社会》（上卷），第273—274页。
[2] 韦伯：《经济与社会》（下卷），林荣远译，商务印书馆，1997年，第296页。

全部经验，纯粹的官僚体制的行政管理，即官僚体制集权主义的、采用档案制度的行政管理，精确、稳定、有纪律、严肃紧张和可靠，也就是说，对于统治者和有关的人员来说，言而有信，劳动效益强度大和范围广，形式上可以应用于一切任务，纯粹从技术上看可以达到最高的完善程度，在所有这些意义上是实施统治形式上最合理的形式"[1]。

（四）法律的理性化

韦伯从形式化程度（是否具有高度标准化、自治化的程序和判决规则）和理性化程度（判决是否具有能够用人类的理性思维加以理解或用逻辑推理过程加以说明的理由）两个维度来对历史上出现过的法律进行分析，将它们大致划分为四种理想类型。

1. 形式化的非理性法

在这种法律类型下，虽然法律的判决是经由高度形式化（标准化、自治化）的程序和规则产生的，但却缺乏能够用人类理性思维加以理解或用逻辑推理过程加以说明的充分理由。原始社会中的神谕法或神判法就是一种典型的高度形式化的非理性法。在由这类法支配的审判过程中，魔法因素不仅渗透到了法律准则的制定过程当中，而且还渗透到了对争端的整个调解过程当中，从而使得整个法律过程具有了严格的形式化性质。只有对形式上正确地提出的问题，魔法才能给予正确的答案；而且"倘若有最微不足道地偏离（在魔法上）有效的形式，这些法律事务就无效"。然而，"同诉讼程序本身正式的性质相比，判决手段则具有彻底的非理性性质。……具体的判决缺乏任何逻辑上合理的说明"。[2]因此，在判决中实践的"法"，实际上是不确定的、可伸缩的。

2. 实质化的非理性法

在这种法律类型下，不但法律的判决过程缺乏高度形式化的程序和规则，而且缺乏任何能够用人类理性思维加以理解或用逻辑推理过程加以说明的理由、根据。对案件的判决发挥主要影响的是宗教、伦理、情感等非

---

[1] 韦伯：《经济与社会》（上卷），第248页。
[2] 韦伯：《经济与社会》（下卷），第102页。

理性的因素，判决结果具有高度的不确定性和不可预测性。古代某些地区流行的"卡迪审判"就是这类法律的典型实例之一。"卡迪审判意味着基于某种（法律外）的具体伦理的或其他实践的价值判断所作的、非形式化的、不受法规束缚的判决，它完全没有理性的'判决理由'，纯粹是根据具体的价值判断。具体的、非形式的、实质公道的、伦理的考量超越了形式的、理性的法条规定与法律手续。"[1]

3. 实质化的理性法

在这种法律类型下，虽然法律的判决过程缺乏高度的形式化程序和规则，但判决的结果却有相当充分的逻辑理由或理论根据。在这里，虽然宗教、伦理、情感等非理性因素在一定程度上还在影响法律的判决过程，但逻辑上的理由和理论上的根据已经成为法律判决的主要因素，只不过这些理由或根据的形式化程度还不高而已。中世纪由神职人员来控制和实施的法律体系可以看作这一法律类型的典型之一。在这里，"神职人员（以及任何与他们接近的人）对待法律，不是力争法的形式的理性化，而是法的实质的理性化"[2]。法律培训一般是依靠一部由圣书或者固定的口头或文字传统确定下来的神圣律法，它在下述意义上具有一种非常特殊的理性性质，即它偏好于搞一种决疑论，这种决疑论是纯粹理论构想性的，主要源于学者们某种自由的理智活动方面的需要，而非有关利益者的实际需要。尽管当它被用来满足实践需要时，也不得不在下述意义上进行一定程度的形式化，即它必须通过重新解释来让传统的不变规范能够在新的需要面前始终具有适用性，但总的来说它不会创造出一种系统化、逻辑化意义上的形式化。"它还经常带来这样一种成分，它们仅仅意味着向人或者法律制度提出一些理想的、宗教伦理的要求，而不是对某种经验上的适用的制度进行逻辑加工提炼。"[3]

4. 形式化的理性法

在这种法律类型下，不但法律的判决过程具有高度的形式化特征，而

---

[1] 林端：《韦伯论中国传统法律——韦伯法律社会学批判》，台湾三民书局，2003年，第18页。
[2] 韦伯：《经济与社会》（下卷），第122页。
[3] 同上书，第123页。

且判决结果也有相当充分的逻辑理由或理论根据，因而其判决结果具有相当程度的确定性和可预测性。这类法律的典型范例就是受罗马法影响而形成的近代欧洲国家的法律系统。按照韦伯的论述，这些法律具有以下具体特征：（1）任何具体的法律判决都是把一条抽象的法规"应用"于一个具体的事实；（2）对任何具体事实的判决，都必须是采取法律逻辑的手段，从现行的法规中得出的；（3）因而，现行的、客观的法律是法规的一个"完美无缺的"系统，或者其本身潜在地包含这样一个系统，或者其本身必须被看作为了法律应用而设的一个系统；（4）在法学上不能理性地加以构想的东西，在法律上也是无关紧要的；（5）人们的共同体行动[1]必须完全作为对法规的"应用"或"实行"来加以解释，或者相反，作为对法规的"违反"来加以解释。由于与法规系统的"完美无缺"相适应，"法律上的井然有序"也是整个社会行动的一个基本范畴。

法律的理性化就是法律的形式化和理论化程度不断提高的过程，其演化方向即按照上述顺序逐渐地从形式化的非理性法依次经过实质化的非理性法和实质化的理性法，最终走向形式化的理性法。[2]当然，韦伯指出，这只是一种从理论上构想的发展顺序。在历史现实中，"既非处处按照理性发展程度的先后顺序，也非处处都存在着所有的阶段，甚至包括西方也如此，或者哪怕今天也如此"[3]。

（五）大众伦理的理性化

人类历史上的伦理观念大体上可以区分为传统主义和现代理性主义（或现代资本主义）两大理想类型。所谓大众伦理的理性化，就是普通大众的伦理观念从传统主义的伦理观念逐步转变为现代理性主义的伦理观念。

---

[1] 韦伯此处关于法律社会学的论述是在其《经济与社会》一书的第二部分阐发的。韦伯在第二部分的论述中使用的概念是其在《关于理解社会学的一些范畴》一文中阐述的那些概念，而非《经济与社会》一书第一部分第一章中阐述的概念。这里的"共同体行动"一词即前文中的一个基本概念，其含义相当于后者中的"社会行动"一词。

[2] 参见韦伯：《经济与社会》（下卷），第201页。

[3] 同上书，第202页。

1. 传统主义

韦伯并没有为传统主义伦理观念的内容或特征列出一个完整的清单，但以下观念似乎都可以归于传统主义伦理观念的范畴：（1）以巫术信仰为形式的迷信观念。所谓巫术信仰有两个最基本的特征：一是相信世界是由各种各样的精灵鬼怪支配的，普通人得罪精灵鬼怪将会遭不测之祸；二是相信某些具有特殊禀赋的人能够通过某些特殊的技巧或途径来与这些精灵鬼怪沟通，并让这些精灵鬼怪为人服务。（2）因循守旧的生活态度，固守习惯或传统的行为方式，害怕任何形式的改革。韦伯认为："传统主义视传统为神圣不可侵犯，亦即固守由祖宗传下来的行为与经济生活，乃是各地区一切伦理及由此伦理产生的经济关系的开始。"他还指出，这种因循守旧的态度在很大程度上与巫术信仰有关："因为恐惧天降灾殃，因此对于任何想改变传统既定生活方式的事物皆深恶痛绝。"（3）对营利行为（尤其是针对共同体成员的营利行为）的鄙视和限制。按照韦伯的叙述，在西方，"最初对于营利，并存着两种截然有别的态度。对内则信守传统的束缚，亦即受部落、氏族及家族之内同胞关系的束缚。换言之，在这些团体内不得无限制地追求营利，此即支配共同体内部来往关系的'对内道德'。对外则视一切外人为敌人，完全不适用伦理的限制，经济行为上则可去限制地发挥营利欲，此即支配对外关系的'对外道德'"。（4）日常生活中促使人们去从事劳动的行为动机主要是满足人们在现世的自然需要。缺乏一种满足现世自然需要之外的、能够促使人们持续行动的超验的目标或动机。（5）缺乏对行动手段与行动目标之间的关系进行严格计算和谋划的精神。等等。[1]

2. 现代理性主义

现代理性主义则包括这样一些基本观念：（1）对巫术一类迷信观念的逐渐祛除；（2）对营利行为的强烈兴趣；（3）日常生活中促使人们去从事各种活动的行为动机主要不是满足人们生存方面的自然需要，而是事业或"志业"方面的成功；（4）对事业成功的永无止境的追求；（5）对行动手

---

[1] 参见韦伯：《经济与历史》，康乐编译，台湾远流出版事业有限公司，1990年，第179—180页。

段和行动目标之间关系的严格计算和谋划；等等。

韦伯认为，在大众伦理从传统主义向现代理性主义的转变过程中，宗教伦理的转变起了关键的历史作用。因为，在韦伯看来，无论在西方还是在东方国家，宗教对于人们的观念和日常生活都起着巨大的影响和控制作用。西方社会大众伦理从传统主义向现代理性主义的转变，在很大程度上就与加尔文新教伦理的兴起有着密切的关联。

对宗教发展与大众伦理之间关系的考察，可以从宗教伦理自身的"理性化"（或"去巫术化"）程度以及宗教伦理对大众生活的影响或两者的关联程度这两个方面展开。

从总体上看，宗教的发展就是一个人们的观念和生活方式逐渐"除魔化"（或"去巫术化"）、逐渐"理性化"的过程。但不同类型的宗教"去巫术化"或"理性化"的方向与程度是非常不同的。在这方面，韦伯将世界各大宗教区分为两大类型。一种可以称为"神秘主义"类型，主要包括东方的各种宗教，如佛教、儒教、道教、印度教等；另一种则可称为"禁欲主义"类型，主要包括西方的各种宗教，如犹太教、天主教、基督新教等，还包括伊斯兰教等。"神秘主义"型宗教的主要特征是预设一种神秘的精神生活境界来与世俗生活相对立，在伦理价值上肯定前者而否定后者，并试图借助一些"先知"人物以榜样的形式来引导人们通过冥想之类的方式来超脱世俗生活，达到这种神秘的精神生活境界（成圣、成佛、成仙等）。"禁欲主义"型宗教的主要特征则是预设了一个超验的、全能的神即上帝的存在，这个上帝被认为是包括人和一切精灵鬼怪等造物在内的整个世界的创造者和绝对控制者；人是一种有"原罪"的存在，尘世生活只是一个洗脱原罪、回归上帝的过程，服从上帝及其受托人（宗教先知）被认为是人的一种伦理义务而不是选择，人只有心无旁骛地绝对遵从上帝及其代理人的教导，采用一种禁欲的生活方式，才有可能从原罪状态中被解救出来。韦伯认为，和"神秘主义"型相比，"禁欲主义"型宗教在"理性化"或"去巫术化"方面达到了更高的程度。在"禁欲主义"型宗教中，对于上帝之类超验性实在的信仰需要更多地借助形而上学式的逻辑思考才有可能；对全能上帝的信仰也使人能较彻底地摆脱对精灵鬼怪的恐惧，从而摆脱巫术的控制；对尘世生活及人情世故的彻底否定则使人必须通过改变和超越而不是适应现世的方式才能够得到救赎。所有这一切都有助于人们打破传统的伦理观念。[1] 而在同属"禁欲主义"型的宗教当中，基督新教在"理性化"或"去巫术化"方面则又达到了一个相对更高的程度。在加尔文新教出现之前的基督教中，由于人们相信通过尘世的宗教修为和善行就可以更好地解脱"原罪"、获得救赎，因而对上帝之全能品质的信仰和对尘世生活及人情世故之价值的否定都还留有一定的余地。加尔文新教的"命定说"将对上帝之全能品质的肯定和对尘世生活及人情世故之价值的否定都提升到一个前所未有的高度，彻底消除了信徒们通过宗教修炼和各种善行来获得救赎的可能性，这使得加尔文教的信徒们只能孤独地面对上帝，通过自己在践行上帝喜好的那些事业方面永无止境的努力来探求自己得救的可能性，从而让新教的伦理观念最大程度地远离了传统主义的特征，与现代理性主义的伦理观念有了最大程度的亲和性。

　　在宗教伦理对大众生活的影响或两者的关联程度这个方面，不同类型的宗教也有较大区别。在这方面，韦伯根据宗教救赎（超出尘世走向宗教所宣示的那种理想境界）的方式将世界各大宗教也区分为两大类型。一是"出世"型，如东方的佛教、道教及西方的天主教等；二是"入世"型，如东方的儒教、西方的基督新教等。前者通过各种逃离尘世及其生活方式（出家、云游等）的途径来超越尘世。由于对于大多数民众而言，"出世"是一条难以践行的救赎之路，因而采用这种救赎方式的宗教对多数民众生活的影响和控制实际上往往是有限的，其较深切的影响和严格的控制常常只局限在真正选择了"出世"这条道路的人。后者则不逃离尘世，选择在尘世生活当中通过一些相应的途径来超越尘世。由于这种救赎方式和普通民众的日常生活紧密结合在一起，无须采取"出世"的生活方式，因而其

---

[1] 而在"神秘主义"型的宗教当中，情况则大多相反。例如，中国的道教中就不仅存在巫术般的知识，而且把无为、顺应现世当作最高的伦理原则。儒教虽然有意与巫术魔力一类的东西保持距离，但也并未对其予以彻底否定，而且儒教对天、地、君、亲、师的尊崇，对营利行为的鄙视，对现世生活及人情世故之价值的基本肯定等观念，也充满了传统主义色彩。印度宗教的来世观虽然否定现世，但却同样鼓励人们顺应现世的秩序，认为只有顺应现世秩序的人才能最终通过轮回的方式往生乐土，而凡是想脱离或破坏现世秩序的人都将被打入地狱。

对多数民众生活的影响和控制程度反而可以达到一个相当高的水平。

在世界各种各样的宗教当中，只有近代西方的加尔文新教不仅其伦理观念与上述现代理性主义的精神最为贴近，而且与世俗世界或大众的日常生活产生了最大程度的伦理关联，因而对上述现代理性主义伦理精神的发展发挥了最大的促进作用。因此，凡是在新教流行的地方，现代理性主义（资本主义）的伦理精神就相对兴盛。东方国家始终没有出现与加尔文新教类似的宗教形式，因而在这些国家里也就始终没有出现现代资本主义精神一类的现代理性主义伦理；而西方国家也只是到了近代才出现加尔文新教等新型基督教派，因此包括现代资本主义精神在内的现代理性主义伦理也只是到了近代时期才逐渐兴盛起来。

韦伯认为，上述社会生活不同方面的理性化进程是可以独立展开的，相互之间并不存在必然的演绎或派生关系。但它们之间却存在着一定的逻辑关联或相互影响。一般来讲，在理性化程度相近的那些方面之间（如传统的生产技术、传统取向的经济行为、传统型统治、形式理性法以外的法律类型以及传统主义的伦理观念之间，或者科学技术、目的理性取向的经济行为、法理型统治、形式理性法以及现代理性主义伦理观念之间）存在着一定的"亲和性"（相互协助、相互促进的）关系。这些相互之间具有"亲和性"的方面联结起来，就构成了不同的社会类型。当科学技术、目的理性取向的经济行为、法理型统治、形式理性法以及现代理性主义伦理观念这些互有"亲和性"的方面在某一个地区先后产生齐全、互相配合、联成一体时，这个地区就从传统类型的社会转变成现代理性主义类型的社会。这种机会只在西欧出现过，这也正是现代资本主义生产方式首先在西欧地区产生的重要原因。[1]

正如韦伯已经指出的那样，上述合理性都只是一种形式上的合理性，而不是一种实质上的合理性；是一种目的意义上的合理性，而不是一种价值意义上的合理性。从实质合理性或价值合理性的角度来看，它们往

---

[1] 虽然以上对社会理性化的勾勒大都是一种宏观的历史过程，但按照"社会唯名论"的看法，这些宏观的社会过程毫无疑问应该以无数具体的有意向的个人行动为基础，从有意向的个人行动中产生和扩展而来。至于这些宏观的社会过程怎样从有意向的个人行动中产生和扩展出来这一问题，韦伯着墨不多，仅在某些地方作了少量简略的探讨，似是一个可以进一步探讨的问题。限于篇幅，此处不予赘述。

往又都是不合理的。例如，技术的目的理性化虽然使生产过程逐渐摆脱了对人力、兽力等自然力量的依赖，使生产过程从一切传统的束缚下解放出来，随着科学的发展而不断发展，但同时也催生了一个高度形式化、标准化、非人性化的生产体系（尤其是机器大工业分工体系）。这种高度形式化的生产体系可以创造出非常高的生产效率，因而从目的理性的角度看是一种非常合理的制度安排，但却是以牺牲人的个性的发展、将人变成一种非人的存在物为代价的。由此，从任何生产过程本来都应该是以满足人的需要、促进人的发展为目的这种实质合理性的角度来看，它又是非常不合理的。再如经济的目的理性化。经济的目的理性化进程最终促成了货币制度、市场交易制度和现代资本主义企业经营制度。虽然这些制度也极大地提升了生产效率，却同时导致了诸多从实质理性角度来看非常不合理的结果：财富的货币化引导企业单纯为货币盈利而生产，造成以货币来计量的巨大经济增长后面实际物质财富的增长却寥寥无几的可能性；自由市场竞争导致成功者与失败者的两极分化，最后使这种从形式上看本来人人平等享有的自由变成实际上只有一部分人才能享有的自由；剥夺全体劳动者对生产手段的占有，使劳动者屈从于资本家的统治。官僚体制也是如此：它在处理各种事务时所具有的相对高效率促进了经济发展，它在聘用人员时所遵循的专业化原则也促进了社会等级的"拉平化"，但它的形式主义的、非人性化的运作机制既束缚了人们的自由、禁锢了人类的创造性精神，也导致人们的行动缺乏内在精神的支持，形成了一种普遍冷漠无情的职业态度，等等。这种形式合理性与实质合理性之间的矛盾与冲突，或按韦伯的话说——形式合理性与实质合理性之间的"二律背反"[1]，正是人类在现代社会中所遭遇的基本困境。那么，人类有没有可能走出这种困境呢？韦伯对这个问题的回答似乎是悲观的。因为，在韦伯看来，上述人类行动和社会生活的理性化趋势既是不可抗拒的，也是人类追求合理性原则的一种结果。没有这一趋势以及由此促成的各个方面，就不会有现代人所惊叹的那种生产效率，"现代社会"秩序乃至人类的现代生存方式都将不复

---

[1] 韦伯：《经济与社会》（上卷），第250页。

存在。因此，只要人类不愿意放弃已经实现的现代生存方式，人们就不得不在享受这种高度目的理性化的生存方式给自己带来的利益的同时，耐受它给自己带来的那些弊端，因为这些弊端正是人类为了自身的发展所必须忍受的一种必要的祸害。社会主义者主张以用一种更具实质理性的社会制度——社会主义制度替代现代资本主义制度的方式来消除上述弊端，韦伯则否定了这样一种可能性，认为为了保证生产效率，社会主义社会也将不得不保留货币制度、市场和官僚体制等因素，从而保留上述必要的祸害。[1]

结　语

综上所述，在西方社会学理论当中，韦伯创立的理解社会学理论的确别具一格，独树一帜。

首先，与我们在第一卷中所看到的那些被我们称为结构论的社会学理论不同，韦伯的理解社会学从根本上否定社会现实是一种完全外在于社会成员主观意识的"物化"的独立实在这样一种观点，始终如一地强调社会现实只不过是诸多行动者有意义行动之结果，强调在现实生活中实际存在的只是无数在个人意识引导下展开的行动而已，无论是我们通常所称的集体性"存在物"，如家庭、公司、国家、封建社会等，还是我们所说的社会历史过程，如第一次世界大战、资本主义经济体制的形成和发展等，都不过是无数相关个体行动者有意识的行动的集合而已，是作为这些相关行动者自己有意识的行动的结果，由这些行动者通过自己有意识的行动建构出来的一种现象。或者像韦伯自己说的那样，现实中"并没有像个人的集合体去'行动'这类的东西。当社会学论及如政府、国家、民族、公司、家庭或军团等类似的集体构造时，毋宁只在指称某些种类的个人实际或可能的社会行动之过程而已"[2]。像"国家""教堂""社团""婚姻"一类

---

[1] 参见韦伯在《经济与社会》（上卷）第一部分第二章第12—14小节、第40小节，第三章第一节第5小节等处的相关论述。
[2] 韦伯：《社会学的基本概念》，第34页。

的"社会结构",实际上只存在于诸多相关行动者的意识及由这些意识所引导的行动过程当中,而非独立存在于行动者的意识及其行动过程之外。因此,"一个'国家'设若丧失了以特定方式进行有意义之社会行动的机会,那么它便不再具有社会学上相关于'国家'的意涵。这种机会可能很高,也可能低得近乎消失。但只有当它确实存在时,相关的社会关系才得以发生。我们不可能找到其他更清楚的表达方式,来宣称一个特定的'国家'仍然在那里,或已经'不存在'了"[1]。所以,如果我们想要对这些"社会结构"现象的存在和运作状况有一种真正的了解,那么,我们就必须将它们还原为通过自己有意识的行动建构了它们的那些行动者的行动,通过对这些行动者的行动以及行动者自身赋予其行动的那些主观意义的理解来对这些结构现象的存在和运作状况加以解释,而不能像结构论社会学理论家所说的那样单纯由外在特征对这些结构现象从整体上进行观察,通过对观察所得经验资料进行归纳得出的普遍规律来对其加以解释。对于这样一种在关于社会现实的基本理论预设和方法论方面都与结构论社会学理论非常不同甚至相反的社会学理论,我们必须给它一个不同的名称,将其与结构论社会学理论区分开来,当作西方社会学理论当中的一个新类别。鉴于其与结构论社会学理论的不同之处主要在于强调社会现实是由诸多行动者通过自己有意识的行动建构出来这一根本预设,笔者认为,"建构论社会学理论"应该是一个相对而言最为符合这一特点的名称。

其次,虽然韦伯的理解社会学与我们前面所称的"结构论社会学理论"之间存在着上述重要的甚至根本的区别,但是,换一个角度来看,韦伯的理解社会学与结构论社会学理论当中的一脉,即非马克思主义结构论社会学理论之间又存在着一定的相通之处。这个相通之处就是,无论是非马克思主义的结构论社会学理论,如孔德、涂尔干或帕森斯的社会学理论,还是韦伯的理解社会学理论,都把观念(或精神、文化、价值)因素视为社会生活中的本质或核心因素,都强调社会世界本质上是一种与物质性的自然现实不同的、富有意义的精神世界或文化世界,强调观念因素在

---

[1] 韦伯:《社会学的基本概念》,第 53 页。

社会历史进程当中的重要或关键作用,因而都不认同马克思历史唯物主义理论关于物质生产是社会历史进程中具有或最终具有决定性作用的根本因素,人们在物质生产过程中所形成的社会关系即生产关系是社会生活的本质或核心的基本观点。在韦伯一生的绝大部分著作,如其有关社会科学研究方法论的几乎所有著作,以及有关比较宗教研究的所有著作中,韦伯差不多都在和马克思的历史唯物主义理论对话,或者说不赞同对马克思历史唯物主义所作的"经济决定论"诠释,主张社会历史进程是由经济因素和非经济等多种因素相互作用、共同决定的,而非由任何一种因素(无论是经济因素还是非经济因素)单独决定的。例如,在《批判施塔姆勒》一文中,韦伯就批评了历史唯物主义单纯以物质或经济因素来解释社会历史现象的做法,也反对施塔姆勒等人试图单纯以宗教等观念因素来解释社会历史现象的做法,认为"只有通过综合,从'单一因果观念'推进到'综合观念',有关这种'总体性'[社会生活]的科学知识才是可能的"[1]。"仅仅根据经济原因来解释任何事物,在文化现象的任何领域中,无论如何都是不详尽、不全面的,甚至在'经济'领域自身之中也是这样。"[2] 就此而言,我们在将韦伯的理解社会学理论与包括马克思主义和非马克思主义在内的结构论社会学理论整体区隔开来的同时,又必须看到其与结构论社会学理论中的非马克思主义流派之间在上述理论立场方面的连续性和同质性,将它们视为同一个大传统——唯心主义社会学理论传统之下的不同小传统:虽然两者都强调社会现实是一种与物质性的自然现实不同的富有意义的精神、文化或观念性的现实,但在孔德、涂尔干和帕森斯等人那里,这种本质上属于精神、文化或观念性的现实世界主要被视为一种不仅外在于/独立于个体意识,反过来还对个体行动具有强制性约束的"客观"实在(在这一点上,这种精神性的现实又与物质性的自然现实具有了相似性,正如涂尔干明确表达的那样),而在韦伯那里,这种本质上属于精神、文化或观念性的现实世界则主要被视为一种由诸多行动者通过自身有意识的行动建构出来的世界,它只存在于诸多个体行动者的主观意识之

---

[1] 韦伯:《批判施塔姆勒》,第56页。
[2] 韦伯:《社会科学方法论》,第67页。

中，其本身并不是一种完全外在于/独立于个体主观意识的实在，即使是像"国家"这样的"强"结构性现象也是如此（倘若有一天原先认同某个国家的所有或绝大多数个体行动者都不再认同这个国家，那么，这个国家实际上也就无法存在了）。在梳理涂尔干社会学理论的那一章中，我们曾经将社会学理论中的"唯心主义"立场区分为"主观唯心主义"和"客观唯心主义"两种，前者将社会现象视为我们个人主观精神建构的产物，后者则将社会现象视为某种客观精神（或集体精神）建构的产物，并据此将涂尔干等人的社会学理论立场归入"客观唯心主义"范畴。若此，那韦伯的理解社会学理论毫无疑问可以且应该归入"主观唯心主义"这一范畴。但无论客观唯心主义也好，主观唯心主义也好，归根结底都是一种与马克思的历史唯物主义理论相对立的唯心主义社会学理论立场。从这个角度来看，韦伯的理解社会学理论与孔德、涂尔干和帕森斯这些人所代表的非马克思主义结构论社会学理论之间又是相通的。韦伯的理解社会学理论与非马克思主义结构论社会学理论之间的这种连续性、同质性，使我们可以毫不犹豫地将韦伯的理论归入"非马克思主义"社会学理论的阵营，将其作为"非马克思主义建构论社会学理论"的最初代表性范式之一。

不过，在结束这一章之前，我们还有一个不大不小的问题需要加以澄清。

在《社会行动的结构》一书中，帕森斯将韦伯的社会学理论作为西方社会理论发展史上从"唯心主义行动理论"传统出发逐渐走向"唯意志论"行动理论的主要代表，与涂尔干等从"实证主义行动理论"传统出发逐渐走向"唯意志论"行动理论的路径并列，视之为西方近代思想史上行动理论领域中基于自身原初理论立场所包含的某些内在困境而不断朝向"唯意志论"行动理论演化的两大传统。帕森斯认为，社会思想中源起于康德哲学的唯心主义传统的主要特征是强调人类个体主观意志的自由特性，强调观念才是人类生活中最为根本的"实在"，是人类生活和行动的决定性因素。这一传统后来在文德尔班、李凯尔特和狄尔泰等人代表的德国历史主义思潮中得到了进一步的发挥。由于这一唯心主义传统的影响，在自己的学术生涯中，韦伯也始终坚持强调观念因素在社会历史进程中具有重要作用的观点,并将它用于对资本主义的起源和发展一类现象的研究,得出了导致现代理性资本主义首先在西方国家形成和发展的一个关键因素是基督新教徒(尤其是加尔文教徒)所信奉的那套与"资本主义精神"有着高度亲和性的宗教价值观念的结论,这个研究结论与马克思从历史唯物主义理论出发得出的结论——现代资本主义首先在西方发展起来的决定性因素是西方国家的生产力发展水平更高——非常不同,认为正是这套特定的宗教价值观念推动新教徒去积极从事符合理性资本主义精神的那些事业,从而促进了理性资本主义率先在西方世界形成和发展。[1] 但是,与桑巴特等人完全从德国历史主义—唯心主义传统出发,将观念因素视为现代资本主义经济体制形成之唯一决定因素的观点不同,韦伯并没有将观念因素视为现代资本主义经济体制形成的唯一决定因素,而只是将观念因素确认为导致现代资本主义经济体制形成的一个必不可少,或许是最关键的独立(无法从经济或政治等其他因素当中推演出来的)因素之一。[2] 除了观念因素之外,韦伯认为其他很多因素,如现代科学技术、理性化的法律体制和官僚体制等,在现代资本主义经济体制的形成过程中同样发挥了不可或缺的重要作用。结合韦伯在其他地方就观念因素和非观念因素之间的关系所作的一些论述,帕森斯认为,总体上看,韦伯的社会学理论既不同于实证主义又不同于唯心主义,而是一种试图将这两者结合起来的更具综合性的行动理论。如我们在关于帕森斯社会学理论的那一章中所了解到的,这样一种更具综合性的行动理论就是帕森斯所谓的"唯意志论行动理论"。帕森斯明确地说:"韦伯的整个观点确定无疑地从根本上是一种唯意志论的行动理论,而既不是实证主义理论,也不是唯心主义理论。"[3]

在《社会学的理论逻辑》一书中,亚历山大进一步确认了帕森斯的上述看法,同样明确地将韦伯的社会学理论视为以对唯物主义社会学理论和唯心主义社会学理论这两种"一维"社会学理论传统进行综合为初衷或主

---

[1] 具体参见帕森斯《社会行动的结构》(张明德、夏翼南、彭刚译,译林出版社,2003年)第三部分。
[2] "韦伯……证明了如下结论:新教伦理是资本主义发展过程中的一个重要因素;它虽然不是充分条件,却是必要条件。"见帕森斯:《社会行动的结构》,第646页。
[3] 帕森斯:《社会行动的结构》,第766页。

旨的"多维社会学理论"传统的最初代表。亚历山大认为，韦伯在其学术生涯的早期阶段既受到了马克思唯物主义社会学的影响，也受到了德国唯心主义思想传统的影响。作为前者的结果，韦伯试图超越后者的局限，但又没有完全放弃德国唯心主义思想传统中的某些基本要素，即对个体行动及其主观意图的重视和偏爱。他力图超越这两种一维的思想立场，转而尝试一种多维的立场。他一方面否定那种将经济因素视为社会历史唯一决定因素的观念，认为文化价值等非经济因素对人类行动同样具有重要影响；另一方面也肯定了人的每项行动都必然受到物质环境的约束，主张从个体的价值立场和其所处的外部条件这两个方面来理解个体行动。尽管韦伯在其后期著述中未能够始终如一地保持这种多维立场，但在其成熟时期的那些著作中，如其关于比较宗教研究的那些著作中，这种多维的理论立场是得到了明确展现的。[1]

帕森斯和亚历山大在对韦伯社会学理论进行归类时表述的上述看法，与本书的讨论具有直接的关联。如上所述，按照本书作者的分类，韦伯的社会学理论被归于非马克思主义的"建构论社会学理论"范畴。但是，如果像帕森斯和亚历山大所说的那样，韦伯的社会学理论应该被归入以对实证主义和唯心主义社会学理论或者对唯物主义和唯心主义社会学理论进行综合为主旨的"多维社会学理论"传统——本书所称的"互构论社会学理论"，那么，本书的分类是否还能成立呢？

韦伯的社会学理论到底应该被归于唯心主义社会学理论传统，还是应该被归于亚历山大所谓的"多维社会学理论"传统？笔者认为，虽然韦伯反复强调要将观念因素和非观念因素综合起来对社会历史现象进行考察和解释，反对将单一因素视为社会历史现象形成和变化的唯一决定性因素，但从我们前面的描述和分析中可以看到，韦伯的社会学理论总体上看还是应该被归入以强调个体主观意志为特征的"唯心主义社会学理论"传统，即与涂尔干、帕森斯等人的"客观唯心主义社会学理论"不同的"主观唯心主义社会学理论"传统，或本书所称的非马克思主义的"建构论社会学

---

[1] 具体参见亚历山大：《社会学的理论逻辑》第三卷，何蓉译，商务印书馆，2012年。

理论"传统。的确，在韦伯看来，社会现实既不是像自然现象那样在人们的主观意识之外自生自灭的自然存在，也不是人们可以随心所欲创造出来的东西；社会现实虽然是由诸多个体行动者有意义的行动建构出来的，但人们也不可能单纯靠自己的主观意识凭空创造出任何一种社会现实；为了创造某种社会现实，除了要有建构这一现实的某些行动及相应的行动动机（意义）之外，还必须有包括相应的物质因素、制度因素等在内的其他因素作为行动过程得以开展、行动目标得以实现的条件、手段等；包括行动动机在内的所有行动因素都只是行动目标得以实现的必要条件，但均非充分条件，缺了其中任何一种因素，行动者建构某种社会现实的主观意图当然都不可能顺利实现。正因为如此，韦伯才反复强调说任一社会现实的形成和变化都是包括观念因素和非观念因素在内的多种因素相互作用的结果，绝非由任何一种因素单独决定的。尽管如此，我们还是可以看到，韦伯在从理论上对这些不同的行动因素进行综合时，所采用的方法或理论策略就是将行动者的主观意识，或者说行动者自身赋予行动的主观意义，视为行动过程实质性和核心的因素，是我们理解行动及作为行动之后果的社会现实所必须加以把握的首要或关键因素（这正是理解社会学与其他类型的社会学研究思路之间最为根本的区别），而将其他因素视为行动过程中为实现行动的主观意义服务、其价值受行动主观意义制约的条件、手段等因素，尽管对于我们充分解释某一行动及作为该行动之后果的那一社会现实来说，详尽把握后面这些因素和准确把握促发行动的主观意义因素一样重要。在《社会学的基本概念》中，韦伯明确地写道："那些在此因无法理解而没有指称为'社会学的事实'之过程或规律，当然并不因此就不重要。根据我们所采用的社会学定义，这类过程或规律只是被移到可理解的行动以外的另一种位置，即当作行动的'条件'、'刺激'、'阻碍'或'促成'因素，在方法上这也是不可避免的做法。"[1]这同涂尔干和帕森斯的这类做法是完全一致的：涂尔干将社会现实区分为由精神性的道德生活构成的"社会生活"本身及由人口、地理、物质资料等物质性因素构成的

---

[1] 韦伯:《社会学的基本概念》，第33页。

"社会基质"两者,并认为后者不过是前者赖以存在的条件因素;帕森斯将行动系统区分为文化、社会、人格和有机体四个方面,但又从控制和条件两个维度来说明它们在行动系统当中的作用,认为从控制角度来看,文化处于控制等级的最高层次,而从条件角度来看,有机体则处于整个行动系统的最基础等级(帕森斯的做法实际上源自韦伯的上述看法)。而这与将物质因素视为社会现实中相对精神因素来说更为根本之因素的唯物主义社会学理论是相对立的。正如读者看到的那样,在本书中,我们已经将涂尔干和帕森斯的社会学理论确定为是与马克思历史唯物主义对立的唯心主义社会学理论,那么,将和他们一样视精神／文化／观念因素为社会现实之实质或核心方面的韦伯理解社会学确定为一种唯心主义(当然是和涂尔干、帕森斯等人的客观唯心主义有所不同的主观唯心主义)社会学理论,从逻辑上说,应该是完全适当的、自洽的。

第二章 舒茨的现象学社会学理论

"现象学社会学"可以看作韦伯之后非马克思主义建构论社会学发展的另一支脉。也有学者认为，在舒茨之前，舍勒就已经尝试从现象学的立场出发去探讨相关社会现象（如对"怨恨""羞耻感"以及"资本主义精神"等伦理意识所作的现象学分析），并且舍勒的研究也影响过舒茨，因而应该将舍勒而非舒茨视为现象学社会学的创始人。[1] 尽管如此，在社会学界，可能由于长期以来舒茨所产生的实际影响要大于舍勒的，因此，人们通常还是将舒茨确认为"现象学社会学"的创始人。在本书中，我们不对这个问题进行探讨，而直接延续社会学界的惯例，将舒茨作为现象学社会学的创始人来看待。除了舍勒和舒茨之外，现象学社会学的主要代表人物还包括加芬克尔、彼得·伯格、卢克曼等人。在这一章里，我们仅以舒茨、加芬克尔这两位在西方社会学中影响相对较大的现象学社会学家为代表，来对现象学社会学的主要思路及其基本特征作简要叙述和讨论。至于彼得·伯格和卢克曼的理论，我们将在本书第三卷中加以梳理。

---

[1] 参见刘小枫的"编者导言"，载舍勒：《价值的颠覆》，刘小枫编译，生活·读书·新知三联书店，1997年，第3—4页。

一、舒茨早期对现象学社会学的阐释

舒茨的"现象学社会学",是以韦伯在《经济和社会》一书中着力创建的"理解社会学"为出发点,借胡塞尔现象学及柏格森生命哲学的研究成果对韦伯"理解社会学"思想予以继承和改造而形成和发展起来的。可以说,舒茨一生的著述基本上都是围绕着以现象学的方法来深化和推进韦伯开创的理解社会学这一主题而展开的。出版于1932年的《社会世界的意义构成》(英文版改名为《社会世界的现象学》)一书,既是舒茨最早系统阐述自己在这方面研究成果的一部著作,也是舒茨现象学社会学思想最具代表性的著作。尽管在后来的一些著作,如《对关联性问题的反思》《生活世界的结构》等当中,舒茨的关注焦点和理论立场与《社会世界的意义构成》一书相比有所不同,但总体上看,正如《舒茨文集》第一卷"前言"的作者布雷达和第二卷的编者布罗德森所指出的那样,舒茨于《社会世界的意义构成》一书之后发表的著述在不同程度上都可以视为对他在该书中所建立起来的"现象学社会学"基本理论框架的补充、修正和发挥。[1]因此,在本章中,我们以舒茨在《社会世界的意义构成》一书(由于本书引用的是该书英文版,故以下将采用《社会世界的现象学》这一书名)中的论述为主,结合他在其他著作中的相关论述,来对舒茨的现象学社会学理论作一简要梳理。

舒茨很早就对韦伯的理论(尤其是《经济和社会》一书中所阐述的"理解社会学"理论)深感兴趣。在《社会世界的现象学》一书中,舒茨明确宣称这本书是根据其多年来对韦伯理论著作的密切关怀而形成的[2]。他称赞韦伯关于理解社会学的论述"完全是一个令人惊叹之天才的独特产物"[3]。这种理解社会学试图"将所有社会关系和结构,所有的文化客体,

---

[1] 许茨(舒茨):《社会实在问题》,霍桂桓译,华夏出版社,2001年,前言,第4页;许茨:《社会理论问题》,霍桂桓译,浙江大学出版社,2011年,编者按,第5页。

[2] A. Schutz, *The Phenomenology of the Social World*, trans. by G. Walsh and F. Lehnert, Heinemann Educational Books, 1980, p.xxvii.

[3] Ibid., p.3.

客观精神的所有领域，都还原为个体行为最基本的形式"。按照这种思路，"所有社会世界的复杂现象都具有它们的意义，但这个意义是由涉入其中的行动者附加在他们自己的行动之上的。个体的行动及其意义都受制于解释性的理解。进一步说，只有通过对个体行动的理解，社会科学才能获取各种社会关系与结构的意义，这些社会关系和结构是由社会世界中的个体行动建构出来的"。因此，"这种科学是通过对在个体意向中发现的主观意义进行解释来研究社会行为的。其目的是对社会世界中的个体行动以及个体赋予社会现象意义的方式进行解释"。[1] 舒茨认为韦伯的思路从总体上说是正确的，韦伯的理解社会学理论不仅为当代德国社会学的发展指明了方向，也为社会科学的哲学研究提供了一个适当的起点。然而，韦伯论述中的缺陷也显而易见。韦伯理解社会学论述中的许多基本概念的含义都处于一种含糊不清的状态。"当他到达了他以为是社会现象之基本和不能再还原的元素时，他就中止了自己对社会世界的分析。"[2] 而事实上他所使用的许多基本概念都有进一步分析的必要。例如，韦伯认为人类个体行动的本质特征源于行动者赋予行动的主观意义，社会学研究的基本任务就是把握住行动者赋予行动的这种主观意义。然而，韦伯却没有做到以下几点：（1）没有深入分析行动者是如何"赋予"其行动以意义的（或者说其意义是如何构成的）；（2）没有仔细区分"自己行动的意义"与"他人行动的意义"、"自己的经验"与"他人的经验"、"理解自我"与"理解他人"，以及"文化客体制造者心中的意义"与"被制造之文化客体的意义"等对应概念之间的区别；（3）没有更具体地去分析在面对面的直接经验世界中与在更广阔的时空范围内去理解、解释他人行动意义时所存在的差别；等等。这种分析上的不充分、不深入给韦伯的理论造成了很大的局限，使得它不仅现有的大量论述缺乏可靠的理论基础，而且在进一步发展时还会遭遇很多的矛盾和困境。要使理解社会学得到顺利发展，就必须通过更深入的理论研究来消除上述局限。可以说，舒茨一生的学术活动，就是要以对韦伯理论的继承和改造为起点，在消除韦伯理论遗留的各种重大

---

[1] A. Schutz, *The Phenomenology of the Social World*, p.6.

[2] Ibid., p.7.

问题的基础上,对理解社会学这门社会研究科学加以推进,使之真正成为人们研究社会现实的一种可靠途径。带着这样一种目标,在《社会世界的现象学》一书中,舒茨依次展开了以下理论分析。

(一)行动者主观意义的构成方式

在韦伯理论遗留下来的上述问题中,首要的也是基本的一个问题是行动者主观意义的构成方式或机制问题。只有弄清楚了这个问题,我们才有可能顺利解决其他相关问题。舒茨认为,在这方面,胡塞尔和柏格森的有关理论研究成果可以为我们提供重要的帮助。

1. 行动的一般意义

舒茨认为,按照柏格森和胡塞尔等人的看法,我们的经验世界是一个包含多层次的结构。其中一个最基本的层次是由绵延不断的意识流构成的,另一个基本层次则是"日常生活的时空世界"。在"日常生活的时空世界"里,我们经验到的是各种在时间和空间上明确分化的、非连续的存在,而在绵延不断的意识流里,我们所经验到的则是"一种不断由一个现在到另一个现在的永无休止的转变过程"。[1]在这种作为"纯粹绵延"(pure duration)的意识流里,没有"并列",没有互斥,也没有分割,所有的只是一股不断形成又消失、没有外在轮廓也没有内部差异的混沌之流。"当我沉浸在自己的意识流,沉浸在自己的绵延时,我并不会发现任何清晰分开的经验。一个经验在瞬间形成然后又消逝无影。与此同时,从某些旧东西中生出了某些新东西,这些新东西又会被某些更新的东西所取代。除了知道它们都和现在不同之外,我无法在现在与之前、稍后的现在与刚过去的现在之间作出区分。……只要我的整个意识在时间方面保持为单向的与不可逆转的,我就既不能觉察到自己的成长,也不能意识到现在与过去的差异。"[2]要想对这股混沌的绵延之流有所"觉察",我们就必须从中跃出,在意识的另一个层次上对其加以关注。"对绵延之流的觉察预设了对此流的一种回顾,一种特殊态度,即一种'反省'。"通过这种"回

---

[1] A. Schutz, *The Phenomenology of the Social World*, p.45.
[2] Ibid., p.47.

顾",我们首先得到了对于绵延之流中某些经验片段的一系列原始的或次级的记忆[1]:"对纯粹绵延之流中的经验的觉察都在每一瞬间变成了记忆中刚形成的部分;正是回忆将经验从不可逆转的绵延之流中提取出来并对觉察进行修改,使之成为一项记忆。"[2]借助并且只有借助这种反省行为,我们才可以将注意投向自己的经验,而"当我通过我的反省行动将注意力转向我的经验时,我就不再处于纯粹绵延之流中,不再简单地生活在流中。此时,经验得到理解、辨认和确定,与其他经验区别开来。原先在绵延之流中被建构成片段的经验,现在作为被建构出来的经验而成了注意的对象"[3]。我们的"日常生活的时空世界"就是由这样一些经我们的反省从内在经验流中提取出来的经验为原始材料而构成的。因此,在纯粹绵延之流中存在的流动的经验与日常生活的时空世界中那些明确区别的、不连续的经验,分别处于我们意识活动的两个不同层次。舒茨认为,只有这种经我们的反省从绵延之流中选取出来的"分离的、已成为过去的、已消逝的经验",才能够被称为"有意义的"经验。"只有已经完成的经验,而非那些正在被经验着的经验,才是有意义的经验。因为意义只是意向的运作,只有在反省性的观照下才能成为可见的。"[4]"反省是一个使意识的内容从前现象状态提升为现象状态的行动。"[5]"每一个注意自己绵延流的行动都可被比喻为一束光,这束光照亮了流中一些过去了的片段,使它们变得清晰可见与轮廓分明(并因而成为有意义的)。"[6]通过"回顾"的方式将处于绵延之流中的经验片段分离、凸显出来,使之以原始记忆和次级记忆的方

---

[1] 舒茨参照胡塞尔的有关论述,将"记忆"分为两种不同类型:一种是"原始记忆"(primary remenbrance)或"存留"(retention),另一种则是"次级记忆"(secondary remenbrance),或"回忆"(recollection)、"再生"(reproduction)。原始记忆是紧接在初始印象之后的,因此相对而言要比次级记忆更加清晰和确切,次级记忆和初始印象之间会有明显的断裂或差异。但次级记忆在呈现的时候具有一种原始记忆所没有的自由度:"我们可以使呈现过程'更快'或'更慢',清晰明确或模糊混杂,快似闪电或步步相接等。"但无论是原始记忆还是次级记忆,都将遵循同样的记忆规律:开始时还比较清楚,然后逐渐淡化、消失,最终走入过去。(A. Schutz, *The Phenomenology of the Social World*, p.49.)

[2] Ibid., p.47.

[3] Ibid., p.51.

[4] Ibid., p.52.

[5] Ibid., p.75. 这里舒茨借用胡塞尔的概念,将尚处在绵延之流中的经验或意识称为"前现象",而把进入意向性运作过程的经验或意识称为"现象"。

[6] Ibid., p.70.

式成为我们记忆的一部分,让我们能够通过回忆的途径在意识中对其进行再现、运作和思考,是我们能够对"经验""赋予意义"的基本前提。"事实上,记忆的回溯能力是所有理性建构的首要前提。"舒茨指出,并非所有绵延之流中的经验内容都有可能借由反省的途径而分离、凸显和再生。"对于个人的一些绝对隐私(absolute personal privacy),我们知道它们必然存在,但也知道它们是'绝对封闭'、无法分享给他人的。而在自我认识中也有一个绝对私密(absolute intimacy)的领域,它的存在与其相对我们的监察而言所具有的封闭性同样是无可置疑的。这个领域特有的经验是记忆无法触及和形成它们的存在模式的,记忆只能掌握这些经验的'存在'而已。"对于那些属于"内在世界"的经验来说,更是如此:"这个领域不仅包括自我的所有肉体经验,即生命自我(身体运动时肌肉的收缩与放松,'身体的'疼痛,性感觉等)经验,还有那些被模糊地归入'心绪'、'感觉'、'情感'(欢乐、悲伤、厌恶等)等标题下的心理现象。"[1] 这些正在进行中或已经过去,但无法或者没有被我们反省地加以注意和挑选出来的经验,由于无法进入我们的意向性运作过程,因而永远不可能"具有意义"。

以上说的是"经验"如何才能具有意义。舒茨进一步指出,在我们的所有原始经验中,有一种与其他经验有所不同的经验,这类经验的特征在于:其他经验都是我们被动经历或承受的,如痛苦、某人举起我的手臂后再放下等;而这类经验则是我们自发(而非自觉)地针对前一类经验所采取的态度,如忍受或压抑痛苦,对某人举起我手臂的行动加以顺从或反抗等。换言之,这是一种能够"赋予"其他经验以"意义"的经验。[2] 这种能够赋予其他经验以意义的经验,舒茨参照胡塞尔的说法,就将其称为"行为"(verhalten/behavior)。尽管属于一种原始或自发活动的经验,但这种能够赋予其他经验以意义的经验,即行为,和其他经验一样,在其实际发生之际,也只是一种前现象的、不能被意识到的经验,因而也只有在发生后才能够通过反省行为从其他经验中凸显出来,成为可以被意识到的个

---

[1] A. Schutz, *The Phenomenology of the Social World*, pp.52-53.
[2] 按舒茨的论述,"赋予"只是一种比喻的说法。

别经验。所以，和其他经验一样，一个人正在进行中的行为不会成为"现象的"行为经验，只有已完成并被我们的反省行为注意到的行为才能成为"现象的"行为经验，即一种具有意义的行为经验。

行为（verhalten/behavior）又可以区分为"进行中的行动"（Handeln/action）和"已然完成的行动"（Handlung/act）两个亚类型。舒茨有时将前者称为"行动"，将后者称为"行为"。以此划分为基础，舒茨进一步讨论了"行动"的概念及其意义问题。

2. 行动的筹划性质与行动的意义

人们（包括韦伯）通常认为"行动"（action）与"行为"（behavior）之间的区别在于，前者是"有意识的"、"自觉的"，后者则是"无意识的"、"自发的"纯粹条件反射。舒茨表示我们有必要探寻这种区分背后更为深层的理由。

舒茨指出，尽管对我们来说只有已完成的行动才有可能被我们注意到，因而成为有意义的行为，进行中的"行动"不能成为有意义的行为，但是，正如任何一项行动总是具有一种海德格尔所说的"筹划的性质"，在其进行之前会有一个"筹划"的过程。这种筹划的过程是借助"预想"（protention）的形式，即将拟在未来进行的行为预先加以设想这种形式来进行的。这种对行为的"预想"本身是行动者对经验流进行反省的一种方式。舒茨认为，按照胡塞尔的看法，广义而言，"反省"并不限于记忆和再生。对未来的"预想"本质上也是每个人记忆的一部分。并且，所有原始、具有自发性的经验都是以一个预先形成的筹划为基础而发生的："每一个原始的建构过程都是由预想激发出来的……预想建构并截住正在到来之物，使之得以实现。"[1] 不过，严格地讲，实际上被筹划的总是一项完整的、以未来完成时方式被设想的"行为"（act），而不是组成这一行为的那些孤立的、抽象的"行动"（action）。舒茨说道："进行中的行动（action）本身难以被筹划，因为它并非完整的行为（act）。只有完整的行为才能够在幻想中被描绘出来。因为完整的行为是进行中的行动的目标，

---

[1] A. Schutz, *The Phenomenology of the Social World*, p.57.

而如果完整的行为不被筹划，那么所描绘出来的行动就必然是抽象的。它会成为一种没有任何特殊内容和直观'充实'（intuitive 'filling-in'）的空洞预想。"[1] 例如，"假设我想象自己离开椅子，走向窗前。我实际上所想象的并非肌肉的收缩与放松，也不是从椅子到窗户的一系列动作。我心中所想的实际上是到达窗户时完整行为的一幅图像"[2]。从行动的筹划概念中也可以引申出行动的统一性（unity）概念，即每一项行为都是由诸多作为其执行环节的行动构成的统一整体，而行为的这种统一性即来自行动者对它的筹划："行动的统一性是由完整的行为已经存在于'筹划'这一事实而建构起来的，这项完整的行为会借助一步一步的行动而逐步实现。"[3]

在筹划中以"预想"形式出现的东西，则会以"预期"（anticipation）或者"预见性期待"（foreseeing expection）的形式在每一次行动（action）过程中再现，并构成每一项行动的必然组成部分。"就每个进行中的行动都是'未来取向'的这一点而言，每个行动都必然包含对未来的期待，这个事实已经被胡塞尔明确指出了：'在每个行动中我们都以一种预期的形式知道未来的目标，就其意义模糊、缺乏适当的"内容物"而言，这一目标是空洞的，只有在未来才会实现。尽管如此，我们会努力朝向这样的目标，通过我们的行动一步一步地予以实现。'"[4] 其实，"行动"只是对筹划出来的行为的执行过程，任何行动都取决于它所对应的筹划行为，以对应的筹划行为作为自己的意义（据此，我们便可以将"行动"界定为"对筹划行为的执行"，而将行动的意义界定为"行动所对应的筹划行为"）。在行动过程中，行动者借助"预期"反思性地注意着再现的内容，由此而始终知道行动的目标并询问行动的意义。"当一项行动离开了定义它的筹划时，它也变得没有意义了。"因此，行动的意义是和筹划联系在一起的。所谓行动是"有意识的"或"有意义的"，"指我们在执行一项行动之前，我们心中有一幅将要进行的行动的图像，这就是'筹划好的行为'。

---

[1] A. Schutz, *The Phenomenology of the Social World*, p.59.
[2] Ibid., p.60.
[3] Ibid., p.62.
[4] Ibid., p.58.

然后，当我们采取行动时，我们或者持续地掌握着内在呈现的图像（记忆），或者心中不时地对它加以回忆（再生）。行动的整个经验是相当复杂的，它由发生时的主动性经验、对这种主动性的各种注意、对筹划行为的原始记忆及再生等构成。这个'参考图'就是当我们称行动是有意识的之时所指涉的。没有这幅地图或图像，行为就成为无意识的"[1]。对处于自然立场的人来说，行动的意义指的就是筹划好的行为目标。换言之，把握住了行动所对应的行为目标，也就把握住了行动的意义。

至此，我们所讨论的"意义"还只是行动的一般意义。行动的特殊意义尚未得到最后的说明。"但我们应该记得，每项行动都有其自身的特殊意义，正是这一特殊意义使之与所有其他的行动区分开来。当韦伯提出'意向意义'概念时，他所关心的也正是这种特殊意义。"[2] 那么，这种特殊意义又是如何在意识流中构成的？这种特殊意义的概念如何能够从我们上面陈述过的一般意义概念中引申出来？舒茨进一步对这个问题作了讨论。

3. 行动的特殊意义

在《社会世界的现象学》一书中，舒茨再次从对注意行为的探讨中去解释行动特殊意义的构成。胡塞尔曾经指出，注意行为本身可以被修改或转换，从而形成许许多多不同的注意模式。"各种经验都容许注意的修改：知觉世界的经验、记忆世界的经验、纯粹幻想与筹划世界的经验。"[3] 注意的改变（修改或转换）会使意识的内容发生变化，从而构成不同的经验意义。舒茨指出，正是各不相同的注意模式构成了经验在不同时空点上各不相同的特殊意义。也正是这些各不相同的特殊意义使不同时空点上的行为成为不同的行为。

在我们的意识中存在着许许多多经上述反省过程构成的经验及"意义"。但这些经验及意义并非各自孤立存在的。相反，在我们的意向性运作过程中，存在着一种综合过程，它把一些关联的经验及意义聚合在一

---

[1] A. Schutz, *The Phenomenology of the Social World*, p.63.

[2] Ibid., p.71.

[3] Ibid., p.72.

起，形成一个"经验构型"（configuration of experiences）及"意义构型"（configuration of meaning）或"经验脉络"（context of experience）及"意义脉络"（context of meaning）。舒茨说："当且仅当经验 E_1，E_2，…，E_n 被分别经历过之后，被构成一个更高层次的综合，并因而成为单一注意之下的统一客体时，我们就说这些经验位于一个意义脉络之内。"[1] 例如，一个被筹划并借助行动而得以实现的"行为本身就是一个意义脉络，因为它将统一性赋予包含在其执行过程中的所有意向行为和所有行动，从而能够在单一行动之上建构出更高一级和更复杂的意义脉络"[2]。在我们的意识中，存在着许许多多这样的意义脉络。这些意义脉络又可以进一步综合，形成更高层次的、更复杂的意义脉络。因此，在我们的意识生活内存在着不同层次的统一性。首先，是我的意识流中的全部经验，它们由于都是"我的"经验而聚合在一起，从而具有一种统一性；其次，反省或注意活动使某些经验从绵延之流中分离、凸显出来而成为有意义的经验，从而在前一层次的统一性之上，又附加了另一个更高层次的统一性；由于"意义构成"或"意义脉络"是由比它"更基本的注意行为已经创造出来的意义构成的"，因此它所形成的是一种比前两种统一性更高层次的统一性。[3] 在我们的一生中，我们会逐步形成和积累起许多此类意义构成和意义脉络，而我们每个人的意识世界所拥有的这个意义脉络的总体，就构成舒茨所称的"手头知识库"（stock of knowledge at hand）。显然，由于人们的知识库存是由每个人自己的经验聚合而成的那些意义脉络构成的，而每个人自己的经验又是由每个人以自己的经验绵延为对象、通过对自己的经验绵延进行反省而形成的，加之每个人的经验绵延又会随其生活处境的变化而变化，因此，人们的手头知识库必然随人们的生平情境的不同而不同。不过，在《社会世界的现象学》一书中，舒茨并未对此作更多的发挥。

有一类特殊的意义脉络，舒茨将其称为"经验图式"（schemes of experience）。它们实际上是我们对过去的经验进行综合而形成的一些意

---

[1] A. Schutz, *The Phenomenology of the Social World*, p.75.

[2] Ibid., p.76.

[3] See Ibid., p.75.

义构型,例如,人们对于外在世界以及有生命和无生命的客体(包括物理的、生物的、社会的、文化的客体等)的经验之综合,对于各种内在经验的综合,以及对于各种不同层次的意义脉络的经验之综合等。"一个经验图式是一个意义脉络,它是我们过去经验的一种构型,其中概念性地包括那些可于后来发现的经验客体,但不包括它们的构成过程。那些构成过程完全被忽略了,因而其所构造的客体性被视为理所当然。"[1] 正是这些经验图式使所有的过去经验都能在普通人的心中呈现出一种有序的形态,因为人们在生活过程当中,往往借助这些经验图式来对过去的经验进行说明和解释,使之获得可理解的意义。从这个意义来说,一个经验图式同时就是一个解释图式。"解释就是让未知指涉到已知,是在注意之下对经验图式的理解。这些图式在解释一个人自己的过去经验时具有特殊的功能。它们是完整的意义构型,随时随地以'知道什么'或'已知什么'的形式出现。它们是由已在各种范畴内组织起来的材料构成的。当经验发生时,人们就根据这些图式来加以解释。在这个意义上,各种经验图式同时就是解释图式。"[2] 不同的行动者会有不同的经验或解释图式。即使是同一个行动者,在不同的时空条件下,也会依据当时发生的注意修改或注意转换而选择不同的解释图式,从而使经验获得不同的特殊意义。这就是不同的行动者或同一个行动者在不同时空条件下的行动具有不同的特殊意义的原因。当然,有时候我们也会遇到一个新的、无法以我们已有的经验图式来加以解释的经验现象。当这种情况出现时,就意味着我们的经验图式出现了问题,需要对现有的图式进行补充或修正。

4. 行动的目的动机和原因动机

对于舒茨来说,为了澄清行动意义的概念,我们还有必要明确"目的动机"和"原因动机"之间的区分。

韦伯曾经区分了理解的两个层次,即"直接观察的理解"和"解释性的理解"。后者的特点是抓住了行动者的行为动机。在韦伯看来,只要

---

[1] A. Schutz, *The Phenomenology of the Social World*, p.82.
[2] Ibid., p.84.

我们抓住了行动者的行为动机，我们也就把握住了行动系属其中的意义脉络，就理解了行为发生的真正原因，从而能够对行为作出真正适当的解释。以此为据，韦伯提出了一种与涂尔干实证主义社会学非常不同的"理解社会学"的因果解释模式，即以行动者赋予行动的主观意义或者说行为动机为主要因素来对行动及其后果（以及由这些后果集聚而成的社会现象）加以解释的科学模式。对于这种解释模式，舒茨原则上表示认同，但认为韦伯的上述说法存在许多含糊之处。其中最大的含糊之处是混淆了两种不同类型的"动机"，即"目的动机"和"原因动机"。舒茨指出，我们的每个行动都是依据一个筹划来执行并指向一个以未来完成式幻想的已完成之行为。这个以未来完成式幻想的已完成之行为，就是在筹划范围内的每个行动步骤的目的动机。虽然我们在日常生活中常常会把这个行动的目的当成行动的原因来陈述（例如，我们常会说"因为我要和某人谈话，所以我出去了"之类的话），但这个目的动机并非行动发生的真实原因动机。导致行动发生的真实原因是在这个行动发生之前行动者曾经有过的类似经验，而非行动的目的。举例而言，假定我说"有一名凶手为了钱而犯罪"，或者"我打开伞是为了避免被雨淋湿"，这些都是目的陈述。但假定我说"此人之所以会成为凶手是受到不良朋友的影响"，或者"我打开伞是因为下雨了"，那么这些都是真实原因陈述。这两种陈述的差异在于："目的动机是根据筹划来说明行为；而真实的原因动机则是以行动者的过去经验来说明筹划。"[1] 在目的动机陈述中，意义关联存在于筹划设想的行动与"以未来完成式幻想的"整个筹划行为之间，例如"打开雨伞"的行动与"避免淋湿"的筹划目的之间，或者"行凶"的行动与"得到钱"的筹划目的之间；而在原因动机陈述中，意义关联则存在于"以未来完成式幻想的"筹划行为与以前曾经有过的某些经验之间，如"打开雨伞"的行动与行动者有过的"在雨中淋湿了衣服，撑伞就避免了这一结果"等经验之间，或者"行凶"的行动与凶手有过的"行凶可以获得钱财"的经验之间。这两者所涉及的意义脉络是完全不同的。所谓行动的意

---

[1] A. Schutz, *The Phenomenology of the Social World*, p.91.

义其实只是指行动与筹划之间的关系，即激发行动的目的动机，而不是激发行动的原因动机。因此，像韦伯所说的那样，简单地以为抓住了行动者的行动"动机"（而不管是"目的动机"还是"原因动机"）就等于理解了行动发生的原因，就能够对行动进行适当的因果解释，是一种完全错误的看法。一项行动发生的原因只能从其原因动机中去寻找，而不能从其目的动机中去寻找。那种以行动目的为原因来对行动的发生进行解释的陈述，如"我出去是为了去看望A"，"我打开伞是为了避免被雨淋湿"等，都不过是一些"伪原因陈述"。以此为依据，我们可以说，韦伯提出的理解社会学因果解释模式在舒茨这里实际上得到了细化或者说矫正：能够被视为原因对行动者的行动及其后果加以解释的因素，主要是行动者的原因动机而非目的动机。

（二）主体际理解的一般过程

以上叙述的是舒茨关于行动者如何在自己的意识活动中构成（或理解）自己行动之意义的思想。现在我们来进一步梳理舒茨关于行动者如何在自己的意识活动中构成（或理解）他人行动之意义的论述。在舒茨看来，正确地把握行动者建构或理解他人行动之意义的过程是从现象学进入社会学的关键一步。

"理解他人"这个概念可以有许多不同的含义。例如，在观察、理解"伐木"这样一个不具有沟通性质的行动过程时，我们可以只是注意到行动的外在过程，即斧头砍倒树木，并依据我们自己的经验脉络将其理解为"伐木"；我们也可以进一步观察到一个人的身体变化，将这些观察到的变化理解为表示具有生命与意识的指标；最后我们也可以将注意力集中到伐木者自己活生生的内在经验，去探究"这个人是根据他过去的筹划而自发行动的吗？如果是的话，那么这个筹划是什么？他的目的动机为何？行动所代表的意义脉络是什么？"等问题。再如，在倾听他人说话这样一个沟通性质的行动过程中，我们可以只是注意到说话人的身体动作；也可以进一步注意到他人说话的声音或声音的特殊形态；还可以注意到他人使用的声音或文字符号的客观意义；最后，我们也可以将我们从说话者那里接收到的声音或文字符号视为表示说话者主观经验的指标，从而将注意集中于说话者通过声音或文字符号的使用所试图表达的主观意义。舒茨认为，在这两个案例中，实际上都只有最后一个层次的理解，即对他人之主观意义的理解，才能够说是真正意义上的"理解他人"。

然而，我们真的能够把握住他人行为的主观意义吗？

对于这个问题，韦伯的回答似乎是比较肯定的，他认为，通过理性的或拟情式再体验的方式，我们在多数情况下可以得到对行动之主观意义的"清楚的确认"。[1] 然而，对上述舒茨就意义构成过程所作的分析稍作回顾，我们便会发现韦伯的这种信心是完全值得怀疑的。事实上，虽然通过反省的途径，我们能对自身主观意识活动的某些层次取得相对明确的把握，但对于他人的主观意义状态，我们似乎是很难达到确切有效的了解的。对此，舒茨作了详细的说明。

舒茨指出，韦伯"不曾探询一个行动者的意义是如何构成的，或者从他的同伴或一个非参与观察者的眼中，这种意义经过哪些修改。他也没有尝试去辨别自我与他我之间的那种独特和基本的关系，而澄清这种关系对于我们精确地了解'认识他人'这件事具有本质意义的"[2]。一旦我们深入分析自我了解的过程与了解他人的过程，我们就会发现，与自我了解相比，了解他人主观意义的过程会遇到一些难以逾越的障碍。"我们发现，这种了解事实上根本不可能达到，他人意向意义的概念在最好的情况下也只是一个有限的概念。"[3] 这是因为，通过前面的分析我们已经知道，自我说明是发生在一系列高度复杂的意识行为中的："对自己经验的自我说明乃发生于自己经验的整体模式内。这个整体模式又是由从过去经验中发展出来的各种意义脉络构成的。在这些意义脉络中，所有过去的经验都有呈现在我面前的可能。它们在一定程度上可以由我自由支配，不论是以认知还是再生的形式，或者是从已构成的意义脉络的观点来看，我都有观察到这些已被建构出来的经验的潜在可能。更进一步，我还可以以自由再生

---

[1] 韦伯：《社会学的基本概念》，顾忠华译，台湾远流出版事业股份有限公司，1993年，第21页。
[2] A. Schutz, *The Phenomenology of the Social World*, p.8.
[3] Ibid., p.98.

的方式重复我的经验。之所以说'自由再生'，是因为我可以不去注意任何经验片段，以及将注意转向任何过去未曾注意的经验片段。原则上，我的全部经验流作为一个连续谱，在任何时候对我的自我说明都是开放的。然而，你的整个经验流对我是不开放的。无疑，你的经验流也是一个连续谱，但我只能掌握到其中非连续的片段。……因为如果我能认识你的所有经验，那你我将是同一个人。……你我之间的差异不仅在于我们能够观察到的对方经验的数量，而且在于当我认识你的经验片段时，我事实上是在自己的意义脉络内来重新安排我所看到的东西。而与此同时你也在你的意义脉络内来安排它们。因此，我永远都是从我自己的观点出发来理解你的经验。即使我拥有既定时间内你所有意义脉络的理想知识而能够安排你的全部经验，但我还是不能确定我用来安排经验的特殊意义脉络与你正在用的是否相同。这是因为你对自己经验的注意方式与我对它们的注意方式必然不同。如果我检视我所拥有的关于你的经验的全部知识储存并询问它的结构，下面这一点就会变得很清楚，即我关于你的意识生活的全部认知，实际上都是建立在关于我自己经验的知识基础之上的。"[1]

因此，"认为我能像他人那样精确地观察他人的主观经验，是荒谬可笑的。因为这预设我要经历经验构成中的所有意识状态与意向行为。而这只能发生在我自己的经验以及我对自己经验的注意行为中。这也预设了我的经验必须能重复他人经验的细枝末节，包括印象、预想、记忆、反省行为、幻想等。更有甚者，我还必须记住他的所有经验，并按照与他经历这些经验时同样的次序去经历这些经验；最后我还必须给予同他完全相同的注意程度。简言之，我的意识流必须和他人一致，这也就是说我必须成为他人。……因此，'意向意义'本质上是主观性的，原则上只限于个体的自我解释，这一个体经历过的有待解释的经验。这些皆构成于个体独特的意识流中，对其他个体而言本质上是无法企及的"[2]。而"这就意味着我们所拥有的关于他人意识生活的知识原则上总是可疑的，而我们关于自己意

---

[1] A. Schutz, *The Phenomenology of the Social World*, p.106.
[2] Ibid., p.99.

识的知识，由于基于内在行为，因而原则上总是确定的"[1]。

舒茨举例说："假定 M_1 是由行动者 X 赋予行动 A 的意义，而行动 A 是由 X 的某些身体动作呈现出来的。又假定行动 A 被 X 的朋友 F 与社会学家 S 观察到。再进一步假定行动 A 对两位观察者来说都是有意义的。他们两人都将行动 A 的外在过程当作 X 主观经验的指标，并与一个意义联结在一起。然而，我们前面已经说明 X 赋予其行动的意向意义 M_1 是不可能通过观察或动机理解发现的。因此，将会发生的事情是，F 将会以他自己的实际经验为基础，来解释外在行动 A，并赋予意义 M_2。而 S 则会以理解社会学的理想类型观念为基础，赋予行动 A 第三种意义 M_3。以韦伯的术语来说，M_1 应该是行动者赋予自己行动 A 的主观或意向意义，而 M_2 与 M_3 应该构成这个行为的客观意义。但是，事实上 M_2 只是和 F 有关的客观意义，M_3 也只是与 S 有关的客观意义。因此，认为 M_2 和 M_3 具有客观意义内容，只不过是认为它们不同于 M_1 而已。既然 M_1 只能从来自行为 A 的外显过程的证据推论而得，那意向意义就必须被认为是一个有限的概念，即使在最有利的解释条件下，M_2、M_3 也绝不会与 M_1 完全一致。"[2]

这是不是意味着我们根本不可能理解他人行动的主观意义？如果是这样的话，不仅整个理解社会学的可行性，甚至人们相互理解的可能性都成了问题。对于这个问题，舒茨作出了否定性的回答。

舒茨指出，如果纯粹从胡塞尔先验现象学的角度来考察对他人的理解问题，确实会遇到上述这样一些不易解决的难题——如，他人如何在自我的意识之中被构成？"人类存在"的概念是否预设了一个先验的自我，在这个先验的自我中先验的他我也已经被构成？主体际的人生如何成为普遍有效的？等等。但是，一方面，舒茨认为，我们在理解他人行动之主观意义时所遇到的上述障碍，既不意味着你的经验原则上不能够为我所接近，也不意味着他人的经验对我而言是无意义的，关键在于我们要认识到"我

---

[1] A. Schutz, *The Phenomenology of the Social World*, p.107.
[2] Ibid., pp.31-32.

赋予你的经验的意义，和你解释它们时所赋的意义不可能完全相同"[1]。舒茨表示，虽然存在着上述障碍，但我们对他人主观意义的了解在一定程度上还是可能的，只是我们必须始终意识到，"对'他人意向意义'这个有限概念，我们所能理解的，始终只是一个'近似值'而已"[2]。另一方面，舒茨进一步提出，虽然对于认识论和社会科学研究来说，上述这样一些问题的确具有相当的重要性，但对于作为一门经验科学的社会学来说，则是可以暂时搁置的问题。就经验社会学而言，我们的研究对象只不过是以自然态度来观照这个世界（包括社会世界）的人类。这些人毫无疑问地将他人的存在视为理所当然，就如同他将各种自然现象的存在视为理所当然一样。对于他所接触到的所有他人，他都理所当然地作出假定：他人和自己一样具有意识，他人的意识流也具有和我的意识流一样的种种特性，都只有通过反省行为才能使其中部分内容富有意义，他人也通过自己的意义脉络来对经验加以解释并赋予意义，等等。对于作为一门经验科学的社会学来说，我们就是要且只需要对这些以自然态度来观照世界的人在日常生活中理解他人的意向过程进行考察，而无须考虑上述令人烦恼的问题。

那么，在日常生活中，我们是怎样获得对他人行动之主观意义的了解的？舒茨对这个问题的回答可以分成两部分。

首先，舒茨指出，在自然态度下，我们不仅将自己而且将他人视为一种身心统一体，因而我们对他人的理解总是以我们对他人的身体、行为、行动过程以及他人所制作的人为产物（包括物质产物和符号等精神产物）等方面的经验为依据，将这些经验视为他人在采取这些行动时的主观经验的指标，来对他人行动的意义进行理解。舒茨说："我对他人行为的经验是由我对他人身体运动的知觉构成的。然而，正如我总是将这些知觉解释为'他人的身体'，我也总是将它们解释为和'他人的意识'有关的某种东西。身体的运动不仅被作为物理的事件，而且也被作为他人拥有的特定经验的符号来感知，他人正是通过这些运动来进行表达。我的意向会通过我对他人身体运动的知觉而直指隐藏在这些运动背后和由这些运动表示的

---

[1]　A. Schutz, *The Phenomenology of the Social World*, p.99.

[2]　Ibid., p.109.

经验。"[1]在这里，最为本质的因素是我们所预设的他人的身体、行为及结果与他人主观经验之间的符号关系（signitive relation）。没有这种预设，日常生活中对他人的理解就会遇到问题。此外，他人也会对自身经验加以反省，从中挑选出某些经验并赋予其意义。在这种情况下，他人的身体动作等对我来说，就不仅是其经验的指标，而且是他所赋意义的符号。

舒茨认为，按照上述理解他人的模式，与观察我们自己主观经验的过程相比，我们观察他人行为的过程有一个重要特征，就是我的意识流和你的意识流是可以同步发生的。舒茨说："如果我想观察自己的经验，那么我必须执行一项反省性的注意行为。但在这种情况下，我所把握到的只是一种过去的经验，而非现在正发生的经验。"相反，由于设定了我在观察你时所获得的关于你的身体、行为、过程及结果等方面的经验就是你的主观经验及其意义的指标，它就使我可以与你在同一时刻获得你所具有的相关主观经验，包括对你来说不具意义和具有意义的那些经验。"为了观察我自己的经验，我必须反省地对它加以注意。但我却无须为了观察你的经验而对我自己的经验加以注意。仅仅通过'观看'（looking）我就可以掌握到甚至连你自己都不曾注意到的那些前现象的和未分化的经验。这也就是说，尽管对于我自己的经验，我只有在它们已完成并成为过去之后我才能够观察到，但对于你的经验，在它们实际发生之时我就已经能够观察到。"[2]这就意味着你我在一种特殊意义上处于"同时"状态，即我们"共同存在"，我们的意识流交错。这里的"同时性"并非指一种物理时间，而是指我所作出的、认为你的意识流具有与我的意识流类似的结构这样一种基本的和必要的假定。"不仅我们每个人都主观地经验到自己那柏格森意义上绝对真实的绵延，而且我们每个人的绵延对他人而言，也是绝对的真实。……在现实里，你和我都可以主观地经验并遍历自己的绵延、他人的绵延以及每个人的绵延。"由于这种同时性，我就能毫不犹豫地认为，你是有意识的，我能够看到你的意向行为的发生，并且是与我的意向行为同时发生的，我甚至能看到你自己无法注意到的一些经验（姿态、声音

---

[1] A. Schutz, *The Phenomenology of the Social World*, p.101.

[2] Ibid., p.102.

等）。我能够通过这些外在的指标进入他人的内心世界，"当我经验这些外在指标，并从他人心中对应的意义脉络得出其有效性时，我便凸显了这一意义脉络。而他人自己当前的经验正是在这一意义脉络之内逐步构成的"。[1] 也正因为此，在日常生活世界中，我们都认为我们能够相互理解，并因此而拥有许多共同的经验和知识。而我们拥有越多的共同经验或知识，我们就越能够很好地相互"理解"。

舒茨还申明，说"你我处于一种同时或同步状态"，并不意指我们一定要在身体上同时存在，并不限于我观察了解时所能够直接经验的存在。我也"能想象性地将一些过去年代的人物的心灵放在一个和我准同步的情景里，通过他们的著作、他们的音乐、他们的艺术来观察了解他们"[2]。因此，"在自然观点下，人们还是可以经验到他的邻人，即使在后者完全没有身体呈现的情况下。他不仅具有关于直接经验到的同伴的知识，而且也具有关于与其有着一定距离的同时代人的知识。此外，他也具有关于历史前人的经验知识。他发现自己被一些客体所围绕，这些客体清楚地告诉他，它们是由他人所生产的；这些客体并不仅仅是物质客体，还包括各种语言和其他符号体系，一句话，就是最广泛意义上来讲的所有人为产物。他首先会将它们放入自己的经验脉络来加以解释。然而，他可以随时进一步探寻这些人为产物之制造者的经验与意义脉络，也就是探讨这些人为产物被制造的原因"[3]。当然，我们后面将会看到，这种非直接经验世界里主体之间相互理解的过程与机制，同直接经验世界里主体之间相互理解的过程与机制还是会有一定差异。但大体上说，前者只是后者的修改而已。

其次，舒茨又指出，正如我们前面的分析已经揭示的那样，尽管在日常生活世界中，我们将他人的身体动作等视为他人主观经验及其意义的指标，以我们自己观察到的他人的身体动作等资料为依据来理解他人，但其实我们还是只能借助我们自己知识库存中的相关经验和意义图式，来对这些资料进行解析以达成对他人的理解，只不过是通过一种视角互易的方

---

[1] A. Schutz, *The Phenomenology of the Social World*, p.104.

[2] Ibid., p.104.

[3] Ibid., p.109.

式来进行这种理解而已。在自然态度下,人总是预设他人会以和我相同的方式来构成自己的现象性经验,筹划自己的行为,赋予其行动以意义。因此,我们便会很自然地设想,如果我们处在被理解者的位置,当我们做出某种特定的身体动作时,我们所经历的将会是一种什么样的经验或意义脉络,或者当我们使用某种特定的声音或文字符号来表达自己时,想要表达的到底是一些什么样的意义。例如,"我们是如何知道伐木者心中所想的东西?"舒茨问道。然后,他用以下这段话简要回答了这个问题:"以对我们自己知觉资料的解释为起点,我们以心灵去设身处地地想象,我们将会如何执行正在探寻的行动,然后我们可以实际地想象自己正在这样做。在这种情况下,我们将他人的目标当成我们自己的目标来加以筹划,并幻想我们自己执行他人的行为。我们也以未来完成式将行动筹划成已完成的,以及想象我们对行动的执行也伴随着对筹划的记忆与再生,当然,这些都只是些幻想而已。进一步,让我们注意,想象的执行是否实现了所想象的筹划。或者,作为我们自己是为了执行他人的目标而行动这一想象的替代,我们可以详细地回忆自己过去如何从事类似的行动。这个程序只不过是对同一原理稍作变化而已。在这两个例子里,我们都是将自己放在行动者的位置,并将我们自己的经验与行动者的经验视为同一。"[1]

表面上看,上述描述的这种理解他人的方式和狄尔泰等人所描述的拟情式体验非常相似,因为两者都是以他人与我的经验构成方式相同这样一种假定为前提,试图通过将自己置入行动者的处境来达到对他人经验的理解。但舒茨指出这种相似只是表面上的:虽然两者都假定他人与我的经验构成方式相同,但拟情理论的倡导者天真地以为我真能将通过拟情方式在自我意识内追溯到的他我构成经验作为认识他人的直接来源,而我们借助前面关于行动意义构成过程及方式的分析却非常清醒地意识到,我们只是在对自然态度下日常生活世界中的人们"理解他人"的意涵和方式进行描述而已。"我们确切地知道他人有关自己行动的主观经验与我们想象自己在相同情境下将会有的行动经验原则上是不同的。因为,正如我们已经指

---

[1] A. Schutz, *The Phenomenology of the Social World*, p.114.

出的那样，一项行动的意向意义（intended meaning of an action）原则上是主观的，并且只有行动者本人才能接近。"[1]

以上论述是以观察、理解"伐木"这样一个非沟通性质的行为为案例而展开的。在这样一种行为过程中，行动者并未试图主动地表达自己的主观经验，但其全部结论本质上也适用于对沟通过程中他人的表达性行为之意义的理解，以及我们对于人造客体之意义的理解（虽然细节上会有一些差别）。

先以对沟通过程中他人的表达性行为（expressive action）之意义的理解为例。所谓表达性行为，指的是行动者试图向外投射（project outward）自己意识内容的行动，不管其目的是与人沟通还是留给自己以后使用（如记日记）。它只包括那些行动者有目的地表达自己的行动，而不包括前面所述观察者观察到的那些本身不具有被观察之主观意义，但也常被心理学家称为表达性动作（expressive movement）的行动，如一个被观察的行动者在谈话过程中非自觉地呈现出来的身体姿态、面部表情等。表达性行为可以由身体姿态构成，也可以由声音或文字符号构成，还可以由人为的产物所构成。若是由身体姿态构成，那么可能存在的一个问题是：观察者如何来将这些属于表达性行为的身体姿态与那些可能不属于表达性行为的身体动作区分开来？舒茨认为，要解决这个问题，只能通过观察者努力掌握他人除身体动作之外的更多相关信息，如我们知道这个人是在表演，或者他是在故意模仿某人，或者在跟我们开玩笑等。假如表达性行为是借助声音或文字符号来完成的，那情况将稍微复杂一些。

舒茨将符号界定为一些"人为的产物或行动对象，它们（的意义）不是基于那些适于将其作为外部世界的对象来加以解释的解释图式，而是根据适于且属于其他客体的解释图式来加以解释"[2]。这种可用来对符号的意义加以解释的解释图式可称为"符号体系"。一个符号体系就是一个形成自解释图式的意义脉络或构型，符号的使用者或解释者都通过将符号置入这一意义脉络来对其意义加以理解。对于一个了解某一符号体系的人

---

[1] A. Schutz, *The Phenomenology of the Social World*, p.115.

[2] Ibid., p.120.

来说，符号体系是其过去所经验过的各种符号之间的一种更高层次的意义脉络。例如，德语是由德文所构成的意义脉络，一幅地图的符号体系是这幅地图上所有符号构成的意义脉络，音乐体系是每个音符构成的意义脉络等。不过，我们也需要看到，符号与其解释图式之间的连接也依赖使用者或解释者过去的经验。"处于确定符号体系内的符号的意义，必须是先前经验过的。……对于一个符号的理解（更准确地说，在一个既定体系内对其进行解释的可能性），溯回到一个我们过去接受和使用这一符号作为我们某些意识内容之表达的决定。"[1]对每一个符号体系的自如操作，都必须以操作者熟悉体系内每个符号的意义为前提，而这只有当人们能从过去的经验中理解这些体系及每个符号的表达和解释作用时才有可能。故此，每一个符号体系也是我们曾经用其中的符号来表达自己意识的内容和解释其意义的经验图式（一个符号的表达图式和其解释图式必须一致，否则便无法正确表达或解释）。舒茨将这种我们凭借自己过去的经验而能对其熟练加以表达和解释的符号意义称为符号的"客观意义"。这和我们通过自己的经验图式来解释其他人经验的意义并无特别的不同。

然而，除了客观意义之外，符号还有主观意义。所有的表达，"对使用者和解释者来说，在客观意义之外和之上，还有一种主观和偶然的意义。……每个人使用或解释一个符号时，都会将一个特定的意义与这个符号联系起来，这个意义源自他过去学习使用这一符号时所得经验之独特性。这一附加的意义成为一种环绕在客观意义核心周围的光环（aura）"[2]。因此，如果一个解释者想要对这个符号的意义达成真正的理解，那么，除了客观意义之外，他还必须对这一符号的使用者在使用这一符号（将其与所指连接）时的经验特性即行动的主观意义加以把握。这一把握他人符号表达行动之主观意义的过程，其方式与前面我们看到的把握他人伐木等身体动作时所采用的方式本质上是相同的，即都是通过一种视角互易的方式来进行的。舒茨明确指出："理解他人通过符号来沟通的意识行为，与理解他人的其他行为并无原则上的不同。与后者一样，它也是以同步性或准

---

[1] A. Schutz, *The Phenomenology of the Social World*, pp.121-122.

[2] Ibid., p.124.

同步性的模式发生。解释者将自己置于他人的位置，想象自己正在选择符号和使用符号。他像解释自己的主观意义那样来解释他人的主观意义。在这一过程中，他获得了自己个人对于言说者的全部知识，尤其是言说者表达自我的习惯与方式。"这样一个过程同样在言说者的心中发生："他所说的话会被听者从某种角度加以选取及理解。然而，他试图传递出去的并不仅仅是客观意义，他还希望将个人的态度传递出去。他会像他在其他行为中所做的那样，以未来完成式的方式勾勒出自己的沟通目的。他会依据自己在解释他人使用的词汇时所建立起来的习惯来选择词汇，当然，也会被他关于听者的知识所影响。"[1]此外，听者和言说者不仅以这种视角互易的方式来理解符号表达在对方心中的主观意义，而且以同样的方式来把握整个沟通行为在对方心中的主观意义即目的动机，并进一步探寻对方所选择的言说或倾听行为的原因动机。

对于工具、纪念物、物质产品等人造产品的意义来说，上述说明也同样适用：我们一方面像理解我们所有的经验一样，通过将作为理解对象的某个产品置于我们自己的经验图式来理解其意义，如此所获得的意义只是产品的客观意义；但如果我们想要理解这一产品的制造者在制造它时所赋予其的主观意义，那我们就必须以视角互易的方式，以我们自身的经验图式以及关于这一产品之制造者的相关经验知识为基础，设身处地地想象如果我们是这样一位制造者，在后者所处的情境下，在制造这一产品时将会赋予其何种意义即目的动机，以及赋予此种意义即目的动机的原因动机又为何。

以上述分析为基础，我们便可以进入更为广阔的社会世界，对人们在不同时空范围社会世界内的意义建构及其理解问题进行考察。

（三）社会世界的多重结构与理解他人的不同方式

当我们进入理解他人的情景时，我们便进入了一个主体际的世界。这个主体际的世界也就是一种"社会世界"。然而，舒茨指出，社会世界是

---

[1] A. Schutz, *The Phenomenology of the Social World*, p.127.

一个具有多重形式的异质的结构。并且,"社会世界的每个领域或范围,都既是一种认知方式,也是一种理解他人主观经验的方式"[1]。因此,在讨论了主体际理解的一般过程之后,舒茨继续对社会世界不同范围内的理解过程作进一步的探讨。

1. 直接经验的世界

按照舒茨的界定,"当他人与我共享一个时间与空间的共同体(community)时,我就说此人位于我直接经验的范围内"。"当他人以个体的形式呈现出来,而我也意识到这一点,并且当我对他的意识与他自己对自己这个特殊个体的意识一样,以及我意识到他的身体是他的内在意识借以表达的领域时,他与我就共享一个空间共同体";同样,"当他人的经验与我的经验步步相随,当他人的思想在任何时刻一经出现我立即可以加以检视并紧紧抓住,换句话说,当我们同步成长时,他与我就共享一个时间共同体"。[2] 当人们位于彼此直接经验的范围内,实际上也就是位于面对面的情境之中。时间和空间的直接性是面对面情境的本质,直接经验世界里行动与互动的所有特点都衍生自这种直接性。

为了对面对面的情境有所意识,参与者必须意向性地意识到他所面对的是一个与我一样具有生命和意识的特定他人,他必须假定对另一方抱持一种面对面的"他人取向"。舒茨将这种态度称为"汝-取向"(thou-orientation)。"汝-取向"可以是单方面的(我视你为一个他人,但你并未注意到我),也可以是相互的(彼此都觉察到对方,对对方都具有"汝-取向")。直接经验的世界以参与者具有"汝-取向"为前提。在参与者双方都采取"汝-取向"的情况下,双方就构成了一种面对面的关系或"直接经验的社会关系"。由于在这种面对面的关系中,每个人都可以觉察到对方,并同情地参与彼此的生活,因此舒茨也将这种关系称为"我群关系"(We-relationship)。在"我群关系"中,我们有机会共享某些经验,并因此而"共同成长"。

"我群关系"是我们最为基本的,也是我们诞生时就给定的一种社会

---

[1] A. Schutz, *The Phenomenology of the Social World*, p.139.
[2] Ibid., p.163.

关系。我们对特殊他人之直接经验的原始有效性乃植基于这种最基本的社会关系，因为"只有在一种实际化的、内容充实的我群关系内直接经验到你，我才能生活在你的主观意义脉络内"[1]。在所有自我超越的经验中，最接近意识流的乃是我群经验。正如前面所描述过的那样，在我群关系中，"我清楚地看到对方在我面前。我注视着他的脸、他的举止，听到他的说话声，我对他的认识已经超过他有意传递给我的东西。我的观察每时每刻都在和他的意识流同步，其结果是与自己相比，我能更好地与他相协调"[2]。"进一步看，当我注视你时，我将看到你已经取向于我，你正在探寻我的言谈、我的行动和在你关心范围内我心中所想之事的主观意义；我会转而考虑你取向于我这个事实，而这又会影响我对你的意向以及我如何对你采取行为；你也会看到这点，而我也将知道你已经看到这点；等等。这种视线的交错，这种彼此多重的相互反映，正是面对面情境的特征之一。"[3]我们也具有相同的、属于"我们"的环境：我可以在我们共同的环境中指出某种事物，并确信你也能和我一样"看"到它。"我群世界对我们中的每一个人而言都不是私人的，而是我们的世界，是一个正在我们面前的共同的互为主体性的世界。只有从面对面关系、从我群世界的共同经验中，互为主体性的世界才能被建构出来。这是它得以被推演出来的唯一出发点。"此外，对于主体际的理解过程来说，我群关系还有一个其他社会世界层次无法具有的特殊优点，即我能通过询问你对我们共同世界之对象的经验解释来不断核实、修改、扩大我对你的了解。"由于在我群关系中，我和他们分享一个共同的环境，所以我能持续不断地检查我对他人心路历程的诠释。从原则上讲，只有在面对面情境里我才能向你提出一个问题。但我所能问的并不只是你应用于我们共同环境的解释图式。我也能询问你如何解释自己的经验，在这个过程中，我便能修改、扩大并丰富我对你的了解。"[4]这样，处于我群关系的双方便能比处于其他社会情境中的

---

[1] A. Schutz, *The Phenomenology of the Social World*, p.166.
[2] Ibid., p.169.
[3] Ibid., p.170.
[4] Ibid., p.171.

行动者更好地理解对方。当然，在现实生活中，具体的"我群关系"之间会有许多差异。例如，在不同的我群关系中，同伴会以不同的直接程度、不同的强度和不同的亲密性程度被经验到；或者他会被以不同的观点经验到；他可以出现在对方注意的中心，也可以出现在注意的边缘。"比较一下谈话中的两个人拥有的关于对方的知识和性交往中的两个人关于对方的知识，就可以看到，它们具有多么不同的亲密程度，涉及多么不同的意识层次！不仅其中的一组比另一组的双方能够更深入地经验到我群，而且每个对自己经验越深入的人，对他的同伴的经验也就会越深入。"[1]但所有这些差异并不妨碍它们都属于我群关系，都具有我群关系的最基本性质，即我们是以面对面的方式直接经验到他人的（哪怕是地铁站里在我身旁的一个初次见到的人）[2]。

不仅我们对他人直接经验的有效性源自我群关系，而且后面我们还会看到，我们对同时代人世界的认识也源自我群关系这种最基本的社会关系。

2. 同时代人的世界

所谓"同时代人"，指的是"我知道他和我同时存在，但我并未直接经验到他"的那样一类人。[3]由这些人构成的社会领域就是"同时代人世界"（social world of contemporaries）。我的同时代人可以是曾经或将会与我共处于直接经验世界的人，但他目前一定是处于我的直接经验范围之外。

从直接经验的同伴世界转入间接经验的同时代人世界，这通常是一个渐进的过程。在这个渐进的过程中，我对他人的知觉数量逐渐减少，观照他人的视野日趋窄化，他人的生动性则渐次递减，最终他人离开了我所能够直接经验的范围，而进入了我的同时代人世界。例如，在送别的情景中，我先是对朋友报以微笑，和他握手，向他道别，然后他逐渐远去。再比如，我和朋友先是面对面对地交谈，然后是以电话交谈，再往后是以信

---

[1] A. Schutz, *The Phenomenology of the social World*, 168.

[2] Ibid., 174.

[3] Ibid., 179.

件交往，最后是经由第三者传递信息。虽然我们不太可能精确地掌握朋友离开我的直接经验世界而进入同时代人世界的那一刹那，但终有一刻我们会确切地意识到这已经成为现实。

在接近同时代人世界时，我们对他人的经验会逐渐遥远和隐匿。在进入同时代人世界时，我们会相继经验到以下领域：（1）由这样一些人（譬如我的朋友）组成的领域，我曾经和这些人面对面接触并且还能与他们再次接触；（2）由正在与我谈话的人曾经接触过的人（譬如此人正准备向我介绍他的一位朋友）所组成的领域；（3）由我即将与之见面的同时代人（譬如一位我读过其著作并正准备去访问的学者）构成的领域；（4）由这样一些同时代人构成的领域，这些人不是以具体生动的个人而是以社会空间中执行特定功能的点（譬如处理我的信件的邮递员）为我所知的；（5）由一些集体性实体构成的领域，对于这些集体性实体，我知道它们的功能和组织，但却不认识其中的任何成员（譬如加拿大国会）；（6）另一些集体性实体，这些集体性实体由于其本质上的隐匿性，原则上我永远不可能经验到它们（如"政府""国家"等）；（7）由一些意义的客观构型组成的领域，这些意义构型是在我的同时代人世界中建立起来，并具有一种隐匿的生命（例如州际贸易条款、法语语法等）；（8）各种人为产物组成的构型，这些人为产物是某些陌生人之主观意义脉络的见证。[1] 舒茨指出，我们越是深入同时代人世界，其居民的隐匿程度就越高。在开始的时候，我们似乎还看得见他们；而在这个世界的末端，他们就只是一些定义性的存在，永远无法被我们的经验所接近。

在同时代人世界中，由于我们只能间接地接触他人，因而我们了解他人的方式便有很大的修改。"此时的你对我而言全然不是一种前谓词性质的既定存在。我甚至无法直接理解你的存在。我对你的全部知识都是间接的和描述性的。在这种知识中，你的特性对我而言只是通过推论确立的。"[2] 在这种情况下，我只能借助以下的基本方式来认知作为同时代人的他人。第一是通过我过去与这个人面对面接触时获得的经验来理解已成

---

[1] A. Schutz, *The Phenomenology of the Social World*, pp.178-179.
[2] Ibid., pp.179-180.

为我的同时代人的他。第二是通过目前和我交谈者具有的有关另一位同时代人的过去经验来建构后者的图像（譬如利用我朋友的描述来理解他的弟弟）。此外，我还可以从各种人为产物、制度和行事惯例等文化客体中，间接地"读出"制造这些客体的那些陌生人的主观经验。在所有情况下，我都是以我过去对他人的直接经验为基础来推出他人的经验。没有这种经验，我就无从达成对他人的理解。

舒茨把这种指向同时代人的意向行为称为"他群取向"（they-orientation）。与直接经验世界中的"汝-取向"不同，在"他群取向"中，"我无法觉察到他人的意识流。我的取向不是指向一个具体个体之汝的存在。它既未指向任何正在他人心中构成的独具特性的主观经验，也未指向这些主观经验发生于其中的那些主观的意义构型。相反，我之他群取向的对象只是我自己对一般社会现实的经验，是对人类及人类意识过程的经验"。[1] 用韦伯的话来说，我取向的只是个人或其行为的"理想类型"。在这种理想类型中，由于"主观的意义脉络已不再是解释的工具。它已被一系列高度复杂且系统性相关的客观意义脉络所取代，结果是同时代人的意义脉络在数量和复杂性方面成比例地隐匿。更进一步，认知的综合不再将独特的个人当作当前生动的存在。相反，是把他人始终看成同一的或同质性的，忽略了个体身上的所有变化和不一致"[2]。例如，"当我邮寄一封信时，我假定我的某些特定同时代人即邮递员会看到信封上的地址并照着地址把它发出去。我并未将这些邮递员想象成个体，我不认识也从未期待过去认识他们中的任何个人。……在这些情况下，我始终期待他人会以界定好的方式来行动，不管他是邮递员、收款人或者警察。我和他们的社会关系只是基于我和他们之间的互动这一事实，或者只是基于我在筹划自己行动的过程中在心中想到他们。但是他们永远不会转变成真实的个人，而完全只是由功能界定的隐匿性实体。只有作为那些功能的承担者他们才会与我的社会行为发生一些关联。他们在递出我的信件、处理我的支票或检查我的所得税报表时可能产生的感觉，则绝不会进入我的心中。我只是假定

---

[1] A. Schutz, *The Phenomenology of the Social World*, pp.181-182.

[2] Ibid., p.182.

存在'做这些事情'的'某些人'而已。从我的角度来看，他们在履行职责时发生的行为纯粹是通过一种客观意义脉络来加以界定的。换句话说，当我抱持他群取向时，我所拥有的只是他人的'类型'"[1]。

尽管他群取向中以理想类型形式存在的同时代人对我而言都是隐匿的，但在不同的理想类型形式中，不同的"同时代人"对我的隐匿度则是不一样的。相对而言，隐匿度最低的是特征类型（characterological type）。所谓特征类型，指涉的是我曾经或可能面对面接触的真实个体，例如我的一个刚刚离开的朋友，或我的朋友正在向我描述的他的一个熟人，等等。其次是习惯类型（habitual type）。这一类型完全以所承担的功能来界定同时代人，如"邮递员"等。再次是由所谓的"社会集体"如政府、企业、经济、国家、工人阶级或人民等组成的那样一种理想类型。尽管我们应该且可以像韦伯所说的那样，将它们还原为其成员的个体行动，并把这些个体当成我的同时代人，以个人理想类型来理解他们，但他们对我而言仍然具有相当程度的隐匿性。最后是语言一类的文化客体及机器、工具一类的各种人为产品。虽然我们也可以发现它们的制造者和使用者，但这两者对我来说都是绝对隐匿的。我只能且只需以抽象的个人理想类型来理解他们的行动及产品。

与上述特点相应，在同时代人之间的关系中，每一方都是借助理想类型来理解另一方的[2]，每一方也都明确地意识到这一点，并且每一方都期待他人使用的解释图式与自己使用的解释图式保持一致。例如，在火车上，我是以"火车驾驶员"的理想类型来理解当天值班的驾驶员的行为，这位驾驶员也是以"乘客"的理想类型来理解我的行为。我们彼此都不把对方视为一个真实的人，而只视为相应的理想类型中的一员，都只对对方并且也期待对方对我能持一种典型化的理解。"在面对面的关系中，我和对方

---

[1] A. Schutz, *The Phenomenology of the Social World*, pp.182-183. 理想类型既可以是关于人类行为的，也可以是关于物理客体及过程的。关于人类行为的理想类型又包括两种，即关于个人的理想类型和关于行动过程的理想类型。舒茨认为，前一种理想类型是建立在后一种理想类型的基础上的。例如，我们只有先界定了邮递员的工作，才能够界定邮递员的理想类型。

[2] 舒茨认为，在直接经验的世界中，理想类型也可以被行动者用来作为理解他人行动的解释基模，但它会在行动者与他人的具体互动过程中被转化为具体的经验基模。Ibid., p.185.

都能敏锐地意识到彼此主观经验的细枝末节。但在他群关系中，这种对对方主观意识的细微察觉则被一种共享的解释图式的假设所取代。虽然我生成了这样一种假定，但我却无法检验它。当我以更多的理由来期待对方作出适当的反应时，我强加于他的图式就越标准化。这就是那些衍自法律、政府、传统以及各种秩序系统的图式，尤其是那些以手段—目的关系为基础的图式，即韦伯所谓的'理性的'解释图式。"[1]同时代人社会关系的这些特点会对这些关系产生一些重要影响：如它总是包含着不确定性（除非我已经尝试过，否则我不能确定关系是否真的存在）；我也不能确定我所使用的理想类型是否真的适合他，或者他使用的关于我的理想类型与我期待的一致；在面对面情境中，我能够通过询问你来修改我对你的理解，但在大多数同时代人关系中，我却无法做到这一点；虽然我对同时代人的认识也会随着我对社会世界的新经验而不断扩大和修改，但这些修改只能发生在一个相当有限的范围内；等等。

3.前人世界和后人世界

除了上述两个世界之外，我们还知道一个过去存在过的世界，这就是前人的社会世界（world of predecessor）或历史上的世界。它主要是由我出生之前存在的那些人组成的。和了解同时代人世界一样，对于前人世界我们也只能拥有一些间接的经验。和了解同时代人世界相似，我们也只能通过两条途径来了解前人世界：第一，通过某个同伴或同时代人口述或撰写的有关前人的事迹；第二，通过前人留下的相关记录或踪迹来了解他们。此外，和了解同时代人一样，在多数情况下我们也只能通过理想类型的运用来了解前人（当然，其隐匿度也会随着我对这些前人经验的掌握程度而变化）。但和了解同时代人世界相比，我们在了解前人世界时，有一个重要的不同点，这就是我们与我们所欲了解的前人之间缺乏共享的知识核心。"我的前人居住在一个不仅与我完全不同而且和我的同时代人也迥异的环境当中。当我理解一个同伴或同时代人时，我总是能够假定一个共同的知识核心。关于我群与他群关系的理想类型本身也预设了这样一个共

---

[1] A. Schutz, *The Phenomenology of the Social World*, pp.202-203.

享的经验核心的存在。高度隐匿的理想类型'我的同时代人'在定义上即和我共同享有同样隐匿的理想类型'同时代文明'。自然，在我和我的前人之间这种共同的知识核心则付之阙如。"[1]我和我的前人顶多只能共同享有一些作为人类一般都能够共享的经验。由此导致的一个结果就是，"我们用来解释前人世界的图式必然不同于他们解释自己世界的图式"。"如果我想解释一个同时代人的行为，我能满怀信心地假定他的经验和我的经验颇为类似。但如果是要了解一位前人，则我失败的机会将大大增加。我的解释必然是模糊的和不可靠的。这对于过去时代的语言和其他符号也是一样。无疑，这类客观的符号系统由于约定而得以固定下来，并因此为我们的理解提供了一个相对稳固的立足点。然而，我却无法确定我自己的解释图式与我的前人在使用某个符号时的表达图式是否一致。因此，对过去使用的符号所作的令人满意的解释总是值得怀疑的。想想'客观给定的'音乐符号体系，有关巴赫作品的'正确'理解存在着多少争论。甚至在哲学史上也充斥着对过去的哲学家所用词汇之适当理解的大量争议。这种不确定与我们对同时代人使用的文字或其他符号的不确定在种类上完全不同。因为对于我们的同时代人，我们总是可以通过询问他们来确定那些符号的含义。"由此导致的进一步的结果就是，"尽管我们可以不断地增进对我们的同伴和同时代人的理解，但对我们的前人来说情况则并非如此。前人的经验是已经过去和完成了的，我们最多只能在这种含义上说我们对他们越来越了解，即我们获得了越来越多有关他们的资料或信息。但这些资料或信息不仅是本来就在那里等待着我们去获取，而且它们是完全偶然的以至于我们只能一点一点地去获取它们"[2]。

最后，我们还有另一个他人居住的世界，即"后人世界"（world of successor）。它是由我生命终结之后存在的那些人组成的。舒茨认为，对于这个后人世界，我们几乎一无所知。"事实上，我们只能通过假定他们的经验与我的同时代人或前人的经验大致相同来了解他们的典型经验。这

---

[1] A. Schutz, *The Phenomenology of the Social World*, p.210.

[2] Ibid., p.211.

是一个我只能模糊地掌握但永不可能去直接经验的世界。"[1]"如果说前人世界完全是固定和被决定了的，同伴世界是自由的，同时代人世界是或然的，那么后人世界则是完全未决定且无法决定的。我们对后人的取向只能是，我们将会拥有某些东西。我们并无钥匙可去开启这个领域之门，即使理想类型也不能。因为理想类型的方法是以我们有关前人、同伴与同时代人的经验为基础的，没有什么理由可以将其扩展到后人世界。"就此而言，所谓的历史"规律"是一种荒谬的说法。因为"整个后人世界都是属于非历史的和绝对自由的。可以以抽象的方式来预期它，但却不能仔细地加以描绘。它也不能被规划或筹划，因为我不能控制那些介于我死后和筹划可能实现之间的未知因素"。[2]

（四）从社会观察到社会科学观察

在面对面的互动过程中，由于互动双方都持"汝－取向"的态度，因此我的意识流不仅和他人的意识流处于同步状态，而且我还能通过与他人的互动、通过诉诸我们共同面对的外界客体来验证和修改自己对他人经验的假设性诠释，从而与他人共同成长。但如果双方中只有一方对对方持"汝－取向"，对方却并不知道前者将意识指向自己，情况就有所不同了。在这种情况下，由于双方不是处于互动关系，而是处于一方单向地直接观察另一方的情境中，因此，尽管我依然和他人处于同一个外界环境，并可以将直接观察到的他人举止作为其经验的指标，使自己的意识流和他人的意识流处于同步状态，但由于缺乏互动，我便不再能够通过诉诸我们共同面对的外界客体来验证和修改我对他人的诠释。我充其量只能通过一些间接的途径（以我自己以往类似行动的目的和原因动机推论他人行动的目的和原因动机，尽可能搜寻关于他人行动习性的知识，根据行动的实际作用来推论行动动机等）来诠释他人的行动。这样，我便无法确认自己对他人经验的诠释是否可靠。"在极端情况下，当看到一个表达动作时，他（观察者）甚至怀疑自己是否正在观察一个行动。因为也许他正在看的只是一

---

[1] A. Schutz, *The Phenomenology of the Social World*, p.143.
[2] Ibid., p.214.

个纯粹的无目的的行为。"[1] 这种情况在我无法直接而只能间接地单向观察一个同时代人的情境中会变得更加严重。这种情境所隐含的一个危险就是，"观察者会天真地以自己的理想类型来替代他的观察对象心中的理想类型。……此时，观察者不仅可能以错误的理想类型来了解其观察对象的行为，而且可能因他无法与作为一个真人的观察对象相遇而永远不能发现自己的错误"[2]。

单向社会观察所具有的这种特征有助于我们理解社会科学的特征。我们可以在日常生活的这种单向观察活动中发现社会科学的起点，因为在日常生活中，他人不仅是我们经验的对象，而且可以是我们思考的对象。当我和他人处于直接互动的过程中，我是将他人作为我直接经验的对象，而这一经验过程本身并不在我的注意范围内，我对此一过程不感兴趣，因为我有其他的注意目标。但我随时可以改变这种情境：如果我开始怀疑我对你的经验诠释结果的正确性，我就可以暂时中断与你的互动，从与你的互动过程中脱身，将你（我所经验到的你，或我对你的经验）作为思考的对象。此时我的行为就类同于一位正在从事研究（而非作为一个普通人处于日常互动过程中）的社会科学家。而当我处于间接的社会观察过程中，由于我不仅无法和他人互动，甚至都无法直接观察和经验到他人，因此只能借助一些无法验证的关于他人的理想类型来理解他人，情况就更是如此。因为社会科学主要就是以只能间接观察的同时代人和前人，而非一个可以直接经验的活生生的个人为研究对象的，因而也只能以各种关于他人的理想类型来诠释他人。主要的区别在于，社会科学家在将他人的经验作为思考对象时所使用的方法和概念与一个普通人使用的方法和概念截然不同。在日常生活中，将他人作为直接或间接观察和思考对象的普通人，都是以源于自己直接经验的各种解释基模（在后者那里则为源于自己直接经验的各种理想类型）为基础来理解观察对象。与此不同，一个正在对社会现实进行科学研究的社会科学家则并不是以源于自己关于他人的直接经验的理想类型，而是以一种源自科学经验的理想类型为基础来理解观察对象，这

---

[1] A. Schutz, *The Phenomenology of the Social World*, p.172.
[2] Ibid., p.205.

种理想类型必须不仅与所有社会科学家关于社会世界的客观经验相一致，而且与科学家关于整个世界的客观经验相一致。所以，虽然社会科学研究的对象是人们行动的主观意义，但其结果则必须是客观的，即为所有从事科学研究的学者认可的。故我们可以将社会科学的主旨确认如下：建构一套关于行动之主观意义脉络的客观意义脉络。这种社会科学成果的主要形式就是各种关于行动之主观意义的理想类型（和间接观察同时代人的普通人一样），而其可被认可的标准则如韦伯所说，既要具有（能够揭示行动过程各环节之主观意义脉络的）意义适当性，又要具有（为所有社会科学家所接受之事件序列的）因果适当性（因而又和间接观察同时代人的普通人不同）。

二、舒茨晚年对现象学社会学的进一步发展

以上所述主要是舒茨在《社会世界的现象学》一书中所勾勒的社会世界现象学理论框架。1939年"二战"爆发后，舒茨为躲避战乱而辗转移居美国，之后一直在美国生活和工作。由于德文版《社会世界的意义构成》一书直到舒茨去世后才于1967年被翻译成英文在美国出版，在两版之间的三十五年时间里，英语世界中的学者并不熟悉这部著作及其中的思想，身为银行职员却对学术尤其对社会世界的现象学研究始终充满热情和追求的舒茨不得不撰写大量英文著述来对自己的现象学社会学思想进行阐释。很自然，这种阐释包含对《社会世界的现象学》中主要思想观点的重复，但由于发生在一种新的社会、文化和学术环境之中，面对着一些新的学术需要和思想资源，因而也必然包含诸多对先前思想观点所作的补充、修正和拓展。因此，舒茨在美国时期所发表和撰写的著作，虽然总体上看并没有完全脱离其在《社会世界的现象学》中所建立起来的现象学社会学的基本思路和理论架构，但也包含一些对于我们理解他的现象学社会学理论来说具有重要意义的新内容。以笔者愚见，其中最重要的主要有以下几个方面。

（一）意义构成的主体际性或社会性

如前所述，在《社会世界的现象学》一书中，舒茨曾经借鉴胡塞尔现象学和柏格森生命哲学的理论对行动意义的构成过程进行了细致的描述。这种描述被舒茨视为他对韦伯所开创的理解社会学加以完善和推进的奠基性工作之一。回顾舒茨所作的描述，我们可以看到，尽管舒茨在将胡塞尔的现象学理论引入社会世界研究领域之始，就试图以一种经验现象学的立场来代替胡塞尔的先验现象学立场，但舒茨描绘的行动意义构成过程基本上仍然是在单个行动者的主观意识内部独立完成的一种过程。这一过程由以下几个基本环节组成：

（1）由包括行动经验在内的各种经验混杂在一起的纯粹绵延之流的形成；

（2）行动者在意识层面对纯粹绵延之流进行反省，通过施加注意将其中的某些经验片段提升到意识层面，使之具有意义；

（3）在意识层面对各种经验片段之间的意义关联逐级进行整合，形成层次不同的经验/意义脉络，这些经验/意义脉络同时也将成为具有解释功能的经验/解释图式，这些经验/图式的综合构成了我们的"手头知识库"；

（4）行动者以这些经验/意义图式为基础对行动进行筹划，由此让作为行为组成部分的诸行动环节获得意义（行动的目的动机）。

对行动意义构成过程所作的这种描述，孤立地看似乎没有什么问题，但当我们转向探讨另一个无论对于胡塞尔还是舒茨来说都更为重要的问题，即（包括行动意义在内的）各种经验意义的客观性何以可能这个问题时，其隐含的问题便不可避免地显露出来：既然意义构成过程完全是在单个行动者个人意识内部完成的，因而具有强烈的主观性质，并不可避免地会随着每个人生平情境等方面的差异而有所不同，那么，我们关于世界的经验知识何以具有客观性（胡塞尔）？而如果我们关于世界的经验知识不具有一定程度的客观性（即不能为不同的行动主体共享），我们之间的相互理解和交往又何以可能（舒茨）？

在《社会世界的现象学》一书中，舒茨对于这个问题已经作过解释。

在那里，舒茨认为，在自然态度下生活的人在与他人交往时会做出一系列假定，例如：他人是一种和我一样的身心统一体；我可以将他人的身体行为及他人所制作的物质或符号产物等视为他人主观经验的指标，通过视角互易的方式来对他人行动的意义进行理解；我和他人的意识流由此便可以处于同步状态，通过共同成长而拥有许多共同经验知识，以提升我对他人理解的准确度；等等。毫无疑问，这些解释在一定程度上可以回应上述的意义客观性问题，但看起来并不能让人完全信服。对于这些解释，人们似乎仍可能有一些疑虑，如，即使我将他人的身体行为视为他人内部经验的指标，并假定可以通过视角互易的方式来想象自己转换为他人，但无论如何，实际上我仍然是在依照我自己的经验图式来理解他人（解读他人身体行为与内在经验之间的关联）。由于生平情境等方面的差异，纯粹源自我自身生平经验积累的那些经验图式与他人同样源自自身生平经验积累的经验图式之间总会有差异，那么，我在以自己的经验图式来理解他人行动的主观意义时，最终得到的总是我自己的理解，而不一定是他人赋予自己行动的主观意义。这也意味着，我们始终不可能真正达到对他人行动之主观意义的准确理解。

作为一个将知识的客观性作为"科学"之理想目标的社会科学家，舒茨始终期望能够对上述客观性问题作出尽可能完满的回答。在其居留美国时期所发表的许多文章中，我们可以看到，舒茨在保留上述《社会世界的现象学》一书之基本思路的前提下，对意义构成过程做了一些新的描述，使之能够更好地回应意义的客观性问题。

如前所述，在《社会世界的现象学》一书中，舒茨指出，处于纯粹绵延之流中的那些经验对于行动者来说是不可能具有意义的，只有经反省行为被行动者注意而提升到意识层面来的那些经验片段才可能成为有意义的。若此，这种反省过程到底是一种什么样的过程，它是通过一种什么样的具体机制来运行的？这个问题对于我们理解经验意义的构成乃至行动者经验图式的形成来说就是一个具有重大意义的问题。为了弄清楚这个问题，我们必须对行动者对纯粹绵延进行反省的具体过程和机制加以考察。在《社会世界的现象学》一书中，舒茨在简单陈述了"只有经反省行为被行动者注意而提升到意识层面来的那些经验片段才可能成为有意义的经验"这一点之后,并未对这种反省过程及其具体机制问题展开细致的说明,仿佛这种反省过程就是一种无须进一步说明的简单过程。但其实舒茨后期的考察表明,事情并非如此。那么,影响行动者对纯粹绵延进行反省的具体过程和机制到底是怎样的呢?

为了回答这个问题,舒茨提出了"意义构成的主体际性/社会性"理论,并以此一理论为基础对意义构成过程作了新的阐释。在这一新的阐释中,虽然纯粹绵延之流、通过反省将被注意到的经验片段提升到意识层面使之具有意义、各种经验片段逐级综合成不同层次的经验/解释图式("手头知识库")、通过筹划使行动获得目的动机即意义等思想均得以保留,但对通过反省将被注意到的经验片段提升到意识层面使之具有意义的具体过程和机制却有了新的说法。在《社会世界的现象学》一书对意义构成过程的描述中,是先通过反省将被注意到的经验片段提升到意识层面,再将意识层面的各种经验片段逐级综合成不同层次的经验图式,然后才将这些经验图式作为解释图式应用于对新的经验片段的解释。这从逻辑上看似乎也很合理,因为如果没有前一环节,后一环节就会因缺乏综合所需的素材而无法进行。然而,在舒茨后期关于意义构成过程的描述中,这一逻辑顺序被颠倒了过来:我们是先有了一定的手头知识库存,然后调用知识库存中的相关成分作为工具对纯粹绵延之流进行反省,选取其中的某些经验片段施加注意而将其提升到意识层面,再综合到现有知识库存的某一成分来使之具有意义。

首先,舒茨指出,对于我们生活在其中的这个世界,我们一开始就拥有关于它的一定的知识库存,尽管这些知识的可靠性在任何时候都是可以质疑的,但通常情况下我们总是将它们的可靠性视为理所当然而不加怀疑。因此,这个世界当中的任何一个对象,对于我们来说,一开始就是一种处于由预先熟识的相关对象构成的视域之中的对象,而非独一无二的东西。换言之,当我们从意识层面对自己的纯粹绵延之流进行反省时,我们的意识并非一块上面空无一物的白板,而是充满了关于这个世界的现成知识。现成的知识库存构成了我们的前经验,我们正是以这些前经验的知识库存为基础来对纯粹绵延进行反省的。这些前经验的知识又是以类型化的形式存在的。因此,我们对纯粹绵延所进行的反省,其实就是一个依据我们在反省时所注意到的那些特征尝试着将其中的某个经验片段归入我们知识库存里已有的某种对象类型的过程。例如,"也许我从未见过一只爱尔兰塞特种猎狗,但是,如果我看到这样一只狗,我就会知道它是一种动物,特别是一种狗,它表现了一种狗——而不是,比如说,一种猫——的所有为人们所熟悉的特征,表现了它们的类型行为"[1]。在这一过程中,我们将会注意到哪些经验特征或片段,在很大程度上是由我们自己拥有的知识库存以及我们选择用来界定经验的知识成分(或类型化知识)决定的。

其次,舒茨进一步指出,不仅我们对周围世界或纯粹绵延之流所进行的反省是以现有的知识库存为前提或基础的,而且我们对通过反省被提升到意识层面的经验片段进行综合的过程同样不是一种在缺乏任何知识背景的条件下简单地对这些经验片段加以整理的过程,而是一个将被注意到的经验片段以不同方式归入现有知识库存里的对象类型(或者因其被认为与现有某一对象类型相同而被归入这一类型,或者因其被认为与现有某一对象类型有所不同但相似而成为对这一对象类型的扩充,或者因其被认为与现有各种对象类型不同而引起对象类型的新综合等)的过程。因此,我们对通过反省被提升到意识层面的经验片段进行综合的过程,同样在很大程度上是由我们自己拥有的知识库存以及我们选择用来界定经验的知识成分(或类型化知识)决定的。

那么,紧随而来的一个新问题是:在我们对所感知到的周围世界或纯粹绵延之流进行反省之前就已经存在的知识库存是从何而来的?如果我们像舒茨在《社会世界的现象学》一书中所描述的那样,继续认为这些知识库存完全来自个体自身的知识积累,那么,一来不仅与舒茨上述对反省和经验综合过程的新说明相矛盾,二来也使我们前面提及的意义之客观性或人们之间的相互理解何以可能这个问题依然难以得到妥当的回答。与上述有关反省和经验综合过程的新说明相适应,舒茨在其后期的著述中针对知

---

[1] 许茨:《对人类行动的常识解释和科学解释》,载许茨:《社会实在问题》,第34页。

识库存的来源问题给出了一个新的答案。与此前在《社会世界的现象学》一书中的描述有所不同,在这些后期著述中,舒茨反复申明,我们所拥有的知识库存其实绝大部分一开始就来自我们所处的社会,而不是来自我们每个人自身的经验积累。舒茨明确地说:"我关于这个世界的知识只有极小的一部分是从我个人的经验之中产生的。这种知识的更大部分来源于社会,是由我的朋友、我的父母、我的老师以及我的老师的老师传授给我的。"[1]"所有这些来源于社会的知识,首先是被文化群体的个体性成员当作毋庸置疑地给定的东西来加以接受的,这是因为它是作为已经被这个群体毋庸置疑地当作业已经过检验的和有效的东西而传播给他的。而这样一来,它也就变成了社会生活形式的一种成分,并且因此而既构成了一组共同的、用于解释这个共同的世界的图式,也构成了某种被用来达成相互理解和相互一致的手段。"[2]换言之,我们通过反省将被注意到的经验片段提升到意识层面,继之对这些经验片段进行综合,再以手头知识库存为基础对行动进行筹划等环节所构成的行动意义,之所以会具有一定的客观性,行动者之间的相互理解之所以可能,就在于他们所使用的知识库存原本就是由他们共享的。正是知识库存来源方面的社会性或共同性构成了意义客观性和人们之间得以相互理解的基础。

当然,舒茨也指出,尽管我们与我们的同伴享有许多习得的共同知识库存,但我们每个人对这一共同知识库存中不同成分或内容的熟悉程度却可能不一样。"显而易见,我对许多事物的知识都是通过一种单纯熟识的模糊方式进行的,而你却具有关于它们是什么、什么构成了它们的知识,反过来说也是如此。我在一个小小的领域中是'专家',而在其他许多领域中则是'门外汉',你也同样是如此。任何一个个体在其生活的任何一个时刻,他现有的知识储备都会被构造成具有各种各样明晰性、独特性以及精确性程度范围的东西。"[3]对共同知识库存中不同成分或内容的熟悉程

---

[1] 许茨:《对人类行动的常识解释和科学解释》,载许茨:《社会实在问题》,第40页。
[2] 许茨:《生活世界的某些结构》,载许茨:《现象学哲学研究》,霍桂桓译,浙江大学出版社,2012年,第139页。
[3] 许茨:《对人类行动的常识解释和科学解释》,载许茨:《社会实在问题》,第41页。

度上的差别，又使得我们各自的知识库存具有不同的结构。舒茨认为，除了我们每个人所处的时空（或坐标）位置方面的差异所造成的经验差异之外，导致这种知识库存结构方面差异的重要因素，主要是我们每个人在对情境或情境中的客体加以界定时所具有的关联系统方面的差异。这种关联系统方面的差异使我们在面对同一情境或客体时会注意到情境或客体的不同方面，以及我们用以对经验流进行反省和综合时所需调用的知识库存的不同成分，进而通过这些差异的积累影响到我们对知识库存不同成分熟识程度上的差异。

按照舒茨的描述，这种关联系统包括三个方面：动机性关联（motivational relevancy）系统、论题性关联（thematic relevancy）系统和解释性关联（interpretational relevancy）系统。

所谓"动机性关联"，指的是我们的注意力与我们在特定时刻具有的行为动机及旨趣之间的关联性。舒茨指出，我们在感知这个世界（或对由我们关于世界的原始经验构成的纯粹绵延之流进行反省）时，到底会注意到哪些方面，我们将会从我们的知识库存中选择哪些成分来对我们的情境进行界定，都是由我们进行这种选择时所具有的行为动机或旨趣决定的。舒茨认为，客观世界所具有的各种因果关系，都是被行动主体作为与其所计划的各种行动有关的手段或目的、帮助或障碍来经验的。行动者将自己在特定时刻为工作和休闲制订的所有计划整合成一个系统，我们可以把这个系统叫作"生活计划"（life-plan）。这种作为一个整体的生活计划决定了各种特定的计划，这些特定的计划则决定了现有的各种旨趣。而"当前处于主导地位的旨趣，决定了个体究竟会在周围的客观世界之中把哪些成分挑选出来，并且因此而决定了他的情境。正是由于这同一种旨趣，各种成分才会被当作情境界定时所需要的东西，而从预先给定的知识储备中被挑选出来。……这种旨趣既决定了这个预先给定的世界的本体论结构之中的哪些成分具有重大意义，又决定了他实际上具有的知识储备之中的哪些成分具有重大意义"[1]。

---

[1] 许茨：《生活世界的某些结构》，载许茨：《现象学哲学研究》，第142页。

所谓"论题性关联",指的是我们的注意力与我们在特定时刻期望探索的相关论题之间的关联性。我们基于动机性关联所注意到的那些经验,可能显现出与我们以前曾经界定过的经验或情境相同或相似的特征(它们可能表现为对后者的某种修正,也可能表现为后者的某种变体),那么,它们就将以毋庸置疑地给定的形式被综合到与动机有关联的各种成分,构成对这些成分的一种充实或扩展。但也可能出现这种情况,即面对一个崭新的情境,不可能通过综合过程归结到以前从某个角度来看相同或相似的情境类型。在这种情况下,如果个体期望获得对这样一些新经验的知识,那么,这样一些成分就将会变成与我们的注意力具有关联性的内容。而且,"这种具有关联性的成分不再是被当作毋庸置疑和理所当然的东西而给定了:与此相反,它既是可以质疑的,也是值得加以质疑的,而且,它正因为如此才获得了关联"。这种关联之所以被叫作"论题性关联",是"因为对于我们的进行认识活动的意识来说,这种关联性成分现在已经变成了某种论题",或者说,变成了我们期待去回答的一个问题。[1]

所谓"解释性关联",指的则是我们的注意力与我们在特定时刻为解决相关论题所包含的问题而需调用的知识成分之间的关联性。为了解决相关论题所包含的问题,我们必须调用我们知识库存中的相关知识成分。然而,对于解决包含在相关论题中的问题来说,并不是我的知识库存中的所有知识都具有同等的关联性:虽然其中一部分对于我把握和详细说明相关论题来说具有重要意义,但其他部分则可能是完全无关紧要、不必关注的。"如果通过对认识进行的综合,就可以把一个实际上具有关联性的论题,当作某种从类型的角度来看已知的、熟悉的和相同的东西,并且使之与某种类型一致起来,而这种类型按照习惯来看则从属于从视域的角度来看给定的经验储备,并且表现出了同样的熟悉程度,那么,就这种实际论题而言,这种经过预先认识的类型就会变成从解释的角度来看具有关联性的东西。"[2]

---

[1] 许茨:《生活世界的某些结构》,载许茨:《现象学哲学研究》,第 143 页。
[2] 同上书,第 147—148 页。

从上面的描述中我们可以看到，在上述三种关联中最具关键性或决定性的方面是动机性关联：我们知识库存中的哪些成分将会与我们的注意力产生关联，取决于此时此刻我们将要解决的论题及其所包含的问题，并仅以这些问题的解决为限；而我们此时此刻将要解决的论题和问题则来源于我们的行为动机和旨趣使我们注意到的那些经验和知识成分，并也以这些经验和知识成分为限。因此，正如舒茨所说，"与动机形成过程有关的关联所构成的系统，既决定了由论题性关联构成的系统，也决定了在解释方面与之相对应的关联"。在我们生活的任何特定时刻，我们的知识库存就是通过由这三个方面构成的关联系统得到利用的。这些经由关联系统而被调动起来的知识库存，"对于界定和支配存在于我们周围的，就力所能及的层次而言被明确表达出来的，由自然界、文化和社会组成的世界来说，它都构成了毋庸置疑地给定的背景和基础。从原则上说，这个作为一个整体而存在的世界是晦暗不明的，它作为一个整体既没有得到理解，也不是可以理解的。正是由于关联系统及其结构，我们才在这个世界的一部分内容之间建立起意义联系"。[1] 我们就是以这些经关联系统被调用的知识库存为工具，来对我们所感知的周围世界或纯粹绵延之流进行反省和综合的。

这里似乎又出现了一个新的问题：如果由于时空（或坐标）位置和关联系统两方面的差异，我们每个人在特定时刻实际拥有的知识库存在内容结构方面也存在差异，那么，这种知识库存结构方面的差异会影响到个体行动意义的客观性和人们之间相互理解的可能性吗？对于这个问题，舒茨作了两个方面的说明。首先，他指出所有的关联都是以我们现有的共同知识库存为基础而形成的，因此归根结底是由我们现有的共同知识库存决定的。这些知识"既决定了与动机形成过程有关的关联、论题方面的关联，也决定了解释方面的关联，而对于既定社会群体的个体成员以个人的方式界定他那存在于生活世界中的情境来说，他需要把这些要么是强加给

---

[1] 参见许茨：《生活世界的某些结构》，载许茨：《现象学哲学研究》，第150页。关于三种关联的具体内涵及其相互关系，舒茨在后来由卢克曼协助整理、合作出版的 *The Structures of the Life-World* 一书中有一些不同的说法（参见 A. Schulz and T.Luckmann, *The Structures of the Life-World*, Northwestern University Press, 1973, pp.182-229）。

他的、要么是存在于他的能力之中的关联,都当作某种毋庸置疑地给定的背景而插入到他的知识储备之中"[1]。其次,他再次重申了他在《社会世界的现象学》一书中阐释过的"视角互易"命题,但是对其作了新的表述。在《社会世界的现象学》中,在阐释"视角互易"命题时,舒茨只是将其简单地表述为:我们以想象的方式设想,如果我们与他人易地而处的话,我们将会经历怎样的意义构成过程,我们将会如何做以及实际这样做时的情形。但现在,舒茨对"视角互易"命题作了一种新表述,按照这种新表述,"视角互易"至少包括以下两个方面的内容:

第一,和以前的表述一样,是立场方面的互易。在与他人的交往中,抱持自然态度的我们仍然假定以下情况是理所当然的:"如果交换我和他在一起的位置,从而使他的'此在'变成我的'此在',那么,我就会像他实际上所做的那样处在离开这些事物的同样距离上,并且以同样的类型性来观察它们。"

第二,是一个新的内容,即关联系统的一致性。在与他人的交往中,抱持自然态度的我们同样也将这一点视为理所当然:"即由我们独特的生平情境产生并且存在于各种视角之中的那些区别,对于我们之中任何一个人现有的意图来说都是无关紧要的。他和我,'我们'都假定,我们都已经以同样的方式选择并且解释过那些从现实角度或者从可能角度来看共同的客体及其特征。"[2]

舒茨认为,在我们各自用来对自身经验之流进行反省和综合的知识库存原本就来自社会因而具有共同性的基础上,借助上述两种被我们视为理所当然的假设,就可以更好地解释日常生活世界中人们之间达成相互理解的经验过程。

---

[1] 许茨:《生活世界的某些结构》,载许茨:《现象学哲学研究》,第152页。舒茨有时认为像解释性关联这样的关联也是学习的结果。例如,他说:"在一个既定的时刻对材料的选择变得从解释角度来看具有了关联性,这是学习的结果。早在童年的时候,我们就必须学习我们应当注意的东西,必须学习我们与之发生联系的东西,以便能够界定这个世界和我们那存在于其中的情境。"(同前书,第149页。)

[2] 参见许茨:《对人类行动的常识解释和科学解释》,载许茨:《社会实在问题》,第38—39页。

（二）多重实在论（multiple realities）

以上所描述的"社会世界"主要是日常生活世界。除了上述关于日常生活世界之意义结构的理论之外，在美国生活期间，舒茨还参考借鉴美国哲学家威廉·詹姆斯等人的相关理论提出过一个关于"多重实在"的理论，进一步丰富了其有关社会实在的现象学理论。按照这种"多重实在"的理论，日常生活世界只是"生活世界"之一（或用舒茨在《社会世界的现象学》一书中的说法，是我可能经验到的"整个世界"之一部分）[1]，而非全部。除了日常生活世界之外，我们所处的"生活世界"还包括其他一些层面。

威廉·詹姆斯在其《心理学原理》中曾经指出：全部"实在"的起源都是主观的，无论激发出我们的兴趣的东西是什么，它都是真实的；说一个事物是真实的，意味着这个事物处在与我们自己的某种关系之中；我们的原始冲动是直接肯定所有被我们设想的东西的存在，只要它们相互之间不存在矛盾；存在着几种甚至无限多样的实在 [詹姆斯将它们称为"亚世界"（sub-universes）]，例如感觉世界或物理世界、科学世界、各种理想世界、"部落偶像"世界、神话和宗教中的各种超自然世界、从个体观点来看的各种世界、疯狂和异想天开的世界等，每一种都具有它自己特殊而且独立的存在风格。受詹姆斯这些观点的启发，舒茨提出了他自己关于"多重实在"的论述。

舒茨使用"有限意义域"这个概念来替代"亚世界"概念，因为他认为"正是我们的各种经验的意义而不是客观的本体论结构构成了实在"；"如果我们的某一部分经验表现出一种特殊的认知风格，而且——就这种风格而言——它们不仅自身前后一致而且彼此相容，那么，我们就可以把我们的这一部分经验统称为有限意义域"。[2] 舒茨侧重讨论了以下几个有限意义域。

1. 日常生活世界

日常生活世界是我们在日常生活中所经验到的那个世界（也就是舒茨

---

[1] A. Schutz, *The Phenomenology of the Social World*, pp.141-142.
[2] 许茨：《论多重实在》，载许茨：《社会实在问题》，第309页。

在《社会世界的现象学》一书中所讨论的那个世界）。它至少具有以下基本特征或特殊认知风格：

（1）这是一个人们以自然态度来加以对待的世界。由于这种态度，人们把自己生活所在的这个世界的存在及其客观性、可靠性看作一个纯粹自然的事实。对于以自然态度来看待这个世界的人来说，这个世界是我们出生以前就已经存在的给定的世界。用胡塞尔现象学的术语来说，人们在这里使用了一种特殊的"悬置"，即把对世界存在的怀疑放入括号里存而不论。

（2）这是一个精明成熟的人所生活的世界，这些精明成熟的人以一种实用的动机对待这个世界。作为精明成熟的人，我们对这个世界不具有任何理论的兴趣，而只具有各种实践的兴趣。我们在这个世界中实现着自己的意图，并因此而支配它、改变它（当然也可能被它的抵抗所改变）。我们的注意力完全集中在实现自己行动意图的活动上。

（3）在日常生活世界中，我们的行动都具有一种预先筹划并尽量实现它的性质，可以把这种行动称为有目的的行动或执行（performance）行动。它包括隐蔽的和公开的两种形式。前者如在心里解决一个科学问题，后者则包括一切工作活动（即通过我们的身体运动来影响外部世界以实现某个预先筹划好的意图的活动）。

（4）日常生活世界中的人具有一种特殊的经历自我的形式，即他能够体验到一种活生生的、正在工作的、整体的自我。

（5）日常生活世界是一个对于我们所有人来说都具有共同性的主体际世界。我们可以通过与他人之间的直接互动来分享一种共同的、活生生的现在，获得一种共同成长的经历，打造一种特殊的"我群关系"，并由此形成一种可以共享的标准化的时间与空间结构。

（6）日常生活世界是一个工作世界，即我们可以通过自己的身体活动对其中的客体加以操纵和改变的世界。这个世界又包含以下几个基本层次：第一，"处在我现在力所能及的范围之内的世界"；第二，"过去处在我力所能及且随时可复原的范围内的世界"；第三，"过去和现在都不曾处在我力所能及的范围内但却是我通过适当的努力或运动可以经验的世界"。这里的第一层次可以等同于舒茨在《社会世界的现象学》一书中所说的"直接经验的社会世界",后两个层次则相当于舒茨所说的"同时代人"世界。[1]

2. 幻想世界

幻想世界包括许多不能相互归并的有限意义域,例如白日梦的领域、游戏的领域、各种虚构的领域、童话故事的领域、神话的领域以及笑话的领域等。这些领域中的每一个都源于我们所经历的日常生活的一种特殊修正。这些幻想世界所具有的一般特征或认知风格是:

(1)我们摆脱了我们在日常生活世界中所具有的实用动机。"生活在这许多幻想世界之中的一个幻想世界中,我们就没有必要再支配这个外部世界,也就没有必要克服它的各种客体的抵抗。"[2]

(2)幻想过程本身总是缺乏实现这个幻想的意向,缺乏有目的的"抉择"过程。不断进行想象的自我并不改变外部世界。

(3)我们也摆脱了"客体际"(inter-objective)空间和主体际的标准时间的束缚。

(4)我们也不再被限制在我们实际的、可以复原的或可以达到的力所能及的范围内。在外部世界中发生的事件也不再把我们必须从中作出选择的结果强加给我们,它也不再对我们所可能取得的各种成就加以限制。我们具有了一种任意决定的自由。

(5)幻想可以是个人的,但也可以是集体的。

3. 梦的世界

我们在睡梦中所经验到的世界构成了梦的世界。梦的世界的基本特征或认知风格是:

(1)在梦的世界中,我们的注意完全松弛,完全离开了生活,不再具

---

[1] 舒茨在《社会世界的现象学》一书中曾经写道:"在我通过时空共同体而加以定位的这个直接经验的社会实在领域之外,还有其他的社会领域。那些领域有的是我曾经直接经验过,因而原则上我可以以相同的方式再次经历;有的则是只要我加以选择,就能直接经验的,但目前为止我还没有这样去做。我们可以考虑把这些领域视为一个整体并称之为同时代人的社会世界。"(A. Schutz, *The Phenomenology of the Social World*, p.142.)

[2] 许茨:《论多重实在》,载许茨:《社会实在问题》,第314页。

有任何实用的兴趣。在睡梦中,我们虽然还有各种各样的零散的、细微的知觉,但却不存在任何对这些知觉主动的、实用性的注意(因而也就不受这种注意的干扰)。正是这些细微的知觉对人格内部中心发挥的影响,决定了做梦者的兴趣以及梦的主题。

(2)和幻想世界不同,在梦的世界中我们不具有任意决定的自由。"例如,噩梦清楚地表明了梦的世界中所发生的事件的无法摆脱,表明了做梦者对它的影响软弱无力。"[1]

(3)睡梦中的活动也是没有任何意图和筹划性质的。虽然在梦中大多数心灵活动都存在,但它们却没有被引向外部世界的客体,没有受到主动注意的操控。我们在梦中所发现的有关意志、筹划、意图的东西,都不是由这个正在做梦的自我产生的,它们只是以一种非常特殊的方式对那些在觉醒的世界中产生的意志经验的回忆、保持和再现。

(4)梦的世界具有非常复杂的时间结构。在那里,"后面和前面,现在、过去和未来,看来是相互交织在一起的,这里存在着根据过去设想的未来事件,存在着被假定成为开放的、可以修正的,因而具有奇特的未来特征的过去事件和过去完成的事件,各种连续性被转化成同时性,反过来说也是如此,等等"[2]。

(5)最后,和幻想世界不同的是,做梦从本质上说是孤独的。"我们不能一起做梦,他人在任何时候都不过是我的梦的一个客体,我无法与其他人共享它。"[3]被我梦见的他人也不可能是日常生活世界中那种活生生的他人,而只能是一种类型化的他人。

4. 科学世界

由我们称为"科学家"的那些人用科学语言勾勒出来的那个世界就是科学世界。科学世界具有以下基本特征或认知风格:

(1)在科学世界中活动的人持有的是一种与日常生活世界中的实践态度对立的静观态度。舒茨认为,尽管科学可以被用来控制和支配世界,

---

[1] 许茨:《论多重实在》,载许茨:《社会实在问题》,第322页。
[2] 同上书,第324页。
[3] 同上书,第325页。

但这种控制和支配并非科学活动本身的成分。"科学的理论化不为任何实践意图服务。它的目标不是控制和支配这个世界,而是观察它以及理解它。"[1]科学研究活动和日常生活世界中的工作活动一样有自己的目的,有一种预先筹划并力图实现其目的的性质(这使它同幻想世界和梦的世界区别开来),并且是以各种工作活动(测量、做实验、写论文等)为基础,但它本身却不是工作活动,因为它不与外部世界相联系,不直接以控制和改变外部世界为目的。与此相连,它也摆脱了与生活世界中的各种兴趣和价值关联系统之间的联系,并形成了自己特殊的价值关联系统(如以获得对科学问题普遍有效的解决办法为最高目标等)。

(2)由于不和外部世界相联系,所以科学的理论思维是可以不断取消、不断重来的。"我可以一遍又一遍地回想我的前提,取消我的结论,取消我的判断,扩大或者限制我正在详细研究的问题的范围,等等。"[2]

(3)对世界的"悬置"态度,即把本来被日常生活世界中的人们视为"理所当然"的世界(包括科学家本人在这个世界里的心理-生理存在、取向系统等)悬置起来存而不论。虽然我们所有人共有的这个生活世界继续作为实在存在,但它却不是作为实践兴趣的实在而存在,而是作为科学静观的实在而存在。

(4)虽然科学家在选择所欲研究的领域、层次和问题方面拥有一定程度的自由,但一旦选定了某个研究领域、层次和问题,他就进入了一个预先构造且由他的科学历史传统传给他的特殊的科学静观世界,他就必须受到这个特殊的科学静观世界里种种已有成分(已提出的问题及答案、研究方法和规则、认知风格等)的约束。

上述所有这些世界(此外还可以有儿童游戏的世界,以及精神病患者的世界等)都是一种特定的有限意义域。作为一种有限意义域,它们各自具有一种特殊的认知风格。就其特有的认知风格而言,这些世界当中的每一个世界,其所包含的全部经验之间都具有逻辑上的一致性和相容性;但这种一致性和相容性只存在于各个世界内部而不存在于这些世界之间:

---

[1] 许茨:《论多重实在》,载许茨:《社会实在问题》,第326页。译文有改动。
[2] 同上书,第328页。

"在意义域 P 中相容的东西决不可能在意义域 Q 中也是相容的。与此相反，从 P 出发来看应当是真实的 Q 以及属于它的全部经验，却可以显现为完全虚构的、不一致、不相容的东西，反过来说也是如此。"正因为如此，我们才把它们称为"有限"的意义域。"这种有限意味着，我们不可能通过引进一种转化公式，把这些意义域中的一种意义域归结为另一种意义域，……只有通过一种'跳跃'，我们才能进行一种意义域向另一种意义域的过渡。"[1]但这种被我们称为"跳跃"的东西，不过是在我们的意识张力中发生的一种根本修正，这种修正植根于一种不同的注意生活。

在各种不同的意义域或经验世界中，处于日常生活中的工作世界是其他各种经验世界的原型，是我们所拥有的各种实在中最高的一种实在，其他所有意义域或经验世界都可以看作它的变体，是通过对它进行某种特殊的修改而得到的。按照舒茨的说法，这一日常生活世界之所以是最高实在，是因为：（1）我们总是利用我们的身体参与它，即使在做梦的时候也是如此，而我们的身体本身就是存在于这个世界之中的事物；（2）这些世界中的客体通过向我们作出抵抗为我们行动自由的可能性定界，对于这种抵抗我们只有通过努力才能加以克服；（3）这个领域正是我们通过我们的身体活动所能够连接的领域，所以也是我们可以改变或改造的领域；（4）在这个领域中，也只有在这个领域中，我们才能与我们的同伴进行沟通，建立一种共同的理解环境。[2]

（三）社会科学的特征

基于以上这样一些新的概念（如"关联系统"等）和理论阐释，舒茨对社会科学的特征也作了一些补充性说明。如前所述，在《社会世界的现象学》一书中，舒茨已经提出社会科学的主旨就是，以日常生活世界中人们行动的主观意义脉络为对象，以理想类型这种具有客观性的概念模式为工具，建构一套关于行动之主观意义脉络的客观意义脉络。要理解社会科学的这一主旨，就必须回答两个问题：第一，人们怎样才能科学地领会日

---

[1] 许茨：《论多重实在》，载许茨：《社会实在问题》，第312页。
[2] 许茨：《符号，实在和社会》，载许茨：《社会实在问题》，第444页。

常生活世界中个体行动的主观意义脉络？第二，人们怎样才能根据一个客观知识系统来领会个体主观的意义脉络？对于第一个问题，舒茨没有什么新的说明，只是大体重复了以前的说明，即行动的主观意义对于行动者来说既是独特的又是个体性的，因为它来源于行动者独特而又个别的生平情境，但由于社会科学家的研究对象并不是也不可能是独特的个体行动者在独特的情境中采取的那些独特行动，因此，对于以行动的主观意义为研究对象的社会科学家来说，他只能通过构想一些关于社会世界某方面的理想模型来替代那些独特个体在独特情境下所采取的独特行动。由于在这种理想模型的建构过程中，日常生活世界中所发生的那些独特行动可能具有的与这种理想模型不一致的方面，都会被当作偶然的或无关紧要的方面而排除在外，因而其建构出来的这些理想模型具有高度的典型性即客观性。那么，社会科学家怎样才能根据由这样一些具有高度客观性的理想模型构成的知识系统来理解个体行动者的主观意义呢？舒茨主要对这个问题作了一些补充性说明。具体思路大体如下：

首先，社会科学家对社会世界采取了一种公正无私的观察者的态度。此时他从自己在社会世界中具有的生平情境中脱离出来，进入一个由科学知识的总体组成的领域，这个领域构成了他的新的存在，而包括其在社会世界中的生平情境在内的整个社会世界则作为一种不再被视为理所当然的东西成为其反思的对象。此时他对日常生活世界不再具有实践方面的兴趣，而只有认知方面的兴趣，并以一种自然科学家观察自然现象时采取的不偏不倚的静观态度来观察自己的研究对象。而他用来对研究对象加以观察和理解的知识库存和关联系统也随之发生了根本的变化，由基于自身经验的那些知识库存转变为源自科学经验总体的那些知识库存，研究者根据这些科学知识库存来决定自己的科学问题以及关联结构。

其次，他开始构想与其所观察到的事件相对应的行动过程（包括行动的目标、条件、步骤等）模式、与这些行动过程模式相对应的人格（包括相应的目的动机及目的动机建立于其上的原因动机）类型，以及由这两者合成的行动者（包括身体和意识）模型。这些行动者模型并非生活在其生平情境中的人，而只不过是由社会科学家创造出来并出于科学研究的目的而加以操纵的一些"傀儡"而已。这种"傀儡"被其创造者赋予了一套为科学研究问题的需要而假定的知识库存,以及一种源于其创造者所研究的科学问题,而非源于一个行动者在社会世界中具有的生平情境的关联系统,等等。这种行动者模型的建构,按照舒茨在《对人类行动的常识解释和科学解释》一文中的说法,需要基于以下三个方面的假设:第一,逻辑连贯性假设,即所构想的类型系统所隐含的概念框架不仅要清晰、确定,而且要符合形式逻辑的各种原理。第二,主观解释假设,即必须揭示一项行动及其结果对行动者来说所具有的主观意义。第三,适当性假设,即所构想出来的模型必须使日常生活世界中的个体行动者依据由这些构想指出的方式所进行的活动,不仅对于行动者自身而言是可以理解的,而且对于其根据常识来揭示日常生活的同伴来说也是可以理解的。[1] 而按照舒茨在《社会世界和社会行动理论》一文中的说法,则需要基于以下假设:第一,关联假设,即必须与社会科学家选定的科学问题及关联系统相一致。第二,适当性假设,即社会世界中的个体行动者按照模型所指出的方式所进行的行动既能够为行动者本人所理解,也能够为其同伴所理解。第三,逻辑一致性假设,即符合现实逻辑的各项要求。第四,连贯性假设,即这些模型必须是一些可以从科学角度加以验证的假定,这些假定必须与科学知识的整体完全一致。[2] 舒茨认为,只要符合这些假设,社会科学就能够发展出一种方法,以一种客观的方式阐述人类行动所具有的主观意义,并且让社会科学的思维对象与社会世界中人们依据常识构建的思维对象保持一致,从而实现"根据客观知识系统来领会个体主观意义"这一社会科学目标。

---

[1] 许茨:《对人类行动的常识解释和科学解释》,载许茨:《社会实在问题》,第72—73页。
[2] 许茨:《社会世界和社会行动理论》,载许茨:《社会理论研究》,霍桂桓译,浙江大学出版社,2011年,第21—22页。

三、加芬克尔的"本土方法学"对舒茨
现象学社会学的继承和推进

舒茨的现象学社会学理论（由于其早期著述迟迟未能翻译成英文，这里主要是指其到美国之后用英文发表的著述所阐释的那些理论），对诸多西方社会学家产生了重要影响。有不少西方社会学家沿着舒茨开辟的道路继续前进，在继承舒茨现象学社会学主要原理的基础上将其向前推进。在这些人当中，影响比较大的有加芬克尔、彼得·伯格和卢克曼等人，加芬克尔在继承舒茨思想的基础上创立了社会学中的"本土方法学"理论，彼得·伯格和卢克曼则在继承舒茨思想的基础上提出了所谓的"社会建构论"。在现有的社会学理论研究文献中，加芬克尔的"本土方法学"（常人方法学）理论有时被视为"微观社会学"或建构论社会学中的一派，有时又被视为以消除"宏观—微观"或"结构—行动"等二元对立为鹄的的各种综合性社会学理论（即本书所称"互构论"社会学理论）当中的一派，彼得·伯格和卢克曼的"社会建构论"则因名称带有"建构论"字样而常常被视为建构论社会学中的一派。尽管如此，按照本书作者的理解，加芬克尔的"本土方法学"理论其实与本书所称的"建构论"社会学理论具有更多的亲和性；相反，彼得·伯格和卢克曼的"社会建构论"则与本书所称的"互构论"社会学理论具有更多的亲和性。因此，在本章剩下的篇幅中，我们只对加芬克尔本土方法学理论的基本特征及其与舒茨现象学社会学之间的关联作一简要分析。

作为帕森斯的学生，加芬克尔和帕森斯类似，终其一生都将"社会秩序何以可能"这一问题作为自己的思考对象。加芬克尔也接受了帕森斯以社会共识为社会秩序之根本基础的观点，但和帕森斯不同的是，加芬克尔对帕森斯结构功能主义理论以及其他一些社会学、人类学和心理学研究视个体行动者为被动受价值共识和社会规范约束和指引的"傀儡"感到不满，认为帕森斯在自己的理论中并没有很好地回答"社会秩序何以可能"这一经典社会学问题。受到胡塞尔、舒茨、古尔维奇等现象学家以及维特

根斯坦相关思想的影响，加芬克尔试图从一种更具现象学和经验研究色彩的立场出发来重新回答这一问题。

从内容上看，加芬克尔的本土方法学理论主要包含两个方面：一方面是对舒茨晚期现象学社会学理论的继承和阐释，另一方面是朝特定方向推进舒茨的现象学社会学思想。

首先，一方面，加芬克尔继承了晚年舒茨的这一学说，即行动者对共同知识库存及关联系统的预设是行动意义之客观性以及行动者之间的相互理解之基础，用它来对社会秩序问题进行解释。如上所述，晚年舒茨在思考行动者由其主观意识内部建构起来的意义何以具有客观性、行动者之间的相互理解何以可能这些问题时，曾经提出：我们通过主观过程构造的行动意义之所以具有一定的客观性，行动者之间的相互理解之所以可能，就在于他们在自己的主观意识内部对行动或各种客体的意义进行建构的过程，以及他们对对方行动的意义加以解读的过程，实际上都是以他们假定或预设已经共享的某些知识库存（或曰日常共识）及关联系统为前提或基础的。正是知识库存来源和关联系统方面的社会性或共同性预设，构成了意义客观性和人们得以相互理解的基础。加芬克尔继承了舒茨的这一思想，但认为这一思想在舒茨那里只是一种理论推论或假设，而非一种已经得到社会学经验研究验证的科学结论。加芬克尔认为，应该将舒茨的理论推论和社会学的经验研究结合起来，用后者对前者进行检验。为此，加芬克尔设计了许多实验方法来验证舒茨上述思想的合理性和有效性。加芬克尔提出，可以通过破坏日常社会交往过程中成员共同拥有的常识性预设，来对这些预设的存在及其作用进行检验，他据此设计了一系列"破坏实验"（breaching experiment）来对舒茨的思想进行验证。例如，在《作为稳定协调行动之条件的信任概念及相关实验》一文中，加芬克尔设计了一个"井字游戏"实验。在实验中，实验者故意违反人们所熟知的一些游戏规则，结果发现被测试的游戏者要么努力按照自己（并预设为包括实验者在内的所有其他游戏参与者共享的）对既有规则的认识来对实验者的行为加以纠正，要么从新的角度（如认为实验者是在开始一种新游戏）让实验者的行为规范化，要么感到自己正处于一种无法理喻的无意义情境中而退出该游戏。在《对日常活动例行化基础的研究》一文中，加芬克尔更是试图以大量的实验案例，如让学生对一对夫妇之间的谈话进行解释、对日常谈话的精确含义进行追问、让学生以寄宿者的眼光来描述自己的家庭、让学生以寄宿者身份与家庭成员进行交流、医学预科生认知实验、让学生对已有标准定价的商品讨价还价等，来证明日常生活中的不同事件或场合，成员之间的交流和理解都是以成员共同享有的人们一般不加反思的背景知识预设以及由这种预设推演出来的行动预期为前提或基础的。一旦关于共享背景知识的预设受到冲击或破坏，成员之间的交流和理解就会遇到障碍，特定日常生活情境中的既有秩序就会崩溃。例如，在对日常谈话的精确含义进行追问的案例中，实验者故意对被试话语中的一些常识性概念（如"爆胎""累了""迟到"等），或者语句（如"你女朋友感觉如何""你好吗"等）的含义进行追问，结果使得多数对话都难以持续下去。同样的结局也发生在让学生以寄宿者身份与家庭成员进行交流以及让学生对已有标准定价的商品讨价还价等案例中。可以说，加芬克尔前期在本土方法学名目下所进行的大量研究都是以验证舒茨上述思想为主题的。将舒茨现象学社会学的理论推论或假设转换成一种可以通过社会学的经验研究来加以探讨的主题，是加芬克尔本土方法学的一项重要贡献。

然而，另一方面，更为重要的是，加芬克尔认为，虽然像舒茨这样的社会学家不仅看到了共享知识库存及关联系统方面的预设对于行动者相互理解、有序合作的重要性，也看到了这些预设对于行动者而言其实只是一种预设（而非像涂尔干、帕森斯等人认为的那样是一种不能为行动者的主观意志所改变的外在的、既定的"客观事实"），行动者并非这些共享知识库存简单、被动的接受者——行动者仍然可以在实际行动过程中运用自己的理性思考能力对这些预设的共享知识进行检验和修正。舒茨也认识到了行动者在日常生活中所运用的理性与科学研究人员在科学研究过程中所运用的理性之间存在着重要区别，但他对于下面这一点可能依然没有足够的认识：和科学研究人员在面对反证时会采取尽快对自己的假设进行补充、修正或放弃这种态度不同，日常生活中的行动者即使在其关于共享知识库存方面的假设遭到挑战时，也不会轻易对这种假设采取与科学家相似的态度，而是会想方设法对这种假设加以维持。事实上，由于日常互动过程所具有的索引性（意指社会成员在互动过程中所表达的信息总是有限的，是对更大范围的信息网络的一种索引性表达，只有补全了背景信息后才能得到更好的理解）、情境性（指社会成员在互动过程中所使用的词语总是具有与当下情境相联系的特殊含义）等特征，行动者关于共享知识库存等方面的假设在日常生活过程中面临着永无休止的挑战。依据日常生活情境的实际情况，采用各种带有权宜性质的方法来努力应对这些挑战，使这些假设，从而也是使社会生活情境的可理解性、可说明性及建立于其上的人际互动和社会秩序尽可能地得到维护，正是社会成员在日常生活中必须维持的一项基本活动。就此而言，行动者关于共享知识等方面的假设以及互动和社会秩序的持续存在，在很大程度上正是社会成员在日常生活中通过不断努力才取得的一种"持续进行的成就"，而非一种不经行动者的努力就可以自然而然地得以维续的存在。

在《本土方法学研究》一书中，加芬克尔举了许多案例来对此加以说明。例如，在上述井字游戏实验中，面对反常情况的被试总会采取各种方法来使游戏始终处于一种可理解的秩序当中（实验者的反常行为要么期待被纠正，要么被认为是在开始一种新游戏，要么被视为无意义而予以拒绝等）。在让学生以寄宿者身份与家庭成员进行交流的实验中，面对子女反常的表现，绝大多数家庭成员都会努力以各种方式来维持家庭生活的常规秩序使之不至于崩溃。44个实施了实验的场合，有4个交流失败。"在这四个失败场合中有两个，其家庭成员从一开始便将学生的行动视作一个玩笑，并且拒绝学生试图改变这一形势的持续努力；第三个家庭的成员则认为学生可能是出于某些未被揭露但与他们无关的原因而这样做；在第四个家庭中，父母则认为他们的女儿'过于乖巧'，一定是对他们有什么不久就会说出来的要求。"在剩下的场合中，虽然家庭成员大都被子女的表现惊呆了，但他们仍然"极力让奇怪的行动变得可以理解，并且试图使情况回复到正常状态"。[1] 家庭成员或对学生的行为加以指责和讽刺，或认

---

[1] H. Garfinkel, *Studies in Ethnomethodology*, Prentice-Hall, 1967, p.47.

为学生是在开玩笑,或是寻找一些无法理解的动机(如在学校太累、生病了、与人吵架了等)来对学生的奇怪举动加以解释等。在另一个案例中,一群在自杀预防中心工作的研究人员需要对医学上难以判定死因的一些死亡类型加以确定。虽然参与这项工作的研究人员拥有某些(生理学、医学、死亡分类学、逻辑等方面的)共同知识库存,并在共同知识库存的约束和指引下开展这项工作,但是死亡人员的文档信息却必然充满各种不确定性(如缺乏对死亡进行归类所需的充分信息,或相关信息模糊不精确,或充斥大量与死亡归类无关的信息等)。研究人员不得不作出各种带有权宜性的努力来使这项工作得以正常进行和完成:研究人员在一些情况下努力参照死亡分类的知识框架对相关信息进行处理,对缺失的信息进行补充,让模糊的信息变得明晰等,使之能够满足依据现有知识库存来对死亡进行归类的需要。"例行化探究是这样一种探究,探究者利用特殊的权宜性去加以完成,并依靠特殊的权宜性去识别和介绍其工作实践的适当性。当被一个成员评估时,一项例行化探究并不是那种由规则完成的,也不是依据规则来完成的。它似乎更像是一项被公开承认为不合规则的探究,但其不合规则的方式却使得它的适当性得到了认可,并且没有人会为此提供或要求提供解释。"[1] 还有一个案例是让两名研究生根据某项研究的需要对1582份病历文件进行编码处理,当这些研究生遇到与编码表中的条目不符合的病例信息时,会使用诸如"等等""除非""别管它了"等词语来加以处理,尽可能让病例文件的信息能够被纳入编码系统。此外,加芬克尔还用许多案例来说明:在任何一次谈话过程中,双方都会假定对方拥有和自己相同的背景知识或规则,因此双方都会调动自己有的,同时假定对方此时也拥有的知识库存和应遵循的谈话规则来对对方的话语加以理解,并对对方没有明说的内容进行某种补充。加芬克尔认为,正是通过这种过程,谈话才得以正常进行,而且双方共有的知识库存才得以被确认和维持。据此,加芬克尔说:"'共享的一致'(shared agreement)指的是为了取得成员们对某些事情是依据某种规则来述说的这一点的认可而使用的各种社会

---

[1] H. Garfinkel, *Studies in Ethnomethodology*, p.15.

方法，而不是对某些实质事物可展示的匹配（matching）"，"因此，对一项共同理解的适当想象是一种操作，而不是一些相互重叠的设定的交叉部分"。[1] "一项共同理解……必然具有一种操作性结构。"[2]

简而言之，在加芬克尔看来，社会成员在日常生活过程中总是会用各种方法和策略来努力维护共享知识方面的假设，使日常生活能够按照既有的规则正常有序地运行。共享知识及建立于其上的社会秩序是社会成员通过自己的努力来加以维持的，而不是被社会简单地强加给行动者的东西。因此，社会科学研究应该将社会成员努力维持共享知识的具体方法和策略作为自己的研究"主题"（topic），而不是像涂尔干和帕森斯等结构论社会学家那样，仅将共享知识作为一种可以简单用来解释社会成员之行动的既定理论"资源"（resource）。所谓"本土方法"（ethnomethod），指的就是社会成员在他们的日常生活中对其共享知识进行生产和维持，据此赋予他们的社会世界以意义和秩序时所使用的各种方法。而所谓"本土方法学"（ethnomethodology），就是这样一门科学，它旨在研究社会成员在日常生活中对其共享知识进行生产和维护，据此赋予他们的社会世界以意义和秩序时所使用的方法。在《本土方法学研究》一书的前言中，加芬克尔明确地说："对于从事社会学研究的人员来说，一个基本现象是，社会事实的客观现实性是日常生活中持续进行的协调活动的一项成就，这一成就被参与日常生活的成员以一种平常的、巧妙的方式来加以知晓、运用并视为理所当然。由于这是实践社会学的基本现象，以及它成为实践社会学基本现象的方式，它是一个本土方法学研究的流行主题。本土方法学研究将日常活动当作成员的方法来分析，社会成员正是利用这些方法来使这些相同的活动对于所有实践目标来说都是明显合理和可陈述的。"[3] 本土方法学的主要任务是："了解成员们的普通活动如何构成了一些方法，使实践行动、实践境遇、关于社会结构的常识知识以及实践社会学的推理成为可分析的；到实际场景的内部去发现普通的、实践的常识行动所具有的形式化特

---

[1] H. Garfinkel, *Studies in Ethnomethodology*, p.30
[2] Ibid., p.31
[3] Ibid., p.vii.

性（formal property），并将这些特性视为这些场景持续进行的成就。"[1]在该书第一章"什么是本土方法学？"中，加芬克尔也明确指出，他采用本土方法学这个术语主要是指"对索引性表达和其他实践行动之理性属性所进行的调查研究，这些理性属性是日常生活中组织化的巧妙实践之权宜性的持续进行的成就"[2]。加芬克尔正是试图通过这样一种将现象学推理和社会学经验研究相结合的方式，来推进舒茨的现象学社会学，使后者真正成为一种现象学化的"社会学"或者社会学化的"现象学"。也正是在这样一种意义上，我们可以将加芬克尔的本土方法学归入现象学社会学这样一个外延更大的范畴来加以理解。[3]

结　语

如我们在韦伯那里已经看到的那样，建构论社会学与结构论社会学的根本区别在于，强调社会现实不是一种完全外在于人们主观意识的独立存在，而是由无数个人有意识的行动建构出来的、在某种程度上可能依行动者主观意识的不同而有所不同的意义世界。在这一方面，正如舒茨自己所说的那样，他的现象学社会学与韦伯的理解社会学是一脉相承的。舒茨的现象学社会学正是在批判继承韦伯理解社会学基本宗旨的基础上，借鉴胡塞尔现象学哲学和柏格森生命哲学的基本思路和方法，从一个比韦伯更为深入的意义建构层次来深化和推进韦伯开辟的建构论社会学理论。通过这样一种深化和推进，一方面，我们可以看到，至少在舒茨看来，他比韦伯更好地论证了社会世界是由行动者通过自身有意义的行为建构出来的，而非一个完全外在于行动者主观意识的纯客观实在这样一个结论，因而为韦伯所开创的理解社会学研究路径提供了一个更为扎实的理论基础。正因如

---

[1] H. Garfinkel, *Studies in Ethnomethodology*, p.viii.

[2] Ibid., p.11.

[3] 毫无疑问，本章对加芬克尔本土方法学所作的叙述可能过于简洁甚至有些武断。加芬克尔的思想及其表述并不像笔者在这里所概括的这么明确一致，相反，其充满了含糊、犹疑、令人困惑难解和反复调整之处。在汉语文献中，李化斗对加芬克尔的本土方法学理论进行了迄今为止相对而言最为完整和深入的分析和讨论。详见李化斗：《加芬克尔本土方法学研究》，2011 年，北京大学社会学系博士学位论文。

此，我们才可以将舒茨的现象学社会学理论与韦伯的理解社会学理论一道归入非马克思主义建构论社会学理论的范畴。

另一方面，我们又可以看到，在其早期著作《社会世界的现象学》一书中，舒茨运用现象学的视角和方法对社会世界的意义建构过程所作的描述和分析，又使得他所构思的"现象学社会学"和韦伯构思的"理解社会学"相比，具有了一些更为强烈的建构论色彩。在现象学的术语系统中，"现象"一词主要指的是人们在观察外部世界或感受内部世界时，通过对纯粹绵延之流进行反省而获得的最初一些以"原始记忆"或"次级记忆"形式存在的"经验"片段。[1] 这些经验片段是我们所观察的事物最初向我们显现的样子，因而可以被视为"事物本身"。现象学的基本口号就是"朝向事物本身"。现象学方法的基本特征就是，我们以上述还原所得到的各种"现象"层面的材料为基础，一步步地对我们关于这个世界的知识由以建构出来的过程及方法进行考察，来理解我们关于这个世界的知识乃至这个世界本身。与此相应，所谓现象学社会学，也就是要将我们有关社会世界的所有知识都还原到我们在观察社会世界时对自身内在意识之流进行反省所获得的这些最初的"现象"层面，还原到我们观察社会世界的某个事物、事件或过程时它们最初向我们显现出来的样子，试图通过对我们以这些最初的"现象"材料为基础一步步地将我们关于自身所处社会世界的知识建构出来的过程及方法进行考察，来理解我们关于自身所处社会世界的知识乃至这一社会世界本身。舒茨对于社会世界之现象学所作的上述分析，正是遵循现象学方法而形成的一种社会学分析模式。尽管与胡塞尔试图将所有科学知识都尽可能还原为先验自我的"现象"材料有所不同，舒茨主要是从经验科学的立场出发，将知识还原为经验自我的"现象"材料，但在努力将我们关于现实的所有知识都尽可能还原为我们自我意识中的"现象"材料这一点上，舒茨和胡塞尔是一致的。故此，和韦伯的理解社会学相比，舒茨的现象学社会学显然有了一些明显的区别：韦伯只是笼统地意识到和提出要将某种社会现实还原到通过自己的行动建构了这种社

---

[1] 参见 A. Schutz, *The Phenomenology of the Social World*, pp.50, 74。

会现实的那些行动者有意义的行动层面，而舒茨则在继承和坚持韦伯这一立场的前提下，进一步提出要将某种社会现实还原到通过自己的行动建构了这种社会现实的行动者在进行意义构成和意义解释时所赖以为基的那些原初的"现象"层面，由此导致了舒茨现象学社会学和韦伯理解社会学之间的其他一些虽然细微但却重要的区别，如理解自我和理解他人之间的区别、目的动机和原因动机之间的区别、主观意义和客观意义之间的区别等。

　　和早期的著述相比，舒茨在美国时期的著述对社会世界所作的现象学分析具有一些新的特征。舒茨不再将意义构成描述成一个孤立的个体在逐级的意识活动中从纯粹绵延开始，通过反省、逐级综合和筹划等环节将行动之意义建构起来的过程，而是一再强调意义构成的主体际性或社会性，强调我们从意义构成过程的起点就拥有一定的、主要来自我们所处之社会共同体（而非单纯来自我们个人意识活动之积累）的知识库存，意义构成过程其实是一个我们在自身关联系统的约束下调用既定共享知识库存中的相关成分作为工具，通过对纯粹绵延之流进行反省、综合和筹划等，将行动之意义建构起来的过程。从一定程度上可以说，舒茨对自己早期理论所作的这种补充和修正，使得他的现象学社会学理论与涂尔干、帕森斯等同样将社会共识作为社会互动和社会秩序之基础的社会理论家的理论有了更多的相同之处，缩小了舒茨现象学社会学理论与结构论社会学理论之间的差距。尽管如此，舒茨的现象学社会学理论与涂尔干、帕森斯等人的社会学理论之间仍然存在一定的甚至难以消弭的差异。在涂尔干、帕森斯等结构论社会学家那里，行动者通常被描述成一种被动接受社会共同体已有知识库存的存在物：行动及其相关客体的意义完全是由社会共同体已有的知识库存决定好的，再通过社会化机制内化到行动者人格中，并由社会控制等机制来对社会化的效果加以监督和强化，行动者的行动由此（从理论上说）完全为社会共同体已有的知识库存所规定。而在舒茨这里，虽然对社会共同体已有知识库存的共享也是行动及其相关客体之意义构成和相互交流过程的必要前提和重要因素，但行动者并非这些共享知识库存简单、被动的接受者：行动及其相关客体的意义并非完全由社会共同体已有知识库存预先决定好、行动者只需被动地加以接受的东西；相反，行动及其相关客体的意义仍然是由行动者以对自身内在意识之流进行反省所获得的那些最初的"现象"经验为原材料，通过反省、逐级综合和筹划等环节的过程建构起来的，尽管这一建构过程是以社会共同体已有的知识库存及他人与自己共享这一知识库存并有着相同的关联系统等假设为前提和中介的，但这些共享知识库存和关联系统只不过是行动者设定的一种需要随行动过程的实际展开加以检验、修正甚至放弃的假设，而非确定不变、不以行动者主观意志为转移的客观事实。因此，相比涂尔干和帕森斯的理论，在舒茨晚期的理论中，行动者的主观能动性在一定程度上得到了维护。

不过，尽管晚期舒茨的上述新表述使我们可以更好地解释意义的客观性和人们之间的相互理解问题，但似乎也带来了一个新的问题，即虽然我们依然可以将我们有关社会世界的所有知识都还原到我们在观察社会世界时对自身内在意识之流进行反省所获得的那些最初的"现象"经验层面，但这些"现象"经验似乎已经不再是胡塞尔等现象学家所设想的那种"事物本身"，而是如康德在其先验主义哲学中所描述的"现象"经验那样，是某种被我们在观察事物之前就已经拥有的知识库存所"污染"或改造过的东西。尽管我们依然可以像胡塞尔等人所构想的那样，通过对我们以这些最初的"现象"经验材料为基础一步步地将我们关于自身所处社会世界的知识建构出来的过程及方法进行考察，来理解我们关于自身所处社会世界的知识乃至此一社会世界本身，但这种考察所得的结果却与"朝向事物本身"这一现象学分析的初衷有所背离。或许，所谓的"朝向事物本身"原本就是胡塞尔先验现象学分析所欲达到的一种难以实现的愿景，而舒茨后期现象学社会学分析对这一愿景的背离，则可能意味着他自觉或不自觉地对胡塞尔先验现象学的一种突破或者超越（某种意义上也是对本书所称的建构论社会学的一种突破或超越）。从这一点继续往前走，我们似乎可以看到后现代诠释学的影子。不过，舒茨似乎并没有走得这么远，也没有表现出任何要走这么远的企图。所以，从总体上看，舒茨仍然让自己停留在现代主义社会学的理论范畴之内。关于这一点的讨论，已超出了本部分的主题，我们暂且搁下，不再赘述。

第三章　符号互动主义社会学理论

　　符号互动主义是20世纪60年代以后流行起来的一种与结构功能主义取向不同的社会学理论流派。符号互动主义者批评结构功能主义者过于注重社会的宏观层面和客观层面，而忽视了社会的微观层面和主观层面。和韦伯相似，符号互动主义者也倾向于从"社会唯名论"的立场来看社会，认为"社会"并不是一个有着自己独立特性的实体性存在，而只不过是许多人类相互作用过程的一个名称而已。是人通过自己有意义的活动创造了从微观到宏观的全部社会现实。因此，要想对社会现实有真正适当的理解，就必须去领会建构了社会现实的那些行动者的主观意义世界。就此而言，符号互动主义本质上可以看作韦伯之后或之外建构论社会学发展的一个支脉。与韦伯有所不同的是，符号互动主义者特别主张将人们之间的符号互动视为全部社会过程的基础和实质，认为个体行动和社会结构都是人们之间的符号互动的产物。他们将自己的注意力集中于人和人之间的符号互动这一介于个体行动和社会结构之间的过程，试图通过符号互动过程来揭示包括个体行动和社会结构等的不同层面社会现象形成和变化的具体机制。符号互动主义滥觞于19世纪末20世纪初，由欧美的一些社会学家，如齐美尔、米德、库利和托马斯等引领，为美国著名社会学家布鲁默所确立，并在美国社会学家戈夫曼等人那里得到了某种程度的发挥和修正。在本章中，我们主要以米德、布鲁默和戈夫曼的相关论述为代表对符号互动主义理论的基本思想及其特征作一简单梳理和分析。

一、米德：符号互动研究的先驱

乔治·赫伯特·米德是20世纪初期美国著名哲学家和社会心理学家，主要著作包括《现在的哲学》《心灵、自我与社会》《十九世纪的思想运动》《行为哲学》等（均由他的学生在他去世后根据听课笔记和部分手稿编辑出版）。其中，《心灵、自我与社会》一书阐述了米德社会心理学和社会学方面的主要思想，即应该从人们之间的符号互动中去理解人的心灵、自我，以及整个社会结构和社会过程形成和发展的基础。这一思想对后来由布鲁默正式提出的"符号互动主义"理论产生了深远的影响，米德也因此被认为是符号互动主义理论的思想先驱（甚至创立者）。

（一）社会行为主义

米德《心灵、自我与社会》一书的编者莫里斯用"社会行为主义"这个词来标示米德在社会心理学方面的理论立场。这个词表明：第一，米德在社会心理学方面的立场是行为主义的。作为一个行为主义者，米德明确地反对像以往的联想主义等心理学派那样，将包括心灵和自我等内容的人的心理过程单纯地当作一种孤立的、内在的心理或生理过程来加以探究，而主张要像当时的著名心理学家华生等人那样，根据进化论的观点，从人类有机体与环境之间的相互作用即人的行动当中去理解和解释人类心灵和自我的产生和发展。不过，米德也反对华生等人完全摒弃意识过程的作用而将人的行动简单视为一种"刺激—反应"过程的观点，指出人的行为和动物的行为之间存在着根本的差别，动物的行为是本能指引下的行为或条件反射行为，人的行为则是有意识的行为。摒弃意识过程就无法对人类的行为作出适当的理解。第二，米德的理论立场又是社会行为主义的。作为一个社会行为主义者，米德强调要把人的行动首先理解为社会行动，理解为人类个体与其最主要的生存环境即社会环境之间的相互作用过程，理解为人们之间有意识的相互作用过程即符号互动过程，指出要通过人们之间的符号互动过程来理解人的心灵和自我的形成和发展，而不能将人类的行动简单地理解为人与一般外部物理环境之间的相互作用或简单的"刺激—反应"过程,将人的心灵和自我理解为人与物理环境之间相互作用的产物。《心灵、自我与社会》一书的绝大部分篇幅就是在这种观点的指引下详尽地探讨人类心灵与自我的形成和发展过程。

(二)人类心灵及自我的形成与发展

米德首先论述了人类心灵的形成。米德指出,"心灵"是人类特有的一种心理过程。所谓"心灵",指的是人类的这样一种能力,即人类能够在自己的头脑中以观念的形式对自己行动的未来后果进行想象和反思,并据此调整自己的行动策略。因此,与只能对来自外部环境的刺激进行简单、直接的条件反射的动物不一样,人在对来自外部环境的刺激作出反应时,必然包含一个有意识的思考过程。在这个过程中,人会对外部刺激的意义以及自己所作出的各种反应会产生什么后果进行想象,并根据这种想象来作出适当的行动选择。这就是人的独特之处。米德指出,人的这种能力主要是在人们的符号交往过程中形成和发展起来的。当人们之间的沟通逐渐从姿态会话水平发展到符号会话水平时,人们之间的交往便成为一种与动物之间的交往不同的符号交往,符号会话使人首先能够将社会交往过程内化于心,通过符号运作的方式从他人的立场来对自己的行动在他人那里可能造成的反应进行想象,并据此调整自己的行动计划。当人具备了以有意识地扮演他人角色的方式来理解和控制自己行动的能力时,"心灵"便出现了。所以,"心灵"是人们之间符号互动过程的产物。

米德指出,与心灵一样,人类的"自我"也是人们之间符号交往的产物。所谓"自我"并不单纯是指人的有机体,而主要是指人借助语言符号将自己作为认知对象来反思自己时所获得的一套有关自身的想象。按照米德的分析,人类的"自我"包括"宾我"和"主我"两个方面。"宾我"指的是人们站在他人的立场上、以扮演他人角色的方式获得的一套关于自己的认知,它包含的是(我所意识到的)他人对我的一组期待;"主我"则是人们在特定的社会情境中对这种期待所作出的实际反应。米德认为,由于"自我"(主要是"宾我")的形成在很大程度上取决于人们站在他人立场上看待自己的能力，因此它只有通过人们之间的符号交往过程才得以形成和发展。在《心灵、自我与社会》一书中，米德具体论述了人类"自我"形成和发展的两个阶段，即"游戏"和"竞赛"阶段：在"游戏"阶段，儿童只能依次站在个别他人的立场上来想象自己；在"竞赛"阶段，儿童则能够同时站在多个他人的立场上——最终能够站在"概化他人"的立场上（从他所参与的整个集体的全部他人的角度）来想象自己。可见，"自我"的发展是以个人能够扮演的他人角色范围的不断扩大为基础的，而后者则取决于他所参与的符号互动过程能否在内容和时空范围方面不断扩大。

（三）心灵、自我与社会

米德认为，人的心灵和自我是社会过程的产物，但反过来，人类心灵和自我的形成也构成了人类社会形成和发展的新基础。"倘若没有心灵与自我，我们所了解的人类社会便不可能存在，因为它的所有典型特征都以它的个体成员拥有心灵与自我为前提。"[1]心灵和自我的出现使人类社会得以按照与动物社会完全不同的原则来组织和建构。首先，动物社会（如蚁群和蜂群）是以生理分化为基础而组织起来的，人类社会则以语言的发展、以职能和行为的分化为基础组织起来；其次，动物社会借助动物的各种本能和条件反射能力来实现对整个社会过程的调节与控制，人类社会则可以通过影响人们心灵与自我的形成和发展来实现对社会过程的调节与控制；再次，动物社会没有制度，人类社会则是高度制度化的，而制度不过是全体社会成员对某一特定情境的一种共同反应而已；最后，动物社会的变迁只是对环境变化简单适应的结果，而人类社会的变革则必须以个体心灵和自我的变革为基础，并且在很大程度上也是个体心灵与自我变化的结果。例如，人类理想社会（如民主社会）的实现，就须以人类个体人格的普遍完善为基础（每一个体都能站在任一他人的立场上来理解自己和他人的各项行动及反应）："只要个体不能采取他们在履行自己的特殊职能时所影响的那些人的态度，人类社会的理想便不能实现。"[2]

---

[1] 米德：《心灵、自我与社会》，赵月瑟译，上海译文出版社，1992年，第202页。
[2] 同上书，第286页。

米德关于心灵、自我和社会的论述并不是针对帕森斯结构功能主义之类的理论而发，而是针对在他之前那些忽视社会交往在人类心理形成和发展过程中的作用的心理学理论而发的。米德所谓的"社会交往过程"，还没有被严格限定在个体之间面对面的互动这种微观层次上，而是既包括微观层次的互动，也包括更大范围甚至宏观层面的社会互动过程。米德关于心灵、自我与社会之间关系的绝大部分论述，在观点和立场上与结构功能主义之间其实不存在严重的对立。米德的许多观点，如社会过程是人类心灵与自我产生的前提、成熟的自我是以个体能够扮演概化他人为基础的等，与其说是与结构功能主义对立，不如说是与后者相容甚至一致的。事实上，帕森斯关于社会化和社会控制的理论在很大程度上就是从米德的上述有关思想中引申和发展出来的。但是，米德的论述毕竟提醒人们注意，人们之间的符号沟通过程对于人类意识形成和发展的重要作用，以及人类的意识过程在社会形成和发展过程中的重要作用，这对于结构功能主义一类主要从客观角度来理解结构、制度与文化等社会过程的理论取向来说，的确具有一定的纠偏和补充作用。正因如此，米德的理论才会被后来的人所发展，他也成为"符号互动主义"理论的先驱。

二、布鲁默：符号互动主义的观点与方法

赫伯特·乔治·布鲁默是美国当代著名社会学家之一，是"符号互动主义"这一术语的正式提倡者。自20世纪三四十年代开始，布鲁默就用这一术语来指称一种他认为与所谓的"（社会）实在论"完全不同的社会学理论取向，并以发展和完善这一理论取向作为自己的奋斗方向。1969年，他将自己围绕这方面所写的一些论文以《符号互动主义：观点与方法》为名结集出版，并特撰一文总结符号互动主义的理论与方法。该书遂成为符号互动主义（符号互动论）的经典著作之一。以下我们即以该书的内容为依据来看一看布鲁默的相关思想。

（一）符号互动主义的基本观点

布鲁默曾经依据米德的思想及他自己的理解将符号互动主义理论的基本观点概括为三个方面：

（1）人们是根据事物对于他们来说所具有的意义而针对这些事物进行活动，并不是在各种内部或外部因素的作用下对事物作出简单的反应。面对同一事物或情境，人们对其意义的理解不同，所作出的反应或采取的行动也就不同。

（2）事物的意义是从人与其同伴进行社会互动的过程中产生的。事物的意义既不像传统的实在论哲学所说的那样是事物所固有的，也不像某些唯心论哲学所说的那样是由个人的心理赋予事物的，而是在人们互动时通过他们的界定活动形成的。

（3）通过对事物意义的解释和使用，人们可以对他们在互动中获得的意义进行修正。因此，人们并不是简单地使用他们在最初的互动过程中所形成的那些意义。事物的意义总是处在不断变化和重新形成的过程之中。

布鲁默据此对功能主义社会学和当时的主流心理学作出了批评。因为前者只把人的行动视为各种外部因素如社会结构、制度和文化的产物，后者则把人的行动只视为各种心理或生理因素的产物。他们都无视意义的理解和重构过程在人的行动中所具有的作用，因而不可避免地导致对研究中的行动过程的误解。

布鲁默指出，"几乎没有什么学者会认为第一个前提——即人们根据事物对于他们来说所富有的意义而针对这些事物进行活动——有问题。然而，说来令人感到奇怪的是，在当代社会科学和心理科学的所有思想和研究工作中，如此简单的观点实际上都受到了忽视或者贬低。人们要么认为意义是理所当然的，并且进而把它当作无关紧要的东西搁置一旁；要么认为它仅仅是某种中性的环节——连接那些能够说明人类行为之各种因素，并把人类行为视作这些因素之产物。我们可以从今天的心理学和社会科学的基本势态中清楚地看到这一点。这两个研究领域所共同具有的是这样一种倾向：把人类行为当作影响人们的各种各样因素的产物，所关注的只是行为和被认为导致行为发生的各种因素。这样，心理学家们就致力于研究这些因素——刺激、态度、有意识的动机和无意识的动机、各种各样的心理输入（psychological inputs）、知觉和认识以及人格组织的各种特征，以此说明人类行为的各种既定形式或者事例。社会学家们也以同样的方式，依靠诸如社会位置、地位欲求（status demands）、社会角色、文化习性（cultural prescriptions）、规范和价值、社会压力以及群体归属关系（affiliation）这样一些因素来对人类行为作出同类性质的解释。在这两种典型的心理学解释和社会学解释中，事物对于正在进行活动的人们来说所具有的意义要么被忽视了，要么被用来说明他们行为的各种因素吞没了。如果有人宣称，这些既定的行为类型都是那些被视为引发它们产生的各种特定因素的结果，那么，他就没有必要说自己所关注的是人们进行活动所针对的事物所具有的意义，而只需要识别这些具有引发作用的因素和由它们导致的行为就可以了。也许有人为其情境所迫，会试图通过把意义置于具有引发作用的各种因素之中，或者通过把意义视为在这些具有引发作用的因素和据说由它们引发的行为中间发挥调节作用的中性环节，来对这种意义成分予以考虑。在后面这些情况的第一种情况下，意义由于被融合进这些具有引发作用的或者作为原因的因素之中而消失了；而在这第二种情况下，意义则变成了一种单纯发挥传导作用的环节——人们可以为了强调这些具有引发作用的因素而忽略意义"。"相形之下，符号互动论的原则是，事物对于人们来说所具有的意义本身就是最重要的。无视人们针对其进行活动的事物所具有的意义，就是对正在被研究的行为的歪曲。为了突出那些据说导致行为发生的因素而忽视意义本身，是对意义在行为形成过程中所起的作用的严重忽视。"[1]只有把握住行动和事物对行动者来说所具有的意义，才能够获得对行动和事物的真正理解。

不过，应该通过把握行动者赋予行动的意义来理解人们的行动，这一观点并不是什么新的思想，我们在韦伯那里其实就已经见到过了。布鲁默自己也明确地承认这一点。他说："人们根据事物对于他们来说所具

---

[1] 布鲁默：《论符号互动论的方法论》，霍桂桓译，载苏国勋、刘小枫主编：《二十世纪西方社会理论文选（Ⅱ）：社会理论的诸理论》，上海三联书店、华东师范大学出版社，2005年，第634—635页。

有的意义而针对这些事物进行活动,这个简单前提本身是太平常了,它无法使符号互动论区别于其他方法取向——还有另外几种方法也坚持这个前提。"[1]能够把符号互动论与其他类似观点区别开来的一条主要线索,是由符号互动论的上述第二个前提确定的,其所指涉的是"意义的源泉"这个问题。

对于"意义的源泉"这个问题,布鲁默也明确指出:"对意义起源的说明有两种非常著名的传统方式。其中一种方式认为,意义是具有意义的事物所内在固有的东西,是这种事物之客观构造的一个自然而然的组成部分。因此,一把椅子显然本质上就是一把椅子,一头母牛本质上就是一头母牛,一朵白云本质上就是一朵白云,一次起义本质上就是一次起义,等等。由于意义是具有意义的事物所内在固有的东西,所以,人们只需要通过观察具有意义的客观事物,把它分离出来就可以了。据说,这种意义是从这种事物中散发出来的,因此,它的形成不包含任何过程;人们所需要做的只不过是认出存在于事物之中的意义而已。这种观点反映了哲学中传统的'实在论'立场——这是一种被人们广泛接受并且深深地植根于社会科学和心理科学之中的立场。另一种传统观点认为,'意义'是由一个人赋予事物——这种事物对于他来说具有意义——的一种心理添加物(psychical accretion)。这种心理添加物被当作对这个人的精神(psyche)、心灵或者心理组织之诸构成成分的一种表达。而这些构成成分就是诸如感觉、感情、观念、记忆、动机以及态度这样一些东西。一个事物的意义只不过是对与对这个事物的知觉有关而被调动起来的、各种既定的心理成分的表达;因此,有人试图通过把产生这种意义的各种特殊心理成分分离出来,来说明一个事物的意义。在通过识别已经进入对一个客体的知觉之中的各种感觉而分析这个客体的意义的、多少有些古老和经典色彩的心理学实践中,或者在把事物的意义——例如,让我们以卖淫为例——追溯到观察这种事物的人的态度的当代研究实践中,人们都可以看到这一点。这种把事物的意义置于各种心理成分之中的做法,把意义的形成过程局限于唤

---

[1] 布鲁默:《论符号互动论的方法论》,载苏国勋、刘小枫主编:《二十世纪西方社会理论文选(Ⅱ):社会理论的诸理论》,第635—636页。

起和汇集产生这种意义的各种既定心理成分所涉及的任何一种过程。这些过程本质上都是心理过程,包括知觉、认识、抑制、感情转移以及联想。"在符号互动论那里,"意义的源泉与我们刚刚考察过的这两种处于支配地位的观点不同。它既不认为意义是从具有意义的事物之内在固有的构造中散发出来的,也不认为意义是通过人的各种心理成分的结合产生的。与这些观点不同,符号互动论认为意义是在人们进行互动的过程中产生的。一个事物对于一个人来说所具有的意义,是从其他人就这个事物而针对这个人所进行的活动的诸种方式中产生的。正是他们的行动为这个人界定了这个事物。因此,符号互动论认为意义是社会的产物,是在人们互动时通过他们的界定活动而形成的创造物"。[1]布鲁默强调说,正是这种关于意义起源的观点使符号互动论具备了一种与众不同、非常独特的倾向。

布鲁默认为,符号互动论的上述第三个前提进一步把符号互动论与其他方法区别开来。他说:"虽然事物的意义是在社会互动脉络中形成、是由个人从这种互动中产生出来的,但是,认为一个人对意义的使用只不过是对如此产生出来的意义的应用却是错误的。……一个人在其行动中对意义的使用包含着一个解释过程。就这个方面而言,他们与上面谈到的那两种处于支配地位的观点的拥护者——与那些把意义置于具有意义的事物本身的客观构造之中,以及那些认为意义是对各种心理成分的一种表达的人——并无二致。就认为个人在其行动中对意义的使用只不过是对已经确立的意义的唤起和应用而言,所有这三种人的观点都一样。因此,这三种人都没有看到,行动者对意义的使用是通过一个解释过程而发生的。这种过程有两个明确的步骤。首先,行动者对自己指出他正在进行的活动所针对的事物;他必须对自己指出那些具有意义的事物。这是一种内化的社会过程,因为行动者是在与自己互动。这种与自己的互动同各种心理成分的相互影响不同,它是有关个人参与与自己沟通的过程的一个例证。其次,正是由于这种与自己沟通的过程,解释就变成了一个如何对待意义的问题。行动者根据他被置于其中的情境和他的行动方向,选择、审度、搁

---

[1] 参见布鲁默:《论符号互动论的方法论》,载苏国勋、刘小枫主编:《二十世纪西方社会理论文选(Ⅱ):社会理论的诸理论》,第636—637页。

置、重组、转化各种意义。所以，不应当认为解释仅仅是对已经确立的意义的自动应用，而应当认为它是一个形成的过程——在这个过程中，行动者把意义当作指导和形成行动的工具来使用和修正。必须看到的是，意义在行动中是通过一个自我互动（self interaction）过程发挥作用的。"[1]

布鲁默主张，我们只要承认这三个基本前提，就必然会发展出一种非常独特的、有关人类社会和人类行为的分析方案。在《符号互动主义：观点与方法》一书中，布鲁默概略性地阐述了这一方案。

（二）从符号互动主义立场看待各种社会现象

布鲁默表示，从符号互动主义出发，对于人、人的行动和互动、各种客体以及人类社会等现象，人们将会形成一套全新的看法：

1. 对人的理解

布鲁默指出，人不再是一种只会在各种内部或外部因素的作用下作出一些反应的有机体，而是一种能够对他人和自我的行动进行解释和思考并据此调整自己行为的有机体。

"处于支配地位的流行观点认为，人是一种复杂的有机体，其行为是一种对影响这种有机体之组织的各种因素的反应。社会科学和心理科学中的各种思想派别在认为这些因素之中的哪一种因素具有重要意义这个方面有很大不同——就像它们对刺激、机体内驱力、需要倾向（need-disposition）、有意识的动机、无意识动机、情绪、态度、观念、文化习性、规范、价值、地位欲求、社会角色、参照群体、从属关系以及制度压力这些因素之极不相同的排列所表明的那样。各种思想派别还在如何看待人的结构这个方面各不相同——是把它视为一种生物结构、一种心理结构，还是把它视为一种从个人的群体所具有的社会结构引进的、经过整合的社会结构。不过，在认为人是一种进行反应的有机体，它的行为或者是那些影响它的结构的因素的产物，或者是对它的结构之诸组成部分的相互影响的表达等方面，这些思想派别并没有什么不同。根据这种得到人们广泛接受

---

[1] 布鲁默：《论符号互动论的方法论》，载苏国勋、刘小枫主编：《二十世纪西方社会理论文选（Ⅱ）：社会理论的诸理论》，第 637—638 页。

的观点，人只有在要么是社会物种（social species）的成员，要么是对其他人（社会刺激）作出反应的成员，要么是已经使其内心世界整合了其群体的结构的成员这样的意义上，他才是'社会的'。"而"符号互动论所坚持的关于人的观点则根本不同。……符号互动论认为人是一种不得不对付它所注意到的东西的有机体。人通过参与一种自我指示过程应付他这样注意到的东西；在这种过程中，他把他所注意到的东西变成客体，赋予它一种意义，并且把这种意义当作指导他的行动的根据。就他注意到的东西而言，他的行为并不是一种由对这种东西的呈现激发出来的反应，而是一种来源于他通过这种自我指示过程所作出的解释的行动。在这种意义上，参与自我互动的人并不是一种仅仅作出反应的有机体，而是一种进行活动的有机体——是一种不得不根据它所考虑的东西形成一种行动线索的有机体，而不是仅仅针对某种因素对它的结构的影响作出反应的有机体"。[1]

2. 对人的行动的理解

布鲁默指出，人的行动是建立在他对自己所遭遇的事物或情境的理解以及对自己行动计划的反思基础之上的，而不是简单地由动机、需要或社会结构、文化等因素所操纵或控制的。

"处于支配地位的观点认为人类行动是由具引发作用的因素或者这些因素的组合引起的。它把行动追溯到诸如动机、态度、需要倾向、无意识情结、动机完形（stimuli configurations）、地位欲求、角色需要以及情境要求这样一些因素。它认为，科学的任务就是把行动与具有引发作用的一种或者更多的动因联系起来。然而，这样一种研究忽视了个体对待其世界、构想其行动所凭借的自我互动过程，没有为后者留下任何存在的余地。个体注意和估计他所面对的东西，以及他在其公开行为开始实施之前对这种公开行为之路线的设计所凭借的这种至关重要的解释过程，便被置之度外了。"[2] 而实际上，"人向自己作出指示的能力使人类行动具有了一种独特的特征。它意味着，人类个体面对的是一个他为了进行活动而必须加以解

---

[1] 参见布鲁默:《论符号互动论的方法论》，载苏国勋、刘小枫主编:《二十世纪西方社会理论文选（Ⅱ）:社会理论的诸理论》，第646—647页。
[2] 同上书，第648页。

释的世界，而不是一种由于他的组织结构他会对其作出反应的环境。他必须对付他需要在其中进行活动的那些情境——确定其他人行动的意义，并且根据这种解释设计他自己的行动路线，他必须构想和指导他的活动，而不是通过对那些影响他或者始终操纵他的因素作出反应而使这种行动散发出来。也许他在构想其行动的过程中需要付出艰苦的努力，但是他必须构想它"[1]。

"我们必须认识到，人们的活动是由不断应付他们必须在其中活动的情境的流动组成的，他们的行动是建立在他们注意到的东西、他们如何估计和解释他们所注意到的东西以及他们设计出何种具体化的行动线索基础之上的。通过把行动归因于某种据说引发这种行动并且促使它得出其结果的因素（例如，动机、需要倾向、角色需要、社会期待或者社会规则），是无法理解这种过程的；这样一种因素或者对它的某种表达，是人类行动者在设计其行动线索的过程中所考虑的问题。这种具有引发作用的因素既不包含也没有解释有关处于这种需要行动的情境之中的人是怎样把它以及其他因素考虑在内的。为了理解行动者的行动，人们必须深入到行动者进行的这种界定过程之中。"[2]

3. 对人们之间的互动的理解

布鲁默指出，人们之间的互动过程不是行动在动机、需要或社会结构和文化等因素操控下借以发生的场所；相反，人的行动，以及动机、需要、社会结构和文化等影响人的行动的内外因素，都是通过互动过程而不断被形塑和建构起来的。

"典型的社会学研究方案认为行为是由诸如地位位置（status position）、文化习性、规范、价值、制裁、角色欲求以及社会体系要求这样一些因素引起的；人们满足于根据这些因素作出说明，而没有对这些因素的发挥作用所必然要预设的社会互动给予重视。同样，就典型的心理学研究方案而言，人们也是使用诸如动机、态度、隐藏在内心的情结、心理

---

[1] 布鲁默：《论符号互动论的方法论》，载苏国勋、刘小枫主编：《二十世纪西方社会理论文选（Ⅱ）：社会理论的诸理论》，第647—648页。

[2] 同上书，第648—649页。

组织成分以及心理过程这样一些因素去对行为加以说明,而不认为有必要考虑社会互动。人们从这些作为原因的因素跳跃到据说是由这些因素产生的行为上去。社会互动仅仅变成了一种场所(forum)——通过这种场所,社会学或者心理学方面的决定性因素就产生出既定的人类行为形式。我还要补充的是,无论是谈论社会成分的互动(就像一个社会学家在谈论社会角色互动或者社会体系诸组成部分的互动时所做的那样),还是谈论心理成分的互动(就像一个心理学家在谈论不同的人所持的态度的互动时所做的那样),都不能纠正这种对社会互动的忽视。社会互动是行动者之间的互动,而不是被转嫁给他们的各种因素之间的互动。"[1]

符号互动论则认为,"社会互动是一种形成人类行为的过程,而不仅仅是一种用于表达或者释放人类行为的手段或者环境"。"在互动过程中,人们必须互相考虑对方正在做什么或者将要做什么;他们不得不根据他们所考虑的东西指导他们自己的行为或者对待他们的情境。因此,其他人的活动便作为积极因素进入了他们自己的行为的形成过程;面对其他人的行动,一个人可能放弃一种意向或者企图,修改它、审视或者搁置它、强化它,甚至替换它。进入一个人行为的形成过程并且确定他计划要做的事情的其他人的行动,可能会与他的这些计划相反或者阻碍他实施这些计划,可能会要求他修改这些计划,也可能要求他重新作出一套与原有计划大相径庭的计划。一个人必须以某种方式使他自己的活动线索适合其他人的行动。他必须考虑其他人的行动,而不能仅仅把这些行动视为一个用来表达他打算要做或者开始做的事情的场所。"[2]

4.对人们所处的环境的理解

布鲁默指出,从符号互动论的观点来看,人们所处的环境是由各种"客体"构成的,但所有这些客体都是人们符号互动过程的产物。

对于既定的人来说,"环境只是由他们认识到并且了解的客体组成的。这种环境的本质内容是由组成它的客体对于这些人来说所具有的意义

---

[1] 布鲁默:《论符号互动论的方法论》,载苏国勋、刘小枫主编:《二十世纪西方社会理论文选(Ⅱ):社会理论的诸理论》,第639—640页。

[2] 同上书,第640页。

确定的。因此，占据或者生活在同一个空间位置上的个体和群体可能会具有大相径庭的环境"[1]。"一个客体——任何一种客体——的本质内容，是由它对于把它视为客体的人来说所具有的意义构成的。这种意义确定了他观察这个客体的方式，确定了他准备针对它进行活动的方式，还确定了他准备谈论它的方式。对于不同的个体来说，一个客体可能具有不同的意义。"[2]

"客体"有三类：物理客体（椅子、树木等），社会客体（学生、母亲等），抽象客体（原则、概念等）。但从根本上说，无论何种客体，其对一个人所具有的意义，来源于与之进行互动的其他人向他界定这些客体时所使用的方式。因此，"必须把客体（就它们的意义而言）视为社会的创造物——视为当人们的界定和解释过程在他们的互动中出现时在这种过程中形成并产生出来的东西。任何一种事物的意义都必须通过一个指示过程——这个过程必然是一种社会过程——而得以形成，并被人们学习和传播。处于符号互动层次上的人类群体生活是一种涉及面很广的过程，当人们在这种过程中开始把意义赋予客体时，他们就是在形成、维护、转化他们的世界的客体。除非客体的意义通过人们对待这些客体所进行的界定和解释过程得到维持，否则，客体就不具有固定不变的地位。所有的客体就其意义而言都是可以改变的，这是再明显不过的了。对于一位现代天体物理学家和一位处在产生圣经的时代的牧羊人来说，天上的星辰是极为不同的客体；对于早期罗马人和晚期罗马人来说，婚姻是极不相同的客体；一位未能成功地履行职责以使其国家度过危难时期的总统，对于他的人民来说他就可能会变成一种极为不同的客体。简而言之，从符号互动论的立场来看，人类群体生活是一个过程——客体在这个过程中得到创造、肯定、转化以及被抛弃"[3]。

---

[1] 布鲁默：《论符号互动论的方法论》，载苏国勋、刘小枫主编：《二十世纪西方社会理论文选（Ⅱ）：社会理论的诸理论》，第 644 页。
[2] 同上书，第 643 页。
[3] 同上书，第 644 页。

5. 对人类群体或社会组织的理解

布鲁默指出，人类群体或社会从根本上说只存在于人的行动之中，社会结构、规则和文化都是从人的行动中产生出来的。家庭、公司、国家等都只不过是一些具有稳定联系的联合行动（joint action）而已。它们的运作并不是由于某些内在的动力机制或系统要求而自动展开的，而是由参与其中的那些个体的行为构成的，而这些个体的行为则受到他们对自己在其中活动的情境所作的理解的影响。

"从根本上说，人类群体或者社会存在于行动之中，……就其由诸如社会位置、地位、角色、权威以及声望这样一些术语表示的任何一个方面而言，社会结构都指涉来源于人们相互针对对方进行活动的方式的关系。任何一种人类社会的生活，都必然是由不断进行的、使其成员的活动相互适应的过程组成的。""符号互动论的基本原理之一是……人类社会自始至终都是由参与行动的人组成的。一个研究方案要想在经验上有效，它就必须与人们社会行动的本质内容相一致。"[1]

"人类群体生活由其成员使他们的行动线索相互适应的过程组成，并且存在于这种过程之中。对行动线索的这种明确表述导致并且构成'联合行动'——一种由不同参与者的不同活动组成的社会行为组织。"[2] 这种联合行动具有它自己的独特特征，即它不同于那些可联合或联系起来的部分。"因此，人们可以在并不需要把这种联合行动分解为组成它的各种不同活动部分的情况下，识别、谈论并对待和处理这种联合行动本身。当我们谈论诸如婚姻、贸易业务、战争、议会讨论或者教会礼拜仪式时，我们所做的正是这样的事情。同样，正像我们在谈论一个家庭、一个商业公司、一个教会、一所大学或者一个国家时所做的那样，我们也可以在不需要识别一个集体的个别成员的情况下，谈论这个参与联合行动的集体。"尽管如此，我们却不能把它看成一个有着自己独立生命力的实体，否则我们就很容易被引诱到一个错误的路子上去："这种错误使人们看不到以下

---

[1] 参见布鲁默：《论符号互动论的方法论》，载苏国勋、刘小枫主编：《二十世纪西方社会理论文选（Ⅱ）：社会理论的诸理论》，第638—639页。

[2] 同上书，第649页。

事实，即一个联合行动总是不得不经历一个形成（formation）过程；即使它可能是社会行动的一种完全确定的、重复的形式，它的每一种个别情况也都必须重新形构而成。而且，它的产生所经历的这种形成过程，必然是通过上面讨论过的、由指称（designation）和解释组成的双向过程而出现的。参与者还必须通过形成和使用各种意义引导他们各自的活动。"[1]

布鲁默认为，对人类群体或社会组织所作的上述理解意味深远。首先，它意味着并非所有的重复性的联合行动（组织行动）都是对"已经预先确立的联合行动形式的表达"。"重复性的、稳定的联合行动和被第一次展示出来的新的联合行动形式一样，都是一种解释过程的结果。……正是这种处于群体生活之中的社会过程创造并且支持着这些规则，而不是这些规则创造并且支持着群体生活。"[2] 其次，它意味着我们不应该把网络化或制度化的行动联系视为自我运作的实体，"这些实体根据它们自己的动力学而发展，而不需要去注意处于这种网络之中的参与者们"。相反，我们应该看到，"在这种网络中占据不同位置的一大批不同的参与者，是根据他们对各种既定意义的运用而在其位置上参与他们的行动的。一个网络或者一种制度并不是由于某些内在的动力抑或系统的要求而自动发挥作用的；它之所以发挥作用，是因为处于不同位置上的人们做了某些事情，而这些人所做的事情则是他们界定他们需要在其中进行活动的情境所使用的方式的结果。……各种制度的实施过程和结局，都是在这种解释过程在不同的参与者中间发生的时候，由这种解释过程确定的"[3]。最后，它意味着我们还必须从意义的历史联系当中来把握每一次的联合行动，"联合行动的任何一种情况都必然是从参与者以前的行动所构成的背景中产生出来的。离开了这样一种背景，新的联合行动根本不会发生。被包含在这种新的联合行动形成过程之中的参与者们，总是把他们已经具有的客体的世界、各种意义以及各种解释图式带到这种形成过程之中。因此，新的联合

---

[1] 参见布鲁默：《论符号互动论的方法论》，载苏国勋、刘小枫主编：《二十世纪西方社会理论文选（Ⅱ）：社会理论的诸理论》，第650页。
[2] 同上书，第651—652页。
[3] 同上书，第652—653页。

行动形式总是从以往联合行动的脉络中显现出来,并且与这种脉络联系在一起。离开了这种脉络,人们就无法理解它;人们必须把这种与以往联合行动形式的联系考虑在内。……如果一个人不把有关这种连续性的知识结合到他对这种新的联合行动形式的分析之中,那么,他就无法理解这种新的联合行动形式。可以说,联合行动不仅表现了参与者的活动的横向的联系,而且也表现了与以往联合行动的纵向的联系"[1]。

总而言之,符号互动论认为,"人类社会是人们对生活过程的参与。……他们被卷入到一个涉及面很广的互动过程之中,并且不得不在这个过程中使他们那不断发展的活动相互适应。这个互动过程存在于他们不断向其他人作出应当做什么的指示,以及在其他人作出指示时不断解释这些指示的过程之中。……无论人们研究论述的是一个家庭、一个男孩子团伙、一个实业公司,还是一个政党,他们都必须把这种集体的活动视为通过指示和解释过程而形构而成的东西"[2]。可以说,布鲁默的符号互动主义实际上提供了一个既与涂尔干等结构论社会学家不同,又与韦伯的"理解社会学"、舒茨的"现象学社会学"有所不同的,有关社会现象的因果解释模型。按照这种解释模型,我们可以且应该用来解释包括人类个体、个体行为、个体之间的互动、个体生活世界中所存在的一切客体,以及社会群体、社会组织等现象的主要因素,既不是涂尔干所说的客观社会事实,也不是韦伯所说的个体行为动机或者舒茨所说的"现象",而是个体行动者之间的互动。换言之,以个体之间的互动过程作为主要自变量来解释各种社会现象的产生和变化,这就是布鲁默的"符号互动主义"对西方社会学研究的理论和实践所作出的一个重要贡献。

(三)符号互动主义的方法论

作为对社会行动和社会过程的一种与传统心理学和社会科学不同的理解,符号互动论有着重要的方法论意义。布鲁默具体指出了符号互动论在

---

[1] 布鲁默:《论符号互动论的方法论》,载苏国勋、刘小枫主编:《二十世纪西方社会理论文选(Ⅱ):社会理论的诸理论》,第653页。
[2] 同上书,第653—654页。

方法论方面的几个主要含义。

第一，符号互动论认为人们是根据他们的客体所具有的意义来进行活动的，这一点具有意味深长的方法论含义。"它所直接表示的是，如果一个学者希望理解人们的行动，那么，他就必须像他们看待其客体那样看待他们的客体。"而"未能像他们看待其客体那样看待他们的客体，或者以他自己关于这些课题的意义代替他关于这些客体的意义，是社会科学家们有可能犯的最严重的错误。其结果是，他建立了一个虚构的世界"。[1]为了避免犯这种错误，学者们应当尽量深入研究对象的意义世界，尽量从当事人本身的立场而不是一个局外人的立场出发去观察和描述事件与过程。这又要求研究者尽量做到：（1）具有使自己从研究对象的角度出发来了解其行动与过程的能力。（2）对研究对象的行动及过程进行深入的观察。"这些必要的观察很少是那些由诸如问卷、民意测验、量表、运用普查性调查研究项目或者确定预先设计的变量这样的标准研究程序所得出的观察。与此不同，它们都是以行动者们所作出的、有关下列事项的描述性说明的形式存在的——他们如何看待这些客体，他们怎样在各不相同的情境中针对这些客体进行活动，以及他们怎样通过与他们自己群体的成员进行对话指涉这些客体。"[2]（3）尽量防止受到自己预先确立的各种意象的束缚。

第二，符号互动论认为群体生活是一个由人们之间大量的符号互动构成的过程，在这个过程当中，人们不断地"互相向对方指示行动线索并且解释其他人作出的种种指示"[3]，不断地根据对对方行动的理解和解释来调整自己的行动方案。这意味着单纯以"诸如社会角色、地位、文化惯例、规范、价值观、参照群体、从属关系以及各种社会均衡机制"这样一些社会因素，或者"诸如刺激完形、有机体内驱力、需要倾向、情绪、态度、观念、有意识动机、无意识动机以及各种人格组织机制"这样一些心理因

---

[1] 参见布鲁默：《论符号互动论的方法论》，载苏国勋、刘小枫主编：《二十世纪西方社会理论文选（Ⅱ）：社会理论的诸理论》，第685—686页。
[2] 同上书，第686—687页。
[3] 同上书，第687页。

素,来解释人类行为的做法其有效性都是值得怀疑的。因为这些做法都严重地忽视了以下事实,"即社会互动本身是一种形构过程——处于互动过程之中的人们在形成他们各自的行动线索的过程中,……不断根据他们在其他人的行动中所遇到的东西引导、检查、改变他们的行动线索,并且改变这些行动线索的方向"。[1]

第三,符号互动论认为一切人类群体的生活——"无论这个群体像一个家庭那样小,还是像一个国家那样大"——都是由人们的社会行动所构成的,"因此,一位首领、一位教士、一种社会角色、一种分层安排、一种制度,或者一种诸如同化这样的社会过程,都代表社会行动的一种形式或者一个方面;除非人们最终根据社会行动来理解和系统说明一种范畴,否则这种范畴便毫无意义。从一种有根据的意义上说,社会行动是社会科学的第一主题,是社会科学及其各种分析方案所必需的出发点和归宿。因此,准确地描述和理解社会行动是至关重要的"[2]。

第四,符号互动论以一种与结构功能主义等理论十分不同的方式看待各种宏观的社会组织,"认为它们都是对通过其各自的行动而相互联结起来的人们的安排。……它不是根据各种组织原理或者系统原理来说明这种组织及其各组成部分的活动,而是试图以参与者在其各自的关节点上界定、解释以及应付这些情境所使用的方式来作出说明"[3]。结构功能主义认为人们的行动是受各种组织的规范和规则制约的,符号互动论则指出人们在互动过程中对这些规范和规则的理解和解释,"在很大程度上决定着这些规范或者规则的地位和命运;人们也许仍旧遵循这些规则,但是这种遵循却可能是不充分的或者有名无实的;或者反过来说,人们也许强化这些规则,或者为它们注入更多的活力。……有关组织的学术研究或者分析不能忽视人们之间存在的这种互动过程,后者既是人们维持组织的原因,也

---

[1] 布鲁默:《论符号互动论的方法论》,载苏国勋、刘小枫主编:《二十世纪西方社会理论文选(Ⅱ):社会理论的诸理论》,第688页。
[2] 同上书,第690页。
[3] 同上书,第693—694页。

是以其他方式影响组织的原因"[1]。

总之，布鲁默认为，由于包括人、人的行动、行动客体以及社会群体等在内的各种社会现象，都是通过人的符号互动过程而不断地形塑和建构起来的，因此，要正确了解这些现象，就必须深入考察产生这些现象的具体的符号互动过程，考察参与这些互动过程的那些人的经验或意义世界，从这些行动者的内部去理解其行动及其产物（各种社会现象）。布鲁默指出，为了做到这一点，就必须采用与主流社会科学不同的一些研究方法。主流社会科学家通常采用那些源于自然科学的研究方法，侧重从一些抽象的理论模型出发，运用各种标准化的操作程序和定量分析技术，来对社会现象之间的因果关系或相关关系进行分析。这种方法实际上只能对社会现象和过程作一些表面的、粗浅的探讨，而不可能揭示深藏在各种帷幕之后使各种社会现象得以形成和建构的那些行动与互动过程。要能够真正揭示这些过程，就必须采用一些新的方法，去对具体行动者的经验世界进行多角度的、灵活细致的了解，舍此别无他途。

按照布鲁默的论述，这种新的研究方法包括"探索"和"审视"两个基本的组成部分。"探索"，就是在没有任何预先规定的理论假设或研究程序限制的前提下，对作为研究对象的那部分经验世界进行客观的、灵活的探究和摸索。布鲁默反对（后期）实证主义社会学中流行的那种在观察之前就事先确定好有关研究对象的理论假设和研究程序的做法，认为这是一种完全错误的方法。因为社会过程的内在性、流动性使得研究人员在绝大多数情况下对他们将要研究的对象都不可能很熟悉，他们在对研究对象进行深入观察之前就预先确定的那些理论假设和研究程序不可避免会带有一种"闭门造车"的色彩，和实际的生活可能有很大的距离。真正科学的社会研究方法应该是，在不带任何预先确定的假设和固定程序的前提下，对研究对象进行灵活的"探索"。"探索是一种灵活的研究步骤——在实施这些步骤的过程中，研究者从一条研究路线转到另一条研究路线，在研究过程中不断采用新的观察点，沿着以前从未考虑过的各种新的方向前进，并

---

[1] 布鲁默：《论符号互动论的方法论》，载苏国勋、刘小枫主编：《二十世纪西方社会理论文选（Ⅱ）：社会理论的诸理论》，第695页。

且在获得更多的信息和更充分的理解时改变他对相关材料的认识。"在这种探索性研究之初，研究者的研究焦点是宽泛不定的，"只是随着研究的不断发展才逐渐变得敏锐起来"。[1] 由于探索性研究所具有的灵活性质，它也不受任何一种特定技术的限制。探索性研究的主要任务包括：（1）对人们提出问题所应当使用的方式获得更清楚的理解；（2）逐渐了解对于此项研究来说什么样的资料才是最适当的；（3）获得或者发展关于哪些线索才具有重要意义的观念；（4）使研究者能够对正在研究的生活领域逐渐形成合适的概念工具。对于进行探索性研究的学者来说，重要的一点是他应该"时刻留心对他那有关他正在研究的生活领域的各种意象、信念以及观念进行检验和修改"，"他应当努力培养一种准备就绪状态，随时准备以新的方式看待他的研究领域"。[2]

通过探索性研究，我们有可能获得一幅有关研究领域的丰富而又充实的图像。"探索性研究所具有的令人感兴趣的价值之一，是它所提供的比较充实的描述性说明，常常可以在不需要援引任何一种理论，或者不提出任何一种分析方案的情况下，适当地说明令人感到疑难的东西。"[3] 但我们的研究并不能停留在探索性研究所获得的结果上，我们必须进入另一个被称为"审视"的研究阶段。

在"审视"阶段，研究者应该在通过探索性研究得来的描述性说明的基础上，"以一种理论的形式系统说明他的问题，揭示各种一般的关系，使他的概念的内涵性参照鲜明突出，以及系统表述各种理论命题"[4]。一般说来，对现象的科学分析都包括两方面的工作，即确定一些"清晰的、有显著特征的分析成分"，以及对这些分析成分之间的各种关系进行鉴别和

---

[1] 布鲁默：《论符号互动论的方法论》，载苏国勋、刘小枫主编：《二十世纪西方社会理论文选（Ⅱ）：社会理论的诸理论》，第 674—675 页。
[2] 同上书，第 676 页。
[3] 同上书，第 677 页。
[4] 同上。

分离。布鲁默认为人们通常采用的那些分析方法[1]，既"不以精确的方式确定这些分析成分在这个经验性的社会世界之中所具有的本质内容，也不以精确的方式探索出存在于这些分析成分之间的关系"[2]。只有通过"审视"这种方法，我们才能够适当地完成上述两方面的分析任务。所谓"审视"，其基本原型可以从我们应对一个陌生的物理客体的过程中表现出来。在这样一个过程中，"我们可能把它捡起来，仔细地观察它，在观察它的过程中把它翻转过来，从这种或者那种角度观察它，提出关于它可能是什么的种种问题，根据我们的问题回过头来重新处理它，对它进行彻底的实验，以及用一种或者另一种方式检验它。这种详细的、不断转变的仔细考察就是审视的本质"[3]。因此，通过"审视"过程来确定分析成分，其基本程序是"通过细致谨慎地、灵活地仔细考察这种分析成分所涵盖的种种经验性案例，对这些分析成分进行明察秋毫的考察"[4]；"以各种不同的方式接近这种既定的分析成分，从各不相同的角度观察它，提出有关它的许多不同的问题，以及从这些问题的立场出发回到对它的仔细考察"[5]。同样，通过"审视"来分离分析成分之间的各种关系，也是"要通过对与这种被断言的关系有关的经验性案例进行谨慎细致的、灵活的仔细考察，来确定和检验这种关系。如果没有这种审视，那么，人们就会被其以前具有的关于这种关系的意象或者观念所束缚，既无法通过了解这种观念是否从经验角度看是有效的而获得好处，也没有通过对各种经验性案例的明察秋毫的考察而用来重新界定和改进这种观念的手段"[6]。

布鲁默总结说："分别代表描述和分析的探索和审视，构成了人们用于直接考察这个经验性社会世界的不可或缺的程序。"这种新的研究方法

---

[1] 参照布鲁默的描述，这种方法具有以下形式："从人们根据概念或者范畴之间的各种关系构成的一种理论或者模型开始，运用这种理论在这个正在被研究的领域中确定一个具体的问题，把这种问题转变成代表各种概念或者范畴的、具体的自变量和因变量，使用各种精确的技术获取材料，发现这些变量之间存在的各种关系，以及运用这种理论和模型说明这些关系。"（布鲁默：《论符号互动论的方法论》，载苏国勋、刘小枫主编：《二十世纪西方社会理论文选（Ⅱ）：社会理论的诸理论》，第677页。）
[2] 同上书，第678页。
[3] 同上书，第679页。
[4] 同上书，第678页。
[5] 同上书，第679页。
[6] 同上书，第681页。

的优点就在于，它促使研究者重视和接近这个经验性的社会世界。"由于人们是通过其群体存在形成不同的世界和各种生活领域的，所以，这种重视和接近在社会科学中特别重要。这些世界既表现又塑造人们的社会生活、他们的各种活动、他们的各种关系以及他们的各种制度。对于进行研究的学者来说，这样一种世界或者生活领域几乎总是遥远和未知的；这就是他之所以要研究它的主要原因之一。为了开始认识这个世界，他应当接近这个通过其实际经验特征而存在的世界。如果不这样做，那么，他就无法保证他那有关这个领域或者世界的指导性意象、他针对它所确立的问题、他所确定的研究线索、他收集的各种材料、他宣告的在这些材料之间存在的各种关系以及指导他作出解释的各种理论观点，从经验角度看是有效的。就对人类群体生活的科学研究而言，包含探索和审视这双重程序的自然主义研究显然是不可或缺的。就'科学'这个术语之最完整的意义而言，这种研究完全有资格被称为'科学的'研究。"[1]

三、戈夫曼：互动秩序与自我表演

库利、米德等早期符号互动主义学者的思想不仅影响了布鲁默，而且对其他一些美国学者产生了重要影响。这些学者沿着库利、米德等人开创的道路继续前行，以不同的方式对符号互动主义理论作了进一步的发挥。在这些学者当中，戈夫曼被认为是成就和影响都比较显著的一位。米德、布鲁默等人强调了符号互动过程对于人类个体的心灵、自我以及社会群体形成和发展的重要作用，布鲁默更是对符号互动主义理论及方法论的基本原理进行了深入细致的阐述，但无论是米德还是布鲁默等人都没有对符号互动或者互动的过程本身进行深入细致的考察，而后者正是戈夫曼社会学著述的基本主题。在其当选美国社会学会主席之后发表的就职演讲《互动秩序》中，戈夫曼对统领自己一生研究工作的主题进行了说明，明确地用

---

[1] 参见布鲁默：《论符号互动论的方法论》，载苏国勋、刘小枫主编：《二十世纪西方社会理论文选（Ⅱ）：社会理论的诸理论》，第681页。

"互动秩序"（interaction order）这一术语来概括这一主题。戈夫曼宣称，他多年来一直关注的事情就是促使人们将人与人之间面对面的互动接受为一个切实可行的分析领域，这个领域的恰当名称可以是"互动秩序"，而对这一领域进行研究的首选方法则是微观分析。[1]在《日常生活中的自我呈现》《日常接触》《公共场所的行为》《污名》《公共场所的关系》《互动仪式》《框架分析》等一系列著作中，戈夫曼继承库利、托马斯和米德等人的理论传统，并借鉴和采用芝加哥学派学者帕克、休斯等人的都市民族志方法[2]，对人们之间的互动过程进行了深入细致的研究，一方面使得人们对于互动过程本身有了更为深入细致的了解，另一方面也（如他所期待的那样）使得互动过程及其秩序本身成为西方社会学研究中的一个独特领域，戈夫曼也因此被视为继米德、布鲁默等人之后最为重要的以互动作为研究主题的一位社会学家。

在戈夫曼这里，所谓的"互动"，指的是日常生活情境条件下，"个体面对面地出现在一起时，对彼此行为的相互影响"的过程。[3]与那些非面对面的交往过程相比，以面对面的方式进行的互动具有两个基本特征，一是在较大程度上依赖对他人的直接感受和人体表现出的信息，二是具有同样直接的交互性。[4]戈夫曼以一种非常类似舒茨现象学社会学的风格写道："一方面是赤裸的感官接收的信息，另一方面是人体体现的信息，这样的联系提供了面对面互动的关键要素之一。在这种情况下，个人发送的任何讯息都可能被修正，因为他人会从他那里搜集到大量其他的信息，而这些信息常常是他浑然不觉的。"[5]而由于互动双方都能够通过直接感受获取对方的人体信息，致使"视觉获得了加强的和特别的角色。每个人能看见，别人在以某种方式感知他，所以，他会根据别人对他的身份的感知和初始回应来指引自己的行为。再者，别人能看见，他在调整自己的行为；

---

[1] E. Goffman, "The Interaction Order," *American Sociological Review*, 1983, Vol.48, No.1, p.3.
[2] 参见王晴锋：《戈夫曼与符号互动论：形似与神离》，《宁夏社会科学》2008年第2期。
[3] 高夫曼（戈夫曼）：《日常生活中的自我表演》，徐江敏、李姚军译，台湾桂冠图书股份有限公司，1992年，第16页。
[4] 戈夫曼：《公共场所的行为：聚会的社会组织》，何道宽译，北京大学出版社，2017年，第17页。
[5] 同上。

他也能看见，别人看见了他这样的调整。……我们被别人清楚看见是行为者，没有机会否认自己的行为；发出讯息或接收讯息都是难以否认的，至少在直接交往的人中间就难以否认讯息的收发"[1]。不过，戈夫曼提出，他所研究的互动不是任何一种互动，而是处于日常生活情境条件下的互动。这种互动不同于"集体行为"研究文献通常涉及的那种人和人之间面对面的互动，那是一些由于日常的社会交往破裂而形成的社会过程，如群氓、暴民、恐慌和骚乱等；而戈夫曼研究的则是日常生活中平静而有序进行的面对面交往过程。这种互动也不同于"小群体"研究文献所涉及的那些人际交往过程，后者通常是这样一些人之间的互动，这些人将自己所在的社会群体或组织视为一个独特的社会实体，视彼此为相属的成员并对该群体和组织产生认同，从这种认同中获取道德上的支持等；而戈夫曼研究的互动则缺乏这些特征，但却具有其所不具有的特征，如参与者群体感淡薄，一旦"散伙"就意味着交往关系的结束（而"就绝大多数群体而言，即使其成员们彼此不聚集在一起时，它们仍然能继续存在"[2]），以及其他一些仅为这种互动遵循的特定规则等。戈夫曼认为，对这样一种日常生活情境条件（而非日常生活情境遭到破坏或者高度结构化、组织化的情境条件）下的互动过程展开研究，不仅对于我们理解日常生活这种微观层面上的社会秩序（"互动秩序"）何以可能的问题，而且对于我们理解（帕森斯等人所关注的）超越日常生活情境的宏观层面上的社会秩序何以可能的问题都会具有重要的意义，因为"对社会组织的每一个单位的研究都终将导致对其要素间相互作用的分析"[3]。

在对日常生活中的互动过程展开具体研究时，戈夫曼又将这一过程主要划分为"无焦点式互动"（unfocused interaction）和"焦点式互动"（focused interaction）两大类，并对它们的基本特征及其秩序形成的机制进行了细致的描述和分析。"无焦点式互动"指的是这样一类互动，在这里没有任何人成为正式的注意中心，在同一社会情境中相会的人都可以产生交流，

---

[1] 戈夫曼：《公共场所的行为：聚会的社会组织》，第17—18页。
[2] 戈夫曼：《日常接触》，徐江敏译，华夏出版社，1990年，序言，第5页。
[3] 同上书，序言，第1页。

且每个人的行为都首先是为所有在场者发出的。[1]例如,"看见一个路人进入并步入视野时,一个人在短暂的一瞥之中从该路人身上获取信息,这种交流就叫作无焦点的互动"[2]。反之,"焦点式互动"则指这样一类互动,在这里,人们围绕单一的注意焦点而近距离聚会,并通过公开的合作来维护这一注意焦点,以此"维持彼此特殊的互动,把在场的其他人排除在外"[3]。在戈夫曼的著述中,"焦点式互动"有时也被称为"焦点式聚集"(focused gathering)、"日常接触"(encounter)或"情景中的活动系统"(situated activity systems)等,典型实例有两个人的私下谈话、陪审团的审议、纸牌游戏、双人舞、共同在场工作、做爱和拳击等。[4]不过,虽然在自己的著述中对两种互动过程都有论及,但戈夫曼主要关注的话题还是焦点式互动。

戈夫曼认为,对于互动过程可以用两种不同的分析模式来研究:一种是系统模式,即将互动过程视为一个由诸多活动成分通过相互作用达成的平衡构成的功能性整体;另一种是博弈模式,即将互动过程视为一个互动各方在特定规则的约束下通过交替出手的方式来挫败对方以实现自身目标的过程。戈夫曼表示,尽管有时他也会采用这两种分析模式,尤其是后一种模式,但在多数情况下,他所采用的主要是"社会秩序"分析模式。这种分析模式既不像博弈模式那样关注互动参与者所追求的目标,也不像系统模式那样关注这些目标的协调或整合模式,而只是将日常互动过程中的社会秩序即"互动秩序"视为在互动过程中存在的一套道德规范产生的结果,因而将自己的关注点主要放在揭示在日常互动的各种过程中约束着人们的行为以使互动得以有序进行的那些行为规则(戈夫曼将这些规则称为"情境性礼仪")上。例如,在《公共场所的行为》一书中,戈夫曼从参与者对互动过程的涉入(involvement)、参与者对自身注意力在不同涉入(主要涉入/次要涉入、主导性涉入/从属性涉入)中的分配、涉入的对象或方向三个方面,对无焦点式互动过程中存在的主要规则进行了具体细

---

[1] 戈夫曼:《公共场所的行为:聚会的社会组织》,第36页。
[2] 同上书,第26页。
[3] 同上书,第83页。
[4] 戈夫曼:《日常接触》,第3页。

致的探讨，从面晤（face engagement）、熟悉者之间的会晤和陌生人之间的会晤三个方面，探讨了焦点式互动过程中存在的主要规则，从交流的边界、相互涉入、失控的参与等方面对会晤启动之后在存在着旁观者的情况下用于调节互动过程的一些规则进行了考察等；在《日常接触》一文中，戈夫曼对焦点式互动过程中的相关规则（如"无关规则"，即只对与互动焦点相关的事情加以关注，而对虽然可见但却与互动主题无关的事情则不予关注等）进行了细致的考察；在《精神病院》一书中，戈夫曼则对发生在精神病院一类"总体性机构"中的互动过程中存在的规则进行了考察；等等。通过对这些"情境性礼仪"规则的描述，戈夫曼试图表明，正是在这样一些规则的指引和约束下，人们才将日常生活情境下的互动一次次有序地构建出来，并为人们将互动参与者之间的联系发展为更为紧密和稳定的社会关系提供了契机，使"在场互动的人从纯粹的集合变成了一个小社团、小群体、社会组织的小储存池"[1]。

相较于米德和布鲁默，尤其是相较于布鲁默，戈夫曼对互动过程及其秩序所作的研究中呈现出以下两个方面的不同倾向：

一是，虽然和米德、布鲁默等人一样，戈夫曼也抛弃了帕森斯等结构论社会学家所体现出来的那种试图以宏观的结构因素来解释微观互动过程的理论倾向，坚持面对面的互动这种微观层面上的社会过程具有自己相对独立的特性，但戈夫曼并未因此而像布鲁默等人那样走向将包括宏观社会现实的所有社会现实完全还原为微观互动过程的还原论立场。

戈夫曼在自己的著作中反复表明，面对面的互动过程具有自己相对独特的性质、规则和机制，这些独特的性质、规则和机制主要是人们在面对面的互动中通过反复协商逐渐形成和确立下来的。虽然互动过程之外的那些更大时空范围内存在和发生的宏观的结构、制度、文化等因素不可避免地会对互动过程产生影响（在《互动秩序》一文中，戈夫曼明确地指出了在更广的时空范围内形成、发展和传播的共享认知预设、基本行为规则等是面对面互动得以有序进行的一个基础，甚至指出当互动过程中的相关机

---

[1] 戈夫曼：《公共场所的行为：聚会的社会组织》，第 235 页。

制无法避免互动秩序的崩溃时,国家等外部力量可以通过强制性干预来改变事态的发展[1]),但互动过程本身所具有的规则和机制仍然可以使得面对面的互动过程维持自身特有的相对独立性,使之并不完全由那些宏观的结构、制度和文化等因素决定。例如,在《日常接触》一文中,戈夫曼使用了"细胞膜"的比喻来对此加以说明。一个细胞通常都有一层被称为细胞壁的薄膜,它发挥着把细胞同外在环境中的成分隔离开来,对外部环境中的各种成分进行选择性过滤,以确保细胞能够对外部环境中的成分选择性地加以利用这样一种功能。"细胞的弹性与健康是依据细胞膜维持特殊选择功能的能力来表示的。"[2]戈夫曼认为,在日常接触一类的焦点式互动过程中,也存在着这样一种保护膜,可以保护互动过程不受外部环境因素的直接影响,这就是所谓的"转态性规则"。这是在任何焦点式互动过程中都存在的一种规则,即互动参与者用来确定外部环境中有哪些因素以及在什么程度上可以引入互动过程,成为影响互动过程(如互动过程中的资源分配等)的内部要素的那些规则。例如,两个陌生人在医院住院部玩跳棋这一互动过程,在很大程度上就是以这一互动"完全不以性别、年龄、语言、社会经济地位、身心状况、宗教、医患等级等因素为转移"这一规则为前提的。这类规则的存在,使日常互动过程获得了一种特殊的机制,使之可以将自身与范围更广的世界隔离开来,并对来自后者的影响进行选择和过滤,在一定程度上保障了日常互动过程的相对独立性。此外,即使是通过选择成为互动过程内部要素之一的外部因素,其对互动过程的影响也不能被过于强调。虽然其影响不可忽视,但这种影响与噪音、疲劳、毁容等事物的影响只具有差不多同等的重要性。例如,"一个参与者的种族群体地位可能与另一个参与者的唇裂具有大致相同的影响"[3]。在强调互动过程的相对自主性这一点上,戈夫曼和米德、布鲁默等人一样,都是(宏观)结构决定论立场的批评者和反对者。

面对面的互动过程不仅具有自己相对独特的性质、规则和机制,而且

---

[1] E. Goffman, "The Interaction Order," *American Sociological Review*, 1983, Vol.48, No.1, pp.5-6.
[2] 戈夫曼:《日常接触》,第53页。
[3] 同上书,第69页。

还是范围更大的宏观社会结构的基本构成元素和基础。社会结构不仅是由角色这样一种制度化的元素构成的,也是由最基本的互动单位(会晤、聚会和社交场合)构成的。"面对面互动以其特有的单位发生,这些单位名为会晤、聚会和社交场合。社会机构可以被视为这些单位构成的系统,正如它可以被视为角色构成的系统一样。"这是两类不同的社会构成元素,虽然两者之间存在着联系,但并不对应,尤其是不能认为互动义务是由制度化的角色决定的。"虽然个人的组织地位正式或非正式地影响他个人在组织里互动的义务,然而他在互动之外的地位与互动之内的地位不必一一对应。"[1] 即使是制度化组织这类角色系统中的大部分工作,如制定政策、传递信息以及工作任务的密切协调等,也都是要依靠面对面的互动过程来完成的,因而也必然受到面对面互动的影响。因此,任何规模的社会组织或机构,从国家到家庭,只要其事务是通过行动主体之间面对面的互动过程来处理,那么,它的运作过程及其效果就必然受到这些互动过程的影响。[2] 可以说,正是日常生活中断续进行的面对面互动不断地再生产更大时空范围的社会结构。

尽管如此,戈夫曼并不主张将包括宏观社会现实在内的所有社会现实还原为微观的日常互动。就像微观的互动过程具有自己相对独立的、不受宏观社会过程影响的性质、规则和机制一样,更大时空范围内的那些社会过程也具有自己相对独立的、不受微观互动过程影响的性质、规则和机制。戈夫曼说,他"不相信一个人能够通过从相关个体参与的特殊社会接触的外推或聚集中了解到商品市场的形态,或一个城市地价的分布,或市政机构的族群继替,或亲属系统结构,或一个言语共同体中系统性的语音转变"[3]。同样,我们也不能认为微观层面的互动过程要比宏观的社会现实更为真实,尽管微观层面的互动过程更容易为我们所观察和分析。无论是微观的互动过程还是宏观的结构过程都是同样真实的社会过程,它们既相互影响又各自相对独立。它们之间存在的是一种松散的耦合(loose

---

[1] 戈夫曼:《公共场所的行为:聚会的社会组织》,第237页。
[2] E. Goffman, "The Interaction Order," *American Sociological Review*, 1983, Vol.48, No.1, p.8.
[3] Ibid., p.9.

coupling）关系，而非相互还原或相互规定的关系。[1]

二是，相对更多地考察了个体在互动过程中的相对自主性或能动性。米德也采用了"主我"和"宾我"的区分，认为"宾我"体现的是互动中的他人或社会对我们的期待，"主我"则是我们对这种期待实际作出的反应，在特定时刻，前者是相对确定的，后者则是相对不确定的，它在一定程度上体现了个体行动的自主性、自由性。"'主我'是决不可能完全预测的。就履行行动本身产生的义务而言，'客我'（宾我）确实要求某种'主我'，但'主我'始终有别于情境本身的要求。"[2]尽管如此，无论是在米德那里，还是在布鲁默那里，他们所强调的都是符号互动过程对于"自我"（主要是"宾我"）的建构作用。戈夫曼也曾继承"主我"和"宾我"之分的思想，提出过"富有人性的自我"（all-too-human selves）与"社会化的自我"（socialized selves）一类的区分，认为这两者之间存在着重大差异。[3]后者是在日常互动过程中由于社会约束个体，我们自发地戴在自己脸上的一种面具，前者才是由我们的生理有机体、情感和个人生平经验等内在生理、心理因素构成的原生性自我。但与米德和布鲁默有所不同的是，戈夫曼花了更多的精力来对个体在日常互动过程中具有的自主性、能动性加以考察。在某种程度上，我们甚至可以说，这种考察是戈夫曼互动社会学研究的一个重要组成部分。

戈夫曼指出，尽管互动秩序是互动过程中存在的一套道德和礼仪规范产生的结果，个体遵守与社会情境相应的互动规则是任何日常互动得以有序进行的重要前提，但是，个体在互动过程中也并非由这一社会情境和互动规范控制的傀儡。相反，即使个体的行为必然受到情境和互动规范的约束，个体在日常互动过程中仍然可以具有相当的自主性或能动性。首先，这种自主性或能动性可以通过互动秩序对个体情境定义的依赖体现出来。的确，当个体进入发生在特定社会情境下的特定互动过程时，为了能够顺利地与他人互动，他就必须对这一特定社会情境及互动参与者的相关信

---

[1] E. Goffman, "The Interaction Order," *American Sociological Review*, 1983, Vol.48, No.1, p.11.
[2] 米德：《心灵、自我和社会》，第158页。
[3] 高夫曼：《日常生活中的自我表演》，第59页。

息，以及为该互动过程所特有的各种规则加以了解和理解，必须就该社会情境和互动过程形成一个与其他的互动参与者相一致的情境定义。戈夫曼说："当一个个体出现在他人面前时，他会有意和无意地作出一个情境定义——他自己的自我概念是该情境定义的一个十分重要的组成部分。"[1]而这在很大程度上依赖个体获取相关信息、制定情境定义及与他人沟通协调以取得一致的能力。并非所有个体在任何时候都能够顺利地完成这一任务。当个体所作出的情境定义与现实或他人的预期不符时，互动秩序就难以形成或者走向崩溃。因此，可以说，正如加芬克尔所指出的那样，每一次成功完成的互动过程其实都是互动参与者不断努力和相互协调以维持各种规范共识的结果。

其次，个体在日常互动过程中为影响他人对自身的印象所进行的自我表演（呈现），更是个体的自主性或能动性的一种明确体现。准确地获取有关他人的信息是我们制定相关情境定义和互动策略的重要环节，互动过程所具有的这种特点使得个体在日常互动过程中总是会通过一些有意或无意的表演来控制自己留给他人的印象，使他人形成我们想要他们形成的那种有关我们的印象。戈夫曼说："不管个体的心目中会持有什么特殊的目的，也不管他的这种目的是出于什么动机，如果他能够控制他人的行为，尤其是他们对他自己的反应和看法，那么，他总是能从中获益的。这种控制的实现，主要靠对由其他人逐步形成的情境定义施加的影响；而要对情境定义加以影响，他就必然在其言行举止中流露出某种印象，使其他人能自觉自愿地把他们的行为与他本人的计划协调起来。因此，当一个人在其他人面前出现时，他总有某种理由对自己的行为进行调节，以便使这种行为向其他人传递一种对他有利的印象。"[2]在《日常生活中的自我呈现》一书中，戈夫曼详尽地描述和分析了人们在日常生活中通常采用的一些自我表演或"印象管理"的技术；在《污名》一书中，戈夫曼也对被污名化的个体在日常生活中如何通过信息控制来主动管理自我给予他人的印象进行了探讨[3]；

---

[1] 高夫曼：《日常生活中的自我表演》，第259页。
[2] 同上书，第4页。
[3] 戈夫曼：《污名》，宋立宏译，商务印书馆，2009年。

如此等等。戈夫曼还认为，这些表演虽然表面上看是参照既定的道德规范来进行的，表演者的目的也正是要让他人产生"表演者的行为完全符合道德规范"这种印象，但表演者真正关心的并非自己是否确实在践行这些规范的道德问题，而是"这些标准正在被我践行"这一印象是否能令人信服地创造出来这一非道德问题。由此可见，尽管"我们的活动一般说来是与道德问题有关的。但作为表演者，我们对这些道德问题并不予以关注"[1]。

再次，个体的自主性或能动性，也可以通过个体对相关社会情境或组织赋予他的角色定义进行修改或拒斥表现出来。在《精神病院》一书中，戈夫曼曾经描述过精神病患者面对来自社会组织和制度的压制与控制时，为维护自我的自主性所采用的一些应对策略。在《角色距离》一文中，戈夫曼也对人们在扮演某种角色尤其是扮演多种角色时，通过与自己所扮演的角色保持一定的距离来维护自身的相对自主性的现象进行了细致的描述和分析。在这篇文章的结尾，戈夫曼甚至明确地对结构决定论一类的思想提出了批评。戈夫曼写道："许多角色分析似乎都假定人们一旦选择了一种个体和背景范畴，或选择了借以考察个体的生活范围，那么就会出现某种主要角色，由这种角色来全面支配个体的活动。"[2] 戈夫曼认为这种假定是完全不能接受的。尽管个体在互动过程中所承担的角色确实是由个体所处的社会环境赋予，并由相应的社会规范来引导和约束，但在现实的互动过程中，个体其实并非像受结构决定论影响的人所想象的那样完全将自己的行为限定在特定活动系统的特定角色之内，使自己的行为完全由此一特定角色的规范所决定。相反，个体始终可能使自己保持着不同程度的自主性。"或许个体有时候确实像一个木偶士兵一样前后走动，紧紧地蜷缩在一个特定的角色之内。我们偶尔确能看到个体在一瞬间内叉腿而坐，头部高高地昂起，目视前方，完全占据着一个单一的角色。但过一会儿后，这幅图像则被打得支离破碎，个体也分裂成为几个不同的人，通过他的手、牙齿和稀奇古怪的面部表情控制着不同生活领域的纽带。如果我们仔细地观察，就会发现个体以多种多样的方式把生活中的所有联系结合在一起，因

---

[1] 高夫曼：《日常生活中的自我表演》，第268页。
[2] 戈夫曼：《日常接触》，第134页。

而使自己变得模糊不清了。"[1]"角色距离"现象就是这种情况的一个案例。例如,一个外科医生在手术室里并不会只按外科医生的角色规范来行动。

总而言之,在戈夫曼看来,个体、个体之间的互动以及范围更大的宏观社会现实三者都是社会生活中具有自身相对独立性的不同层面,三者之间存在着选择性的联系和相互作用,但相互之间都不是可以还原或归并的关系,无论将社会现实还原到这三者当中的哪个层次都是不可取的。就此而言,尽管戈夫曼在自己的著述中突出强调了微观互动层面的相对独立性,否定人们在日常生活中的互动过程是一个完全受宏观社会结构、制度和文化所控制的过程,但戈夫曼并非一个像韦伯、舒茨或布鲁默那样的典型意义上的建构论社会学理论家,只是在认同个体的社会化自我是通过日常互动过程构建起来而非完全由社会结构决定,以及主张日常互动过程是宏观社会结构、制度和文化存在和运行的基础这些观点上,与米德、布鲁默等符号互动主义者有着共同之处。但戈夫曼也不是一个典型的、我们在后面的章节中将要考察的那样一种互构论社会学家,因为,如前所述,戈夫曼并不认为在个体、互动和结构之间存在着紧密的相互联系和相互作用,而是把互动和结构之间的关系称为一种松散的耦合关系。并且,所谓个人与社会之间、行动与结构之间或者微观与宏观之间的关系,并非戈夫曼在自己的著述中所关注的主题。正如王晴锋所指出的那样,"戈夫曼没有参与互动与结构之间的元理论之争,因此,与安东尼·吉登斯、布尔迪厄和亚历山大等社会理论家不同,他没有着迷于微观行动与宏观结构之间的沟通策略"[2]。我们充其量可以说,在解决行动和结构等二元对立问题上,戈夫曼关于微观互动和宏观结构、制度、文化之间关系的论述为后来的互构论社会学理论家提供了一个富有启发的思路,成为西方社会学家从结构论和建构论的对立走向更为综合性的理论立场的一个中间环节。[3]

---

[1] 参见戈夫曼:《日常接触》,第134页。
[2] 王晴锋:《欧文·戈夫曼与情境互动论》,社会科学文献出版社,2019年,第214—215页。
[3] 关于这方面的论述,可参见吉登斯《欧文·戈夫曼:一个系统社会理论家》一文。见吉登斯:《社会理论与现代社会学》,文军、赵勇译,社会科学文献出版社,2003年。

结　语

在本章导语中，我们曾经对符号互动主义理论的基本特征作了如下概括：符号互动主义者特别主张将人们之间的符号互动视为全部社会过程的基础和实质，认为个体行动和社会结构都是人们之间的符号互动的产物。他们将自己的注意力集中于人和人之间的符号互动这一介于个体行动和社会结构之间的过程上，试图从符号互动过程来揭示包括个体行动和社会结构等的不同层面社会现象形成和变化的具体机制。严格来讲，在通常被人们归入"符号互动主义"理论范畴的那些社会学理论当中，唯有布鲁默的社会学理论才可以被视为一种不仅最为典型且得到了系统表述和说明的"符号互动主义"理论。在其之前的类似理论，如齐美尔、库利、托马斯和米德等人的理论那里，"符号互动主义"只能说是呈现为一种萌芽或非系统的状态；在其之后的类似理论，如戈夫曼的理论那里，"符号互动"可能更多地只是一种研究主题，而非布鲁默所主张的那样一种"主义"。因此，在本章余下部分，我们仅以布鲁默的理论为例来对"符号互动主义"社会学理论作一简要评论。

从前面的叙述中我们可以看到，布鲁默的符号互动主义理论大体上可以归入通常被我们比较广义地称为"诠释社会学"的这一社会学研究传统。与韦伯、舒茨等人发展起来的诠释（或现象学）社会学理论一样，布鲁默的符号互动主义理论也突出强调"社会"概念的唯名性质，主张通过把握行动者赋予行动的主观意义来理解人的行为以及由人的行为建构的各种社会现实。就这一点而言，布鲁默的思想与韦伯等人的思想不仅在内容和观点上，而且在表述上几乎完全一致。

然而，再往下考察，我们就可以明确地意识到，在布鲁默的符号互动主义理论与韦伯和舒茨等人所发展出来的诠释（或现象学）社会学理论之间存在重大差异。与韦伯、舒茨等人倡导的诠释社会学构想相比，布鲁默的符号互动主义理论最重要的一个不同之处在于：不仅对意义源泉问题作了明确的交代（由此与韦伯的诠释社会学理论相区别），而且强调互动在符号意义的形成和变化过程当中的关键作用（由此又与舒茨的现象学社会学相区别）。

正如我们都知道的那样，作为诠释社会学的首倡者，韦伯明确提出社会现实是由人的行动所建构起来的，要想理解社会现实，就必须去理解建构了这一现实的那些人的行动；而人的行动又是一个有意义的过程，要想理解人的行动以及由人的行动所建构的各种社会现实，又必须努力去理解行动者赋予行动的主观意义。这是韦伯倡导用"理解"的方法来研究以社会现实为特征的"诠释社会学"的基本理论依据。然而，对于这种社会学构想来说，有一个重要问题需要回答，这就是行动者赋予行动的那些主观意义的来源问题。

行动者赋予行动的主观意义到底从何而来？对于这个问题，韦伯没有明确地加以回答。在韦伯阐释其社会学理论构想的主要著作《经济与社会》一书中，韦伯只是将行动者赋予行动的主观意义当作我们了解人的行动及社会现实的一个关键因素提了出来，但对于这些主观意义本身从何而来、如何形成一类的问题则完全未有涉及。可以说，在韦伯的显意识中，这些问题几乎是不存在的。[1]

按照舒茨后来的看法，正是由于没有明确地意识到和讨论这个问题，韦伯的诠释社会学构想才潜藏了诸多缺陷。例如，不能明确地意识到自己行动的主观意义与他人行动的主观意义两种"主观意义"之间的差异及"理解自我"与"理解他人"两种过程之间的差异等，并因此而不能进一步阐明作为"诠释（或理解）社会学"之核心概念的"诠释（或理解）"过程的真义，从而妨碍了诠释社会学的深入展开。也正是为了克服韦伯理论的这个重要缺陷，舒茨才将胡塞尔现象学的理论与方法引进诠释社会学，试图借助胡塞尔现象学的理论与方法来改进由韦伯创立的这一社会研

---

[1] 尽管如此，韦伯在其对西方经济社会历史所作的实际研究工作中，其实还是对个体行动之主观意义的来源有过探讨。例如，韦伯在《新教伦理与资本主义精神》一书中就新教对新教徒日常职业行为的影响与资本主义发展过程之间关系的著名探讨，就以一种案例讨论的方式告诉我们，新教徒赋予其日常职业行动的主观意义很大程度上就是来自其所信奉的新教教义。帕森斯关于文化决定人们行为的观点，很大程度上也正是对韦伯这一思想的继承和发挥。因此，布鲁默对帕森斯文化决定论的批评也可以被视为对韦伯思想的一种间接批评。

究模式。遵循现象学的基本思路，舒茨对行动者在个体行动、他人取向的行动、互为主体性的行动以及与同代人或前代人的交往行动等行动中的主观意向过程进行了深入细致的分析，并以此为基础，对诠释社会学中的一些重要概念（如"理解自我"和"理解他人"、"主观意义"和"客观意义"、"理想类型"等）及相关问题重新进行了探讨，从现象学这个方向把诠释社会学推到了一个新的高度。

如上所述，和舒茨类似，布鲁默也试图进一步深入探讨意义的来源问题。然而，正如我们所看到的那样，布鲁默尝试从一个与舒茨完全不同的方向来解决这个问题。布鲁默不是像舒茨那样深入个体的意向过程去探究意义的来源，而是受到米德的启发，要到个体主观意识借助符号相互作用（互动）的过程当中去探究意义的来源。按照布鲁默的看法，意义既不是来自事物本身，也不是来源于单个行动者的主观意识过程，甚至也不是来源于既定的社会结构或文化传统，而是来自两个或更多个体主观意识之间的相互作用；意义既通过个体主观意识之间的相互作用形成，也通过个体主观意识之间的相互作用而得到进一步的修正。单纯从事物本身或个体主观意识本身乃至社会结构和文化传统都无法对行动者赋予事物的意义作出适当的理解。

与此相应，布鲁默的符号互动主义在方法论上也提出了一套与韦伯和舒茨有所不同的主张。作为实证主义和行为主义立场的反对者，韦伯提出要采用"理解"的方法来达到对行动及作为行动结果的各种社会现象的理解或解释；作为一个客观主义者，韦伯也坚持社会研究的客观性原则，认为诠释社会学者在对社会现象进行研究时不仅要坚持"意义适当性"标准，而且要坚持"因果适当性"标准，努力去把握行动者本人赋予其行动的意义。尽管如此，韦伯却从未坚持这种观点，即对一个社会现象进行研究后所得到的理论结果必须是对这一现象完全客观的再现。韦伯认为，我们对一个社会现象进行研究后所得出的理论成果（概念、命题、理论体系等），其实只能是一些"理想类型"，而并非对这一现象之完全客观的描述。作为一种理想类型，这些研究成果尽管不能完全客观地再现社会现实，但却可以作为一种工具帮助我们更好地去描述和分析社会现实。舒茨在这方面的立场也与韦伯大体相同（尽管他对"理解"的具体过程和内部机制作了比韦伯更为精细的探讨）。与韦伯和舒茨有所不同的是，布鲁默则倡导一种极端客观主义和经验主义的方法论立场。布鲁默认为社会研究的任务就是尽量客观地去再现社会现实，而由于社会现实是由人们通过主观意识以及主观意识之间的相互作用过程建构出来的，因此，要想真正客观地再现这一现实，就必须经由他所称的"探索"和"审视"两个基本环节去努力把握建构了这一现实的那些主观意识及主观意识之间的相互作用过程，按照主观意识本来的面目去看待这一现实："如果一个学者希望理解人们的行动，那么，他就必须像他们看待其客体那样看待他们的客体。"（此即当前社会研究尤其是质性研究领域中流行的"文化主位"研究立场的重要理论源头之一。）

概言之，布鲁默将形塑和建构行动意义的"社会过程"明确地局限在个体之间符号互动的层次上，通过这种做法，布鲁默试图既突显人的行动和互动在社会生活中的建构作用，突显人在社会生活中的主观能动性，纠正包括功能主义、冲突理论等在内的实证主义把人简单地视为社会结构或文化的"傀儡"以及行为主义将人简单地视为条件反射动物的"缺陷"，又强调互动在符号意义的形成和变化过程中的关键作用，纠正韦伯、舒茨等人试图单纯从人的心理或意识过程来理解意义形成和变化那一类诠释（或现象学）社会学理论立场的"局限"，从而形成了与韦伯、舒茨等人非常不同的一种建构论社会学理论。

第四章　弗洛伊德精神分析学说的社会理论

众所周知，弗洛伊德既不是一个社会学家，也不是一个社会理论家，而是一个专注精神分析的心理学家。尽管如此，弗洛伊德的精神分析学说还是包含着许多对于社会学或社会理论来说具有重要参考和借鉴意义的思想和观点。事实上，不仅弗洛伊德本人曾经应用其精神分析学说的基本原理来讨论社会文化方面的一些重要问题，而且弗洛伊德精神分析学说对于包括社会学和社会理论在内的西方哲学社会科学发展所产生的广泛而又深远的影响也是公认的，以至于我们可以说，不了解弗洛伊德的精神分析学说，实际上就难以对包括帕森斯的结构功能主义在内的许多西方社会学理论有一个真正适当的理解。换言之，弗洛伊德的精神分析学说是我们在学习和理解西方社会学理论的过程中绕不开的一个重要节点。鉴于弗洛伊德精神分析学说对于西方社会学理论的这种重要意义，我们有必要在本书单辟一章来对弗洛伊德的精神分析学说，尤其是其中与社会理论相关的那些部分作一个简要叙述和讨论。

一、弗洛伊德精神分析学说的基本思想

将"理性"或"意识"现象视为人类精神生活的本质方面，强调人的行动主要是由意识活动而非情感或本能等非意识活动来引导，并以此作

为区分人类和其他动物的根本标准，始终是现代西方思想的基本特征。作为世界之能动"主体"的现代"人"的形象也是建立在这样一种理性化、意识化的人类观念之上的。而弗洛伊德精神分析学说给现代西方世界带来的最大冲击，就是在某种程度上颠覆了这种把人单纯或主要看作一种理性化、意识化存在的思想。"精神分析第一个令人不快的断言是：心理过程自身是无意识的，有意识的心理过程则仅仅是整个心理生活中的一些孤立和部分的动作。"[1]在弗洛伊德那里，人类不再被视为一种单纯或主要由理性化的"意识"支配的存在，相反，"无意识"或者"本能"因素在人类的精神活动中占据着一个其重要性至少不亚于"意识"因素的地位。换言之，单纯依靠对意识活动的理解，并不能让我们对人类的心理及行动有一个充分的了解。要想对人类的心理及行动过程有一个更为充分的理解，我们就必须对"无意识"或者"本能"一类的非意识、非理性因素在人类精神活动中的作用进行更深入的探讨。正如弗洛伊德所说："对无意识心理过程的承认，为世界和科学的一种决定性新取向铺平了道路。"[2]

弗洛伊德的精神分析学说由诸多部分的内容构成，包括精神活动之结构与机制的心理动力学理论、本能理论、性欲理论、过失心理学理论、释梦理论、神经症理论等。但首要和核心的部分是其关于精神活动之结构与机制的理论，其他部分的内容都是以这一理论为依据或基础的，可以视为对这一理论在不同现象领域中的应用。因此，在这一部分，我们首先对其精神活动之结构与过程的心理动力学理论作一简要叙述。

弗洛伊德对人类精神结构的论述前后有过一定的变化。早期的弗洛伊德主要将人类精神活动的结构划分为"无意识"（unconscious，也译为"潜意识"）和"意识"（conscious）两大部分。这是从描述的角度来划分的。从描述的角度看，所谓"意识"即是这样一种心理活动："它出现在我们的意识中，我们能觉察到，这是'意识'这一术语的唯一含义。"而所谓"无意识"则是那些因处于潜伏状态而不能被我们明确觉察到的心理活动。"意识"活动是弗洛伊德之前的心理学研究的主要对象，而"无意

---

[1] S. Freud, *A General Introduction to Psychoanalysis*, trans. by G. S. Hall, Wordsworth, 2012, p.9.
[2] Ibid.

识"则是弗洛伊德与其同事创立的心理学精神分析学派所致力于考察的一种对象。但是，通过进一步分析，可以发现"无意识"又可以区分为两种类型：一种是暂时的、微弱的无意识，经回忆等行为便可以进入意识成为"意识"的；另一种则是永久的、强大的无意识，在任何情况下都难以进入意识成为"意识"的。基于这种差别，弗洛伊德又将前一种无意识称为"前意识"（foreconscious），而用"无意识"一词专门称谓后一种无意识。"前意识活动进入意识并不困难，而无意识活动只能保持自身状态，并被排挤到意识之外。"[1]因此，虽然从描述上看人们的精神活动似乎只有意识和无意识两种状态，但从系统或结构的角度看，人类的精神活动实际上又可以说是由无意识、前意识和意识三个部分构成的（后面我们所说的"无意识"将仅指这种与前意识和意识并列的无意识）。

从内容方面看，无意识主要是由一些原始的、本能性质的冲动构成的。在弗洛伊德看来，这些原始的、本能性质的冲动都和"性"这种本能因素有关，因为我们总是可以从人们的性经历中，尤其是童年期的性经历中，找到它们的根源。不过，弗洛伊德所谓的"性"并非仅指与性器官相联系的那种快乐或冲动，而是泛指在人的各种身体部位都能感受到的那些快乐或冲动，弗洛伊德也称这些快乐或冲动为"力比多"（libido）。弗洛伊德认为，在年幼的孩童那里，"性快感的主要来源是对刺激特别敏感的身体某些部位所产生的适当兴奋。这些部位除了生殖器以外，还有口腔、肛门、尿道、皮肤和其他感官表层"[2]。只是随着后来的人格发展，性快感才逐渐集中于生殖器。这一人格发展过程大致包括口腔期、肛门期、男性生殖器期、男女生殖器期四个阶段，最终使两性分别将自己的性快感集中到自己的生殖器官上。

弗洛伊德提出，造成人类精神活动呈现出"意识"和"无意识"这两种状态的根本原因，在于一种被称为"压抑"（suppressed）或"抵抗"

---

[1] 参见弗洛伊德：《精神分析中潜意识的注释》，高峰强译，载弗洛伊德：《诙谐及其与潜意识的关系》，九州出版社，2014年，第234—235页。在原译文中，unconscious 一词均被译为"潜意识"，本书出于行文一致方面的考虑在此处和后面一律改为"无意识"。

[2] 弗洛伊德：《精神分析五讲》，贺岭峰译，载弗洛伊德：《精神分析新论》，九州出版社，2014年，第198页。

（resistance）的心理机制的存在。[1] 他指出，人类的"每一种心理活动一开始都是无意识的，它或者保持一如既往的状态，或者发展成为意识，这取决于它是否遇到抵抗。前意识与无意识活动之间的区别并不是原来就有的，而是在抵抗产生后出现的"。原本处于无意识当中的某些内容（如上所述，主要是一些性本能）之所以会遭到压抑或抵抗，原因在于它们具有与意识的要求不相容的倾向，而压抑或抵制这些内容进入意识的力量是一些特殊的力量，即意识中所储存的那些来源于社会的文化观念。这些力量反对这些在内容上具有与己矛盾倾向的观念被意识所接受，但不反对其他观念，即前意识观念。"意识活动与无意识活动的这种假设关系，可以用通常的照相中的显像来做一个粗略的但并非不恰当的类比。照相的第一阶段是冲'底片'，每一张照片都得进行'底片加工过程'，那些拍得好的底片，才能进行'正片加工过程'，最后洗出照片来。"[2] 在《精神分析导论》一书中，弗洛伊德用一种系统论的术语总结了自己早期的精神结构学说。他说："任何一种特殊过程首先都是属于无意识的心理系统；只有从这一系统出发，它才能在一定的条件下进入到意识的系统。……我们将把无意识系统比作一个大前厅，在这个大前厅中，各种精神的冲动像许多分离的个体存在物一样，相互拥挤在一起。在这个前厅之外，有着另一个较小的房间，一个接待室，意识就存身于此。但是在这两个房间之间的门槛上却站着一个看守人，负责对单个的精神冲动进行审查，如果它们没有得到他的许可，他就不让它们进入接待室。……当它们已经成功地向前挤到门槛边，但又被看守人送回去的话，那么它们就是不适宜于意识的，于是我们就把它们称为被压抑的。然而，那些被看守人允许跨过门槛的冲动也并非必然会变为意识的；因为这只有当它们已经成功地吸引了意识看

---

[1] "压抑"和"抵抗"是弗洛伊德用来描述无意识因素的形成或呈现的机制的两个术语，其中"压抑"一词主要是用来描述日常生活中无意识的形成机制，"抵抗"一词则主要是用来描述在精神分析过程中让以揭示"症状"背后的无意识根源为目标的自由联想过程受到阻碍的机制，这种抵抗是由压抑形成的。弗洛伊德曾经明确地解释说："我们把这些观念在成为有意识的之前所存在的状态称为压抑，并且断言，产生和保持这种压抑的力量在分析工作中被理解为抵抗。"（弗洛伊德：《自我与本我》，杨韶刚译，载弗洛伊德：《自我与本我》，九州出版社，2014年，第157页。）弗洛伊德也曾使用"压抑形成的抵抗"这一说法（见弗洛伊德：《论潜意识》，高峰强、廖凤林译，载弗洛伊德：《诙谐及其与潜意识的关系》，第251页）。

[2] 参见弗洛伊德：《精神分析中潜意识的注释》，载弗洛伊德：《诙谐及其与潜意识的关系》，第235页。

它们一眼时才会发生。因此我们可以正当地将这第二个房间称为前意识系统。"[1]

弗洛伊德认为，一个个体如果能够成功地压抑自身无意识系统中所有那些与社会文化观念相矛盾的无意识冲动，那么他就能使自己在心理方面始终处于健康状态；反之，就会出现某种精神方面的不健康状况（行为失误、神经症等）。弗洛伊德明确地说："症状是压抑失败的表现。"[2] 当后一种情况出现时，在通过自由联想等途径发现了致病的无意识愿望之后，精神分析工作者可以通过以下治疗方法来帮助患者恢复到精神健康状态：第一，设法改变患者的意识或观念，使之相信他对这些愿望所施加的压抑是不应该的、错误的，引导他对这些原本一直被压抑的愿望全部或部分地加以接受；第二，设法引导患者将这些愿望转为一个与原始愿望有所不同但更高的、不会招致意识反对的目标，这种方法也叫"升华"；第三，设法让患者在意识层面上进一步确认拒斥这些愿望的正当性，在意识这种最高级的心理层面上强化对这些愿望的压抑，用对愿望的有意识控制来替代之前的那种自发的、效果不佳的控制。[3]

1923 年左右，弗洛伊德逐渐意识到上述将人的精神结构划分为意识、前意识和无意识的方法并不足以用来解释他所观察到的心理现象。例如，我们通常用"自我"概念来表示能够体现我们自身能动性的那种心理过程，并且常常将其与"意识"或"前意识"联系在一起（由此形成"自我意识"之类的说法），以为自我总是有意识的，或至少是处于前意识的（暂时处于未被意识到的潜伏状态但通过回忆即可被意识到）。但弗洛伊德发现，自我并非总是有意识的或处于前意识状态的：譬如在睡梦中，自我已经处于无意识的状态，但自我的能动作用并未消失，而是继续存在并对梦起着稽查作用；同样，在精神分析过程中，自我也经常对分析起着抵抗作用，但患者对于这种抵抗作用却并无明确意识。换言之，我们在自

---

[1] S. Freud, *A General Introduction to Psychoanalysis*, pp.250-251. 类似的表述也可见《论潜意识》一文，载弗洛伊德：《诙谐及其与潜意识的关系》，第 248 页。
[2] 弗洛伊德：《精神分析五讲》，载弗洛伊德：《精神分析新论》，第 191 页。
[3] 参见上书，第 184、206—207 页。

我中也可以发现某种无意识的东西。这些处于无意识状态的"自我"不能被归入前意识，"因为假如这样的话，它如果不成为有意识的，就无法被激活"[1]。因此，不能简单地将自我与意识和前意识等同起来。再如，我们还可以发现，在我们的自我里面有一些最高级的心理活动，如自我批判和良心的官能，也可以是无意识的，并由此使我们形成一种"无意识罪疚感"。导致这种"无意识罪疚感"产生的心理官能既是无意识的，但又不能等同于那些受到自我压抑的无意识成分（因为后者是一种起压抑作用的力量而非被压抑的力量），且由于经常与自我中不具有自我批判和良心功能的那部分内容相对立，也不应和这部分内容混同起来，以便于我们更好地分析人们的心理过程。基于这些理由，弗洛伊德对自己的心理动力学理论进行了修改，补充提出了一种新的精神结构模式。按照这种新的模式，个体的精神活动包括本我（Id，也可直接音译为伊德）、自我（Ego）和超我（Superego）三个组成部分。所谓"本我"，其主要内容就是存在于人的无意识领域的那些本能性的能量或力量。这些本能性的能量或力量又包括"生命本能"（life instinct）和"死亡本能"（death instinct）两种类型。前者指与维持个体生存及种族绵延有关的各种性本能，也称为"力比多"（所以弗洛伊德也称本我为一个力比多的大仓库）。后者则指以"寂灭"为最终目的的各种本能，包括自我毁灭、破坏性、挑衅、侵略性等本能性的冲动。无论是生命本能还是死亡本能，原本都是一些原始的、动物性的冲动。"本我充满了来自本能的能量；但它没有组织，也没有产生共同的意志；而仅有一种遵循快乐原则，以使本能需要得到满足的欲望。"[2]这些原始的动物性冲动有许多是永恒的、不随时间的变化而变化的，但当中有一些在经过时间的洗礼之后将会发生一定的变化，变得相对文明和现实起来。这种"现实化了的本能"或"本我"就叫作"自我"。弗洛伊德说："各种性本能显然从一开始到它们的发展的终结都表明追求快乐的激动的目的，它们一直保持着这一原有的机能而并无多大的改变。自我本能最初也是为了同一的事业而奋斗的。但是通过它们的教师——必然性的

---

[1] 弗洛伊德：《自我与本我》，第160页。

[2] 弗洛伊德：《精神分析新论》，汪凤炎、郭本禹译，载弗洛伊德：《精神分析新论》，第66页。

影响，自我本能不久就懂得要对快乐的原则有所斟酌。避免痛苦的任务就变为一个可与快乐的获得相比拟的目标；……这个受过教育的自我已经变得'懂道理了'。它不再被控制于快乐的原则，而是被控制于事实的原则；这个原则说到底也是以快乐为目的的，不过由于考虑到事实，是被延缓和减轻了的快乐。"[1]自我之所以比本我更为现实，是因为它比本我中的其他部分更接近外部世界，并由此成为知觉得以产生的媒介。"在它进行活动的期间，意识现象便从中产生了。"[2]由于能够知觉到外部世界，因而必然受到外部世界的直接影响并基于与外部世界的冲突经验而逐渐发生必要的改变，使自身能够与外部世界相协调。因此，"自我就是本我的那一部分，即通过知觉-意识的媒介已被外部世界的直接影响所改变的那一部分"[3]。作为本我的一部分，"自我必须执行本我的意图，通过找到能使这些意图圆满实现的环境来完成它的任务"[4]。但自我同时也是现实的外部世界在我们心中的代表："它接受了将外部世界呈现给本我的任务——这对本我来说是幸运的，因为本我盲目追求本能的满足时，常常会忽略最强大的外部力量，从而不可避免地导致自身的毁灭。在完成这个功能时，自我必须观察外部世界，把外部世界的精确图景存贮在它的知觉记忆里，并且通过实行'现实检验'的功能，去掉任何附加于外界图景中的、来自内部兴奋的东西。自我在本我的命令下控制着种种联系活动的途径；但在需要与行动之间，插进了一个起到延缓作用的思维活动形式，在这期间，它利用了经验的记忆残迹。用这种方式，它废除了无限制支配本我中事件的快乐原则，而代之以现实原则，该原则保证更强的确定性和更大的成功。"[5]所谓"超我"，则是一种道德化了的自我，其主要内容是自我从社会文化环境中所接受的那些道德、审美观念及自我理想。"超我具有一定的自主

---

[1] S. Freud, *A General Intruduction to Psychoanalysis*, p.309.
[2] "在自我中，知觉所起的作用就是在本我中本能所起的作用。自我代表我们所谓的理性和常识的东西，它和含有情欲的本我形成对照。"弗洛伊德：《自我与本我》，第167页。
[3] 同上。
[4] 弗洛伊德：《精神分析新论》，第69页。
[5] 同上书，第67—68页。

性，遵照自己的意图行事，并且在能量供给上独立于自我。"[1] 超我起源于人类在童年时期第一个而且是最重要的认同，即对父母尤其是父亲权威的认同（之后再由对类似父母的那些人如教师及其他一些榜样人物的认同来加以延续和维护）。它以人类幼儿时对父母的长期依赖和俄狄浦斯情结为前提。它又包括两个方面：一是所谓的"良心"，二是所谓的"自我理想"。两者最初都来源于父母尤其是父亲的形象，是儿童对父母尤其是父亲形象之权威性和完美性加以认同的结果。"自我理想"确定道德行为的标准，"良心"则负责对违反道德标准的行为进行惩罚。"超我"的职能就在于，或者直接去压抑在内容上与超我相矛盾的那些本我的冲动，或者指导"自我"去压抑这些"本我"的冲动。"自我"和"超我"联合起来执行了前一个精神结构模型中的"看守人"所履行的那样一种监督、压抑的职能。

这前后两个精神结构模型都是由三个部分组成，但正如我们已经看到的那样，不能把这两个模型各自的三个组成部分对应起来。具体地说，既不能把前一模型中的"无意识"等同于后一模型中的"本能"或"本我"，也不能把前一模型中的"前意识"等同于后一模型中的"自我"，以及把前一模型中的"意识"等同于后一模型中的"超我"。因为，正如前面我们扼要叙述过的那样，弗洛伊德已经明确提出，无论是"自我"还是"超我"，都不仅可以是"无意识"的，而且实际上还可以是"前意识"的；只有"本我"才是由那些纯粹无意识且又被压抑的本能所构成，但"自我"和"本我"之间的界限也并非截然分明的，因为"自我"无非现实化了的"本我"。因此，基于这种理解，有人曾把弗洛伊德的精神结构理论用下图加以表示[2]：

---

[1] 同上书，第54页。

[2] Ann F. Neel, *Theories of Psychology: A Handbook*, Schenkman Books, 1977, p.232. 转引自杨清：《现代西方心理学主要派别》，东北师范大学出版社，2015年，第235页。弗洛伊德本人在《释梦》《自我与本我》《精神分析新论》等著述中也分别提供过精神结构的图示，但似乎都不如尼尔的这一图示能够更清晰易懂地图解出弗洛伊德精神结构学说。

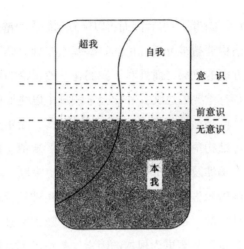

可见，在弗洛伊德的后一个精神结构模型里，对人的精神过程起决定性作用的因素既有本能（本我）又有超我，而作为一个不仅在结构方面而且在功能方面都处于超我和本我之间的领域，自我始终既要面对本我的挑战，又要接受超我的指导，总是要不停地去设法调和本我与超我之间的矛盾、冲突。维持外部世界、超我与本我之间的平衡，是自我须努力去完成的重要工作，也是个体人格健全的基本前提。如果一个人的"自我"不能很好地完成这种平衡工作，那么他就可能陷入精神失常的状态。例如，当他感觉难以承受来自外界、超我、本我三方中任何一方的压力时，就会产生各种焦虑——有关外界的现实性焦虑、有关超我的道德性焦虑或者有关本我中激情力量的神经性焦虑等。对于一个精神分析工作者来说，面对这样一个精神处于失常状态的患者，他帮助患者恢复精神健康的唯一途径就是和患者的自我结成同盟，帮助患者增强自我，使患者的自我能够顺利地应对来自外界、超我或本我的压力，重新实现这三者之间的平衡。具体方法就是，通过自由联想等途径来发现致病的无意识因素（现在，这种无意识因素不再仅仅来自本能冲动，而且可能来自超我），然后将我们对这些因素的解释告诉患者，把这些无意识的、受压抑的东西转变为患者前意识或意识的内容，使之处于患者自我有意识的掌控之中，并通过以下两种方式来实现精神平衡：一是自我接受它一直加以拒绝的本能等无意识要求，二是再一次明确地拒绝它，但由于这一次是有意识地加以拒绝，因而将是永远地加以拒绝。在这两种情况下，自

我所面临的威胁都将被消除，患者因而可以恢复到健康的精神状态。

以上即是弗洛伊德精神分析理论的一些基本原理。无疑，这些原理不仅具有精神治疗方面的意义，而且对于我们在一般理论的层面上理解人类个体的行动同样具有重要的意义。和社会学领域中以往那些主要从意识层面来理解人类个体精神活动的学者们（既包括孔德、涂尔干、帕森斯以及马克思、恩格斯等结构论者，也包括韦伯、舒茨、米德、布鲁默、戈夫曼以及我们将在下一编涉及的卢卡奇、葛兰西、霍克海默、马尔库塞等建构论者）不同，弗洛伊德告诉我们，主导人类个体精神和行动的因素（包括体现人类个体能动性的"自我"因素）并不限于意识因素，而且包括了无意识这一可能更为重要甚至更为根本的因素。忽略了无意识因素，我们就不仅可能难以理解人类日常生活中那些被视为非理性的、不正常的行为，而且对于那些被视为理性的、正常的行为也不能作出准确的理解。因此，我们可以说，弗洛伊德关于人类个体精神结构及其机制的学说，完全可以且应该成为一般行动理论的重要组成部分。

显然，如果将弗洛伊德关于人类个体精神结构及其机制的学说视为人类一般行动理论的一部分，那么，以此为基础，我们对于人类文明及作为文明一部分的社会结构、制度，自然也会获得一些与以往有所不同的新理解。对于精神分析理论在这方面所具有的潜力，弗洛伊德深以为然。通过《图腾与禁忌》《群体心理学与自我分析》《一个幻觉的未来》《文明及其缺憾》等著述，我们可以看到弗洛伊德自己在这方面所作的一些尝试。以下我们对其中的一些主要内容略作叙述。

二、人类文明形成和发展的心理根源

以其创建的精神分析理论为基础来对人类文明的特征及其形成和发展的过程进行分析，是弗洛伊德上述尝试的一个重要方面。在这一部分中，我们先来看看弗洛伊德在这方面的探索。

弗洛伊德将"文明"和"文化"两个概念视为同义词。而所谓"文明"，按照弗洛伊德的解释，指的是"人类生命从其动物状态提升而来，而且不同于野兽生命的所有那些方面"[1]。或者指"人类全部的成就和规则，这些成就和规则把我们的生活同我们动物祖先的生活区分开来，并且服务于两个目的——保护人类免受自然之害和调节他们的相互关系"[2]。在《一个幻觉的未来》一文中，弗洛伊德认为文明主要包括两个方面："一方面，它包括人类为了控制自然的力量和汲取它的宝藏以满足人类需要而获得的所有知识和能力；另一方面它还包括人类为了调节人与人之间的相互关系，特别是调节那些可资利用的财富分配所必需的各种规章制度。"[3]文明的这两个方面并非各自独立而是相互依存的。一方面，人与人之间的相互关系深受人们本能满足状况的影响，而后者则取决于人类通过控制自然来满足自身需要的知识和能力的状况；另一方面，人类控制自然以满足自身需要之知识和能力的发展状况，又依赖调节人与人之间关系的那些规章制度的状况。在稍晚几年发表的《文明及其缺憾》一文中，弗洛伊德又在上述两个方面的基础上给文明添加了一个方面，即智力的、科学的和艺术的"人类较高级的精神活动"的成就，进而将文明在内容上大致概括为三个方面：一是人类为控制、改造自然以满足自己需要进行的一切活动和所获得的一切资源和能力。"当我们发现，在一个国家里能够有助于为了人类的利益而开发地球和保护人类免遭自然之害的一切事物——简言之，一切对人类有用的事物——得到了关注和有效的贯彻实施时，才能说一个国家达到了高水平的文明。"[4]二是人类之间的相互关系以及这些关系得以调节的方式。"这些关系影响一个人和他有关的人如邻居、帮助他的人、异性对象、家庭成员或国家的成员等的关系。"对这些关系加以调节的做法一开始就作为文明的基本成分而包括在文明之中了，因为如果没有这种调节，人们将各行其是，群体的生活就不可能存在和维持，而"用联合体的力量来取代个人的力量是向文明迈出的决定性的一步"。三是人类在智

---

[1] 弗洛伊德：《一个幻觉的未来》，杨韶刚译，载弗洛伊德：《文明及其缺憾》，九州出版社，2014年，第6页。
[2] 弗洛伊德：《文明及其缺憾》，杨韶刚译，载弗洛伊德：《文明及其缺憾》，第96页。
[3] 弗洛伊德：《一个幻觉的未来》，载弗洛伊德：《文明及其缺憾》，第6页。
[4] 弗洛伊德：《文明及其缺憾》，第98页。

力、科学和艺术等精神或观念活动中所取得的一切成就。对于这些成就，"不管我们是想在它们当中发现人类精神的最高成就，还是我们痛惜把它们作为一些谬误，我们必须承认，在它们存在的地方，特别是在它们备受推崇的地方，就可以证明那里有一个高度的文明"。[1]

弗洛伊德从其精神分析理论中引申出来的一个重要见解是，人类文明在很大程度上是建立在对人类的某些本能进行压制的基础之上的。或者说，没有对人类某些本能力量的压制，就不会有人类文明的存在。为了形成和维护文明而对人类某些本能施加的这种压制，必然在不同程度上导致人们对文明的不满。就此而言，人们对于文明的不满是一个不仅在过去、现在，而且在将来都会存在的永恒现象。有人认为，文明只是"少数人强加于大多数反抗者的一种手段而已"，并据此推论我们目前所观察到的人们对于文明的不满主要来自"迄今所发展起来的文明形式的不完善"，而非文明本身所固有的性质；只要我们设法重新安排人与人之间的关系，"通过放弃对本能的克制和压制，就能把对文明感到不满的那些根源尽皆除去，这样一来，由于没有内部冲突的干扰，人们就能专心致志地获得财富和沉浸在获得财富的欢乐之中"。[2] 弗洛伊德指出，这种看法是完全错误的，因为，事实上每一种文明都必须建立在对本能的克制和强制之上。为了表明这一点，弗洛伊德从精神分析的角度出发，对人类文明的起源和发展进行了追溯。

如上所述，人类文明的第一个方面就是通过自己控制和改造自然的活动来满足自己的一些最为基本的本能需求，如满足饥渴等需求以维持生命的存在，抵御来自风雨、各种天灾以及其他动物的伤害等。人类生活在自然之中，一方面必须抵御来自自然的各种风险，另一方面也只能从自然中获取维持自身生存所必需的各种资源，因此，基于自身的需要来控制和改造自然就成为人类维持自身生存所必须进行的第一个基本活动，由这一基本活动而产生的成果就构成文明的最初要素。"文明在这一方面是比任何其他方面更毋庸置疑的。假如我们回溯得足够久远的话，我们就会发现，文

---

[1] 参见弗洛伊德：《文明及其缺憾》，第 101 页。
[2] 弗洛伊德：《一个幻觉的未来》，载弗洛伊德：《文明及其缺憾》，第 7 页。

明的最初活动就是工具的使用、获得对火的控制和建造住房。"[1]对工具的使用不仅消除了人类自身生理器官在功能上的局限性,而且使之可以永无止境地得以改进和完善,以至于人类后来依据自身的形象创造出了诸神的理想概念,并最终将自身等同于神;对火的控制则是人类对自然力量进行控制的最初成就,它是对人类忍住不去满足本能的一种奖赏[2],使人类体会到若要控制外部自然就得先控制自身内部的自然即本能;而作为母亲子宫的替代物,住房的建造则使人类感到如此安全以至于此后一直渴望它。在这里,我们看到了文明的形成和发展与克制人类的本能这两者之间的最初联系。

人类文明的第二个方面是人类之间的相互关系,以及这些关系得以调节的方式或规章制度。为什么文明会有这第二个方面?换句话说,为什么人类个体不可以独立地生存?如果人类个体可以独立生存,那么人类文明就不会有这第二个方面。对于这个问题,弗洛伊德以两个方面的因素来回答。一方面,在与大自然进行斗争的漫长岁月中,人类不仅意识到劳动的价值,而且逐渐意识到他人作为其劳动伙伴的价值,认识到同他人生活在一起是有用的。而一旦形成了这种认识,那么,人们就会期待与他人建立一种比较稳定的合作关系,因而逐渐形成了一些以共同劳动为目的的共同体。另一方面,人们在日常生活中逐渐产生了对自身性对象及其幼年孩子的爱这种特殊感情,基于这种特殊的感情而形成了最初的社会共同体即家庭。弗洛伊德认为,远古时期,人类生活在由母亲带着自己幼小的孩子共同生活的母系社会中,这些孩子的父亲只是一些来访的客人,一旦离去就可能再无音信。但是后来,男性开始有了把女性,或者说他的性对象留在身边的动机,而女人则希望将其孱弱无助的孩子一起留在身边。这样便构成了最原始的家庭,家庭的成员同时也是最初的劳动伙伴。弗洛伊德写道:"人类的集体生活都有一个双重的基础,这就是由外界需要所导致的强迫工作,以及爱的权力,使男人把他的性对象——女人——保留在他的

---

[1] 弗洛伊德:《文明及其缺憾》,第96页。译文略有修改。
[2] 弗洛伊德认为人类最初遇见火时,是将其视为男性生殖器的象征,并习惯通过"排尿灭火"这一行为来获得一种类似同性恋竞争中所获得的那种性潜能方面的享受。第一个控制火的人则是那个能够控制自己这种性本能冲动并因而将火用来为自己服务的人。他因此是通过控制自己的性兴奋之火而把作为一种自然力量的火制服。参见上书,第96页注3。

身边，并且使女人把从她身上分离开来的一部分——她的孩子——保留在她的身边。爱欲和需要也变成了人类文明之母。文明的第一个结果是，甚至相当多的人现在能够共同地生活在一起了。既然这两大权利在这里共同合作，人们就可期望，文明的进一步发展一定会顺利地使人类更好地控制外部世界，也能更多地增加共同承担生活重任的人数。"[1] 在最初的家庭形成之后，合作劳动的需要和爱这两种动力会继续推动人类集体逐渐扩大。一方面，参与合作劳动的人越多，人类控制和改造自然的能力就越强大，人类从共同劳动中所获得的利益就可能越多。另一方面，爱的力量也会以不同的方式促使更多的人结合在一起：它一方面继续以直接的性满足的形式存在，将更多的性对象及其子女组合成家庭；但另一方面又会以一些目的受到控制的、变更了的形式（如慈爱、友谊之爱等）在家庭之外将更多的男女结合起来。

然而，无论是在最初的家庭之中，还是在比家庭更大的社会共同体之中，社会群体的持续存在都不仅面临着许多来自外部自然的挑战，而且面临着许多来自人类内部自然的挑战，其中主要的挑战就是来自人类的两种本能，即生命本能和死亡本能。

在《图腾与禁忌》一书中，弗洛伊德借助精神分析的理论发现，详尽探讨了在人类文明的最初阶段曾经普遍存在的图腾崇拜及禁忌制度的起源问题。弗洛伊德指出，精神分析家通过自己的临床实践已经发现，就动物恐怖症这种儿童常患的精神性疾病而言，儿童在内心深处所恐惧的对象其实正是自己的父亲，只是儿童早已将对父亲的这种恐惧移植到动物（如狗、马、猫、鸡、老虎等）身上。而儿童对父亲的这种恐惧实际上又起源于儿童内心深处的"俄狄浦斯情结"，或"仇父恋母情结"：基于自然的原因，儿童最留恋的对象就是母亲，因为母亲是其最基本的快乐（如食欲、肉体接触等生命本能得到满足所产生的快乐，按弗洛伊德的概念，这些本能都可以称为性本能，因而由其获得满足产生的快乐都可以归结到性快乐的范畴）和安全得以维持的主要源泉；而儿童最忌恨和最恐惧的对象则是父亲，因为在占有母亲方面，父亲是儿童最主要和最强大的竞争者。但父亲不仅是儿童最主要、

---

[1] 弗洛伊德：《文明及其缺憾》，第107页。

最强大的竞争者，而且是儿童心中最亲近的一个形象，因为父亲在儿童乃至母亲的生活中也是一个不可或缺的因素。因此，儿童对父亲的态度带有一种双重性或矛盾性，即既嫉恨又敬慕。"在争夺母亲的对抗中男孩心中升腾起来的对父亲的仇恨，不可能无节制地占据他的整个心灵；这一仇恨还必须与他原有的对这同一个人的亲近和敬慕相斗争。"[1] 而如果儿童能将自己对父亲的仇恨和恐惧移植到猫、狗等一类动物身上，使之成为父亲的替代物，那么，"这位男孩便可以从对待父亲的这种正反两个方面的矛盾态度的冲突中摆脱出来"[2]。不过，弗洛伊德指出，这种移植尽管可以转移冲突，但并不能消除冲突，只是将既怕又爱的这种冲突心理迁移到了动物身上而已，由此造成了动物恐惧症之类的精神病症状。弗洛伊德以从对儿童精神病症状的研究中得到的这种发现为依据，对图腾崇拜及禁忌制度的起源进行了试探性的解释，认为图腾崇拜及禁忌制度正是作为早期人类为缓解由上述仇父恋母情结带来的罪错行为造成的心理冲突而构建的一种制度措施。

依据达尔文的人类进化理论，弗洛伊德描述了在图腾制度出现之前人类群体的生活景象。他认为，（在母系社会之后）人类最初的社会群体与其他具有社会性本能的动物群体类似，都是按强者为王一类的丛林法则组织起来的，由一个最强有力的雄性加以统治。出于生命本能，尤其是性本能，这个强有力的雄性即父亲以专制的形式实施自己的统治，并且不能容忍任何成年男性分享或挑战自己的权力，尤其是以女性对象来满足自己性本能的权力。弗洛伊德写道：在那里，"我们所能看到的只是一个行为狂暴、妒火中烧的父亲。他独占所有的女人，并且待儿子们一旦长大就统统赶走"[3]。对于这些被赶走的儿子来说，他们被剥夺的不仅是母亲这一最重要的依恋对象，而且还包括所有其他可以成为性对象的女人。可以推测，面对这一专制暴戾的父亲，在这些被赶走的儿子心中逐渐累积起来的情感正是上述人类儿童心中所产生的那种既怕又爱的矛盾情感。因此，我们可以想象："某一日，那些背井离乡的兄弟聚到一起，杀死并吞了他们的父亲"，旧日的家长制统治

---

[1] 弗洛伊德：《图腾与禁忌》，邵迎生译，载弗洛伊德：《图腾与禁忌》，九州出版社，2014年，第124页。
[2] 同上书，第125页。
[3] 同上书，第136页。

就此瓦解了。之所以杀死父亲，是因为他们恨自己的父亲，后者"是他们在权力欲和性欲上的巨大障碍"；而之所以生吞了父亲，则是因为作为蒙昧人，他们认为通过吞了被杀死的父亲，他们就能够完全与父亲认同，使自己与父亲融为一体，得到父亲的一份力量。为了纪念这一历史上的伟大事件，人类在之后的日子里，以某种动植物作为原始父亲的替代品，通过杀死和共同吞食这一替代品，周期性地举行仪式来重温这一犯罪时刻。然而，除了忌恨和惧怕之外，儿子们对于父亲还有敬慕之情，"在他们将他剪除、解了恨并将与他认同的欲望付诸实践之后，那种一度遭践踏的喜爱之情又必然会涌现出来"[1]。在他们的心中生出了一种与弑父时的欢快之情相矛盾的悔恨之情和罪恶感，正如我们在神经症患者对父亲的矛盾情结中可以看到的那种与惧怕相反的情感。亡故父亲的影响力由此可能变得比生前更强大，他生前所禁止之事现在又开始由儿子们自己施以禁忌："他们禁止宰杀图腾这一父亲的替代物，以此来否定自己的弑父行为。他们也放弃了对现已获得自由的那些女人的占有权，以此拒绝弑父行为的后果。"[2] 由此形成了对图腾的崇拜以及两个最重要的禁忌，即"毋杀图腾"（除非是作为节庆之日的集体行为）和"毋与属于同一图腾的女人发生性关系"（或"乱伦禁忌"）。[3] 这两个禁忌正与"仇父"和"恋母"这两个人类的本能欲望相对应，是以明确制度规范的形式对这两个本能欲望的严格压制。从此以后，无论谁触犯了这两大禁忌"都是在犯令原始社会深恶痛绝的绝无仅有的两大罪恶"[4]。

图腾崇拜及相关禁忌实际上构成了人类道德规范的起源，也构成了人类文明两大成果的基础。一方面，禁止杀害图腾动物构成了图腾崇拜乃至之后人类所有宗教信仰的基础。由于图腾是父亲的替代物，对图腾的崇拜不仅体现了他们希望表达悔恨之情的心理需求，也表达了他们的这样一种期待，即"通过与这一代理父亲的关系，他们企图减轻那种令自己五脏俱焚的罪恶感，企图与父亲重新和好。图腾体系似乎成了儿子们与父亲的

---

[1] 弗洛伊德：《图腾与禁忌》，第137页。
[2] 同上书，第138页。
[3] 同上书，第127页。
[4] 同上书，第138页。

一种盟约。在这一盟约中，父亲保证让他们得到孩子们幻想从父亲那里得到的一切（护养、照料和舐犊之情），而他们则保证尊重他的生命，也就是说，不再重复那一令自己生身之父陨灭的行为"[1]。弗洛伊德认为，这一体现在图腾崇拜中的期待构成了以后所有宗教信仰的本质："图腾崇拜发端于那种基于孝心的罪恶感，旨在减轻这种感觉并通过对父亲的迟发性服从，令其息怒。后来所有的宗教大概也都致力于这一问题的解决。它们各不相同，这是因为它们出生于文明的不同阶段，运用了不同的方法；但是，它们又都展望着同一个终极，都是对文明发端于斯的同一伟大事变的反应，并且从其产生之日起，不再给人类以须臾的安宁。"[2]因此，"上帝不过是一位拔高了的父亲而已"[3]。另一方面，乱伦禁忌则构成了父亲被弑之后新的社会群体得以形成和维持的基础。父亲的被弑导致了一种新的局面，即兄弟相争的局面出现。"虽然兄弟们为了推翻自己的父亲而结成帮派，然而在女人问题上他们彼此又都是对手。他们中的每一个人都和自己的父亲一样，早已意欲独占所有的女人。"这样，如果没有一种可以用来约束大家的强有力的新规范出现，兄弟们之间必然爆发战争。失去了父亲之后由各位兄弟主导的"新的社会组织将在这场人人为敌的混战中土崩瓦解，因为没有一个人具有如此压倒性的力量，以致能够真的代替父亲的角色。兄弟们要想继续共同生活，那就别无选择，只有（也许在吃足苦头之后才会）制定乱伦法。根据乱伦法，他们都放弃了自己意欲占有的女人，而这些女人正是他们弑父的主要动机。他们以这种方式拯救了曾使他们强大无比的社会组织——一个也许形成于他们被放逐于部落之外的时期以同性恋的感受和行为为基础的组织"[4]。对自己的性本能加以限制，是新社

---

[1] 弗洛伊德：《图腾与禁忌》，第139页。
[2] 同上。
[3] 同上书，第141页。
[4] 同上书，第138—139页。弗洛伊德引证阿特金森的研究结论认为，这一过程有可能是借助母爱的力量和平发生的。阿特金森在对新苏格兰的土著社会进行研究后发现，弑父行为发生后，"从原始部落到下一个社会阶段的发展中，存在着一个较少暴力的转变过程，其间众多的男人能够和平相处，共同生活。他相信，由于母爱的介入，儿子们（开始仅仅是那些顽童稚子，后来才包括那些青年小伙）才被允许留在部落之中。作为对这一宽容行为的回报，儿子们便主动放弃对自己母亲和姐妹们的占有权，以此承认父亲的性特权"（同前书，第137页注1）。

会组织得以形成和维持的一个重要根基。

如上所述,图腾崇拜及相关禁忌制度的出现导致了对"仇父"和"恋母"这两个人类生命本能中主要欲望的压抑,父亲被弑之后的"兄弟社会"正是建立在对这些本能欲望的压抑基础之上的。然而,除了对生命本能的压抑之外,人类文明也是建立在对死亡本能进行压抑的基础之上的。在《文明及其缺憾》等著作中,弗洛伊德集中探讨了文明与对死亡本能的压抑之间的关联。弗洛伊德指出,"除了牺牲性的满足之外,文明还要求做出其他的牺牲"[1]。这正是因为,除了生命本能外,人类还具有死亡本能,即一种试图分解生命单位并把它们带回原始的无机状态的自然倾向。如果说生命本能是一种致力于对生命加以保存的本能,死亡本能则是一种致力于对生命加以破坏的本能。这种破坏性的死亡本能包含两个可能的成分,它们分别指向不同的对象,即自我和外界。以自我为对象的可称为自我破坏本能,以外界为对象的可称为攻击本能。后者的存在意味着每个人类个体都有一种强大的对他人进行攻击的自然倾向。"他们的邻居对他们来说不仅是个可能有帮助的人或性对象,而且是满足人类对他实施攻击的一个诱惑物,无报酬地剥削他的工作能量,未经他的同意就把他用于性生活,夺取他的财产,羞辱他,使他痛苦,折磨他并杀害他。"这些经验都使人感到人对人来说就是狼。"由于人与人之间这种原始的相互敌意,文明社会不断地受到分裂的威胁。"[2]单纯依靠共同劳动所获得的利益并不足以阻止这种分裂,将人们始终结合在一起,因为"本能的热情比理性的兴趣更强烈"[3]。因此,文明社会必须尽一切可能、通过各种方式来限制人类的攻击性本能,如"激起人们产生认同和受目的制约的爱的关系",对人们之间的性关系加以约束,以及鼓励人们遵循"爱人如爱己"一类的道德规训等。有观点认为只要消灭了私有财产就能消除人们的攻击性本能,弗洛伊德则指出,在私有财产还没有出现的原始社会中人们的攻击性本能就已经表现出来了。要想使人们完全放弃这种攻击性本能是非常困难的,何

---

[1] 弗洛伊德:《文明及其缺憾》,第113页。
[2] 同上书,第117页。
[3] 同上书,第118页。

况对于一些小群体来说，这种面向外群体的攻击性本能还有助于维护和提升他们内部的凝聚力。为了维护文明社会的存在，使文明享受文明社会的利益，除了对人们包含攻击性倾向的死亡本能进行压抑，同时以各种方式激起人们的爱欲之外，似乎别无他途。[1] 文明的进化过程可以简单描述为人类为了生存在生命本能和死亡本能之间展开的斗争。这种斗争，在人类个体的人格当中就体现为自我在超我的约束和引导下与其死亡本能（尤其是攻击本能）之间展开的斗争。超我（各种内化到个体人格中的文明行为规范）的存在，使得个体只能将攻击本能转向自身内部那些与文明规范不相符合的本能。由此在超我和受制于它的自我、本我之间形成了一种紧张关系，并让个体产生一种有罪感（the sense of guilt）[2]，文明就是借助这种有罪感来实现自己对个体攻击本能的压制。文明"通过在他的内部建立一个机构来监视它，像一个被征服的城市里的驻军一样，从而控制了个体十分危险的攻击性欲望"[3]。毫无疑问，对人类攻击本能的这种压抑必然会使人们失去快乐或幸福的一种来源，从而引起人们对文明的不满，并成为人类罹患精神疾病的一个重要根源。

人类文明对生命本能和死亡本能的压抑，一方面维护了文明本身的存在和发展，使人类能够将越来越多的个体结合进社会群体，使劳动合作的范围日益扩大、程度日益提高，使人类通过控制和改造自然来满足生存需要和抵御自然伤害的能力不断提升，由此给人类带来了巨大的利益；但另一方面也给人类个体带来了诸多在文明产生之前不曾存在的痛苦，如失去了诸多通过本能的满足才能获得的快乐，由于对自我和本能进行压抑而产生的有罪感、愧疚感，由心理失衡产生的精神疾患等。面对这些源自文明和社会压制的痛苦，个体可以有以下几种应对方案：一是退出社会群体，去过一种离群索居的生活。这种方案的缺陷是，个体通过控制和改造

---

[1] 在 1932 年就战争问题回复爱因斯坦的一封信件中，弗洛伊德再次强调了人类的攻击本能无法排除这种看法，认为只能通过利用人类生命本能以及内化人类死亡本能来尽力避免战争。（见弗洛伊德：《为什么有战争？》，杨韶刚译，载弗洛伊德：《文明及其缺憾》，第 151—170 页。）

[2] 需要注意的是，有罪感并非只是超我的产物。在超我形成之前，个体可能已经出于对外部权威的爱恨交加及恐惧心理而产生了有罪感。参见弗洛伊德在《文明及其缺憾》第八章等处的有关论述。

[3] 弗洛伊德：《文明及其缺憾》，第 129 页。

自然来满足自己需要和抵御自然伤害之能力的降低，因此选择这种方案的个体在数量上将会极少。二是用化学等方法麻醉自己，钝化自己对痛苦的感觉。这种方案的缺陷是，个体将会因此而浪费许多原本可以用来改变自己命运的能量。三是将自己的本能加以扼杀。这种方案的缺陷是，个体将会失去大量由本能的满足而来的快乐和幸福，且被扼杀的本能越多，个体失去的快乐和幸福也就越多。四是通过所谓"升华"的方法让自己受到压抑的本能（性本能、攻击本能等）能量在目标上发生转移，例如转向从智力、审美、艺术创作等活动中获得快乐，使之能够以一种合法的方式得到满足。弗洛伊德认为，事实上这是人类历史上许多伟大人物选择的一种方案，人类历史上哲学、科学、艺术等精神生活诸多方面的伟大成就都是这种本能升华的产物。这些伟大成就同人类在控制和改造自然的过程中所获得的那些知识成就、人类在社会关系的调节过程中所形成的那些宗教和道德理想等成就一起，构成了人类文明的第三个方面。不过，这一方案也有自己的缺陷，即它需要以个体具有的某些特殊气质和天赋为条件，因而只适用于少数人，不能被广泛运用。此外，人们还可以通过宗教等形式建构一个幻想的、与自身愿望相符的世界，将自己置于其中，或将其纳入现实来减轻甚至消除某种痛苦。但是，事实上，这种方案并不能真正如人所愿。假如所有这些减轻或消除由文明压抑所来之痛苦的方法都不能奏效，那么罹患精神疾患或许就是个体难逃的宿命了。这个时候，个体要减轻或解除痛苦可能就只有求助于精神分析了。至少，这是人类目前所不得不面对的命运。在《文明及其缺憾》一书的结尾，弗洛伊德以一种忧郁的口吻写下了下面这段话："对人类来说至关重要的问题似乎是，他们的文化发展是否以及在多大程度上将成功地控制由于人类的攻击本能和自我毁灭本能所造成的社会生活的混乱。或许在这一方面正是目前的这个时代应该特别注意的。人类对自然力量的控制已经达到了这样的程度，以至于借助于它们的帮助，他们就能毫无困难地互相消灭，直到最后一个人。人类也知道这一点，因此引起了他们目前极大的不安，使他们很不愉快，心情非常焦虑。现在，人们期待着，这两种'苍天神力'中的另一种，即不朽的爱欲，将施展它的威力，在与同样不朽的对手的斗争中表现自己。但是，谁能预言会获得什么样的成功和取得什么结果呢？"[1]

三、社会群体的心理基础

弗洛伊德不仅以精神分析理论为基础来对人类文明的特征及其形成和发展过程进行分析，而且尝试应用精神分析理论来对人类社会群体的心理基础进行分析。这方面的讨论主要见于《群体心理学与自我的分析》一书。

弗洛伊德关于人类群体之心理基础方面的理论，可以用他自己在《群体心理学与自我的分析》一书中的一句话来加以陈述，这就是："群体的本质就在于它自身存在的力比多联系。"[2]这里的"力比多"一词，按照弗洛伊德的多次说明，指的是"与包含在'爱'（love）这一词之下的一切东西有关的本能能量"。其核心是以性结合为目的的"性爱"，但并不限于"性爱"，也包括了"自爱"、对父母子女的爱、友爱以及对整个人类的爱、对某些具体对象和抽象概念的爱。所有这些，都不加分离地包含在"爱"或"力比多"这一词中。弗洛伊德说：之所以如此做，是因为"精神分析研究告诉我们，所有这些倾向是同样的本能冲动的表现；在两性之间的关系中，这些冲动迫切地趋向性的结合，但在其他场合中，它们离开了这一目标，或者避免实现这一目标，尽管它们总是保持着它们原初的本性，足以使它们的身份成为可认识的 [诸如在渴望亲近和自我牺牲那样的特性中]"。[3]构成人类社会群体之基础的正是，或者说更主要的是力比多当中除了性爱之外的那些"爱"的成分，弗洛伊德也将这些源于性爱但又避免或超出了性爱的"爱"的成分或性本能称为"其目的受到抑制的性冲动"。

弗洛伊德以法国社会心理学家勒庞及之前的一些思想家、政治家和作家在对群体心理进行观察时所得到的一些发现及相关论述为起点，展开自己的分析。这一发现就是，处在群体中的个体常常会由于受到群体的影响而在心

---

[1] 弗洛伊德：《文明及其缺憾》，第150页。
[2] 弗洛伊德：《群体心理学与自我的分析》，熊哲宏、匡春英译，载弗洛伊德：《自我与本我》，第94页。
[3] 同上书，第89—90页。

理活动方面发生非常重大的变化,他的情感倾向会变得格外强烈,而智力则会显著降低。[1]在《群体心理学》一书中,勒庞将他的发现表述如下:"由心理群体所表现的最惊人的特性如下:无论组成心理群体的个人是谁,不管他们的生活模式、职业、性格或智力是相似还是不相似,他们被转变成一个群体这一事实,使得他们拥有一种集体心理。这种集体心理使得他们以完全不同于他们每一个人在独处时的方式进行感觉、思维和行动。除个人形成一个群体的情况之外,某些观念和感情就不会产生,或者不把它们本身转变成行动。心理群体是由异质因素形成的暂时性存在——它们暂时被结合在一起,正像细胞通过它们的重新组合而构成一种生命体形式一样,这种新的存在物展示出非常不同于每一细胞单独时所具有的各种特征。"[2]换言之,勒庞发现了一种无法用人们在对个体单独存在时的心理过程进行观察所得到的心理学理论来解释的新现象,即当人们进入一个被称为"心理群体"的集体后,会以一种完全不同于先前独处时所具有的方式去思想、感觉和行动。面对这一现象,人们必须思考:什么是"群体"?它是如何可能对个体的心理活动产生如此巨大之影响的?它在个体身上所导致的那些心理变化的性质是什么?对这些问题的回答,就构成了"群体心理学"的基本任务,而弗洛伊德则尝试以其从事精神分析所得到的知识来完成这些任务。

什么是群体心理学所关注的"群体"?对于这一问题,弗洛伊德指出,虽然除了处于自恋过程中的人之外,人类个体基本上都是处于这样或那样的群体(如家庭、兄妹群体、朋友群体等)之中并受到群体内他人(双亲、兄妹、爱人、朋友等)的影响,但是,这些群体及其中个体的心理状况并不是群体心理学所关注的对象。在这些群体中,个体只受某个或极少数对他来说极为重要的他人的影响,而群体心理学所关注的群体则通常是种族、民族、国家、阶层、行业、机构等。这些群体具有以下特征,即在这种群体中,很多人同时对某一个人产生影响,而这些人虽然在很多方面对他来说是陌生人,他和他们之间仍因某种东西而发生了关联。参照群体心理学文献的相关描述,这些群体至少可以划分为两大类。一类是由

---

[1] 弗洛伊德:《群体心理学与自我的分析》,载弗洛伊德:《自我与本我》,第87页。
[2] 转引自上书,第73页。

各种各样的个人基于某种眼前的利益匆匆聚集而成的、短暂存在的群体，例如法国大革命时期曾经涌现的各种革命群体。勒庞等人所观察和分析的其实正是这一类群体。另一类则是人们在其中度过较长时间甚至一生的、相对比较稳定的那些群体，如各种社会机构。麦独孤将前一类群体称为"人群"（crowd）或"非组织化的"（unorganized）群体，将后者称为"组织化的"群体。当然，即使是前者也不可能不具有一些初步的组织因素，其中的个体要形成此类群体也必须满足一定的条件，即"这些个体必须彼此间有某些共同的东西，对某一对象的共同兴趣，在某种或其他情境中相似的情绪倾向，以及'某些范围内的交互影响'"[1]。后者的形成则需要五个基本条件，即该群体在内容（同一些人）或形式（如职位体系）方面持续存在一段较长时间，群体成员对群体的性质、结构、作用和能力有某些明确的认识以便他可以由此发展出与群体的情感联系，群体应和一些形式上相似但又有诸多不同的其他群体之间发生竞争之类的互动，群体应具有自己特定的传统、习俗和习惯，群体应具有确定的结构等。在这两类不同的群体中，群体成员的心理状态并不完全一样：像勒庞等人所描述的那种个体情感冲动强烈上升、智力水平大幅下降的心理状况主要是发生在前一类群体中，而在后一类群体中，情况则可以有很大改观，一方面群体情感冲动强化的倾向会受到限制，另一方面通过将智力活动保留在个体成员层面也可以使群体智力水平下降的现象得以避免。

为什么群体，尤其是上述第一类群体，会对作为其成员的个体心理活动产生巨大影响？对于这个问题，勒庞等人曾经作过解释。勒庞认为，人的行为是由意识和无意识两者支配的，后者是由代代相传积淀下来的遗传因素构成的，是一个种族天赋的心理基质。当个体独处时，后天形成的习性等个性因素会对他的行为产生较大的影响，但是，当个体处于群体之中时，这些后天形成的个性因素会在很大程度上消失掉，而那些来自种族遗传的、高度同质的无意识内容则会浮现出来，使得处于同一群体中的个体开始显现出一种共同的性格。此外，出于以下原因，处于群体中的个体还

---

[1] 弗洛伊德：《群体心理学与自我的分析》，载弗洛伊德：《自我与本我》，第86页。

会具有一些新的心理特性：第一，由于在群体中处于无名状态，个体会觉得自己可不必对群体行为担负责任，控制个体行为的责任感会完全消失，使之松弛甚至放弃了在其独处时将会施行的对自己本能力量的抑制；第二，群体中每个成员之间在情感和行动方面都存在着一种相互感染的作用力，使个体容易让个人利益服从于集体利益；第三，群体成员之间还存在着一种与催眠类似的、被称为"暗示"的相互作用，尤其是群体中的领袖人物对群体成员的暗示作用，致使个体有意识的个性以及自身意志和分辨力彻底消失，成为一个不再是自己、不由自己意志所指导而只受他人暗示所影响的自动装置。塔尔德则用相互"模仿"来解释群体成员的上述心理特征。弗洛伊德并未否定勒庞、塔尔德等人的解释，但认为他们提出的这些解释并不到位，未能真正说清楚为什么群体会对其中的个体心理产生如此巨大的影响。弗洛伊德指出，我们其实可以从精神分析的研究成果那里获得能用来对上述群体心理特征进行解释的更好线索。由此，从精神分析的理论视角出发，弗洛伊德提出了自己用来解释上述群体心理特征的理论假设，这一假设就是："爱的关系（或使用更中性的语词：情感联系）也构成群体心理的本质。"他还指出了可以用来支持这一假设的两个观念："首先，一个群体显然被某种力量结合在一起：这种结合的本质除了归于把世界上的一切结合在一起的爱的本能外，还能更好地归于别的力量吗？其次，如果个人在一个群体中放弃他的独特性，让群体的其他成员通过暗示影响他，那么给人的印象是：他的确是这样，因为他感到有必要与其他成员融洽而不是对立——以至于他也许毕竟是'为了爱他们'。"[1]

弗洛伊德以教会和军队这两种"高度组织化的、持续存在的和人为形成的群体"为例来对此加以说明，认为从这类群体中可以观察到某些在其他场合中被深深隐藏起来的事实，而这些事实有助于我们理解上述假设。弗洛伊德指出，无论是一个教会也好还是一支军队也好，它们的维持在很大程度上都是依靠其成员共同拥有的这样一个幻觉，即他们所在的群体有一个首领（比如基督或者司令），这个首领一视同仁地、平等地爱该群体

---

[1] 弗洛伊德：《群体心理学与自我的分析》，载弗洛伊德：《自我与本我》，第91页。

中的每个成员。正是群体成员在想象中分享的这种来自首领的平等、共同的爱,一方面把每一个成员和其领袖联系在一起,另一方面也把每一个成员同其他成员联系在一起。这一幻觉一旦消失,那么教会和军队就都将解体。因此,一个群体的本质就在于其成员之间存在着的力比多(或爱的情感)联系。并且,如果我们认识到这一点,那么我们就可以进一步认为,正是这种力比多或情感联系导致了群体成员人格中的前述变化。人们常常会在一支正经历溃败过程的军队中观察到一种恐慌现象,即没有一个人还听从上级的命令,每个人都只关心自己的利益而不顾他人,群体成员之间的联系不复存在。有人认为这是群体成员的恐惧感过大所致,弗洛伊德则表明情况正好相反,不是恐惧感过大导致了恐慌现象和群体成员之间情感联系的消失,而是群体成员之间情感联系的消失导致了巨大的恐惧感:"既然他现在独自面临危险,他肯定把危险想得严重些。因而事实是,惊慌恐怖是以群体力比多结构的松弛为前提的,是以合理的方式对这种松弛做出的反应。"[1] 因此,恐慌现象并非由于所面临的危险真的巨大才会出现:假如群体成员之间的力比多联系依然强大,那么即使所面临的危险巨大,群体也不一定会解体,恐慌现象也不一定会出现;反之,假如群体成员之间的力比多联系非常脆弱,那么,即使所面临的危险其实并不大,甚至这种危险只是一种想象而非真实存在时,群体也可能会解体,并由此引发恐慌现象。由于将群体成员联系在一起的这种爱的情感联系往往来自想象中的群体首领对群体成员的平等施予,因此,群体领袖或者成员对领袖的信仰的消失通常都很容易导致群体成员之间力比多联系的消失,进而引发恐慌现象。

弗洛伊德进一步指出,在日常生活中我们也可以观察到,人们对于那些不得不与之相处的陌生人常常产生一种毫无掩饰的反感和厌恶,甚至可能因为一些细小的差异而发生冲突,这种反感和厌恶其实是我们每个人都具有的自爱或自恋情结的一种表现。"这种自爱是为了个体的保存,似乎任何背离他自己的特定发展路线的出现,就意味着对这种路线的批评以及

---

[1] 弗洛伊德:《群体心理学与自我的分析》,载弗洛伊德:《自我与本我》,第95页。

对这种路线进行改变的要求,于是他从事自爱的行动。"但是,一旦人们形成了一个群体,这种人和人之间的不宽容情形在该群体内就暂时甚至永久地消失了。"只要一种群体形式持续存在,或在它存在的范围内,该群体中的个体的行动似乎就是统一的,容忍其他成员的特性,把自己与他们等同起来,对他们的感情不存在反感。"弗洛伊德认为,依据精神分析的观点,在群体成员中表现出来的这样一种对个体自恋情结的限制只能借助一种因素即与其他人的力比多联系才能产生,因为"对自己的爱只有一个障碍——即对他人的爱或对对象的爱"。这也进一步说明了能够将群体成员联系在一起的纽带只有他们之间的力比多联系。"在作为整体的人类发展中,正如在个体发展中一样,唯有爱——在它引起从利己主义到利他主义变化的意义上——起着文明因素的作用。"[1]

或许有人会反对说,如果没有力比多联系,单纯依靠群体成员之间在共同利益方面的联系难道不足以对个体的自恋情结加以限制,在成员之间形成相互宽容和关怀的情感吗?对此,弗洛伊德回答说:是的,单纯依靠成员之间的共同利益这种方式"无法引起对自恋的持续限制,因为这种容忍与从他人合作所获得的直接利益相比不会持续更长"[2]。当然,弗洛伊德也补充说,群体成员之间共同的利益关系虽然难以单纯凭借自身对个体自恋情结构成持续的限制,在成员之间形成持续的相互宽容和关怀情感,但是却可以通过促进成员之间的力比多联系来实现这一点。经验表明,群体成员之间原本出于利益关系而进行的合作会促成和巩固他们之间的力比多联系,使成员之间的联系超出利益关系。这是因为一般说来,力比多总是"使自己隶属于伟大生命需要的满足,并选择共享这一满足过程的人作为它的第一个对象"[3]。

那么,这种将群体成员联结在一起的爱的情感联系或者说力比多联系的性质到底是什么?它又是如何形成的呢?对于这些问题,弗洛伊德也从精神分析的视角予以解答。如前所述,弗洛伊德多次强调,这种将群体成

---

[1] 参见弗洛伊德:《群体心理学与自我的分析》,载弗洛伊德:《自我与本我》,第 100—101 页。
[2] 同上。
[3] 同上书,第 101 页。

员联结在一起的爱的情感联系或者说力比多联系，是一种源自以直接的性满足为目的的"性爱"但又超出了性爱的"其目的受到抑制的性冲动"。弗洛伊德认为，只有这种偏离了原始的性满足目标的性冲动才能够为社会群体的形成提供一个相对稳固的基础，其原因一方面在于直接以性满足为目的的性冲动在每一次获得满足之后都会趋于消失，而被抑制的性冲动则由于其难以获得满足而长久存在。弗洛伊德明确写道："正是那些其目的被抑制的性冲动才在人们之间取得如此持久的联系，……这从如下事实中容易得到理解：它们不能得到完全的满足，而其目的未被抑制的性冲动，则通过能量的释放——每当性目的被达到时——而受到格外的降低。当性感的爱被满足时，其命运是消失。"[1]"其目的受抑制的性本能比未受抑制的性本能在功能上有更大的优势。因为它们不能真正得到完全的满足，因而特别适宜于创造永久的联系；而那些直接的性本能每次得到满足后要承受能量的损失，必须等待通过性力比多的创新积累而得到更新，以至于同时对象可能已经改变了。"[2]另一方面，偏离了原始性满足目标的性冲动能够为社会群体的形成提供相对稳固基础的原因也在于，直接以性满足为目的的性冲动具有排外性，通常和群居倾向发生矛盾。而且，陷入爱河的两个人爱得越深，彼此就越是获得完全的满足，就越不希望自己的性选择受到群体的侵害。[3]

那么，这种可以被称为群体联系之纽带的"目的受到抑制的性冲动"是如何形成的呢？亚里士多德曾经说过人是社会或政治动物。与此类似，有人也试图用"群居本能"来解释这种特殊力比多联系的形成，并以儿童一旦独处就会表现出恐惧感这一现象来加以证明。对此，弗洛伊德明确表示质疑。弗洛伊德指出，当儿童独处而感到恐惧时，一个与之无关的人群中某个陌生成员的出现不仅不会使他的恐惧感消失，反而会强化他的恐惧感。因此，在儿童那里文明在很长一段时间内并不观察到群居本能或群居感情一类的东西。事实上，被我们称为"群居本能"的那种心理特征是儿童在与父母之外的人的社会关系中逐步产生的，而非先天的本能性质的东

---

[1] 弗洛伊德：《群体心理学与自我的分析》，载弗洛伊德：《自我与本我》，第113页。
[2] 同上书，第136页。
[3] 参见上书，第137页。

西。与这种群居本能的说法不同，弗洛伊德借鉴精神分析对"认同作用"和恋爱等过程所作研究的成果来尝试对这种特殊力比多联系的形成机制进行分析。"认同作用"是精神分析师所观察到的人们之间情感联系的最早表现形式：在男孩成长的早期，他对父亲怀有爱慕和敬畏，会表现出对父亲的特别兴趣，期待自己能成为像父亲那样的人，并时时想要取代父亲的位置。小男孩产生的这种想要成为父亲的情感就是对后者的"认同"。因此，"认同机制就是努力模仿被视作模范的人来塑造一个人自己的自我"[1]。由于促使男孩以父亲自居而将父亲的性对象视为自己的性对象，这种认同作用有助于强化男孩对母亲的情感依恋，并与后者融合成为俄狄浦斯情结。这种认同作用也可能发生在母亲身上，进而引发男同性恋症状（这种对母亲或父亲的认同作用也可以发生在女孩身上）。在个体的成长过程中，这种起于童年时期的对父母的认同也会逐步转到其他人或物之上。弗洛伊德据此认为，我们可以推测，"群体成员之间的相互联系就属于这类认同作用的性质——以重要的情感共同性质为基础"[2]。与认同作用相反，在恋爱过程中，普遍可以观察到的是所谓性评价过高现象，即"被爱的对象享有某种程度上的免受挑剔，其所有特征比没有被爱的人或者比他本人还没有被爱的时候，都评价得高些"[3]。被爱的对象事实上成了爱者的"自我理想"。作为这种现象的一个结果，是人们的"自我变得愈益谦卑，对象则变得愈益高贵，直到它最后占据自我的整个自爱。这样，其自我牺牲就作为自然的后果而出现"[4]。另一个与此相连的结果则是，那些直接以性满足为指向的性冲动完全可能因此被置于次要地位，并且正因为不以性满足为直接目的而使这种爱的情感得以持续。可以看到，在认同作用下，自我是以对象的特性来丰富自己，而在爱的极端情况下，自我则是使自己屈从于对象，用对象来取代自己最重要的部分。据此，我们也可以这样来理解一个原始的社会群体，即一个"原始群体是一些这样的个人：他把完全相同的对象置于他

---

[1] 弗洛伊德：《群体心理学与自我的分析》，载弗洛伊德：《自我与本我》，第 104 页。
[2] 同上书，第 106 页。
[3] 同上书，第 110 页。
[4] 同上书，第 111 页。

们自我理想的位置上，结果在他们的自我中使他们自己彼此认同"[1]。最后，弗洛伊德指出，无论是认同作用也好还是爱恋作用也好，都只有在以下这样一个前提条件下才能发挥自己的作用，即有一个占据优势地位的人或者说领袖人物存在。这是由于，按照弗洛伊德的看法，以力比多联系来构成人类群体的纽带这一现象，实际上是人类从原始社会的历史记忆中衍生的一种心理遗存。弗洛伊德说："正如我们从我们如此经常地做出的描述中所知的那样，这种群体的心理，如个人有意识人格的退化，把思想和感情集中在一种共同的方向上，精神和无意识心理生活的情感方面占优势，以及对刚生起的意向直接付诸行动的倾向等等，所有这些都符合于退行至原始心理活动的状态——正像我们往往归之于原始部落的那样一类状态。"[2] 如前所述，我们看到，军队和教会这两种群体的形成很大程度上就是基于其成员共享的这样一种幻觉，即"领袖平等而公正地爱所有人"，而这种幻觉正是对原始部落发生过的事态所作的一种理想化的重新塑造："在原始部落那里，所有儿子都知道，他们被原始父亲同样地摧残，同样对他感到恐怖。"[3]"原始父亲阻止他的儿子们满足其直接的性冲动；他迫使他们禁欲，因而与他以及他们彼此之间产生情绪联系，这种联系可以从他们性目的被抑制的那些冲动中产生出来。也可以说，他迫使他们产生群体心理。他的性嫉妒和狭隘最早成为群体心理的原因。"而对父亲的敬畏和认同则使儿子们在幻想中期待父亲实际上平等公正地爱着他们每一个人。对父亲的这种期待一直以无意识的形式遗存下来，乃至在"今天，一个群体的各个成员仍需要持有这样的幻想：他们受到他们领袖平等而公正的爱"。[4] 因此，"群体形式的不可思议性特征可以公正地追溯到它们起源于原始部落这一事实。这种群体的领袖仍然是可怖的原始父亲；这种群体仍然希望被无限制的力量所支配，它极端地钟情于权威。用勒庞的话说，它渴望着服从。原始父亲是群体的典范，它以自我理想的地位支配自我"[5]。

---

[1] 弗洛伊德：《群体心理学与自我的分析》，载弗洛伊德：《自我与本我》，第114页。
[2] 同上书，第120—121页。
[3] 同上书，第122—123页。
[4] 同上书，第122页。
[5] 同上书，第125页。

结　语

在《精神分析导论》一书中，弗洛伊德曾经论到精神分析的两个令人不快的断言。第一个令人不快的断言即"心理过程自身是无意识的，有意识的心理过程则仅仅是整个心理生活中的一些孤立和部分的动作"。第二个断言则是，"被人们称为性本能的那些广义的和狭义的冲动都是引发神经性疾病和心理疾病的一些尚未得到人们适当评估的重要起因。而且，真的，我们认为正是这些性冲动为人类精神最高级的文化、艺术和社会成就作出了难以估量的贡献"。[1]

综合本章前面的叙述，我们可以看到，弗洛伊德所谓精神分析提出的两个令人不快的主张，正是精神分析理论的两个主要创见。弗洛伊德的全部学说，无论是其关于过失行为、梦和神经症的心理学说，还是其有关人类文明和社会群体的学说，其独到之处都是建立在这两个主要创见的基础之上的。对于包括社会学家在内的社会科学家而言，弗洛伊德从以这两个主要见解为基础构成的精神分析理论视角出发对人类文明和社会群体所作的那些论述，无论其最终是否能够被证明为科学"真理"，显然都具有极大的启发意义。它启示我们不能仅从意识的层面来理解人们的思想和行动，以及由人们的思想和行动建构的社会世界，而是要认识到无意识因素、本能因素尤其是性本能因素在人们的思想、行动以及社会生活中所具有的重大作用，从本能、意识和社会（本我、自我、超我）三者的相互作用中去理解人们的思想、行动和社会生活状况。正如弗洛伊德自己所说的那样："对于无意识心理过程的承认，为世界和科学的一种决定性新取向铺平了道路。"[2]

将弗洛伊德精神分析学说及其社会文化理论置入本书所采用的分析框架，我们可以说，弗洛伊德的社会文化理论所具有的独特意义，正在于其通过强调本能因素（尤其是性本能因素）在人们思想、行动和社会生活

---

[1] S. Freud, *A General Introduction to Psychoanalysis*, p.10.
[2] Ibid., p.9.

过程中的重要作用甚至决定性作用，而在一定程度上与主要关注、强调社会结构相对个体心理和行动而言具有独立性、外在性和制约性的结构论社会学理论拉开了距离。在社会结构同个体的心理与行动两者的关系问题上，无论是涂尔干、帕森斯等非马克思主义结构论社会学理论家，还是马克思、恩格斯、阿尔都塞、柯亨等马克思主义结构论社会学理论家，都强调社会结构是更具决定性意义的一方，主张用社会结构来作为解释人类个体思想和行动变化的主要因素。与之不同，弗洛伊德的精神分析学说却告诉我们，虽然社会结构（包括制度、文化等）因素对于人类个体的思想和行动确实具有非常强大的约束和引导作用（表现为个体人格中超我对自我和本我的约束和引导作用），但个体的思想和行动并非完全是甚至可以说主要不是由社会结构因素所决定的，仅用社会结构因素并不能完全解释个体的思想和行动以及社会现实。相反，本能（尤其或主要是性本能）因素对于个体的思想和行动的影响不仅是难以彻底消除的，而且，如果仿照恩格斯在解释经济因素对社会生活之决定作用时所采用的术语，我们甚至可以说，在个体的思想、行动乃至全部社会生活的形成和变化过程中，尽管社会结构、自我意识等因素也在发挥着一定的作用，但是，本能因素乃是"最终起决定作用"的"终极因素"。无论是社会文化（或"文明"，在弗洛伊德这里是一回事）现象，还是个体自我意识的形成和变化，归根结底，都不过是针对着个体的性本能因素，作为对个体性本能力量的一种回应（或者成为对其加以满足的手段，或者成为对其进行压抑的手段）而形成和变化的。换言之，归根结底，不是社会结构决定着个人的思想和行动，而是个人的性本能等本能因素决定着个人的思想、行动和社会结构。如果不理解个体性本能力量的存在和规律，我们就无法理解社会文化和个体自我意识的形成和变化状况。因此，与其用社会结构来解释个体的思想和行动，倒不如用个体的本能因素来解释个体的思想、行动及社会生活。弗洛伊德的全部精神分析学说，其主旨正在于此。进而，我们可以说，就其理论宗旨和实际效果而言，弗洛伊德的精神分析学说及其社会理论，与韦伯、舒茨、布鲁默等人所倡导的建构论社会学理论之间具有相对更大的一致性。如果我们将弗洛伊德从精神分析理论视角出发所提出的社会理论归入本书所称的建构论社会学理论这一范畴，应该是一种可以接受的做法。只不过我们在这样做的时候，必须牢牢记住弗洛伊德和韦伯、舒茨、布鲁默等人之间的重大区别：前者主要是从本能因素相对社会结构而言所具有的自主性来理解或解释个体行动相对社会结构所具有的建构性，而后者则主要是从自我意识相对社会结构而言所具有的自主性来理解或解释个体行动相对社会结构所具有的建构性。忽略了这一点，弗洛伊德精神分析理论的独特价值也就荡然无存。

第五章　霍曼斯的社会交换理论

霍曼斯的社会交换理论给探寻西方社会学理论逻辑的学者带来了一定的困难：一方面，从社会现象和自然现象之间的关系以及社会科学和自然科学之间的关系问题上看，霍曼斯坚持一种与结构论社会学理论尤其是实证主义社会学家高度一致，而与我们前面梳理的那些建构论社会学理论家如韦伯、舒茨、加芬克尔、米德、布鲁默、戈夫曼等人完全相反的理论立场，即坚持社会现象和自然现象之间本质上的统一性，以及社会科学和自然科学之间本质上的统一性，坚持社会学是一门像自然科学那样的科学。就此而言，如果我们采用"自然主义—人文主义"的分类模式来对霍曼斯的社会交换理论进行归类，它就应该和所有的结构论社会学理论一起被归入自然主义的社会学理论阵营。但是，另一方面，从个人和社会之间的关系问题上看，霍曼斯又坚持一种与结构论社会学理论完全相反，而与我们前面梳理的那些建构论社会学理论家高度一致的理论立场，即认为各种社会现实实际上是由个人的行为构成的，要理解某种社会现实就必须把它还原为建构了这一现实的那些人的行为，社会科学实际上是关于人的行为的科学。就此而言，依照本书采用的"结构论—建构论"社会学分类模式，它又应该与我们前面梳理的那些建构论社会学理论一道被归入建构论社会学理论的阵营。显然，霍曼斯的社会交换理论应该被视为西方建构论社会学理论中的一个特殊案例。在本章中，我们就从上述两个角度来对霍曼斯的社会交换理论作一简要梳理。

一、演绎的实证主义

包括社会学在内的社会科学是不是科学？或者更具体地说，包括社会学在内的社会科学是不是和自然科学本质上相同的那种科学？我们已经看到，即使是在社会学学科内部，对于这个问题也至少有两种不同的回答。包括孔德、涂尔干等实证主义者和马克思、恩格斯等古典马克思主义者在内的结构论社会学理论家，都坚持认为社会科学在本质上应该是一种和自然科学相同的科学，而包括韦伯等理解社会学家和卢卡奇等人道主义马克思主义者在内的建构论社会学理论家，则坚持认为社会科学虽然应该是科学，但却是一种在本质上与自然科学不同的科学。与此不同，霍曼斯认为包括社会学（以及人类学、心理学、经济学、政治学、历史学和语言学等）在内的全部社会科学本质上都是与自然科学相同的科学。他明确宣称，尽管社会科学和自然科学之间存在着一定的区别，但这种区别并非本质上的：作为科学，它们拥有同样的研究目标、程序和解释规则，区别只是在于达到这些目标、遵守这些研究程序和解释规则的程度有所不同。由于一些特殊的困难，社会科学在这些方面还不能达到自然科学那样的科学程度，但这并非意味着社会科学研究不能成为科学。

霍曼斯认为，科学的基本任务就是"发现"和"解释"。这无论是对于自然科学还是社会科学来说都是适用的。霍曼斯说："有了发现才算科学，有了解释我们才能判断这门科学的成就有多大。"[1]

所谓"发现"，就是对存在于两种或两种以上现象之间的普遍关系加以揭示，并以命题的形式陈述出来，如波义耳定律对存在于密闭容器中的气体体积与其压力之间的普遍关系的陈述：在密闭容器中，气体的体积与压力成反比——如果压力上升，则体积缩小；反之则扩大。这里有两点需要注意。首先，科学发现并非对两种或更多任意现象之间某种偶然关联的揭示，而必须是对两种或更多现象之间普遍关系的揭示。例如，当我们说某

---

[1] 荷曼斯（霍曼斯）：《社会科学的本质》，杨念祖译，台湾桂冠图书出版有限公司，1991年，第5页。

次战役是在1066年10月14日发生的时候，我们也陈述了这次战役与其发生时间之间的关联。但这并没有揭示出战役与其发生时间两者之间所具有的普遍关联，因而谈不上是什么科学的发现。但当我说所有的战役都是在十月份发生的时候，我就揭示了所有被称为"战役"的现象与其发生时间之间的普遍关系。这种陈述就是一种科学发现。其次，科学发现必须以真正意义上之科学命题的形式加以陈述。并非所有有关两种或多种现象之间普遍关系的陈述都属于科学命题。所谓的科学命题，指的是符合以下条件的关于现象之间普遍关系的陈述，即陈述中使用的所有概念都是以布里奇曼所谓的"操作型定义"来加以界定的。所谓操作型定义，就是对如何精确测量概念的内涵作出了规定的那样一种定义，反之则是非操作型定义。如"65岁以上人口""交往次数"等是操作型定义，"老年人口""交往强度"等则是非操作型定义。霍曼斯认为，使用操作型定义来进行研究和对现象之间的关系加以陈述，是进入科学领域的先决条件。之所以如此，是因为只有使用操作型定义才能够揭示出两个具体现象之间的普遍关系，而非含糊和笼统地陈述可能包含诸多具体现象在内的两类现象之间的普遍关系。如波义耳定律就可以揭示密闭容器中气体的压力和体积这两种具体现象之间的普遍关系，但"人的行为是随文化传统的变化而变化"之类的陈述则无法告诉我们任何具体现象之间的关系，而只是含糊、笼统地陈述了"人的行为"和"文化传统"两种包含了诸多复杂内容的现象之间的关系。虽然我们由此也能够知道这两者之间的关系，但却无法据此预测任何具体的人的行为和文化事项之间的关系，因而不适合用来表述科学命题。

　　霍曼斯指出，在社会科学中确实存在着大量关于某些社会现象之间普遍关系的陈述，但是，它们所使用的概念却常常不是按照操作型定义的方式来加以精确界定的，而是以非操作型定义的方式来加以模糊界定的。如社会学、人类学中的"角色""文化"等概念就是如此。所谓的"角色"，被模糊地定义为"一个人在某一社会地位上的受期待行为"，"文化"则被模糊地定义为"社会成员群体生活的累积"等。使用这样一些以非操作方式加以定义的概念，我们只能得到诸如"文化不同，人的行为就不同"一类非常模糊和笼统的发现，而无法知道当"文化"变化时，人的哪些行为会发生哪些具体的变化。这种发现不能叫作科学发现，这种陈述也不能称作科学命题，充其量只能算是可以为进一步的科学研究提供线索的"引导性陈述"。

所谓"解释"，就是对命题所陈述的两种或两种以上现象之间的关系作出说明。霍曼斯指出，"科学最主要的任务乃是在解释"[1]。解释的基本形式则是用更为普遍的命题来说明较为特殊的命题，具体方法则是尝试能否从更为普遍的命题中将较为特殊的命题演绎出来：若能，则意味着后者得到了逻辑上的解释；反之，则意味着对后者的解释未能获得成功。[2] 例如，我们想要解释"凡哲学家最终必然会死"这一命题，就需要从一套更为普遍的命题中将这一较为特殊的命题演绎出来，例如，大前提："凡人最终必然会死"；小前提："所有哲学家都是人"；所以，结论："凡哲学家最终必然会死"。也可以有更为复杂的解释，如"当风往岸上吹时，靠岸边的水要比风往海里吹时更为温暖"这一命题，也必须能够从一套更为普遍的命题中演绎出来，例如，大前提："热水上升，冷水下降"，"上层的水受风的影响比下层的水更大"；小前提："风往岸上吹时，会把上层的水不断吹到岸边；风往海里吹时，则会把上层的水不断吹离岸边"；结论："当风往岸上吹时，靠岸边的水会比风往海里吹时更为温暖"。当然，对上述命题的解释还可以更为复杂一些，例如，可以"在一定条件下，单位体积物质吸收的热量越多，其密度或重量则越小"、"由于万有引力的作用，单位体积物质密度或重量越大，就越会朝地心方向降落"等物理学定律作为大前提，将"作为一种物质，当上层海水受到太阳照射时，单位体积所吸收的热量会增加，密度或重量会缩小"等作为小前提，将上述演绎过程中使用的"热水上升，冷水下降"这一大前提本身作为结论演绎出来。霍曼斯认为，这样一套能够用演绎的方式将某一特殊命题从一些更为普遍的命题中推演出来，从而对这一特殊命题作出解释的命题系统，就是我们通常所说的科学理论。霍曼斯说："所谓一个现象的理论就是一套

---

[1] 荷曼斯：《社会科学的本质》，第18页。
[2] 参见 G. Homans, *Social Behavior: Its Elementary Forms*, revised edition, Harcourt Brace Jovanovich, 1974, pp.8-9.

对此现象的解释。只有解释才配得上用'理论'这名词。"[1] "如果我们喜欢的话,也可将理论视为一种游戏,谁从最少的全称命题——在一些假设的情况下——中演绎出最多的经验命题,谁就是赢家。"[2] "一套有关某种现象的解释就是关于这种现象的理论。理论什么都不是——除非它是一套解释。"[3]

常常有人认为,即使我们承认社会科学是科学,那它也是一种与自然科学非常不同的科学。霍曼斯坚决反对这种看法,他相信虽然社会科学所讨论的主题和要揭示的内容的确与自然科学不同,但在建立命题和寻求解释这两个方面却并没有本质上的差异。只要社会科学家有想成为科学家的冲动,尽力发挥自己的天分,社会科学就一定会与其他科学比肩而立。社会科学之所以在目前比自然科学落后,既不是因为社会科学家的智慧不及其他科学家,也不是因为社会科学出道较晚,而是因为社会科学确实存在着一些特殊的困难。其中最主要的困难,首先是如前所述,缺乏足够的操作型定义,从而导致缺乏足够的"真命题",许多所谓的"命题"或陈述其实多是一些引导性陈述,这在社会学领域中尤其如此;其次是缺乏公认的普遍性命题,这在历史学领域中自不必说,即使是在自认为最符合科学要求的经济学领域中其实也是如此(例如,所谓的"供求定律"就不具备充分的普遍性:香水等奢侈品就不遵从此一定律)。这两大困难的存在使得社会科学家很难建立起可以和自然科学理论媲美的命题演绎系统,从而影响了社会科学朝科学目标前进的步伐。

霍曼斯强调包括社会学在内的社会科学与自然科学之间的一致性,强调只有使用按操作型定义加以界定的概念构建起来的陈述才是真正意义上的科学命题——因为只有这样的陈述才能够与经验事实相关联,从而以经验事实来对其真伪进行检验,等等,这些(尤其是或主要是后一看法)都让霍曼斯的理论表现出显著的实证主义倾向。然而,和涂尔干等人的立场有所不同而与帕森斯等人的立场相似的是,霍曼斯的实证主义也是一种

---

[1] 荷曼斯:《社会科学的本质》,第18页。
[2] 同上书,第21页。
[3] G. Homans, "Bringing Men Back In," *American Sociological Review,* 1964, Vol.29, No.6, p.812.

非经验主义的实证主义。这主要表现于霍曼斯在理论建构问题上对演绎逻辑的强调，这与涂尔干及逻辑实证主义者在同一问题上对归纳逻辑的强调有明显区别。为了显示这种区别，我们可以将霍曼斯的这种理论立场称为"演绎的实证主义"。令人好奇的是，尽管在反对经验主义这一点上霍曼斯的"演绎的实证主义"立场与帕森斯的"分析的实在论"立场有些相似，但霍曼斯对帕森斯结构功能主义理论的批评却也正是以这种"演绎的实证主义"立场为基础的。

二、把人带回社会学

在《把人带回来》一文中，霍曼斯对当时西方社会学领域最为流行的学派——结构功能主义学派进行了尖锐的批评。在该文起始，霍曼斯就明确指出了结构功能主义最大的问题：虽然在经验研究方面似乎获得了非常多的发现，但却从未建立起一个能够对这些经验发现作出有效解释的理论系统。因而，按照上一部分中所叙述的观点，很难说在推进对社会现象的科学研究方面这一学派到底作出了多大的贡献，尽管对于整整一代西方社会学家来说，它是一个具有主导地位的社会学理论流派。在该文紧接下来的篇幅里，霍曼斯试图探寻导致这一问题的主要原因。

霍曼斯指出，结构功能主义者感兴趣的研究主题主要有三：首先，他们关注对各种行为规范的研究，尤其是对作为规范丛的角色（the cluster of norms called a role）和作为角色丛的制度（the cluster of roles called an institution）的研究；其次，他们关注对各种角色之间的相互关系和各种制度之间的相互关系的研究，他们在意各种角色之间或各种制度之间是什么样的关系而非为什么会是这样的关系；最后，他们尤为感兴趣的是对一项制度的后果而非原因进行分析，特别是对作为一个整体的社会系统的后果进行分析，因而总是不知疲倦地揭示一个地位系统的功能和潜功能，而不问一个地位系统为什么会存在，为什么它会具有那些功能。霍曼斯认为，毫无疑问，作为一些经验研究的主题，这些都可以且应该是社会学家的对象，问题主要在于结构功能主义者试图用来对这些经验研究加以引导和解释的理论框架。早期的结构功能主义者如马林诺夫斯基等人对理论的兴趣并不是太浓厚，但美国的结构功能主义者，尤其是帕森斯等人却试图从结构功能主义立场出发发展出一套高度抽象的一般性社会学理论。但问题是，帕森斯等人构造出来的这一套结构功能主义理论，尤其是帕森斯早期以"社会系统理论"的名义构造出来的那一套以静态地描述社会系统的结构与功能为主要内容的理论，只是为人们观察和描述社会现实提供了一套以非操作型定义来加以界定的概念框架（如结构、功能、人格、文化、系统、角色、规范、制度、均衡、社会化、社会控制等），以及一些似是而非的关于社会系统中各种角色之间、各种制度之间相互关系的陈述，这些陈述既不是采用以操作型方式定义的概念来加以构造，相关陈述之间也没有形成一套逻辑严谨的演绎系统，因而完全不具备科学解释的功能。霍曼斯明确地说："理论不可推卸的职能就是解释。进化理论是一种解释进化为何以及如何发生的理论。探寻制度的后果，揭示制度之间的相互关系，与解释这些相互关系为何是其所是并不是一回事。我们所要回答的问题是实践性质的而不是哲学性质的——不是将角色作为基本的分析单位是否合理的问题，也不是制度是否确实真实的问题，而是功能主义的事业是否实际上导致了对社会现象的解释，包括对功能分析这一发现自身的解释。"[1] "除非你拥有许多事物的特性、关于这些特性之间相互关系的命题且将这些命题构成一个演绎系统，除非你同时拥有这三者，否则你不能说拥有了一个理论。""作为一种理论方面的努力，功能主义从未接近于满足那些条件。"[2]

霍曼斯认为，结构功能主义理论之所以没有形成一套具有解释功能的命题系统，主要是因为这套理论是以涂尔干的社会学理论为基础而发展起来的，它坚守涂尔干关于社会事实的看法，认为社会事实的本质特征在于其具有一种能够从外部对个体意识施加强制的能力，因而它不可能源自个体意识；这也意味着，以社会事实为研究对象的社会学也不可能是心理

---

[1] G. Homans, "Bringing Men Back In," p.811.
[2] Ibid., p.812.

学发展的必然结果：社会学必然是一门不同于心理学等学科的独立学科，它不仅有自己独立的研究对象——社会或其他社会群体而非个人心理或行为，也有一套自己独立的命题系统——当然也是关于社会或社会群体的特征方面的命题而非关于个人行为的命题。涂尔干的这种"社会学主义"立场在帕森斯等人建构的结构功能主义理论中得到了明显的继承和发挥。例如，在描述一项制度所具有的功能时，帕森斯等人并不会从这项制度在满足某些个人需要的意义上来使用"功能"一词，而往往是从该项制度在维持一个社会系统的生存或均衡状态方面所具作用的意义上来使用"功能"一词，其一般说法是："如果想要生存下去，或要维持均衡状态，那么，一个社会系统或者任何社会系统就必须拥有 X 类型的制度。"这样一种主要从制度对于社会系统而非个人的生存所具有的作用来描述制度功能的理论，显然是想要满足涂尔干关于社会学是一门不同于心理学的独立学科这一要求。对于帕森斯等当代功能主义者来说，角色、制度、社会系统等都是涂尔干意义上的那种独立于行动者个体意识的"社会事实"。这也就意味着，社会学的一般命题不可能也不应该是有关个体行为及其意识或者说关于人的那些基本命题，而只能是关于社会的结构或群体特征的那些命题。但实际上，以这样一些命题为基础，根本无法将它们建构成一套能够用来对个体行为或社会现实作出有效解释的演绎系统。由于其使用的词汇过于一般和抽象，难以精确界定或操作化，因而难以构成可演绎出能用经验观察到的具体事实来加以检验的科学命题。例如，上面引用的功能主义一般说法使用了两个对功能主义者来说非常关键的术语："生存"和"均衡"。如果一个功能主义社会学家选择"均衡"一词来陈述自己的学术见解，他（或者我们）就会发现根本无法对社会的"均衡"状态，尤其是所谓的"动态均衡"状态作出精确的界定，进而从相关陈述中逻辑地推演出任何具体的结论。什么情况下一个社会处于"均衡"状态，又在什么情况下一个社会处于非均衡状态？这些都是功能主义者使用"均衡"一词时无法精确回答的问题。同样，如果一个功能主义者选择使用"生存"一词来作出相关陈述，那么，所面临的情境也是如此：他会发现要精确界定社会的"生存"状态同样是一件非常困难甚至几乎无可能的事情。例如，尽管苏格兰与英格兰合并已经很长时间了，但它在制度、法律和宗教方面依旧有许多独特之处，那么，存在一个独立的苏格兰"社会"吗？或者说，作为一个"社会"，苏格兰是处于生存状态还是处于非生存的状态？用这样的词汇构成的陈述或命题，由于无法演绎出可以精确预测具体经验事实的结论，因而完全不具备有效的解释力。再比如以下这一陈述："如果想要生存下去，一个社会就必须有一定的冲突—解决机制。"这种陈述虽然可以解释对于任一既定的社会来说它必定拥有某种冲突—解决机制这一事实，但却无法解释为什么它会拥有它实际具有的那种特定的冲突—解决机制（例如古代盎格鲁—撒克逊法律制度为什么会拥有陪审团这种特定的制度）。

　　霍曼斯提出，社会学要解释的应该是现实生活中实际存在的特定现象，而非一般化社会所具有的那些一般性特征。由于将自己的理论兴趣完全放在那些脱离了可具体观察的个体行为的宏观的、抽象的社会特征上，因而完全不能符合这一要求。也正因为此，绝大多数功能主义社会学理论家都没有兴趣去构建一种具有科学解释力的演绎性命题系统，而只是热衷于建构一些可以用来对一般性社会的结构、制度等进行分析的概念框架（如帕森斯的社会系统理论）。虽然他们借助这样一些概念也能对社会现象之间的相互关系作出抽象的陈述，但由于不能从中演绎出可以观察和预测的具体经验事实，因而对于这些陈述到底是正确还是错误，人们无法加以检验，这使得人们怀疑这些陈述具有一定的或相当的任意性。霍曼斯说，帕森斯一类的结构功能主义所构建的这些概念系统与其说是一种科学理论，不如说只是一种可以用来对社会结构加以描述的语言，并且是多种可能的语言中的一种而已。功能主义者自视为理论著述的那些作品，其内容所展示的"不过是其他语言，包括日常生活语言，是如何能够被翻译成他们自己的语言的。例如，他们说，被其他一些人称为'谋生'（making a living）的行为在他们的语言中可以被称为'目标达成'（goal-attainment）"。但是，霍曼斯挖苦说："构成一个理论的是演绎而非翻译。"[1]他补充说，帕森斯等人构造的功能主义理论的主要问题不在于它

---

[1]　G. Homans, "Bringing Men Back In," p.813.

被证明是错误的,而在于它根本不是科学理论。

霍曼斯指出,各种社会现象实际上是由无数个人的行为聚合而成的,因此,要理解社会现象就必须从理解建构这些现象的个人行为开始。社会科学实际上是关于人的行为的科学,一种真正能够对现实生活中的各种具体社会现象作出解释的科学理论,必须是从作为个体的人的行动出发,以有关个人行动的一些基本命题来演绎出各种具体社会现实的。霍曼斯列举了功能主义者关注和讨论的一些现象来对此加以说明。例如,功能主义者认为社会分析的最小单位是角色,而所谓角色又被认为是一丛规范的聚合。这就等于将社会规范不仅视为一种既定的存在,而且视为主导个人行为的力量。但规范又是如何形成的呢?功能主义者不去问这样一个问题。实际上,科尔曼已经表明,社会规范是在个体行动者各自以理性计算的方式促进自身利益的行动过程中形成的。科尔曼正是以"每个行动者都会将自己的力量施于他在其中具有最大利益的那些行动"这一假定为基础,建构了一个演绎性命题系统来解释社会规范的形成和维持过程。再如,对于"人为什么会遵从规范"这一问题,功能主义者的回答一般是,在社会中生活的个人,已经将内嵌于社会规范的那些价值内化到自己的人格中去了,是以对规范的遵从成为行动者个人完全自愿的行为。这也等于将个人对社会规范的遵从视为一种理所当然的事情。但实际上,马林诺夫斯基早就指出,服从规范的行为通常会依据其服从程度来得到回报,而违规行为则通常会受到相应的惩罚。因此,对规范的遵从或违反也需被视为行动者理性选择的结果来加以解释。"遵从行为需要有心理学的解释,规范不会自动产生制约,唯有个人遵从规范才会产生制约作用,因为个人认为遵从规范可以获得很大的利益。"[1] 功能主义者尤其感兴趣于揭示各种制度之间的相互关系,但是如前所述,对社会现象的科学研究不能止于单纯揭示出制度之间的关系,而是必须对所揭示的关系作出解释。而这种解释同样必须将要解释的现象还原到个人行动的层面,同样必须从有关个人行动的基本命题中演绎出来。比如,对于"工业化程度越高,亲属组织就越倾向

---

[1] 荷曼斯:《社会科学的本质》,第48页。

于以核心家庭为主导形式"这一现象，必须按以下方式加以解释：人们从组织工厂或进入工厂工作的行为中，能够得到比在传统农业社会以扩大式家族组织进行的劳动中更多的物质报酬，但由于时间因素，在工厂工作就不得不居住到远离传统扩大式家庭纽带的地方，因此，工业越发达，工厂越多的地方，核心家庭就相对越多。这里用来对工业化程度和核心家庭之间的紧密关联进行解释的基本命题完全是有关个人行为或个人需要的命题，而非所谓社会之功能需要的命题。此外，功能主义者还感兴趣于揭示制度的后果，尤其是作为一个整体的社会系统的后果，例如，揭示地位系统的功能或反功能等，但却很少先去探索为什么会有这种制度（如地位系统）。他们也强调地位系统等制度现象的突生性质，并将其作为涂尔干所说的社会学不能还原为心理学的一个证据。但他们从不问为什么制度等社会现象会有这种突生性。然而，社会学中的小群体研究却解释了地位系统一类的制度是如何从群体成员之间的互动过程中"突现"（emerge）的（虽然只是在小群体的范围内）。这种解释也是以心理学中有关个人行为和心理的命题为基础的，完全不需借助任何有关社会或社会群体的"功能命题"。[1]

从以上这些分析中我们可以得到一些什么教益？霍曼斯认为，我们可以得到的教益就是：如果被功能主义者视为理所当然的那样一些现实如社会规范，如果功能主义者提供经验研究所发现的那样一些社会现象之间的相互关系，能够通过利用心理学命题建构起来的演绎系统来加以解释，那么，我们就可以确定，即使是社会学中的一般解释性原理也将不会是社会学中那些有关社会或社会群体行为的命题，正如功能主义者提供给我们的那样，而是心理学中那些有关个人行为的命题。

霍曼斯总结道："如果社会学是一门科学，它就必须认真地从事任何科学都要从事的一项工作，即为其所发现的经验性关系作出解释。一项解释就是一个理论，它采取演绎系统的形式。就其关于理论的所有言说来看，功能主义者并未足够认真地对待理论工作。他们从未问过自己什么是

---

[1] G. Homans, "Bringing Men Back In," pp.813-815.

理论，也从未产生过一种作为解释的功能理论。我不能肯定，从他们那些无法从中演绎出明确结论的有关社会均衡条件的各种命题出发，是否能够完成这类工作。如果我们认真地努力来建构一种开始对社会现象进行解释的理论，其结果就将是一种有关个人行为而非社会均衡的一般性命题。"[1]

总而言之，霍曼斯认为，由于受到涂尔干社会学主义的影响，结构功能主义者过于强调社会结构本身的突生性质，单纯以社会结构本身来解释各种社会结构的运作以及人的行为，忽视了人的行为在社会过程中所具有的能动作用。和韦伯等建构论社会学理论家一样，他相信社会现实实际上是由无数个人的行为建构出来的，要理解社会现实就必须从理解建构这些现象的个人行为开始。韦伯从诠释学那里、舒茨从现象学那里借鉴了一些理论资源来描述和解释人的行为，霍曼斯则从心理学——主要是行为心理学那里找到了一些可供借鉴的理论资源。他提出，正是行为心理学为理解人的行为提供了一些最基本的科学命题，全部人类的行为以及社会现象都可以从这样一些基本的行为心理学命题中推演出来。

三、作为交换的社会行为

霍曼斯的社会交换理论，很大程度上是建立在其早期从事的小群体研究基础之上的，是以行为心理学的基本命题为工具，从社会交换的立场出发，将人的行为视为一种交换行为，对其在小群体研究中所触及的那些研究主题或现象所作的理论解释。事实上，这些研究主题或现象及相关解释早在霍曼斯发表于1958年的题为《作为交换的社会行为》一文中就已经初具雏形。为了更好地理解《社会行为：它的基本形式》一书的内容和主张，我们先来对霍曼斯在该文中所阐释的研究主题及相关解释作一简要概述。

在《作为交换的社会行为》一文中，霍曼斯明确提出应该将人的社会行为视为一种交换行为，以此来推进人们通过田野观察和实验室观察方

---

[1] G. Homans, "Bringing Men Back In," p.818.

式对小群体进行考察那样一些关于人类行为和互动过程的研究。霍曼斯指出，正如莫斯在《礼物》一书中所说的那样，人际互动实际上就是一种物品（goods）交换过程，只不过这种交换过程所交换的物品既包括了物质形态的物品也包括了非物质形态的物品，譬如对别人的言行表示赞同或向他人表示尊敬等。这种交换过程与行为心理学家斯金纳（Skinner）在实验室中对鸽子行为进行实验研究时所观察到的一些现象非常相似——例如，鸽子啄靶子的行为会因得到食物这一结果而被强化，而一个人的某种行为也会因得到对其而言具有价值的结果而被强化——因此，完全可以基于行为心理学家通过此类研究得到的一些基本命题来加以解释。作为作出这类解释的一种尝试，霍曼斯在该文中侧重分析了小群体研究所发现的一种现象，即群体均衡现象。按照霍曼斯的界定，群体均衡现象指的是这样一种现象，即在我们对某一群体进行观察的时间段内，如果群体的每个成员在该时间段的开始和末期都以相同的频率作出某些相同类型的行为（以某个成员 A 为例，如果该成员在这一时间段的开始和结束期与成员 B 的互动都多于与成员 C 的互动），那么，该群体在此一时间段内就属于均衡状态。[1]
对于结构功能主义者而言，这种均衡状态被设定为一种本身无须解释但可以用来解释其他社会现象的自变量，但霍曼斯反驳说，这种均衡状态本身是需要得到解释的现象，并且可以借助行为心理学的基本命题来加以解释。霍曼斯认为，这种群体均衡现象实际上是每个群体成员的行为逐渐趋于均衡的一个结果。而每个群体成员行为的均衡化则是其对自己行为的利润不断进行理性计算后最终选择的一个结果。如果我们把群体成员在某项行动或互动中的所得称为收益，把他付出的代价（包括放弃的行动选择）称为成本，那么利润就是收益减去成本后的盈余。从田野观察和实验观察中我们可以获得大量支持下面这一命题的经验材料，即当可意识到的利润达到最小时，行为的变化将会最大；而如果一个人在特定环境下改变了自己的行为，远离了给他带来最小利润的状态后，即使行为改变后的收益和成本之间只能达到平衡，他还是可能在一段时间内使自己的行为不做任何

---

[1] G. Homans, "Social Behavior as Exchange," *American Journal of Sociology*, 1958, Vol.63, No.6, p.601.

大的改变，即他的行为在这段时间内将趋于均衡状态。如果该群体内的每个成员的行为都达到了这样一种状态，那么该群体就将处于均衡状态。[1]当然，如果群体中的每个人都在追逐自己利润的话，这样一种群体均衡状态可能并不容易甚至根本无法达到。但是，在某种特定情境下这种均衡状态则会相对容易达到。譬如在存在着分配正义规则的情境下，每个人都会期待付出相同（或更多）的成本的人会得到相同（或更多）的收益，或者，得到相同（或更多）收益的人应该要付出相同（或更多）的成本。否则人们就会对付出较少成本却得到较多利润的人产生抱怨。这种抱怨会构成一种群体压力，促使收支不平衡的人变更自己的行为，进而使群体成员的行为逐渐达到均衡状态。这种均衡状态也使群体的社会结构（群体成员之间的互动和地位关系）相对确定下来，因此，群体的社会结构其实也是群内成员各种收益与成本相异的行为交换的结果，应该也可以用行为心理学的基本命题来加以解释。

在《作为交换的社会行为》一文末尾，霍曼斯将自己从交换视角来看社会行为的理论观点总结如下："社会行为就是物品交换，不仅交换物质形态的物品，而且也交换非物质形态的物品，例如赞同或声望的符号。给予他人较多的人也会试图从他人那里得到较多，从他人那里得到较多的人也会有压力去给予他人较多。这一影响过程在交换中倾向于在某个点上综合起来达成一个均衡状态。对于一个参与交换的人来说，他的给予对他而言可能是成本，正如他的所得就可能是收益，当收益减去成本即利润最大化时他的行为将会很少发生变化。他不仅为自己寻求最大利益，而且也试图确保自己所处的群体中没有其他人能够获得比他更多的利润。他的给予和所得的成本与价值是随着他给予和所得数量的变化而变化的。我们不仅惊讶于对这些命题我们是多么熟悉，而且也惊讶于我们称为'群体结构'的东西是如何开始从这些有关交换过程的命题中产生的，并且，在这一过程中，一些对现实群体加以研究的学者提到过的有关群体结构的命题也相应地被生产出来。"霍曼斯还感叹道："在我们有关社会行为的诸多理论

---

[1] G. Homans, "Social Behavior as Exchange," p.603.

当中，将社会行为视为交换的理论是最容易被忽略的，然而这正是我们在生活中每时每刻都在使用的理论。"[1]

四、用心理学命题解释各种社会现象

霍曼斯在《作为交换的社会行为》一文中所讨论的主题和提出的观点，在《社会行为：它的基本形式》一书中得到了扩展和深化，最终形成了霍曼斯独特的社会交换理论系统。

在《社会行为：它的基本形式》一书中，霍曼斯将他认为可以用来对各种社会现象加以解释的一些最基本的行为心理学命题简要概括如下：

（1）成功命题：对于人们的所有行动来说，一个人的某种行动越频繁地得到回报，他就越愿意从事这种行动。[2]

（2）刺激命题：如果在过去的时间里某种或某一组特定的刺激曾经伴随着对某人行动的回报，那么目前的刺激越类似于过去的刺激，某人就越可能采取这种行动或与之类似的某种行动。[3]

（3）价值命题：对某人来讲，他的行动结果对他越有价值，他就越可能采取该行动。[4] 这里的"价值"一词指的是刺激所提供的回报的程度。

（4）剥夺—满足命题：某人在近期越频繁地得到某种回报，该回报的追加对他来说就越没有价值。[5]

（5）攻击—赞同命题：该命题包括两部分内容：

（a）当某人的行动没有得到他预期的回报，或得到始料不及的惩罚时，他会被激怒并更有可能采取某些攻击性行为，且这种行为的结果对他来说更有价值；[6]

---

[1] G. Homans, "Social Behavior as Exchange," p.606.
[2] G. Homans, *Social Behavior: Its Elementary Forms*, p.18.
[3] Ibid., pp.22-23.
[4] Ibid., p.25.
[5] Ibid., p.29.
[6] Ibid., p.37.

（b）当某人的行为获得了他预期的回报，尤其是得到的回报大于其预期，或没有受到他预期的惩罚时，他就会感到高兴并更有可能去采取某些赞同性行为，且这种行为对他来说也更有价值。[1]

在该书后来的修订本中，霍曼斯又将上述命题加以概括，提出了一个总结性的命题，即理性命题。其内容是：在作出行动选择时，人们会选择他当时所认识到的行动结果所具有的价值与能够得到结果的概率之积较大的那项行动。[2] 可以用公式来将这一命题表示如下：[3]

$$若\ A_1 = P_1 V_1 > A_2 = P_2 V_2,\ 则选择\ A_1$$

式中：A_1、A_2 分别表示行动1、行动2，P_1、P_2 分别表示行动1和行动2能够得到行动结果的概率，V_1、V_2 则分别表示行动1和行动2的结果所具有的价值。霍曼斯举例对此公式加以说明："假定某人要在两种行动中进行选择。第一种行动如果成功的话他将获得3单位的价值，但是他估计其行动成功的概率只有四分之一。第二种行动则将给他2单位价值的收获，但他估计其成功的机会为二分之一。既然 $3 \times 1/4$ 要小于 $2 \times 1/2$，根据理性命题，此人将选择第二种行动。"[4]

上述命题虽然都是一些简单明了的命题，但它们却是人类行为所遵从的一些基本规则。霍曼斯提出，一切人类行为最终都可以用这样一些基本的行为命题来加以解释。并且，按照霍曼斯的看法，这些基本命题既适用于一个孤立的行动者在特定物理情境中所从事的任何理性行动，也适用于两个及两个以上的行动者在互动或者说社会情境中所从事的任何理性行动。许多社会学家都认为随着行动情境的这种转换，用来解释个人行动的基本命题也应该发生变化，但霍曼斯却说这是一个普遍流行的错误观念。霍曼斯坚称，虽然在前一种情境中行动者的行动报酬只能来自所处的物理情境（行动者事实上是在与其所处的物理情境进行交换），而在后一种情

---

[1] G. Homans, *Social Behavior: Its Elementary Forms*, p.39.
[2] Ibid., p.43.
[3] 该表达式为本书作者所使用，而非霍曼斯本人所使用。
[4] G. Homans, *Social Behavior: Its Elementary Forms*, p.44.

境中行动者的行动报酬则来自与之互动的其他行动者（行动者是在与其所处的社会情境即互动的他人进行交换），但用来对这两种不同情境中的个人行动加以解释的基本命题却不必发生变化，我们需要做的仅仅是将原来的基本命题运用于新的情境条件而已。因此，在《社会行为：它的基本形式》一书中，霍曼斯的工作基本上就是采用上述基本的心理学命题来解释一些主要的社会现象和社会过程，如人际互动、群体的形成和维持、权力和地位分化以及社会分层等。

霍曼斯认为，最基本的社会过程就是人各自为了获取报酬而进行的人际交换。这种交换包括物质交换但又不限于物质交换，还包括各种非物质资源如感情、友谊、尊重、服从等的交换。例如，一个人以对他人的尊重来换取他人为自己的工作提供某种有价值的建议，或者以对他人的意见表示赞同来换取他人对自己的好感等都属于社会交换。霍曼斯指出，人们之间之所以会形成社会交换关系，正是因为人们在实践中意识到，和不存在社会交换关系的情境相比，社会交换关系的存在可以给双方带来更大的收益。例如，两个可以通过沟通来商定到某个山顶别墅轮流独自度周末的人，可以比较好地消除当他们各自孤立决策时有可能会发生的利益冲突（如两个人在同一时间抵达了该山顶别墅），从而给双方都带来收益（降低甚至消除了时间和其他方面的机会成本）。通过最初的交换行为各自获得了比交换不存在时更大收益的两个行动者自然会对对方产生好感，从而倾向于进行新的交换。如果新的交换行为再次给交换双方带来了所欲求的收益，那么，就会使双方的交换关系得到进一步的强化或巩固，使双方逐渐成为一对相对稳定的交换伙伴（或者按照霍曼斯的说法，使双方的交换关系进入一种平衡状态）；反之，双方的交换就可能面临着考验。而处于稳定或平衡交换关系状态的双方又会进一步增加互动频率、好感度和相似性，进而使双方的交换关系更趋稳定和平衡。

面对面的社会交换是所有更复杂的社会过程的基础。各种群体（group）或组织就是由这样一些基本的交换过程合成的，它们也只有在能够不断为成员提供其所预期的回报的条件下才能维持自己的存在。当有众多的行动者参与到同样的互动过程中来时，我们就称这些行动者为一个

"群体"。按照霍曼斯的定义："一个群体是由一批个体即它的成员所组成的，这些成员中的每一个人在特定的时间段里与其他成员的互动要多于与那些被称为外人的人的互动。"[1]群体成员之间互动的一个重要特征是其受到社会"规范"的协调。所谓规范，指的是一套详细指示一个人或者某类人在特定情境下被期望应该如何行动的陈述。诉诸规范来维持互动，这本身也是一项行为。因此，按照成功命题，和其他行为一样，行动者之所以会经常采取这项行为，也是因为他在之前采取这种行为（诉诸某项规范）时曾经成功地获得过回报。例如，当一个经常帮助某人的人表示不再乐意提供帮助时，某人可能会对他说"我们是好朋友，你应该帮助我"，或者"我对你那么好，你应该帮助我"等，这些言语陈述的都是一些"规范"。如果某人向对方陈述了这些规范之后，对方改变了态度，愿意继续向某人提供帮助，对方态度的改变即是某人对规范进行陈述这一行为的报酬。这种报酬的获得就将促使某人今后经常性地采取这种诉诸规范的行为。而对方之所以改变态度，也是因为依据之前的经验，遵从相应的规范将获得一定的回报（如维持和某人的友谊或避免相应的报复行为等）。霍曼斯指出，除了一些非常小的群体之外，要想让足够多的群体成员遵守规范，就必须在让每个成员都能通过遵从规范得到一定的回报（包括免于惩罚）之外，还能够补之以某种集体的善（collective good）。在每一个群体中都会有某些人成为社会规范的真诚信奉者，他们在任何情况下都倾向于遵从规范，而另一些人则是为了避免因持续违规遭到否定而失去社会报酬才遵从规范。群体中社会规范的真诚信奉者越多，他们向其他成员提供的报酬就越有价值，其他成员也就越乐意遵从规范，遵从规范的人也就会越多。但是，如果越轨者设法抵抗这种群体压力，那么，就有可能出现一个转折点，从此越轨行为开始逐渐增多；越轨行为越多，越轨者感受到的群体压力就越小，其因越轨而遭受的损失就越小，而这又会诱使更多的人选择越轨行为，以致群体最终失去对越轨行为的控制乃至趋于解体。此外，遵从规范是群体成员展开合作的一种形式。但除了合作之外，群体成员之间还

---

[1] G. Homans, *Social Behavior: Its Elementary Forms*, p.94.

存在着竞争关系。在竞争中，一方所得即另一方所失，因此，竞争不可避免地会在竞争者之间引发一定的敌意，甚至可能导致群体的分裂。而一个人到底是选择与另一个人进行合作还是展开竞争，也取决于这两种行为方式中哪一种能够给他带来更大的报酬：若与他人合作能够为其带来更大的报酬，他就会选择合作，反之则会选择竞争。

地位分化和社会分层等现象和过程也是从上述基本人际交换过程中产生和形成的。所谓"地位"，指的是某人自己和他人循着某些标尺将其与涉及的所有他人进行比较和排序时给他确定的位置。[1] 地位分化是特定条件下人际交换的一个结果。例如，决定地位分化的基本因素是权力分化，而权力分化就是社会交换的结果。在社会交换过程中，人们既会得到一定的收益或报酬（reward），但也必然要付出一定的成本（cost），收益减去成本便是人们通过交换得到的净利润（profit）。在一般情况下，交换双方通过交换所得到的利润率（收益与成本之间的比率）应该是大体相等的，否则，交换关系就可能中止。但是，在现实生活中，并非所有人都能够（在种类、质量和数量方面）向自己所欲与之发生交换关系的人提供对方所需要的报酬，使后者在交换中能够获得与前者同等的利润率。在这种情况下，不能提供对方所需报酬的一方在交换过程中自然将处于一种劣势地位。为了维持交换关系的存在，前者就必须认可后者在交换关系中具有相对更大的权力，乐意随后者的意志来改变自己的行为以使后者获得更大的报酬。一般说来，这种情况更多是发生在三人及三人以上的行动者相互交换的情境之中。因为在这种情境中，更可能出现的情况是，个别或少数行动者掌握其他多数行动者所需的价值资源，从而导致其他多数行动者难以向这些稀缺资源的拥有者提供其所需价值。在这种情况下，人际交换过程中获利最小的那个人就可能在交往过程中拥有更大的主动性和支配地位。霍曼斯将此原理归纳为"利益最小原理"，即在交换中获得最小利益的那一方同时也会是交换各方中权力最大的一方。霍曼斯用它来解释权力关系的形成，并认为这一原理既适用于非强制性的交换关系，也适用于强制性的交换关系。

---

[1] G. Homans, *Social Behavior: Its Elementary Forms*, p.223.

不过，他将在前一种交换关系中形成的权力称为"权力"，将在后一种交换关系中形成的权力称为"权威"。更为具体地说，虽然在这两种关系中都存在着一方对另一方的控制，但区别在于：在"权力"关系中，一方对另一方的控制是基于拥有权力的一方自身对另一方交换结果的控制，因而是内在于交换过程的；而在"权威"关系中，拥有权威的一方自身并不能对另一方的交换结果进行控制，其对另一方的控制完全是基于一种外在于交换过程的力量。尽管如此，只要不管出于什么原因，在权威关系中，处于被控制地位的一方愿意接受具有权威者的劝告、建议或命令，并且发现自己的服从行为实际上产生了从外部自然或社会环境中得到报酬的结果，那么，根据刺激命题，他就会乐意遵从这些来自权威者的劝告、建议或命令。地位分化是在任何一个群体或社会中都存在的普遍现象，其结果则是社会分层系统的普遍存在。一般说来，属于相同地位层级的人在情感、思想和行为等方面都有更高程度的相似性，也会有更多的互动。

由上也可知，一个人的社会地位首先取决于他在社会交换过程中的给予（gives）状况，因为正是他的给予状况决定了他的权力拥有状况：他给予的东西越多，价值越大，所拥有的权力就越大，地位就越高；反之，其拥有的权力就越小，地位就越低。但给予或权力的状况只是显示一个人地位高低的标志或维度之一，显示一个人地位高低的另一个标志或维度是他在社会交换过程中的获得（gets）状况。在没有外力干涉的情况下，如果社会交换得以发生，那么，一个人在交换过程中的所得与所予将会自然趋于一致。这种一致很大程度上是人们追求所谓"分配正义"的结果。"分配正义"是指人们对于交换过程中报酬分配的公正性所作的主观判断，它与人们对自己在交换过程中所得状况的"满意"或"不满意"感有关。霍曼斯指出，一个人对其交换所得的满意状况与其所得的价值不是同一个变量，前者既随着后者的变化而变化，也随其期待得到但又尚未得到的东西即欲望的变化而变化。决定一个人欲望的因素首先是他的需要：当他的需要未得到满足时他自然会产生不满意感。其次是他曾经成功获得某些报酬的经历：一个人之前在获得某些报酬方面越是成功，他对这些报酬的期望值就越会上升，因此，一旦他的所得滞后于他的愿望，他就会产生不满。

再次则是"分配正义"规则，即在交换过程中的给予状况，以及个人背景特征（资历、身份、能力等）相近或相同时，人们通过交换所得到的报酬也应该相等。因此，当一个人没有得到同某些他人尤其是与他接近或相似的人得到的报酬相比他所期待得到的某种报酬的数量时，他就会产生一种相对剥夺感或者说不公正感。分配正义问题是在人际或群际关系中引发敌意的重要因素：当一个人认为他的所得少于他依据分配正义规则应该得到的数量时，他会感到愤怒并对他视为造成这一不义结果的个人或群体产生一定的敌意。因此，分配正义问题总是群体和占据权力高位的人特别需要加以关注的问题。

在《社会行为：它的基本形式》一书中，霍曼斯还以与上类似的方式，以行为心理学的基本原理为基础，对地位归属与遵从行为之间的关系、领导与下属之间的关系、面对面的社会交换过程与正式组织或制度条件下更为宏观的社会交换过程之间的关系等问题进行了分析，试图说明几乎所有的社会现象都可以用行为心理学的基本命题来加以解释。限于篇幅，不再赘述。

结　语

如上所述，在社会与个人之间的关系问题上，和所有的建构论社会学理论家一样，霍曼斯也强调要把人带回社会学，强调要将所有的社会现象都还原到行为心理学所描述的最基本的个人行为层面，试图以这些最基本的个人行为层面的心理学规律来解释各种社会现象。霍曼斯曾经明确地称自己为一个"终极的心理学还原主义者"（ultimate psychological reductionist）[1]，并据此明确批评和反对涂尔干的社会学主义立场。因此，和所有的建构论社会学理论一样，他的理论也受到了许多来自结构论社会学理论家的批评。其中最主要的批评就是针对他的理论所具有的心理学还原论色彩，指责他试图把几乎所有的人类行为和社会过程都还原为一些基本

---

[1]　G. Homans, "Social Behavior as Exchange," p.597.

的心理学命题（而且是一些从动物实验中得出的命题），完全忽视了社会过程本身所具有的整体效应（虽来自个人行动，却不可以简单地还原为个人的行动）及其复杂性。彼得·布劳的社会交换理论在一定程度上就是以修正霍曼斯理论的这种缺陷为目的而建构出来的，遗憾的是布劳在试图弥补霍曼斯理论缺陷时走得过远，最终又回到结构论社会学理论那里了。

显然，在试图以社会成员个人的主观心理活动来对各种社会现象的形成和变化加以解释方面，霍曼斯的理论立场与韦伯、舒茨、米德、布鲁默等建构论社会学理论家的理论立场是完全一致的，将他的社会交换理论归入建构论社会学理论是完全合理的。不同之处是，作为一个行为主义心理学的认同者，霍曼斯像绝大多数行为主义心理学家一样，反对将人的心理活动理解为完全由各种不同形式（如感性、知性、理性等）和内容的意识片段通过相互联结和相互作用构成的一种纯粹内在的主观过程，主张将人的心理活动理解为一种个体对来自内外环境的各种刺激作出一组比简单的生理反应更为复杂的行为反应的过程；反对将人的心理活动理解为一种与其他自然现象完全不同的现象，主张个人的心理活动与包括动物心理在内的所有其他自然现象具有完全相同的客观本质；反对以理解或诠释学的方法来考察个人的心理活动，主张用自然科学乃至实证科学的方法来考察个人的心理活动。就此而言，霍曼斯的社会交换理论似乎又与韦伯等人的主观唯心主义建构论社会学理论立场有着重要的甚至根本的区别，不能归入韦伯一类以主观唯心主义社会观为特征的非马克思主义建构论社会学理论阵营。事实上，行为主义心理学也确实由于其不同程度的"环境决定论"色彩而常常被视为一种唯物主义——尽管是一种机械唯物主义——的心理学理论立场。若这种说法可以被接受，那么，霍曼斯的社会交换理论是不是也应该被视为一种（机械）唯物主义而非主观唯心主义的建构论社会学理论呢？

对于这个问题，笔者的看法是，在将人的心理活动视为一种自然现象、一种对来自内外环境的刺激作出的反应等方面，霍曼斯及其所接受的行为主义心理学确实具有一定程度的唯物主义（当然是一种机械唯物主义）色彩，尽管如此，行为主义心理学所揭示的个人行为规律依然是人类心理活动的规律,因此,像霍曼斯的社会交换理论那样,以这样一些人类个体心理活动的基本规律为基础或依据去进一步解释各种社会现象,从社会学的角度来说,就可以被视为一种带有主观唯心主义色彩的社会学理论立场,而非唯物主义(或是机械唯物主义)的理论立场。在这方面,我们可以从马克思、恩格斯对费尔巴哈唯物主义哲学理论的评价当中找到答案。和行为主义心理学家类似,费尔巴哈也是从一种机械唯物主义的立场出发来理解人的意识活动,将人的意识理解为人脑这种物质对外部存在的反映,并且,和霍曼斯相似,也是将包括国家、宗教观念等在内的社会现象还原为"人"这种自然现象,将"人"视为人类全部活动和关系的基础和本质,试图从"人"出发去理解宗教、国家等各种社会现象。早期的马克思、恩格斯都接受过费尔巴哈的这种人本主义的唯物主义哲学,但当马克思、恩格斯形成了自己的历史唯物主义理论之后,就毫不留情地抛弃了费尔巴哈的哲学,认为这种人本主义的唯物主义哲学并不是一种真正彻底的唯物主义:费尔巴哈不懂得"人"、人的意识、人的本质以及人和人之间的社会关系等并非一种纯自然的存在,而是人的实践——其中最根本的是人的物质生产实践的产物,因而不能单纯地从"人"本身得到解释,而需从人们的物质生产实践过程得到解释;因此,虽然在意识和人脑的关系或思维和存在的关系问题上,费尔巴哈是一个唯物主义者,但在社会历史观方面他却依然可能像他之前的许多唯物主义者如霍布斯、洛克、霍尔巴赫、爱尔维修等人一样停留在一种唯心主义立场上——例如用抽象不变的"人"的本质(如自利、理性、合群性、爱等)去解释社会历史现象。所以,马克思、恩格斯说:"当费尔巴哈是一个唯物主义者的时候,历史在他的视野之外;当他去探讨历史的时候,他不是一个唯物主义者。在他那里,唯物主义和历史是彼此完全脱离的。"[1]马克思、恩格斯对费尔巴哈的这种评判,可以在一定程度上支持我们上面关于霍曼斯社会交换理论依然是一种主观唯心主义社会学理论的评判。事实上,我们对霍曼斯理论的这一评判也可以从霍曼斯自己的声明中得到支持——在《社会科学的本质》

---

[1] 马克思、恩格斯:《德意志意识形态》,《马克思恩格斯文集》第 1 卷,人民出版社,2009 年,第 530 页。

一书中，针对有人批评其用行为心理学命题来解释各种社会现象的主张具有唯物主义色彩的说法，霍曼斯明确地宣称："行为主义心理学并不是唯物主义的心理学。"[1]从霍曼斯的这一宣称中，我们至少可以感受到他对于"唯物主义"立场甚至标签的恐惧和反对。无疑，一个对唯物主义立场持有这种恐惧和反对态度的人，恐怕是难以被归入唯物主义者，哪怕是机械唯物主义者的阵营的。

---

[1] 荷曼斯：《社会科学的本质》，第44页。

下编

马克思主义建构论社会学理论

第六章　卢卡奇论历史与阶级意识

在社会理论文献中，卢卡奇被视为"西方马克思主义"的奠基人之一。之所以如此，则是因为卢卡奇在其早期代表作《历史与阶级意识》一书中，阐述了一种被后人认为与古典马克思主义有所不同的"马克思主义"理论，即"人道主义的马克思主义"理论。这种马克思主义理论具有两方面的特征：一方面，作为"马克思主义"，它依然坚持以批判资本主义社会、探寻人类从资本主义社会中解放出来的道路为自己的论题和主旨，也坚持经典马克思主义的一些基本原理，如生产力决定生产关系、经济基础决定上层建筑、社会存在决定社会意识、阶级斗争推动历史进步等；但另一方面，作为一种"人道主义"的马克思主义，它又从李凯尔特、韦伯、齐美尔等德国"历史科学"或"精神科学"学派学者那里受到启发，反对在马克思主义者当中曾经流行的一些对马克思主义社会理论作出的庸俗化、实证化、科学化或机械唯物主义化的解释，试图将作为阶级的人的意识因素作为解释社会历史进程的一个关键因素加以突出，在此基础上对马克思主义进行一种更为合理的阐释。以下我们仅以《历史与阶级意识》一书中的论述为据，对卢卡奇在这方面的相关思想作一简要概述。

一、社会历史的特性与阶级意识的作用

《历史与阶级意识》一书所面对或处理的第一个重要问题是:"什么是正统马克思主义?"按照卢卡奇的说法,这个问题无论在无产阶级还是资产阶级圈子中都是被反复讨论的对象。"甚至在'社会主义'营垒中,对于哪些论点是马克思主义的本质,哪些论点可以'允许'批评甚至抛弃而不致丧失被看作'正统'马克思主义者的权利,看法也很不一致。"针对当时人们围绕此类问题所展开的争论,卢卡奇明确地表达了自己的意见。他写道:"正统马克思主义并不意味着无批判地接受马克思研究的结果。它不是对这个或那个论点的'信仰',也不是对某本'圣'书的注解。恰恰相反,马克思主义问题中的正统仅仅是指方法。"换言之,所谓"正统马克思主义"不是别的,只是马克思主义创始人所采用的一种研究方法,即"唯物主义辩证法"。"我们姑且假定新的研究完全驳倒了马克思的每一个个别的论点。即使这点得到证明,每个严肃的'正统'马克思主义者仍然可以毫无保留地接受所有这些新结论,放弃马克思的所有全部论点,而无须片刻放弃他的马克思主义正统。"[1]

那么,唯物主义辩证法是一种什么样的研究方法呢?按照一般的说法,所谓"辩证法",就是一种主张从对象的相互联系和矛盾运动中去考察对象的思维方法。在马克思、恩格斯之前,"辩证法"要么被认为只是一种思维方法,反映的不过是人类思维运动的规律;要么像黑格尔等人那样,虽然承认辩证法既是思维运动的规律,也是作为思维对象的一切事物运动的规律,思维和其对象之间具有同一性,但却对思维和其对象之间的关系作出一种唯心主义的解释,认为思维与其对象的同一性在于它们本质上都是一种精神性的存在。因此,作为思维及其对象之普遍规律的辩证法,本质上也就是精神(或"绝对精神")运动的规律。马克思、恩格斯则在唯物主义基础上批判继承了黑格尔的思想,认为辩证法确实并非只是

---

[1] 参见卢卡奇:《历史与阶级意识》,杜章智等译,商务印书馆,1992年,第47—48页。

人类思维的规律,而是贯穿思维运动及其对象领域的普遍规律;思维与其对象之间也是同一的,但这种同一性并非由于思维及其对象本质上都是一种精神性的存在,而是由于作为对独立于自身的客观对象(自然和社会)世界的反映,思维归根结底必须与后者相一致。辩证法首先是自然和人类社会的客观规律,作为思维方法的辩证法本质上不过是作为自然和人类社会客观规律的辩证法在人类思维中的反映而已。因此,恩格斯不仅提出"辩证法不过是关于自然界、人类社会和思维的运动和发展的普遍规律的科学"[1],而且明确认为"辩证法的规律是从自然界的历史和人类社会的历史中抽象出来的"[2],辩证法"在黑格尔本人那里是神秘的,因为各种范畴在他那里表现为预先存在的东西,而现实世界的辩证法表现为这些范畴的单纯的反照。实际上恰恰相反:头脑中的辩证法只是现实世界即自然界和历史的各种运动形式的反映"[3]。

然而,卢卡奇对辩证法的内容和特征作出了自己的理解,并对恩格斯有关辩证法的论述提出了一些批评。在《什么是正统马克思主义?》一文中,卢卡奇指出,尽管恩格斯对于唯物辩证法的创立和阐释作出了重要贡献,但他对辩证法的阐释却存在着一定的局限。这个局限就是,恩格斯对辩证法的阐述,忽略了历史过程中主体和客体之间辩证关系方面的内容,更没有意识到这一辩证关系在辩证法中具有"中心地位"。卢卡奇说,在《反杜林论》等著作中,尽管恩格斯论述了辩证法的许多重要特征,如在概念形成方式方面与"形而上学"对立、强调概念的流动性、强调矛盾的不断扬弃和相互转换、由对片面和僵化的因果关系的探索转向对相互作用的探索等,"但是他对最根本的相互作用,即历史过程中的主体和客体之间的辩证关系连提都没有提到,更不要说把它置于与它相称的方法论的中心地位了"。[4]卢卡奇认为这是一个非常重要的局限,因为在他看来,"主体"和"客体"之间的辩证关系正是辩证法的"决定性因素",忽略了这

---

[1] 恩格斯:《反杜林论》,《马克思恩格斯文集》第9卷,人民出版社,2009年,第149页。
[2] 恩格斯:《自然辩证法》,《马克思恩格斯文集》第9卷,第463页。
[3] 同上书,第454页。
[4] 卢卡奇:《历史与阶级意识》,第50页。

一辩证关系,就必然导致在对辩证法的内容和性质加以理解和作出阐释时出现偏离。

与此相关,在《什么是正统马克思主义?》一文的一个脚注中,卢卡奇对恩格斯关于辩证法是存在于自然界、人类社会和思维运动中的普遍规律这一说法也提出了批评。卢卡奇认为恩格斯的这种看法是错误的,辩证法其实只是一种适用于考察社会历史现象的方法,因此必须把辩证法的适用范围"限制在历史和社会领域"。卢卡奇还说,认识到这一点具有极为重要的意义,否则就会造成对辩证法的错误理解,恩格斯对辩证法的阐释就造成了一些误解(例如,以为辩证法的主要特征就是在概念形成方式方面与"形而上学"对立、强调概念的流动性、强调矛盾的不断扬弃和相互转换、由对因果关系的探索转向对相互作用的探索等,而完全忽略对"历史过程中的主体和客体之间的辩证关系"进行考察,更意识不到这一关系在辩证法中具有中心地位)。而之所以会如此,主要就是因为恩格斯"错误地跟着黑格尔把这种方法也扩大到对自然界的认识上"。然而,卢卡奇认为,辩证法的决定性因素,"即主体和客体的相互作用、理论和实践的统一、在作为范畴基础的现实中的历史变化是思想中的变化的根本原因等,并不存在于我们对自然界的认识中"[1]。

将卢卡奇的上述论述归纳一下就是,主体和客体之间的辩证关系(或相互作用)是辩证法的决定性因素,这些因素只存在于我们对社会历史过程的认识中,而不存在于我们对自然界的认识中,所以在论述辩证法时忽略这些因素或者将辩证法扩大运用于自然界都是错误的。[2] 这里遗留下来的一个悬而未决的问题是:到底是因为主客体之间的辩证关系是辩证法的决定性因素,这一因素又只存在于社会历史进程而非自然界中,所以辩证法才只能运用于对社会历史过程的认识,不能用于对自然界的认识,还是因为辩证法只能被运用于对社会历史过程的认识,而主客体之间的辩证关

---

[1] 卢卡奇:《历史与阶级意识》,第51页。
[2] 与此相应,卢卡奇在《历史与阶级意识》一书中认为马克思主义也只是一套关于社会的理论。在该书的"新版序言"中,回顾该书的出版历程及社会影响时,卢卡奇明确地说,该书"最突出的特点在于……它在客观上代表了马克思主义史内部的一种倾向",即"将马克思主义仅仅看作是一种关于社会的理论、社会的哲学"(同上书,第10页)。

系或相互作用是社会历史过程的特征，所以主客体之间的辩证关系才被认为是辩证法的决定性因素？对于这个问题，我们无法在卢卡奇的这部著作中找到明确的答案。但有一点是可以肯定的，即在卢卡奇看来，社会历史过程是一种与自然界的运动性质完全不同的现象：在我们对社会历史过程的认识中，我们必须考虑主体和客体（以及思维和存在、理论和实践）之间的相互作用这样一些决定性的因素，而在对自然界的认识中则无须对这些因素加以考虑（然而，要对主客体之间的相互作用进行考察就必须借助辩证法，不能使用自然科学的那套方法。这或许就是卢卡奇强调辩证法只能运用于社会历史研究的主要原因）。

应该说，这正是卢卡奇在《历史与阶级意识》一书中试图发挥的一个基本思想。马克思在谈论社会历史过程的时候曾经指出，人类社会发展是一个自然历史过程。许多人都对马克思的这句话作了庸俗唯物主义的理解，即认为在马克思看来，社会发展和自然界的发展一样，是一个完全不依赖人的意识的、纯自然的过程（虽然有人的意识参与其中，但并不受人的意识左右；支配社会发展进程的是"物质生产力"等人的意识以外的客观因素；人的意识充其量不过是对由物质生产力等客观因素支配的社会发展客观趋势及其规律的反映和顺应而已）。卢卡奇对此表示异议。卢卡奇说，这种看法完全是以（自然）科学的眼光来观察社会现实时所产生的印象。"纯粹的自然关系或被神秘化为自然关系的社会形式在人面前表现为固定的、完整的、不可改变的实体，人最多只能利用它们的规律，最多只能了解它们的结构，但决不能推翻它们。"而实际上，"马克思要求我们把'感性'、'客体'、'现实'理解为人的感性活动。这就是说，人应当意识到自己是社会的存在物，同时是社会历史过程的主体和客体"。[1] 在社会历史过程中，人的意识、思维绝不是对现实的机械反映，而是上述现实得以形成的重要因素。对于人类来说，社会现实是一种在主客体的相互作用之下处于不断生成过程中的存在，而非一种像自然界那样现成地呈现在人们面前的相对静止的存在。在社会现实不断生成的过程中，人们的意

---

[1] 卢卡奇:《历史与阶级意识》，第69页。

识是一个非常重要的环节。意识并非对静止不变的现实的简单反映，意识既需要指向现实、把握现实，但同时也以自己的能动性通过人类的实践活动影响现实的生成。"思维、意识、思维虽然必须是指向现实的，真理的标准虽然就在于切中现实，然而这现实决不与经验的事实的存在相同一。这现实并不是现成的，而是生成的"；"只有当人能把现在把握为生成，在现在中看出了那些他能用其辩证的对立创造出将来的倾向时，现在，作为生成的现在，才能成为他的现在"；"当生成的真理就是那个被创造但还没有出世的将来，即那正在（依靠我们自觉的帮助）变为现实的倾向中的新东西时，思维是否为反映的问题就显得毫无意义了。思维正确性的标准虽然就是现实性，但这现实并不是现成的，而是生成的——并不是没有思维的参与。因此在这里，古典哲学的纲领也就得到了实现：起源的原则事实上意味着克服了独断主义。但是，只有具体的（历史的）生成才能起到这样一种起源的作用。而在这种生成中，意识……就是一种必不可少的、基本的组成部分"。[1]

卢卡奇对社会历史过程中思维、意识、主体因素的强调，与韦伯等人对行动者及其主观意义的强调有着异曲同工之处，即都是试图通过对人的主观意识之社会历史作用的强调，来凸显社会现象与自然现象以及社会研究与自然科学研究之间的差异，张扬人在社会历史过程中的主观能动性，反对社会历史研究领域的实证主义和庸俗唯物主义倾向。[2] 在此意义上，我们可以将卢卡奇在《历史与阶级意识》一书中所阐述的思想和韦伯等人的理解社会学共同置于建构论（强调人的主观意识对于社会现实所具有的建构作用）这一话语体系之下，虽然它们又分别属于马克思主义和非马克思主义这两大理论阵营。

当然，作为一个马克思主义者，卢卡奇对社会历史过程中思维、意识、主体因素的强调与韦伯等人有着重要的区别。其中一个重要区别是，

---

[1] 参见卢卡奇：《历史与阶级意识》，第297—299页。
[2] 卢卡奇在大学期间曾两度赴柏林大学学习，不仅听过狄尔泰、齐美尔和韦伯的课程，而且还进入了韦伯的私人学术圈。因此，卢卡奇是熟悉齐美尔、韦伯等人的相关思想。卢卡奇也承认自己曾经借齐美尔和韦伯的眼光去阅读马克思的著作（同上书，第2页）。尽管卢卡奇后来转向了马克思主义，但其对于人的意识之社会历史作用的重视很难说与齐美尔、韦伯等人完全无关。

卢卡奇虽然反对实证主义和庸俗唯物主义对社会历史过程的理解，突出人在社会历史进程中的主观能动性，但他并未因此而放弃社会唯实论，走向社会唯名论，并未否定物质生产力等客观因素在社会历史进程中的基础性作用，而只是反对将这种基础作用视为社会历史进程之唯一决定性因素的看法而已。另一个重要区别则是，作为马克思主义者，卢卡奇在强调人的意识对于社会历史进程之不可或缺的作用时，所说的"人"并不是孤立的个体形式上的人，而是以"阶级"等集体形式存在的人，所说的人的意识，也并不是指个人意识，而是指"阶级意识"。

什么是"阶级意识"？在《阶级意识》一文中，卢卡奇对此作了一番细致的解说。按照卢卡奇的解说，所谓"阶级意识"，"既不是组成阶级的单个个人所思想、所感觉的东西的总和，也不是它们的平均值"[1]，而是"变成为意识的对阶级历史地位的感觉"[2]。卢卡奇认为，"作为总体的阶级在历史上的重要行动归根结底就是由这一意识，而不是由个别人的思想所决定的，而且只有把握这种意识才能加以辨认。这一规定从一开始就建立了把阶级意识同经验实际的、从心理学的角度可以描述、解释的人们关于自己的生活状况的思想区别开来的差异"[3]。卢卡奇指出，在社会历史过程中具有重要甚至决定性功能的意识就是这种与个人意识不同的"阶级意识"。在社会历史进程的某些关键时刻，对推进社会历史进程负有使命的阶级是否具有相应的阶级意识，对于社会历史进程能否顺利展开具有决定性的意义。在《阶级意识》一文中，卢卡奇详尽地分析了前资本主义社会和资本主义社会里各主要阶级的阶级意识状况及其在相关社会历史进程中所起的作用，提出了许多富有启发性的论断和问题。例如：

（1）由于阶级意识同个人的思想意识之间存在着差异，这种差异在不同阶级按照它们与经济、社会总体之间的不同关系可能有所不同，这种不同对于不同阶级的阶级意识所具有的社会历史功能可能会产生影响。卢卡奇提出需要对这种差异进行具体的研究。

---

[1] 卢卡奇：《历史与阶级意识》，第 105 页。
[2] 同上书，第 133 页。
[3] 同上书，第 105 页。

（2）一个阶级只有在它的阶级意识使它有可能根据自己的阶级利益来组织整个社会时，它才能够胜任统治。因此，最终决定历史上每一场阶级斗争的问题，是什么阶级在既定的时刻能够拥有这种阶级意识及能力。

（3）在前资本主义时代，由于社会在形式上由划分为等级、阶层而非阶级的社会群体构成，以及经济因素与政治、宗教等因素不可分割地结合在一起等情况，各个阶级的阶级利益和阶级意识不可能以十分清晰的形式表现出来，这不可避免地影响了各个阶级的阶级意识的形成，以及各个阶级在社会历史进程中的作用，使得这些阶级在社会历史的总体进程中不能不处于一种盲目的境地。只有资本主义社会才使社会在结构上划分为纯粹的阶级，从而使明确的阶级意识的形成成为可能。"随着资本主义的出现，随着等级制的废除，随着纯粹的经济划分的社会的建立，阶级意识也就进入了一个可能被意识到的时期。从此，社会的斗争就反映在围绕着意识，围绕着掩盖或揭露社会的阶级特性而进行的意识形态斗争之中。"[1]

如此等等。

《历史与阶级意识》一书的主要内容，就是将上述关于历史与阶级意识之间关系的思想运用于对无产阶级革命与无产阶级意识之间关系的讨论之中，来对当时西方国家无产阶级革命的形势进行与卢卡奇称为"庸俗马克思主义者"的那些人有所不同的分析。

二、物化现象与资产阶级的阶级意识

19世纪至20世纪初，西方发达国家中的无产阶级革命运动屡受挫折，寻找革命失败的原因成为马克思主义者的一个重要课题。从上述社会历史观出发，卢卡奇试图从无产阶级革命与无产阶级的阶级意识之间的关联中去探寻这一原因。卢卡奇认为，西方资本主义制度由于其内在矛盾确实已经发展到了亟须用社会主义制度来加以取代的地步，通过无产阶级革命来推翻资本主义社会、建立社会主义社会已经具备了客观可能性，但

---

[1] 卢卡奇：《历史与阶级意识》，第145页。

是，从资本主义向社会主义的转变并不会像某些人想象的那样是一种自然历史过程，或迟或早必然发生，而是必须由负有实现这一历史转变之使命的阶级即无产阶级通过自觉的行动来完成。西方发达国家的无产阶级革命之所以屡遭失利，一个关键的原因就是这些国家里的无产阶级作为一个整体迟迟没有形成成熟的、强烈的阶级意识，因而削弱了无产阶级革命的力量。而发达国家无产阶级的阶级意识之所以迟迟未能成熟，其主要原因又在于发达资本主义社会里存在的物化现象，以及商品拜物教一类由物化现象而来的物化意识。

在《物化和无产阶级意识》一文中，以马克思在《资本论》中有关商品拜物教的论述为基础，卢卡奇对发达资本主义社会里的物化现象集中进行了讨论。卢卡奇指出，物化现象的基础是商品关系所具有的特性。这种特性就是，在商品关系中，"人与人之间的关系获得物的性质，并从而获得一种'幽灵般的对象性'，这种对象性以其严格的、仿佛十全十美的和合理的自律性掩盖着它的基本本质，即人与人之间关系的所有痕迹"[1]。他引用马克思的一段话来说明商品关系所造成的物化现象："商品形式的奥秘不过在于：商品形式在人们面前把人们本身劳动的社会性质反映成劳动产品本身的物的性质，反映成这些物的天然的社会属性，从而把生产者同总劳动的社会关系反映成存在于生产者之外的物与物之间的社会关系。由于这种转换，劳动产品成了商品，成了可感觉而又超感觉的物或社会的物。……这只是人们自己的一定的社会关系，但它在人们面前采取了物与物的关系的虚幻形式。"[2]

物化现象的基础虽然是商品关系，但它只有在商品关系成为社会关系的普遍形式从而在社会生活中占据统治地位的社会里才会出现，因为在商品关系还不普及而处于被支配地位的那些社会形式里，社会关系还在不同程度上直接表现为人与人之间的关系，而非物与物之间的关系。而商品关系成为社会关系普遍或统治形式的现象只是在现代资本主义社会中才出现，因此，物化现象是现代资本主义社会特有的现象。甚至"在资本主义

---

[1] 卢卡奇：《历史与阶级意识》，第144页。
[2] 转引自上书，第147页。

发展开始之时，经济关系的人的性质有时看得还相当清楚，但是，这一发展越继续进行，产生的形式越错综复杂和越间接，人们就越少而且越难看清这层物化的面纱"[1]。

物化现象的结果是，人的活动（劳动）作为某种不依赖人的、客观自主的、反过来控制人的东西与人相对立。"这种情况既发生在客观方面，也发生在主观方面。在客观方面是产生出一个由现成的物以及物与物之间关系构成的世界（即商品及其在市场上的运动的世界），它的规律虽然逐渐被人们所认识，但是即使在这种情况下还是作为无法制服的、由自身发生作用的力量同人们相对立。因此，虽然个人能为自己的利益而利用对这种规律的认识，但他也不可能通过自己的活动改变现实过程本身。在主观方面，人的活动同人本身相对立地被客观化，变成一种商品，这种商品服从社会的自然规律的异于人的客观性，它正如变为商品的任何消费品一样，必然不依赖于人而进行自己的运动。"[2]

卢卡奇将马克思对资本主义经济过程的描述和韦伯对社会理性化的描述结合起来，对物化现象的形成机制作了描述。卢卡奇指出，商品关系的普遍发展首先导致了两个方面的具体结果。一方面，作为商品，性质不同的对象只是由于具备了某种客观上相同的形式，相互之间的交换才得以可能。这种性质不同的对象客观上相同的形式就是抽象的人类劳动。另一方面，抽象人类劳动的这种形式相同性，在主观上也逐渐成为支配商品实际生产过程的现实原则。人类劳动的抽象化不仅是质上不同的商品之间相互交换的基础，而且使得对劳动过程进行精确的测量、计算和理性化调节成为可能。因此，根据精确的计算来对劳动过程进行调节，使劳动生产过程不断合理化，就成为支配资本主义商品生产过程的最重要的原则。在资本主义商品生产过程中对这一现实原则的贯彻，导致了经济过程的主体和客体两方面发生了以下决定性的变化：第一，从生产的客体方面来看，原本统一的劳动过程日益被分解为许多局部的、专门化的、独立的操作过程。这是劳动过程的合理化原则所要求的："在对所有应达到的结果作越来越

---

[1] 卢卡奇:《历史与阶级意识》，第147页。
[2] 同上书，第147—148页。

精确的预先计算这种意义上,只有通过把任何一个整体最准确地分解成它的各个组成部分,通过研究它们生产的特殊局部规律,合理化才是可以达到的。"[1]由于这种分解,统一的产品不再是劳动过程的对象,劳动过程变成合理化的局部系统的客观组合;这些局部系统之间的联系纯粹由计算来决定,从而显得是偶然而非必然的。第二,与此相应,从生产的主体方面来看,工人的劳动能力乃至人格也日益专门化、片面化、局部化,无论是在主观上还是客观上,他都不再是劳动过程的真正主人,而是作为机械化的一部分被结合到某一机械系统里去。"他发现这一机械系统是现成的、完全不依赖于他而运行的,他不管愿意与否必须服从于它的规律。"[2]工人的活动越来越失去自己的自主性,变成一种直观的态度。工人也日益变成一些孤立的原子,不再直接经由自己的劳动成果而属于一个整体,而是以它们所结合进去的机械过程的抽象规律为中介来建立相互之间的联系。个人的原子化反映出资本主义生产的"自然规律"已经遍及社会生活的所有方面,人类历史上第一次使整个社会都隶属于一个统一的经济过程,社会所有成员的命运都由一些统一的规律来决定。对于个人来说,由所有"物"即商品构成的结构及支配它们的"自然规律",都是现成碰到的、不可取消之物。在这种结构和规律面前,作为劳动力的所有者,工人必须把自己也当作商品来对待。这表明,商品关系已经彻底地非人化。

物化现象不仅存在于经济领域,也存在于法律、国家等领域。合理化的资本主义生产必须有一套与之相适应的、在结构上适合于它的法律和国家行政管理机构来作为它的前提,其结果是形成了一套在结构与机制上与之高度相似的、同样以理性计算为原则的法律和官僚行政体系。就像韦伯所描述的那样,"现代资本主义企业在内部首先建立在计算的基础上。为了它的生存,它需要一种法律机构和管理系统,它们的职能至少在原则上能够根据固定的一般规则被合理地计算出来";"它不能……根据个别案件中法官的公正感觉或根据其他一些不合理的法律手段和原则来容忍判决,也不能根据自由的人性和仁慈以及其他神圣不可侵犯的、然而是合理的传

---

[1] 卢卡奇:《历史与阶级意识》,第150页。
[2] 同上书,第150—151页。

统，来容忍执行家长制的管理"；现代资本主义企业只有在这种地方才能产生和维持，"在这里，法官像在具有合理法律的官僚国家中那样或多或少是一架法律条款自动机，人们在这架机器上面投进去案卷，再放入必要的费用，它从下面就吐出或多或少具有令人信服理由的判决；因此，法官行使职责至少大体上是可以计算出来的"。[1] 法律和官僚行政体系的合理化也产生了与生产合理化同样的物化结果："法律、国家、管理等形式上的合理化，在客观上和实际上意味着把所有的社会职能类似地分成它的各个组成部分，意味着类似地寻找这些准确相互分离开的局部系统合理的和正式的规律，与此相适应，在主观上也意味着劳动同劳动者的个人能力和需要相分离产生意识上的相应结果，意味着产生合理的和非人性的类似分工，如我们在企业的技术—机器方面所看到的那样。"[2] 由于从事完全机械化的、专门化的工作，下层官员不仅工作无聊，而且其人性也遭到破坏，成为一种特殊商品，即其特殊才能的所有者和出卖者。

　　物化现象也在哲学和科学一类社会意识形态领域中表现出来。与经济、政治、法律等社会生活领域中的局部化、专门化趋势相适应，现代科学研究活动也是将对象世界分割成不同的专门领域来加以研究的。现代科学"越发展，越科学，就越多地变成一种具有局部特殊规律的形式上的封闭系统，对于这种系统来说，处于这个领域本身以外的世界以及甚至首先同这个世界连在一起的、由这个领域加以认识的物质，即这个领域自身的、具体的现实基础，在方法论上和原则上被看作是无法把握的"[3]。人们常常责备科学由于将现实的总体分割成不同的局部领域而看不到整体，但是，如果我们从物化意识的角度来对此加以考察的话，现代科学活动的这种情况就是可以理解的了。"按这种方法来处理现象是由资本主义的本质决定的。"[4] 这种研究方法在资本主义社会之所以被认为是一种可取的方法，正是因为资本主义的发展本身产生出一种迎合这种方法的社会结构即

---

[1] 转引自卢卡奇：《历史与阶级意识》，第 159 页。
[2] 同上书，第 162 页。
[3] 同上书，第 169 页。
[4] 同上书，第 53 页。

物化的社会结构。如前所述,这种社会结构的基本特征就是以对生产等活动过程进行抽象分解为基础的专业化分工过程的不断扩大,正是这种劳动过程的专业化不仅"改变了社会的现象,同时也改变了理解这些现象的方式",导致各种"孤立的"事实、"孤立的"事实群、单独的专门学科的出现。

卢卡奇指出,如果说这种现代科学方法被运用于认识自然时还能够促进自然科学的进步,则将它运用于认识社会就会导致严重歪曲现实、阻碍社会进步的后果。这是因为,社会现实的根本特征就在于它是一种"总体性"的存在:社会现实是一个由诸多要素或环节通过相互联系构成的关系总体,每个要素或环节的性质既是由其在这个关系总体中所处的地位和作用决定(而非完全独立生成),同时又通过与其他要素或环节的相互作用,反过来推动关系总体不断从一种形态向另一种形态变化。社会现实的这种总体性特征,使得我们不能像自然科学那样将社会现实看作由一些孤立的、不变的、同质性的要素或环节所构成的,而须将它们视为由诸多不断相互作用的要素或环节构成的一个处在变化过程中的、具体的、历史的关系总体,从各个要素或环节的相互作用、相互联系中去把握由其构成的关系总体的存在和变化,以及反过来由每个要素或环节在特定社会关系总体中的地位和作用来理解它的存在和变化(例如,"资本"只是资本主义社会这一特定关系总体的产物),否则就会既看不到社会总体的存在状况,又看不到总体存在中各个要素或环节的局部性和历史性。

将自然科学方法移植到社会研究领域的另一个负面后果是,使人们把社会现实视为一种与自然界一样的、外在于人类的意识、不以人的主观意志为转移的、纯自然的客观实在。这种纯"自然"的实在有着自己独立于人的主观意志的"规律",只按自己的这些规律运动变化。人的主观意志可以去反映这种"自然"存在,可以遵循、顺应支配社会运动的那些"自然"规律,利用这些规律来实现自己的利益,但对于这种"自然"规律本身不会产生任何实质性的影响。就像卢卡奇所说的那样,"纯粹的自然关系或被神秘化为自然关系的社会形式在人面前表现为固定的、完整的、不可改变的实体,人最多只能利用它们的规律,最多只能了解它们的结构,但决不能推翻它们"[1]。毫无疑问，对于资本主义社会来说，这种科学方法在社会研究领域的应用具有消除革命意识、维护其存在的保守功能。正是这种将社会现实等同于自然界、将人与人之间的社会关系等同于物与物之间关系的"科学"立场，构成了资产阶级阶级意识的重要特征。卢卡奇说，"关于现象具有社会的自然规律的形式的观点，按照马克思的说法，既标志着资产阶级思想的顶点，又标志着它的'不可逾越的障碍'"[2]。

上述物化现象及物化意识不仅让包括无产阶级在内的资本主义社会成员陷入一种非人的社会现实，而且对于无产阶级阶级意识的形成也不可避免地起到了负面的影响，阻碍着无产阶级阶级意识的形成，进而阻碍着无产阶级变革资本主义制度、消灭物化社会的实践。

三、无产阶级的阶级意识与物化现象的消除

物化现象对资本主义社会里的所有成员都产生了实质性的负面影响，它造成了一种"最深刻的非人化"的社会形式。在这一社会形式下，无论是无产阶级还是资产阶级，在生活的各个方面（技术、经济、政治、法律、意识等方面）都物化了、非人化了，所有的人都主动或被动地成了这个物化世界的傀儡，屈从于并努力适应于这个世界表面上看非常"自然"的那些规律。无论是在日常生活意识中还是在哲学或科学理论中，包括自然和社会在内的整个资本主义"物化了的世界最终表现为唯一可能的、唯一从概念上可以把握住的、可以理解的世界，即为我们人类提供的世界"[3]。然而，这个物化的世界在自己内部却有着难以克服的矛盾或限制：由于整个社会的合理化是通过把整体分解成它的各个组成部分、研究它们的特殊局部规律来达到的，"各种局部职能的这种合理化和孤立化产生的必然结果是，它们中的任何一种职能都是独立的，并倾向于自行负责、根

---

[1] 卢卡奇：《历史与阶级意识》，第69页。
[2] 同上书，第260页。
[3] 同上书，第176页。

据自己特长的逻辑、不依赖于社会其他局部职能地使自己进一步改进"[1]。其最终结果是，原本以统一的产品为对象的生产过程变成诸多合理化的局部生产过程的组合，这些局部生产过程之间的联系则由各个局部生产者自己的计算来决定，因而使得这些局部生产过程之间的联系成为一种偶然而非必然的联系。在资本主义社会，"社会的真正结构表现为各种独立的、合理化的、形式上的局部规律，它们之间的联系仅仅在形式上是必然的，但是，从实际情况出发和具体地说，它们之间只有偶然的联系"。"资本主义生产的整个结构是以以下两个方面的相互作用为基础的：一方面，一切个别现象中存在着严格合乎规律的必然性；另一方面，总过程却具有相对的不合理性。"虽然也存在着支配整体的某种"规律"，但这种"规律""必然是相互独立的个别商品所有者独立活动的'无意识的'产物，因此是相互作用的各种'偶然性'的规律，而不是真正合理组织的规律"。[2] 各个局部生产过程之间相互联系的这种偶然性在资本主义社会周期性发生的经济危机中明显地表现出来。卢卡奇指出："危机时期的本质恰恰在于，从一局部系统向另一局部系统转变时，直接的连续性破裂了，而它们相互之间的独立性，它们相互之间的偶然相关性，突然进入所有人的意识里。所以，恩格斯能够把资本主义经济的'自然规律'规定为偶然性的规律。"[3]

基于以下两个方面的原因，资本主义经济的上述内在矛盾无法在资本主义经济系统内部获得有效的解决。

其一，这是由资产阶级本身的阶级局限所致。资本主义经济体是这样一种经济体，它是通过各自独立的商品生产者之间的相互对立、相互竞争来实现资本的不断增值和积累的，这样一种经济体正是以高度合理化的局部生产过程与经济整体之间偶然的而非必然的联系形式或社会结构为前提的。如果能够消除这种联系的偶然性质，使之具备同局部生产过程一样程度的计算合理性，那不同商品所有者之间的竞争也就完全不可能了。而

---

[1] 卢卡奇：《历史与阶级意识》，第167页。
[2] 同上书，第166—167页。
[3] 同上书，第165页。

且，局部生产与经济整体之间联系之偶然性的消除，必须以对整体的完全认识为前提，而这种"对整体的完全认识，将使这种认识的主体获得这样一种垄断地位，而这种垄断地位就意味着扬弃资本主义的经济"[1]。一句话，消除局部生产与经济整体之间联系的偶然性，就必须消灭市场竞争，因而也就是消灭资本主义生产方式本身。这当然是资产阶级绝对不可能接受的。

其二，这也是资产阶级社会科学方法的必然结果。如前所述，由于受到自然科学方法的束缚，资产阶级的社会科学（经济学、政治学、法学等）无法把握住资本主义经济乃至社会的总体。以经济学为例：除了像魁奈这样一些早期经济学家外，像李嘉图甚至西斯蒙第等资产阶级经济学家都把生产、分工、交换、商品、价值、机器、资本、利润等当作一些独立自存的、永恒不变的、在任何时候都性质相同的现象，通过一些形式化的抽象来概括出一些适用于任何时代的普适的经济学规律[2]，既不能把它们视为资本主义社会关系总体的要素或环节来对它们的性质和作用加以考察，也不能通过对它们之间具体的、历史的相互作用或辩证关系的考察来把握资本主义社会关系的总体运动，因而对于周期性爆发的经济危机陷入一种难以理解的困境。卢卡奇指出："正是经济学非常成功的完全合理化，即把它运用于一种抽象的、尽可能数学化形式的规律系统，才形成理解这种危机的方法论上的局限性。……虽然危机的不可理解性，即它的非理性，在内容上也是由资产阶级的阶级状况和阶级利益产生的，但它在形式上同时也是资产阶级经济学方法的必然结果。"卢卡奇认为，"这两个因素正好只是一个辩证统一体的因素"。[3]

基于两个相反的原因，资本主义经济体的上述内在矛盾只有通过无产阶级及其将资本主义社会转变为社会主义社会的自觉革命实践才能获得

---

[1] 卢卡奇：《历史与阶级意识》，第167页。

[2] 例如，"资产阶级的考察方法把机器看作是孤立的、独一无二的，是纯真实的'个体'，这种方法把机器在资本主义生产过程中的作用看作为机器的'永恒的'根本核心，看作为它的'个性'的不可分离的组成部分，从而歪曲了机器的真正的客观属性。从方法论上讲，这种考察方法就这样把每一个被考察的历史对象变成了一个不变的单子。这个单子和——被同样看待的——其他单子是不发生相互作用的"（同上书，第233页）。

[3] 参见上书，第170—171页。

解决。

首先，只有无产阶级才有可能成为消灭资本主义物化世界的主要力量。这也是无产阶级的阶级立场及其历史使命所致。在资本主义社会，虽然无产阶级和资产阶级都生活在一个物化的世界中，但面对这个物化的世界，无产阶级的感受和资产阶级的感受是完全不一样的。卢卡奇引用马克思的话说："有产阶级和无产阶级同是人的自我异化。但有产阶级在这种自我异化中感到自己是被满足的和被巩固的，它把这种异化看作自身强大的证明，并在这种异化中获得人的生存的外观，而无产阶级在这种异化中则感到自己是被毁灭的，并在其中看到自己的无力和非人的生存的现实。"[1]换言之，虽然处在同一个物化世界之中，但无产阶级和资产阶级在这个物化世界中所处的地位和具有的利益还是不同的：资产阶级处于一种相对有利的地位，因而其利益是与这个物化的世界联系在一起的，消灭这个物化世界就等于消灭资产阶级本身存在的根基。与此相反，无产阶级则处于一种相对不利的地位，其利益则是与这个物化世界的解体、与一种新的社会制度的诞生联系在一起的，消灭这个物化世界，就是无产阶级将自己从"非人的生存"这种状况中解放出来的根本途径。因此，无产阶级一旦意识到这一点，就会毫不犹豫地将这个物化世界的解体作为自己行动的目标。还是如马克思所说的那样："如果无产阶级宣布迄今的世界秩序的解体，那末它只是讲出了它自己的存在的秘密，因为它的存在就是这一世界秩序的实际上的解体。"[2]对于无产阶级来说，"如果它不消灭它本身的生活条件，它就不能解放自己。如果它不消灭集中表现在它本身处境中的现代社会的一切违反人性的生活条件，它就不能消灭它本身的生活条件"[3]。

其次，只有无产阶级才有可能超越资产阶级的科学方法在社会历史研究视野方面给人们施加的限制，让人们意识到资本主义社会的历史性质，意识到社会历史是阶级实践的产物，意识到自己既是社会历史的客体，又是社会历史的主体，从而通过自己的革命实践来消灭物化现象。用自然科

---

[1] 卢卡奇：《历史与阶级意识》，第229页。
[2] 参见上书，第228页。
[3] 同上书，第71页。

学方法来研究社会历史过程不仅是对资本主义的社会结构即物化社会结构的直接反映，而且是由资产阶级本身的阶级立场决定的。尽管资本主义经济体是一个由诸多要素或环节通过相互联系构成的关系总体，但生产资料的资本家私有制，生产过程由各个资本家独立地、分散地来进行，"资产阶级思想始终地和必然地从个别资本家的立场出发来观察经济生活，正因此也就造成了个人和不可抗拒的、超个人的推动一切社会的东西的'自然规律'之间的这种尖锐的对立"[1]。"资产阶级科学总是——自觉或不自觉地、天真地或理想化地——从个人的观点来考察社会现象。而从个人的观点里不会产生出总体，最多能产生某一局部领域的一些方面，而且大多只能产生一些零碎不全的东西，一些无联系的'事实'或抽象的局部规律。"[2]与此相反，对于认识作为总体的社会历史现实来说，无产阶级的阶级立场却有着自己独特的优势。这是因为，如上所述，无产阶级只有消灭现存的生活条件才能解放自己，而要消灭现存的生活条件，无产阶级就必须作为一个整体的阶级（而不是作为个体）去从事反抗资本主义社会的阶级斗争。这样，无产阶级就必须作为一个阶级而不是作为个体，从一个阶级的立场而非个人的立场去观察和理解社会。"无产阶级的阶级观点为看到社会的整体提供了有用的出发点"，"因为对无产阶级来说彻底地认识它的阶级地位是生死攸关的问题；因为只有认识整个社会，才能认识它的阶级地位；因为这种认识是它的行动的必要前提……在它看来，自我认识和对总体的认识是一致的，因此无产阶级同时既是自己认识的主体，也是自己认识的客体"。[3]

说无产阶级有可能通过自己作为一个阶级而形成的立场去达到对社会历史总体的认识，从而超越资产阶级科学立场的限制，这并不是说这种对社会历史总体的认识是无产阶级作为一个阶级天然具备的。卢卡奇明确认为："对现实的总体认识来自无产阶级的阶级立场，但这决不是说这种认识或方法论观点是无产阶级作为阶级（不用说单个的无产者）所天然固有

---

[1] 卢卡奇：《历史与阶级意识》，第121页。
[2] 同上书，第77—78页。
[3] 同上书，第70页。

的。"[1]无论是对自身作为一个阶级的意识，还是对社会历史总体的认识，都只能在无产阶级反对资产阶级的阶级斗争实践中逐渐形成和发展起来。但这也并非意味着在无产阶级反对资产阶级的斗争实践中，每一个工人都会自然而然地、必然地形成这种对自身作为一个阶级及对社会历史总体的认识。恰恰相反，虽然无产阶级在资本主义物化社会中的悲惨处境总是在推动无产阶级在思想领域努力地超越资本主义社会现实的"直接性"，趋向对社会历史总体和阶级利益的认识，但是，由于以下一些原因的存在，这种趋向社会历史总体和阶级利益的认识过程不可能是每一个工人都会自然而然达到的过程。首先，虽然无产阶级的阶级立场总是驱使他们去超越资本主义社会的"直接性"，但无论如何，社会生活及其意识的物化现象，包括社会生活的片段化、个体化、非人化，社会"规律"的自然化、永恒化等，对于这个社会中的所有成员来说都是难以克服的。"出生在资本主义社会并在它的影响下成长起来的每一个工人，都必须通过比较艰难的经验过程才能获得对自己阶级地位的正确理解。"[2]但正如列宁曾经指出的那样，对于绝大多数工人来说，可能永远都不会自发地产生历史唯物主义和社会主义一类意识。这类意识只能由站在无产阶级立场上的少数先进分子，通过艰苦的理论探索才能获得，然后灌输到其他工人头脑中去。其次，为了维护自己的统治，资产阶级必然会采取各种方法来有意识地阻碍无产阶级去获得这种对社会历史总体和对自身作为一个阶级的认识。卢卡奇指出："资产阶级的统治只能是一种少数人的统治，由于资产阶级的统治不仅是由少数人来执行的，而且是为了少数人的利益的，因此欺骗别的阶级，让它们没有清楚的阶级意识，对于资产阶级统治的存在来说就是一种不可或缺的先决条件。"[3]虽然随着资本主义社会内在矛盾的不断尖锐，无产阶级越来越有可能通过社会形式的变革来解决这一矛盾，但"至少是暂时地——也面临着在意识形态上屈从于资产阶级文化的这种极其空洞和

---

[1] 卢卡奇：《历史与阶级意识》，第72页。
[2] 同上书，第419页。
[3] 同上书，第124页。

腐朽的形式的危险"[1]。再次，在无产阶级内部，也存在着一些目光短浅的思想家，如各种"庸俗马克思主义者"或机会主义者，他们总是无视阶级意识在阶级斗争中具有的独一无二的功能，轻视从总体上把握社会历史过程的那些理论（如马克思主义辩证法）以及用它来教育无产阶级的重要性，经常屈从于无产阶级的日常心理，在阶级斗争中只注重局部利益和短期目标，从而在思想意识领域使自己降到资产阶级意识的水平，进而阻碍无产阶级对社会历史总体的认识及自身阶级意识的形成。

卢卡奇指出，在无产阶级对自身阶级利益和社会历史总体达成认识的过程中，马克思主义辩证法或历史唯物主义的产生起到了重要的甚至是关键的作用。[2] 马克思主义辩证法的基本特征就是主张从具体的、历史的社会关系总体当中来对社会事实加以考察，以揭示其性质及"规律"之历史性、暂时性。"马克思的辩证方法，旨在把社会作为总体来认识。"[3]"辩证方法不管讨论什么主题，始终是围绕着同一个问题转，即认识历史过程的总体。"[4] "不是经济动机在历史解释中的首要地位，而是总体的观点，使马克思主义同资产阶级科学有决定性的区别。总体范畴，整体对各个部分的全面的、决定性的统治地位，是马克思取自黑格尔并独创性地改造成为一门全新科学的基础的方法的本质。"[5] 正是借助唯物主义辩证法，将资本主义社会作为一个社会关系的总体并置于社会历史的总体变迁过程中加以考察，马克思主义才能对资本主义经济总体及其内部矛盾运动作出透彻的分析，指出资本主义必然灭亡、社会主义必然胜利的历史趋势，以及无产阶级在这一历史趋势中所必然承担的作为资本主义制度掘墓人的历史使命。因此，在无产阶级反对资产阶级的斗争中，通过共产党等无产阶级政党组织，结合每一次的斗争实践，来向无产阶级群众宣传马克思主义，是推进无产阶级阶级意识形成的重要途径。[6]

---

[1] 卢卡奇：《历史与阶级意识》，第 304 页。
[2] 同上书，第 126 页。
[3] 同上书，第 77 页。
[4] 同上书，第 85 页。
[5] 同上书，第 76 页。
[6] 参见卢卡奇在《关于组织问题的方法论》一文中的论述，见上书，第 385—433 页。

卢卡奇确信，无产阶级反对资产阶级的斗争实践与无产阶级阶级意识的形成两者之间存在着一种辩证关系：一方面，无产阶级的阶级意识必须在无产阶级反对资产阶级的斗争实践中逐渐形成；但另一方面，无产阶级的阶级意识对于无产阶级反对资产阶级的斗争实践来说也常常具有决定性的作用。卢卡奇认为，"对无产阶级来说，而且只是对无产阶级来说，正确地洞见到社会本质是首要的力量因素，甚至也许是决定性的武器"。因为，"面对在思想、组织等等方面都占优势的资产阶级，无产阶级的优势仅仅在于，它有能力从核心出发来观察社会，并把它看作是互相联系着的整体，并因而能从核心上，从改变现实上来采取行动"。[1] 因此，"当最后的经济危机击中资本主义时，革命的命运（以及与此相关联的是人类的命运）要取决于无产阶级在意识形态上的成熟程度，即取决于它的阶级意识"。卢卡奇反复明确强调："对无产阶级来说，它的'意识形态'不是一面扛着去进行战斗的旗帜，不是真正目标的外衣，而就是目标和武器本身。"[2] 他指出，正是阶级意识的不成熟这一因素，"解释了为什么无产阶级革命的进程会历尽艰辛，屡遭挫折，会不断地回归到它的出发点"。因为"只有无产阶级的意识才能指出摆脱资本主义危机的出路。只要这一意识还不存在，危机就是固有的，就会回到它的起点，就会重复原来的状况"。[3] "原来表现出发展力量的对抗性质的矛盾要得到客观的、社会的解决，只有当这种解决是无产阶级意识实际上达到的新的阶段时，在实践上才是可能的。因此，行动功能的正确与否最终要由无产阶级阶级意识的发展来决定。"[4] 鉴于此，卢卡奇明确说，无产阶级为反对资本主义、争取社会主义而展开的斗争，就"不仅是和外部敌人，和资产阶级的斗争，而且同时也是无产阶级和自身的斗争，和资本主义制度对它的阶级意识的破坏和腐蚀的影响的斗争。只有当无产阶级克服了这些影响，它才取得了真正的胜利"。[5]

---

[1] 卢卡奇：《历史与阶级意识》，第 127 页。
[2] 同上书，第 129 页。
[3] 同上书，第 136 页。
[4] 同上书，第 292 页。
[5] 同上书，第 142 页。

结　语

从以上的描述中我们可以看到，尽管卢卡奇没有背叛马克思主义对资本主义社会进行批判时所持的无产阶级立场，没有放弃马克思主义对资本主义社会内在矛盾的基本分析以及关于资本主义必然灭亡、社会主义必然胜利的判断，没有放弃通过无产阶级暴力革命来变革资本主义、实现社会主义和人类解放的主张，也没有放弃马克思主义关于物质生产过程及人们在物质生产过程中所形成的社会关系在社会历史进程中具有基础性作用的论断，但是卢卡奇却对马克思主义用来对社会历史进程进行分析的基本理论——历史唯物主义或唯物主义辩证法的解释进行了重要调整。在经过卢卡奇重新解释的历史唯物主义或唯物主义辩证法理论中，人的意识，或者更准确地说，阶级意识对于社会历史进程的重要性获得了比在经典马克思主义著述中更为突出的强调，甚至被提升到在某些时刻对社会历史进程具有决定性作用的地位。与此相应，对社会现象与自然现象之间存在本质区别，以及社会研究方法与自然科学研究方法之间存在本质区别的强调，也构成了卢氏马克思主义理论的重要特征，使得卢卡奇所阐释的马克思主义，一方面相对经典马克思主义既有所继承又有所区别，成为一种具有浓厚建构论色彩的马克思主义；另一方面相对韦伯等非马克思主义的建构论也有所继承和有所区别，成为一种马克思主义的建构论。卢卡奇思想的这种特点，对许多西方发达国家里的马克思主义者产生了深远的影响，成为所谓"西方马克思主义"队伍中许多人的共同特征。

第七章　葛兰西的实践哲学理论

葛兰西（Antonio Gramsci）是意大利共产党的创始人，曾任意大利共产党总书记，后被意大利法西斯统治者逮捕，在狱中监禁十年后因病去世。在有关"西方马克思主义"的文献中，葛兰西通常与卢卡奇、科尔施等人一起，被认为是"西方马克思主义"中"人道主义马克思主义"思潮的奠基人。葛兰西著述不少，但影响最大的著述是其受法西斯监禁期间在狱中撰写的一批笔记（包括32本笔记本、长达2848页）。这些笔记在其去世后以《狱中札记》为名被辑成不同版本陆续出版，并被译成多种文字。我国也出版过多种葛兰西著述的中译本，如人民出版社1983年根据1959年苏联出版的《葛兰西选集》俄译三卷本第3卷翻译出版的《狱中札记》（选本）[1]，重庆出版社1990年据霍尔和史密斯1971年英译本《狱中札记》（选本）第三部分翻译出版的《实践哲学》[2]，人民出版社1992年出版的《葛兰西文选》[3]，河南大学出版社等依据霍尔和史密斯1971年的英译本《狱中札记》（选本）翻译出版的《狱中札记》[4]等。以下我们仅对葛兰西的

---

[1] 葛兰西：《狱中札记》，葆煦译，人民出版社，1983年。
[2] 葛兰西：《实践哲学》，徐崇温译，重庆出版社，1990年。王荫庭对该译本曾有所批评，见王荫庭：《应该严肃对待外国哲学名著的翻译——评徐崇温所译葛兰西〈实践哲学〉》，《马克思主义与现实》1997年第3期。不过，遗憾的是，王文所批评的一些问题在河南大学出版社出版的《狱中札记》一书中也存在。
[3] 《葛兰西文选》，人民出版社，1992年。
[4] 葛兰西：《狱中札记》，曹雷雨、姜丽、张跣译，河南大学出版社、重庆出版社，2016年（该译本最初由中国社会科学出版社于2000年出版）。本章以下对《狱中札记》一书的引语均出自该版本。

社会理论作一简要概述。

一、葛兰西论"实践哲学"

《狱中札记》中最引人注目的内容之一是葛兰西对"实践哲学"的论述。"实践哲学"据说是从意大利马克思主义者拉布里奥拉那里传下来的一个词语,拉布里奥拉用它来称呼马克思主义。[1] 受拉布里奥拉的影响,同时也是根据自己对马克思主义的理解(据说还有出于逃避狱吏的检查等原因),葛兰西也认为马克思主义本质上应该是一种"实践哲学"。

那么,什么是"实践哲学"?为什么要把马克思主义称为"实践哲学"?为了说明这一点,我们就必须进入葛兰西的话语世界,看看葛兰西用"实践哲学"这个名称试图区别于何物。

在《狱中札记》一书中,论述到实践哲学的意义问题时,葛兰西曾经指出,马克思主义诞生之后,在对待马克思主义的态度问题上,当时的西方思想界内部存在着两种趋向。一种是以普列汉诺夫等人为代表的"正统趋向"或"正统派"。这一派的特点是把马克思主义基本上和"传统唯物主义"等同起来。"他们认为自己是正统的,因为他们把[马克思主义]这种哲学基本上和传统唯物主义等同起来了。"[2] 但事实上,在葛兰西看来,普列汉诺夫等人通常所说的"唯物主义"其实不过是一种"庸俗唯物主义"。这种"庸俗唯物主义"甚至和实证主义难分难解。葛兰西批评说:"普列汉诺夫以典型的实证主义方法提出问题,并证明了他在思辨和写史方面能力的贫乏。"因此,和普列汉诺夫自己想象的相反,所谓"正统派"实际上是"滑到庸俗唯物主义去了"。与此不同的则是这样一种趋向,这种趋向把马克思主义"同康德主义以及其他非实证主义和非唯物主义的哲学趋向联系起来"。[3] 例如,"奥地利马克思主义"者奥托·鲍威尔认为马

---

[1] 葛兰西:《实践哲学》,"英译本导言",第1—2页。
[2] 葛兰西:《狱中札记》,第299页。
[3] 同上书,第297页。

克思主义能够和包括托马斯主义在内的任何哲学相结合；另一位"奥地利马克思主义"者马克斯·阿德勒则主张将马克思主义具体和康德主义相结合；意大利思想家克罗奇、金蒂莱等人则或明或暗地将马克思主义的某些要素和若干唯心主义思潮融汇起来；等等。葛兰西认为，这两种趋向实际上构成了对马克思主义的"双重修正"。事实上，马克思主义既不能混同于"传统的"或"庸俗的"唯物主义，也不能随意地混同或融合于某种唯心主义。马克思主义是一种超越了传统唯物主义和唯心主义之间二元对立的新哲学。为了将这种新哲学与传统意义上相互对立的唯物主义和唯心主义区别开来，我们最好给它一种新名称；根据它在哲学方面的新立场，我们又最好将这种哲学称为"实践哲学"。而葛兰西认为，拉布里奥拉则是当时唯一试图将马克思主义解释为"实践哲学"，从而将"实践哲学""科学地"建立起来的人。"拉布里奥拉肯定实践哲学是独立于任何其他哲学思潮之外的自足哲学，而且他是唯一的企图科学地建立实践哲学的人。"[1]

作为一种"实践哲学"，马克思主义是如何超越传统唯物主义和唯心主义之间的二元对立的呢？

所谓"传统唯物主义"，在葛兰西的话语中主要指的是这样一种理论立场或者世界观，它认为我们的意志或思维活动是"一种单纯的感受活动，顶多是一种整理性活动"；而"'感受的'一词暗示着确实有一个绝对不可改变的、'一般地'和在庸俗的意义上是客观存在着的外部世界。'整理性的'一词其意思类似于'感受的'。虽然它意味着一种思维活动，但这种活动是有限的和狭隘的"。而所谓"传统唯心主义"，则主要指的是这样一种理论立场或者世界观，它认为思维活动是"一种绝对的创造性活动"，认为"外部世界"其实是由人的思维活动所创造的，因此人的自我意志或思维活动是认识的唯一对象。"这里存在着一种陷入唯我论的危险，而且在事实上，每种形式的唯心主义都必然要陷入唯我论。"葛兰西指出，"在德国古典哲学之前，哲学被设想成是对于一种在人之外客观地发挥作用的机械装置的认识。德国古典哲学引入了思维的'创造性'的概

---

[1] 葛兰西：《狱中札记》，第297页。

念,但是,那是在唯心主义和思辨的意义上的'创造性'。"马克思主义"实践哲学"的诞生,正是为了超越上述两种立场。"只有实践哲学才能使哲学前进一步。它将其自身建立在德国古典哲学的基础上,但又避免了滑入唯我论的任何倾向。"因为,"为了避免唯我论,同时又避免包含在认为思维是一种感受的和整理性的活动的机械论概念,就有必要用一种'历史主义的'方式提出问题,同时又把'意志'(归根结底它等于实践活动或政治活动)作为哲学的基础"。当然,"这种意志必须是合理的意志,而不是任意的意志;只有在这种意志符合于客观的历史必然性,或只有在它是正在逐步实现中的普遍历史本身的时候,它才能够得到实现"。实践哲学一方面"使思想历史化,即把思想看成是意志在许多人中间得以传播(要是没有合理性或历史性,这种传播就会是不可设想的),并且是以使自身变成为一种积极的行为准则这样的方式进行传播的世界观和'健全的常识'",从而超越了将思维局限在思维活动范围内的传统唯心主义。另一方面又"在'相对的'意义上理解'创造性'一词,即把'创造性'理解为改变着许多人的感受方式,从而也改变着要是没有这许多人就不可设想的现实本身的思想。之所以是创造性的,也是因为它教导说,独立的、自在的和自为的现实并不存在,存在着的只是处在同那些改变它的人们的历史关系之中的现实",从而超越了将现实视为一种完全独立于/外在于人的意志活动的客观存在的传统唯物主义。[1]

葛兰西认为,和传统唯物主义将一切归结为"物质",传统唯心主义将一切归结为"思维"不同,实践哲学将一切都归结到"实践"。在这个意义上,实践哲学也是一种"一元论"哲学,只不过是一种与唯物主义的物质"一元论"和唯心主义的精神"一元论"都不同的新的"一元论"。这种新的"一元论""既不是唯心主义的一元论,也不是唯物主义的一元论,而是具体历史行为中对立面的同一性,也就是与某种组织化(历史化)的'物质',以及与被改造过的人的本性具体地、不可分割地联系起来的人的活动(历史—精神)中的对立面的同一性"[2]。对于这种新的"一

---

[1] 参见葛兰西:《狱中札记》,第 255—257 页。
[2] 同上书,第 284—285 页。

元论",有学者依据葛兰西对"实践哲学"的命名将其称为"实践一元论"。[1]此外,由于实践一方面总是在具体的社会历史情境下展开的,另一方面又总是人的实践,因此,葛兰西也将实践哲学称为"绝对历史主义"和"绝对人道主义"。他说,"实践哲学是以前一切历史的结果和顶点。唯心主义和实践哲学都产生于对黑格尔主义的批判中。黑格尔的内在论变成历史主义,但只有在实践哲学那里,它才是绝对的历史主义——绝对的历史主义和绝对的人道主义"[2]。

尽管葛兰西认为实践哲学是对传统唯物主义和唯心主义的双重超越,但事实上,从葛兰西的论述来看,他更在意的是对当时在马克思主义阵营内部流行的各种传统(机械、庸俗)唯物主义的超越。因此,在《狱中札记》等著述中,葛兰西从上述"实践一元论"的立场出发,对一些重要的哲学理论问题进行了具体的阐释和辨析,以进一步将实践哲学与传统唯物主义区别开来。在《狱中札记》的一个条目中,葛兰西讨论了"外部世界的现实"问题。他首先讨论了这一观念的产生原因。葛兰西指出,对于"外部世界是否客观存在"这样一类问题,在普通公众那里是不可能提出来的。对于普通公众来说,这种问题只会引起哄笑,因为他们"相信"外部世界的客观真实性。葛兰西认为,这种对外部世界客观性质的信仰事实上有其宗教根源。"因为一切宗教都曾经而且还在训导说,世界、自然、宇宙都是在上帝造人之前创造的。所以,人发现世界上所有的一切都是现实的,被规定好了秩序,上帝一劳永逸,我们无须劳神。这种信仰变成了'常识'的铁的事实,即使宗教感情溘然长逝或者已然休眠了,这个信仰还同样顽固不化。"[3]葛兰西甚至认为,以这类"常识"为基础去反对主观主义、唯心主义,其实具有反动的意义,因为这意味着反对者实际上暗中皈依了宗教。葛兰西还指出,这样一种以机械的方式去理解外部世界客观性的观点,虽然合乎常识,但证明起来并不容易。表面上看来,"似乎可能存在一个置身于历史和人类之外的客观性。但是,谁是对这种客观性

---

[1] 徐崇温:"中译本序言",见葛兰西:《实践哲学》。
[2] 葛兰西:《狱中札记》,第329页。
[3] 同上书,第354页。

进行判定的法官呢？谁能使自己采取这种'宇宙本身的观点'呢？而这样一种观点又可能意味着什么呢？"葛兰西再次重申，"的确可以说，在此我们所论述的正是上帝观念的残余，正是一个神秘形式的未知上帝概念的残余"。[1]

针对恩格斯在《反杜林论》中曾经提出的"世界的统一性在于其物质性，这是由哲学和自然科学的漫长而艰难的发展所证明的"这一论断，葛兰西辨析说，"这一论断所包含的正确概念的种子在于，为了证明客观实在，它求助于历史，求助于人。客观总是指'人类的客观'，它意味着正好同'历史的主观'相符合，换句话说，'客观的'意味着'普遍地主观的'。人客观地认知，这是在这个意义——对被历史地统一在一个单个的一元文化体系中的整个人类来说，知识是实在的——上来说的"。与此不同，形而上学唯物主义的"客观性"概念显然指一种存在于人之外的客观性，葛兰西认为，"当人们断言即使人并不存在，某种现实也会存在时，人们或者是在用隐喻说话，或者是落入到一种神秘主义中去了。我们只是在同人的关系中认识现实，而既然人是历史的生成，那么认识和实在也是一种生成，客观性同样如此"。[2] 葛兰西举"东""西"概念为例来对此加以说明。他指出，"东""西"概念其实只是人们在特定社会历史关系中的一种约定，是一种历史性的事实，而非纯自然的客观存在。"如果没有人，北—南或东—西意味着什么？""如果没有人、没有文明的发展，它们就不会存在。显然，东和西是任意的和约定的，即历史的建构。因为在现实历史之外，地球上的每一点都既是东方的又是西方的。"事实上，现存的"东""西"方概念是欧洲有文化阶级的建构，它由于欧洲在世界范围内的文化领导权而被普遍接受，隐含了不同文化之间的特殊关系。葛兰西说，"如果不理解这种关系，人们可能就不能够理解实践哲学，不能够理解在同唯心主义和同机械唯物主义的比较中实践哲学的位置"。[3] 葛兰西还据此批评卢卡奇关于辩证法只能适用于人类历史而不能适用于自然界

---

[1] 葛兰西：《狱中札记》，第358页。
[2] 参见上书，第358—359页。
[3] 同上书，第361页。

的看法，认为这种看法预先假定了自然和人之间的二元论，跌落到希腊—基督教及一些没有将人和自然成功地统一起来的唯心主义特有的自然观中去了。

传统唯物主义也常常从独立于/外在于人的存在的角度来理解"物质"的存在，葛兰西对这种物质观念也作出了批评。他认为，正如我们应该将"客观实在"理解为人们在特定社会关系条件下的实践过程中的一种建构，因而不能把"客观实在"理解成一种完全独立于/外在于人的实践过程的存在一样，我们也需要从与人的实践的关联中去理解"物质"，将其视为人们社会实践过程的一个要素。葛兰西说："对于实践哲学来说，'物质'既不应当在它从自然科学中获得的意义上来理解（物理、化学、机械学等——要从其历史发展中来标记和研究的意义），也不应当从人们在各种唯物主义形而上学中发现的任何意义上来理解。应当考虑到一起构成为物质本身的各种不同的物理（化学、机械的等等）特性（除非人们转而求助于康德的实在概念），但只是在它们变成一种生产的'经济要素'的范围内。所以，物质本身并不是我们的主题，成为主题的是如何为了生产而把物质社会地历史地组织起来，而自然科学则应相应地被看作本质上是一个历史范畴，一种人类关系。""在某种意义上，而且在某种程度上，自然所提供的机会，并不是对于预先存在的力量——对物质预先存在的性质——的发现和发明，而是同社会利益、同生产力的发展和进一步发展的必然性紧密相连的'创造'。""实际上，实践哲学并不研究一架机器以便了解和确定它的材料的原子结构，也不研究它的物理的、化学的或机械的自然组成要素（那是技术的事情，是精确科学的事情），而是仅仅在它是物质生产力的一个要素的意义上，才是特定社会力量的属性的一个客体，并表现为一种符合于特定的历史时期的社会关系。"[1]他以电这种现象为例来对此加以说明："电不仅是一种自然力量，而且也是作为由人所支配并被人归并到物质生产力的综合中去的一个生产要素。电作为一种抽象的自然力量，甚至在它被归结为一种生产力之前就已经存在，但这时它在

---

[1] 葛兰西：《狱中札记》，第380页。

历史上不起作用，而只是自然史中假设性话语的一个主题（人们对此毫无兴趣，而且确实一无所知，因而早先它仍然只是历史的'虚无'）。"[1]

正因为实践哲学与传统唯物主义之间存在着重要区别，葛兰西认为"实践哲学的创始人 [马克思] 从来不曾把自己的概念称作唯物主义。当写到法国唯物主义的时候，他批判它，并且断言这个批判应该更加彻底全面。所以，他从来没有使用过'唯物辩证法'的公式，而是称之为同'神秘的'相对立的'理性的'"[2]。

二、文化领导权与市民社会理论

关于"文化领导权"[3]和"市民社会"的思想是葛兰西在《狱中札记》中涉及的另一个重要话题。形式上看，这方面的论述散落在札记的不同部分，但实际上，葛兰西在这方面所阐述的思想与他的实践哲学思想之间存在着密切的逻辑联系。如上所述，葛兰西将马克思主义阐释为一种"实践哲学"的主要目的，就是反对当时在马克思主义阵营内流行的庸俗或机械唯物主义思潮。这种思潮的一个重要表现就是机械地理解物质生产力对生产关系、经济基础对上层建筑、社会存在对社会意识的"决定"，忽视后者对前者（尤其是上层建筑对经济基础、社会意识对社会存在的）有时甚至可能同样具有"决定"性的反作用。这种思潮面临的一个重大挑战就是难以回答以下实践所提出的问题：为什么在生产力相对落后的俄国无产阶级革命能取得成功，而在生产力相对发达的西方资本主义国家里无产阶级革命却屡受挫折？在葛兰西看来，要很好地回答这个问题，就必须将理论视角转换到实践哲学来。葛兰西认为，从实践哲学的角度来看，社会现实是作为集体的人通过自己有意识的实践活动创造出来和加以改变的。在通

---

[1] 葛兰西：《狱中札记》，第 381 页。
[2] 同上书，第 371 页。
[3] Hegemony，在中文文献中也经常被译为"霸权"。由于"霸权"一词在中文语境中具有暴力和强制的意涵，与葛兰西使用这个词时试图表达的意涵——一个社会集团基于其他集团的同意和认可而对后者形成的领导权力——有较大的差异，故许多人认为将其译为"领导权"或"文化领导权"更为恰当。笔者认同这一看法，故在此使用"文化领导权"一词。

过自己的集体实践创造和改变现实的过程中，人们的意识因素有时会具有十分关键的作用。西方发达资本主义国家无产阶级革命的失败，在一定程度上正是由于统治阶级在文化或意识形态领域牢牢地掌握了对社会各阶级的"领导权"，致使无产阶级和广大劳动群众不能形成革命所必需的集体意识，从而阻碍了这些国家从资本主义社会向社会主义社会转变这一历史实践的顺利进行。

实际上，早在俄国十月革命爆发后不久，葛兰西在其专论十月革命的一篇文章《反〈资本论〉的革命》中，就明确地将十月革命称为"反对卡尔·马克思的《资本论》的革命"[1]。葛兰西认为，在俄国，马克思的《资本论》与其说是一本无产阶级的书，不如说是一本资产阶级的书。因为按照马克思遵循历史唯物主义的基本原理在这本书中所作的论证，社会现实应该按照其自身的客观规律预先确定的进程发展下去。譬如，在俄国无产阶级考虑和开启它本身的社会主义革命之前，必须先形成和经过一个资本主义时代。然而，十月革命却突破了认为俄国历史必须按照历史唯物主义的规律来加以展开的分析图式。"布尔什维克否定了卡尔·马克思，并用毫不含糊的行动和所取得的胜利证明：历史唯物主义的原则并不像人们可能认为和一直被想象的那样是一成不变的。"他们虽然否定了马克思在《资本论》中的某些论述，但却实践着马克思主义所包含的那种从德国和意大利唯心主义继承而来但在马克思那里却被实证主义和自然主义的外壳玷污了的思想。"这种思想认为历史上占统治地位的因素不是天然的经济事实，而是人，社会中的人，彼此联系着的人，他们互相达成协议，并通过这些接触（文明）发展一种集体的社会意志；是了解经济事实的人，他们对经济事实作出判断并使之适应自己的意志，直到这种意志成为经济的动力并形成客观现实，这种客观现实存在着、运动着，并且终于像一股火山熔岩一样，能够按照人的意志所决定的那样，在任何地方、以任何方式开辟道路。"[2] 葛兰西认为，在常规时期，形成这种能够决定历史进程的集

---

[1] 葛兰西:《反〈资本论〉的革命》,《葛兰西文选》,人民出版社,1992年,第9页。
[2] 参见上书,第10页。

体意志需要经历漫长的时间和过程,而战争的苦难经历[1]和社会主义思想的传播[2],使得俄国人民在很短的时间内就形成了这种集体意志,从而改变了自己的历史进程。就此而言,葛兰西说,布尔什维克革命所包含的意识形态意义多于其作为一个历史事件的意义。[3]在《俄国的乌托邦》一文中,葛兰西也从类似的理论立场出发,对一些机械地从"经济结构决定政治行动"的公式出发批评列宁是乌托邦主义者的人进行了反驳,指出"直接决定政治行动的并不是经济结构,而是解释这种结构及控制其发展的所谓规律的方式。这些规律同自然规律毫无共同之处——即使假定自然规律也没有客观的、真实的存在,而只是我们的智力思维的产物";"事件并不取决于某个个人的愿望,也不取决于甚至为数众多的一群人的愿望。它们取决于极为众多的人民的愿望,这些愿望通过他们采取或不采取某些行动、通过他们的相应的理智态度表现出来。事件还取决于少数人所掌握的与这些愿望有关的知识,取决于少数人在把这些愿望体现于国家权力之中以后,能否在某种程度上把它们引向一个共同的目标"。[4]

显然,葛兰西在上述文章中所表达的思想倾向与其后来以"实践哲学"为名所表达的思想倾向之间存在着高度的一致性,这就是强调社会历史是人的历史,社会历史不是一个按照某种不可违背的规律或公式展开的、完全独立于人的意志的纯"客观"进程,而是人可以通过自己的集体行动或实践来加以创造和改变的过程;在这个过程中,人们的集体意志状况具有着十分重要的作用,而且,集体意志也不是单纯机械地由人们自身所处的社会存在状况所决定(例如,思想传播因素对于集体意志的状况也会有重要影响)。葛兰西不但以此思路来理解和分析俄国十月革命,也以同样的思路来理解和分析西方发达资本主义国家中无产阶级的革命运动。

在《狱中札记》的"'语言'、言语和常识"条目中,葛兰西明确提

---

[1] "但是在俄国,这次战争激励了人民的意志。作为三年多累积起来的苦难的结局,他们的意志几乎在一夜之间完全一致了。"见《葛兰西文选》,第 11 页。
[2] "社会主义宣传使得俄国人民接触到别国无产阶级的经验。社会主义宣传可以使无产阶级的历史在一瞬间戏剧性地苏醒过来。……锻炼俄国人民意志的是社会主义的宣传。"见上书,第 11 页。
[3] 同上书,第 9 页。
[4] 同上书,第 26—27 页。

出:"历史的行为只能由'集体的人'来完成,要达成一种'文化—社会'的统一,必须以此为前提:具有异质的目的、多种多样的分散意志,在平等的共同的世界观基础上,怀着同一个目的而焊接在一起,而这种共同的世界观既是一般的又是特殊的,或者在一时的爆发中发挥作用,或者永恒地发挥作用。"[1] 简言之,历史行动只能由"集体的人"来完成,而"集体的人"的行动则必须以一种由共同的世界观来达成的"文化—社会"统一为前提。这一点不仅适用于处于被统治地位的那些社会集团的行动,也适用于处于统治地位的那些社会集团的行动。对处于被统治地位的那些社会集团来说,当经济结构已经发展到需要通过某些历史行动来变革现存的社会秩序时,能否形成或建构出一种能够用来达成为完成社会变革所必须动员的那些社会力量的"文化—社会"统一的共同世界观,就成为一个十分关键的问题。同样,对处于统治地位的社会集团来说,无论是在社会历史的常规时期还是危机时期,能否形成或建构出一种能够用来达成为维护自身统治和现存秩序所必须实现的各社会力量的"文化—社会"统一的共同世界观,也将成为一个十分关键的问题。因此,无论是对于试图维护现存秩序的统治集团还是对于试图变革现存秩序的被统治集团来说,要想使本集团的历史行动(维护现存秩序或变革现存秩序)能够顺利开展,在意识形态领域与对方争夺对相关社会力量的"文化领导权",就都是一个不可轻视的重大课题。

葛兰西认为,俄国这类落后国家和西方发达资本主义国家的无产阶级革命的不同结果,在很大程度上可以用两类国家的统治集团对"文化领导权"的掌握程度不同来加以解释。

葛兰西指出:"一个社会集团的霸权地位表现在以下两个方面,即'统治'和'智识与道德的领导权'。一个社会集团统治着它往往会'清除'或者甚至以武力来制服的敌对集团,它领导着同类的和结盟的集团。一个社会集团能够也必须在赢得政权之前开始行使'领导权'(这就是赢得政权的首要条件之一);当它行使政权的时候就最终成了统治者,但它

---

[1] 葛兰西:《狱中札记》,第 260 页。

即使是牢牢地掌握住了政权，也必须继续以往的'领导'。"[1]葛兰西以19世纪意大利的"温和派"的统治为例来对此加以说明，他认为1848年以来意大利国家生活的特征就是"在温和派所确定的范围内更为广泛的统治阶级的形成。该阶级的形成需要逐步而持续地吸收结盟集团所产生的积极分子——甚至是吸收那些来自敌对集团和貌似势不两立的积极分子，而这是通过具有不同效力的方法取得的。在此意义上，政治领导权仅仅成为了统治职能的一部分，而大量吸收敌人的精英分子意味着砍了它们自己的头以及往往持续很长时间的毁灭。温和派的政策清楚地表明，甚至在掌握政权之前可能也必然存在着霸权活动，而且为了行使有效的领导权，就不应该单单指望政权所赋予的物质力量"[2]。

当然，统治集团为维护霸权所施力的这两个方面在不同的历史时期并非完全相同。"文化领导权"的发展更多的是现代资本主义社会的产物。"先前的统治阶级基本上是保守的，因为他们根本不打算建立一种使其他阶级可以进入统治阶级的有机过渡，就是说，不打算在'法律上'和意识形态上扩大统治阶级的范围；他们的观念是封闭的特权等级观念。资产阶级把自身看作是处于不断运动变化中的有机体，能够吸收整个社会，使之被同化而达到他们的文化和经济水平。国家的职能已经在总体上发生改变；国家已经变成'教育者'；等等。"[3]

与现代资本主义社会统治集团的"霸权"可以通过"统治"和"智识与道德的领导权"两个方面来实现相应，现代资本主义社会统治集团用来实现这两种"霸权"职能的组织或机构也分为两种类型。一种被葛兰西称为"国家"或"政治社会"，另一种则被他称为"市民社会"（这两种"社会"组织或机构都属于马克思所说的"上层建筑"领域）。前者由政府、军队、警察、法律等国家机器构成，后者则由教会、行会、社区、学校等不受国家直接管辖的社会机构组成。葛兰西在多处表达了这一思想。例如，在《狱中札记》中，葛兰西就多次写道："可以确定两个上层建

---

[1] 葛兰西：《狱中札记》，第38页。
[2] 同上书，第39页。
[3] 《葛兰西文选》，第441页。

筑'阶层'：一个可称作'市民社会'，即通常称作'私人的'组织的总和，另一个是'政治社会'或'国家'。这两个阶层一方面相当于统治集团通过社会行使的'霸权'职能，另一方面相当于通过国家和'司法'政府所行使的'直接统治'或管辖职能。这些职能都是有组织的，相互关联的。"[1] "统治阶级的历史统一是在国家中实现的，而他们的历史实质上就是国家的历史和国家集团的历史。但要是认为这种统一只不过是法律上和政治上的，那就错了；根本的历史统一具体来自于国家或政治社会与'市民社会'之间的有机关系。"[2] 他还揭示出，"国家的实质（总体上等于独裁+领导权）"[3]。"对国家的基本认识离不开对市民社会的认识（因为人们可以说国家＝政治社会＋市民社会，即强制力量保障的领导权）。"[4] "每个国家都是伦理国家，因为它们最重要的职能就是把广大国民的道德文化提高到一定的水平，与生产力的发展要求相适应，从而也与统治阶级的利益相适应。学校具有正面的教育功能，法院具有镇压和反面的教育功能，因此是最重要的国家活动。但是在事实上，大批其他所谓的个人主动权和活动也具有同样的目的，它们构成统治阶级政治文化霸权的手段。"[5] 在1931年9月7日给妻妹写的一封信中，他也写道："一般认为国家是政治社会——即，用以控制民众使之与一定类型的生产和经济相适应的专政或其他强制机构——，而不把它看作是政治社会与市民社会之间的平衡力，我指的是通过教会、工会或学校等所谓民间组织行使的、某一社会集团对整个国家的领导权。"[6] 如此等等。

葛兰西认为，如果用战争的术语来表达的话，那么可以说，在被统治集团反对统治集团的斗争中，国家机器代表着统治集团的前沿阵地，市民社会则代表着统治集团的防御纵深。一个国家的市民社会越发达，这个国家就越稳定。西方发达国家的统治集团与俄国等落后国家的统治集团在统

---

[1] 葛兰西：《狱中札记》，第 7 页。
[2] 同上书，第 34—35 页。
[3] 同上书，第 195 页。原译文为"国家的实质（总体上等于独裁＋霸权）"。
[4] 同上书，第 217 页。"领导权"一词在原译文中为"霸权"。
[5] 同上书，第 213 页。
[6] 《葛兰西文选》，第 574 页。

治方式上的一个重大区别就是：前者不仅有着发达的"政治社会"，而且也有着非常发达的"市民社会"，因而可以通过"统治"和"文化（智识和道德）领导权"两个方面来实施自己对社会的"霸权"；与此相反，后者虽然也有"政治社会"，但其"市民社会"方面的建设却非常落后，因而主要是靠"统治"来维护自己的权力。"市民社会"的发达使得发达资本主义国家拥有更多的政治和思想文化方面的储备，来抵御相对更为强大的来自经济或者政治方面的冲击，使现存秩序得以稳固。葛兰西说："至少在最先进的国家如此，因为这些国家的'市民社会'已经演变为更加复杂的结构，可以抵制直接经济因素（如危机、萧条等等）'入侵'的灾难性后果。市民社会的上层建筑就像现代战争的堑壕配系。在战争中，猛烈的炮火有时看似可以破坏敌人的全部防御体系，其实不过损坏了他们的外部掩蔽工事；而到进军和出击的时刻，才发觉自己面临仍然有效的防御工事。在大规模的经济危机中，政治也会发生同样的事情。"[1]而在俄国这样的国家里，"国家就是一切，市民社会处于原始状态，尚未开化"，因此，只要攻克了"国家"这个堡垒，无产阶级的革命斗争就可能取得决定性的胜利。而"在西方，国家和市民社会关系得当，国家一旦动摇，稳定的市民社会结构立即就会显露。国家不过是外在的壕沟，其背后是强大的堡垒和工事"。[2] 因此，西方发达资本主义国家的无产阶级面临着比俄国等落后国家更为复杂的斗争形势，使得这些国家里无产阶级的革命运动变得更为艰巨。在葛兰西看来，这当是这些国家的无产阶级革命屡遭挫折的一个重要原因。

三、有机知识分子和阵地战

如上所述，西方发达资本主义国家的统治集团在统治方式方面与俄国等落后国家的统治集团有着重大区别：前者由于拥有相对更为发达的市

---

[1] 葛兰西：《狱中札记》，第190页。
[2] 同上书，第193页。

民社会,从而可以通过"统治"和"文化(智识和道德)领导权"两个方面来实施自己对社会的"霸权"。与此相应,西方发达资本主义国家里的无产阶级在反对资产阶级的斗争中也必须采用与俄国等落后国家的无产阶级有所不同的斗争策略。如果说,在俄国等落后国家中,无产阶级只要夺取国家政权就可以取得斗争的决定性胜利,那么,对于发达资本主义国家的无产阶级来说,首先与资产阶级在"市民社会"领域围绕对人民群众的"文化领导权"展开争夺,就具有特殊的重要性。在这些国家,单纯的经济危机本身并不会导致社会变革所需要的政治情势的形成。要使这种政治情势在经济危机发生时得以形成,必须借助先前在市民社会领域围绕"文化领导权"开展的斗争。这种斗争,使得统治集团不再能对人们群众实施有效的文化领导,使后者得以摆脱统治集团的意识形态控制。"如果统治阶级不能达成一致,也就是说不再发挥'领导'作用,只能'统治',实施强权,这就意味着广大群众已经脱离了传统的意识形态,失去了从前的信仰等等。"[1] 只有在这种情况之下,人们群众才能接受新的意识形态,形成参与社会变革所必须的阶级意识或"集体意志",并在这种集体意志的引导下通过共同的行动实现社会变革。正是基于这种看法,葛兰西为争夺"(文化)领导权"的斗争赋予了非常重要的意义,甚至认为实践哲学的一个重要工作就是"系统地对'领导权'和文化领导权要素进行重新估价,以消灭对'经济决定论'的机械论的和宿命论的观念。其实,最新的实践哲学的根本要素就是关于'领导权'的历史—政治观"[2]。

那么,无产阶级应该如何与资产阶级在"市民社会"领域围绕对人民群众的"文化领导权"展开争夺呢?聚焦这一主题,葛兰西也进行了大量探索。

首先是知识分子的历史作用问题。在市民社会或文化领域争夺领导权的斗争中,知识分子具有关键的甚至是决定性的作用,因为无论是对于统治集团来说还是对于被统治集团来说,创造、传播、维护、更新符合自身利益的那种特定文化的功能都是由知识分子来承担的。没有知识分子,任

---

[1] 葛兰西:《狱中札记》,第229页。
[2]《葛兰西文选》,第584页。

何一种文化的创造、传播、维护和更新活动都无法展开。因此，对"文化领导权"问题的考察必然将人们导向对知识分子之历史作用的考察。这一考察也正是《狱中札记》的重要内容之一。

葛兰西并没有给知识分子下一个明确的定义。大致上说，在葛兰西那里，所谓"知识分子"指的是社会生活中主要以智力活动为职业的那部分人。知识分子到底是一个自治而独立的社会集团呢，还是说每个社会集团都有自己特殊而专门的知识分子范畴？这是葛兰西在讨论知识分子问题时首先提出的一个问题。但葛兰西对这个问题不仅没有给出明确的回答，而且在不同的地方还有一些令人感到困惑的说法。例如，在《狱中札记》的一个地方，葛兰西说，不存在任何独立的知识分子阶级，"每个社会集团都有它自己的知识分子阶层，或者往往会形成一个这样的阶层"[1]。但在其他地方，葛兰西又认为有两类不同的知识分子：一类叫作"有机知识分子"，即与某个社会集团有机结合在一起的知识分子；另一类叫作"传统知识分子"，即自认为能够自治并独立于任何社会集团，尤其是统治集团的知识分子。仔细斟酌葛兰西的论述，我们或许可以对葛兰西关于知识分子的社会归属理论作出如下理解：从客观上看，确实不存在任何独立的知识分子，每个社会集团都有自己的知识分子，或者说每个知识分子都必然归属于某个社会集团。但从主观上看，有些知识分子自觉地与某个或某些社会集团有机地结合在一起，因而可以称为"有机知识分子"（这类知识分子大多是资本主义时期的知识分子，如随资本主义一道出现的工业技术人员、政治经济专家、新文化和新法律体系的组织者等）。但也有一些知识分子自认为能够自治并独立于任何社会集团，如前资本主义时期形成的教士阶层、行政管理阶层以及科学家、理论家等，这些知识分子大多与前资本主义的经济—社会结构相联系，因此可以称作"传统知识分子"。

毫无疑问，资产阶级这样的现代统治集团必然拥有自己的有机知识分子。作为统治集团的代理人，这些知识分子行使社会领导和政治统治的下级职能，包括通过自己的工作确保人民大众对主要统治集团强加于社会生

---

[1] 葛兰西：《狱中札记》，第40页。

活的总方向给予"自发的"认可,以及对那些既不积极也不消极认可的集团给予"合法的"强制。[1] 这些知识分子在市民社会领域中对维护统治集团的权力,起到了军队、警察等国家强力机构在政治社会里所起到的同样甚至更为重要的作用。处于被统治地位的无产阶级如果要实现社会变革,就必须组建能够与自己紧密结合在一起、为自己的阶级利益共同奋斗的、属于无产阶级自己的有机知识分子,通过这些无产阶级的有机知识分子,来与属于统治集团的资产阶级有机知识分子在市民社会领域进行争夺"文化领导权"的斗争。参照葛兰西的论述,这种在市民社会领域与资产阶级争夺"文化领导权"的斗争,至少包括两个方面的基本工作:首先,是通过实践哲学一类世界观层面的研究,创造出无产阶级自己的意识形态,用以战胜形式精致的资产阶级意识形态,以便组成无产阶级自己的知识分子集团;其次,是利用无产阶级自己的知识分子集团来教育人民大众,使之摆脱资产阶级文化或意识形态的影响,形成无产阶级进行社会变革所需要的阶级意识或集体意志。[2]

葛兰西指出,每个人在自己的成长过程中都以自己的方式不自觉地获得或形成了一定的世界观(哲学就是世界观)。"这种世界观是由每个人从其进入这个意识的世界之时起,就自动陷入的许多社会集团之一所强加的。"[3] 但这种世界观多是以"常识"或"民俗"的形式存在,缺乏批判性和系统性。[4] 在阶级社会,由于统治集团在文化或意识形态方面的领导权,人民大众总是将统治阶级灌输给他们的那些符合统治集团利益的信念或世界观当作"正统"的信念或世界观来加以遵从。此外,对于处于被统治地位的社会集团来说,当它作为一个有机总体进行活动时,虽然确实可能有自己处于胚胎状态的、通过行动偶然表现出来的世界观,但"由于它在智识上从属和服从(于另一个社会集团)的缘故,这个集团采用了一种并非它自己的,而是从另一个集团那里借用的世界观。它在口头上肯定这种世

---

[1] 葛兰西:《狱中札记》,第 7 页。
[2] "实践哲学有两项工作要做:战胜形式精致的现代意识形态,以便组成自己独立的知识分子集团;教育在文化上还处于中世纪的人民大众。"见上书,第 303 页。
[3] 同上书,第 232 页。
[4] "常识是一些毫无联系的概念的杂乱无章的汇集。"见上书,第 334 页。

界观,并且相信自己在遵循着这种世界观,因为这是它在'正常时间'内所遵循的世界观,也就是当它的行为不是独立自主的,而是从属和服从(于另一个集团)的时候遵循的世界观"[1]。以至于在人民大众中经常会出现思想和行为不一致的情况(这种不一致实际上反映了社会现实中深刻的阶级对立)。对于无产阶级反对资产阶级的革命斗争来说,包括无产阶级在内的人民大众对于符合统治集团利益的"正统"信念或世界观的这种从属和服从状况,显然是一种极为不利的情况。为了让人民大众从这种对"正统"信念或世界观的从属和服从状态中摆脱出来,首先必须建构出一种新的哲学信念或世界观,一种既能够使人民大众正确认识到社会历史从过去、现在向未来发展的必然趋势(从而摆脱对现实的盲从),又能够将理论和实践结合起来(从而能够与无产阶级和人民大众反对现存社会秩序的实践结合起来并提供实际的指导)的哲学信念和世界观,用它作为无产阶级自己的意识形态来动员和引导无产阶级及人民大众反对资产阶级的革命斗争。在葛兰西看来,这种新的哲学信念或世界观就是马克思主义的实践哲学。

伴随着实践哲学这种新世界观一同形成的,还有无产阶级自己的有机知识分子。人们常常把理论当作实践的一种"补充"、"附加"甚至婢女,以为理论是实践的自然产物,有了某种实践,就自然会形成相应的理论。但其实,理论需要通过知识分子,尤其是知识分子精英的专门劳动才得以形成、发展和传播。理论的形成需要借助对现存理论和实践的批判考察才有可能,而"从历史和政治上说,批判的自我意识意味着创造知识分子的精英"。至少在刚开始的时候,革新不能来自普通群众,而必须通过精英这一群体,"因为在精英那里,暗含于人的活动中的世界观,已经在一定程度上变成了一种一致的、系统的并且经常存在的认识,变成了一种明确而坚定的意志"。无产阶级知识分子不仅是理论的构建者,而且是群众的组织者和领导者,"人民群众如果不在最广的意义上把自己组织起来,就不能'区别'自身,就不可能真正独立;而要是没有知识分子,也就是

---

[1] 葛兰西:《狱中札记》,第236页。

说，没有组织者和领导者，没有由于存在着一个'专门'从概念上和哲学上研究思想的集团，也就不可能成为有组织的群体"。[1] 但是，造就知识分子的过程是一个漫长而艰难的过程，这个过程通过知识分子与群众之间相互作用、相互促进而缓慢展开。在这个过程中，有时也会产生群众和知识分子之间的裂痕，导致知识分子的理论和群众实践之间的割裂，使后者倒退到缺乏理论引导的相对原始的历史阶段。为了减少这种情况的发生，就必须加强无产阶级政党在培养知识分子、建立和传播世界观中所起的作用。葛兰西认为，一般说来学校是培养知识分子的主要工具，但在现代社会中，政党的形成和发展也与知识分子集团存在着紧密的关联。对于许多社会集团来说，政党不过是它们直接培养自己有机知识分子的特定方式。这些社会集团通过自己的政党把其主要成分培养成"合格的政治知识分子、领导者以及一个完整的社会（市民社会和政治社会）所固有的一切活动与职能的组织者"[2]。对于无产阶级政党来说，情况也是如此："政党从工人大众中吸收个人成员，这种选择既是根据实践的标准同时又是根据理论的标准进行的。……政党是完整的、全面的知识分子的新的培育人，可以被理解为现实的历史过程的理论和实践的统一在其中得以发生的坩埚。"[3]

马克思在其思想历程的早期曾经说过，理论一经掌握群众就会变成物质力量。葛兰西也认为，"群众信奉或不信奉一种意识形态，是对思想方式的合理性和历史性的真正批判性检验"[4]。但由于统治阶级对群众的文化领导权，群众并不会轻易地掌握一种新的意识形态。为了使群众能够接受和掌握一种新的意识形态，就必须对群众进行实践哲学方面的宣传和教育，以取得对人民群众的"文化领导权"。葛兰西明确反对那种将哲学研究视为一种纯学术活动的立场，指出："哲学活动不能看成只是'个人'对于系统的、融贯一致的概念的研究，我们首先要把它看成是改变群众的'心态'，传播哲学新事物的一场文化上的战斗。"[5] 对人民群众的文化领

---

[1] 参见葛兰西：《狱中札记》，第244—245页。
[2] 同上书，第10页。
[3] 同上书，第245页。
[4] 同上书，第251页。
[5] 同上书，第259页。

导权必须通过对人民群众的教育来获得,"'领导权'的每一种关系必然是一种教育"。不能把教育关系限定于学校教育,这种关系存在于整个社会之中,"存在于知识分子阶层和非知识分子阶层之间,统治者和被统治者之间,精英及其追随者之间,领导者和被领导者之间,先锋部队和主力部队之间"。[1] 宣传也是强化文化领导权的重要手段。为了维持信徒对宗教的忠诚和信仰,宗教永远都在对信徒重复它的护教学。像实践哲学这样一种旨在普遍取代常识和旧世界观的新世界观也面临着如何稳定群众对自己的信仰这一问题,因为"新观念在人民群众中处于一种极不稳定的地位;特别是当它们同正统的信念相互冲突的时候,这些正统的信念是社会形成的符合于统治阶级的利益的"。因此,实践哲学也"要永不懈怠地重申自己的论据;重复是影响人民群众思想的最好的教导手段"。[2]

除了建构实践哲学、培养一支无产阶级有机知识分子队伍、加强对人民群众的教育和宣传之外,无产阶级在市民社会领域同资产阶级争夺"文化领导权"的斗争还有一个战略方面的问题。对此,葛兰西也作了一定的论述。在《狱中札记》等著述中,葛兰西分析了无产阶级在反对资产阶级的斗争中经常采取的一些斗争战略,其中最主要的两种,葛兰西借用军事理论中的术语分别称为"运动战"和"阵地战"。不过,葛兰西也并没有对这两种战略给出明确的界定。大致说来,所谓"运动战"指的是这样一种斗争战略,即在经济危机时期,组织大规模的无产阶级及其同盟集团的力量,去发动直接夺取国家政权的斗争,以实现社会秩序的迅速变革。所谓"阵地战"则指的是这样一种斗争战略,即在经济危机发生之前,就组织无产阶级有机知识分子在市民社会领域开展长期的一个阵地一个阵地的争夺战,来与资产阶级争夺对人民群众的"文化领导权",在逐步瓦解资产阶级文化领导权的基础上,待条件成熟时,再借助运动战来夺取国家政权。葛兰西认为,列宁领导的俄国十月革命采用的是运动战,但对于西方发达资本主义国家的无产阶级来说,不能单纯靠运动战,而首先要开展阵地战,因为如前所述西方国家拥有与俄国不同的国家结构。"庞大的现代

---

[1] 参见葛兰西:《狱中札记》,第260页。
[2] 同上书,第250页。

民主机构，无论是国家组织，还是复杂的市民社会组织，对于政治艺术而言恰如阵地战前线的'堑壕'和坚固堡垒。"[1]在西方国家无产阶级的政治斗争中，人们常常会错误地运用其他战略，原因就在于没有正确把握住西方国家在结构方面与俄国的区别。他认为列宁其实已经认识到阵地战是西方国家无产阶级唯一可行的斗争战略，"因为西方的军队可以快速集中数不胜数的弹药，而这里的社会结构本身也能起到铜墙铁壁的作用"[2]。但列宁无暇解释这一点，需要西方国家的无产阶级自己去加以拓展。

结　语

如导言所述，在有关"西方马克思主义"的文献中，葛兰西通常与卢卡奇、科尔施等人一起被认为是"西方马克思主义"中"人道主义的马克思主义"思潮的奠基人。对于这一看法，曾有学者表示质疑，认为葛兰西的思想在很多方面都与卢卡奇、科尔施等人存在着较大差别，因此，将葛兰西和卢卡奇等人归为一类，都视为"人道主义的马克思主义"的奠基人似为不妥。[3]不过，笔者以为，综合我们上面的叙述，可以看到，尽管在思想渊源、立场观点和理论逻辑等方面与卢卡奇等人有着一定的区别，但在反对对马克思主义社会理论作出庸俗或机械唯物主义的理解，在坚持马克思主义基本原理的前提下突出社会历史过程的实践性质，强调作为集团的人的意识因素在社会历史进程中具有重要乃至决定性的作用，以及主要用无产阶级在意识形态方面的弱势来解释西方发达资本主义国家里无产阶级革命屡遭挫折的现象等方面，葛兰西和卢卡奇等人确有相当程度的一致性。就此而言，将葛兰西和卢卡奇等人归为一类，视为"西方马克思主义"中"人道主义的马克思主义"思潮的奠基人，对于我们理解葛兰西思

---

[1] 葛兰西：《狱中札记》，第198页。
[2] 同上书，第193页。
[3] 参见敦庸：《葛兰西是"西方马克思主义"的创始人吗？》，《复旦学报（社会科学版）》1986年第2期；胡义成：《为葛兰西一辩——与徐崇温、陈志尚、李惠斌三先生商榷》，《人文杂志》1990年第3期；田时纲：《葛兰西是"西方马克思主义者"吗？》，《教学与研究》2008年第11期；等等。

想的特色,理解其在马克思主义社会理论发展史上的独特作用及其历史影响,以及其与各种马克思主义理论派别之间的关系,应该都会有积极的意义。

意大利著名记者和社会评论家 G. 费奥里在其所著《葛兰西传》一书中,曾经对葛兰西在《狱中札记》等著述中表达的主要思想进行了一番扼要的总结。笔者以为,费奥里的总结对于我们理解葛兰西的思想有一定的助益,特将其中一些主要段落引用如下,权当本章的结语:

> 同其他马克思主义者相比,葛兰西的创造性在于:他认为,任何一个历史集团,任何一个确立的秩序,它们的力量不仅仅在于统治阶级的暴力和国家机器的强制性能力,而且还在于被统治阶级接受了统治阶级的固有世界观。由于进行了一系列的宣传,统治阶级的哲学已经成为"共同志向",已经成为广大群众的哲学,即广大群众接受了为他们生活的社会所公认的道德、风俗和行为准则。因此,在葛兰西看来,问题在于统治阶级是如何取得从属阶级的赞同的,从属阶级又如何才能推翻旧秩序,建立人人都能享有自由的另一种秩序。[1]
>
> 葛兰西认为,根本问题是确立一种新的无产阶级世界观,确立一种新的人生观,并使它渗透到被统治者的意识中,以便取代他们从前的观念,缩小人民对自由国家的形式赞同的范围。然后,保证无产阶级的新型国家有最广泛的支持作为基础。这样,无产阶级就将成为统治阶级,同时又是领导阶级。这里说的"统治"是指镇压和取消资本家集团,而"思想与道德的领导",是指说服一切敌视资本主义的集团相信社会主义事业。……工人阶级自己的知识分子的任务就是为社会主义事业争取传统的知识分子,并同他们一起把新的世界观变成共同志向。只有这样,"暗堡"(文化上的领导)和"前沿战壕"(统治)才能实现由资产阶级向工人阶级的过渡,从而实现无产阶级的领导权。[2]

---

[1] 费奥里:《葛兰西传》,吴高译,人民出版社,1983年,第256页。
[2] 同上书,第260、264页。

第八章　法兰克福学派的批判理论

"法兰克福学派"是所谓"西方马克思主义"思潮中影响最大的流派之一。"法兰克福学派"的学者喜欢将自己的社会理论称为"批判理论"，以同将马克思主义视为一种"科学理论"的传统马克思主义立场相区别。按一般说法，迄今为止，"法兰克福学派"前后已经产生了三代思想家。第一代的主要代表人物是霍克海默、阿多诺、马尔库塞等人，第二代的主要代表人物是哈贝马斯、施密特等人，第三代的主要代表人物则是维尔默、奥菲和霍耐特等人。"西方马克思主义"其实是一个由诸多不同理论取向组成的松散的社会思潮，这些不同理论取向大体上可以区分为"人道主义的马克思主义"和"科学主义的马克思主义"两种类型。"人道主义的马克思主义"在很大程度上继承了卢卡奇、葛兰西、科尔施等人的思想立场，其基本特征就是批评对马克思主义的那种机械/庸俗唯物主义的传统解读，强调（作为阶级的）人的意识及其实践在包括无产阶级革命在内的社会历史进程中的能动作用。霍克海默、阿多诺和马尔库塞等法兰克福学派第一代主要代表人物的思想，就是这种"人道主义的马克思主义"的典型样本。在本章中，我们拟对霍克海默、阿多诺和马尔库塞的"批判理论"的相关论述作一简要概述。

一、对"传统理论"的批评

霍克海默是法兰克福学派第一代中的领袖人物，也是该学派中最早明确地用"批判理论"来指称马克思主义并对"批判理论"的理论基础及基本特征进行了系统论述的思想家之一。霍克海默著述甚丰，但其对"批判理论"的理论基础及基本特征的系统论述，则集中体现在他的《批判理论》一书中，尤其是《传统理论和批判理论》以及《唯物主义与形而上学》《对形而上学的最新攻击》等文章中。

霍克海默将马克思主义或他所称的"批判理论"之外的那些理论（包括孔德、涂尔干及逻辑实证主义者等所倡导的各种实证主义社会理论，以及狄尔泰、韦伯等人倡导的诠释的社会理论）统称为"传统理论"。他指出，大多数"传统理论"的倡导者对于"理论"都持有以下一些基本的看法：

第一，理论是关于某个主题的命题总汇，这些命题有些是基本命题，有些则是由基本命题派生出来的。这些命题紧密关联，形成了一个由"基本命题"和"派生命题"共同组成的封闭的逻辑体系。与派生命题相比，基本命题的数目越少，理论就越完善。

第二，理论的有效性取决于派生命题是否符合实际。"在简单知觉或事实证据与知识的概念结构之间建立起关系，就叫作理论说明。"[1]若理论与经验相矛盾，那么其中之一（理论或者经验）必须重新加以检查。不是科学家未正确地对现实加以观察，就是理论原理出了毛病（理论永远具有假说性质）。

第三，理论是储备起来的知识；科学可以比作一座必须不断扩充的图书馆。

第四，一切理论的最终目标都是成为不局限于特殊论题而能包括一切可能对象的普遍系统的科学。"从相同的基本前提推出特殊领域的原理的

---

[1] 霍克海默：《批判理论》，重庆出版社，李小兵等译，1989年，第186页。

工作正在摧毁学科间的藩篱。为分析无生命的自然而制定的概念工具，同样也用于对有生命的自然的分类；而且，一旦掌握了那个工具的使用方法，即掌握了推导规则、符号和把推出的命题与可观察的事实进行比较的方法，任何人都能随时使用那个工具。"[1]

霍克海默指出，上述关于"理论"的看法虽然起源于自然科学，但也对人文和社会科学产生了重大的影响。"关于人和社会的科学也试图学习那些取得了巨大成功的自然科学的榜样。"而且，"那些更多地取向于研究事实的社会科学学派与那些比较注重原理的学派之间的差别，跟对理论本身的理解并没有直接关系"。"事实上，各种不同的社会学学派无疑具有相同的关于理论的概念，这与自然科学中的理论概念一样。""不管基本原理得自选择还是得自直觉或纯粹的约定，它们在理论体系中的作用都没有什么不同。"[2]

霍克海默认为"传统理论"对于"理论"的上述看法是完全不正确的。他对"传统理论"的理论观进行了尖锐的批评。他指出：

第一，从理论有效性的判决标准来看，作为"理论"有效性之判决标准的东西并不像传统理论家所说的那样是事实与理论之间的逻辑关系。

霍克海默说："实际上，有助于更新现存知识的大量新发现的实际联系，以及这种知识对事实的应用，都不能由纯粹逻辑的或方法论的根源推出，而只能在现实的社会过程中加以理解。当某一发现引起现有观念的重构时，这就不仅仅是由于逻辑的考虑，或更具体地说，不仅仅是由于那个发现与现有观点的个别要素之间的矛盾。如果这个矛盾是唯一真实的争论问题，我们就总能想出进一步的假说，避免改变理论整体。实际上，新观点取得胜利的原因在于具体的历史环境；即使科学家本人只由内在动力推动就改变了他的观点，情况也不会有什么不同。在最有影响的非科学因素中，现代知识论者虽然最重视天才和偶然事件的作用，但他们也不否认历史环境的重要性。"例如，哥白尼天文学对托勒密天文学的胜利，就不单是由于哥白尼理论的逻辑性质。"如果这些性质被看作是优点，这个事实

---

[1] 霍克海默：《批判理论》，第182页。
[2] 参见上书，第184—185页。

正好说明了那个时代社会行为的根本特征。那种在16世纪很少被人提起的哥白尼主义,现在竟成了革命性的力量:这是机械主义思想借以达到支配地位的大的历史过程的组成部分。"[1]

霍克海默还认为,把科学理论单纯视为"理论"与"事实"之间的逻辑联系,是建立在科学作为一个表面上孤立的劳动部门这一事实基础之上的。因此,需要有一种概念来克服有限智力过程脱离整个社会生活的母体时所产生的片面性。

第二,从理论与事实之间的关系来看,理论实际上是社会实践不可分割的一个环节,而所谓"事实"则是社会实践的产物,是社会地生产出来的,不是纯粹外在的、既定的。因此,"事实"在某种程度上也是为既有的理论事先规定的。

霍克海默提出,像实证主义者那样将社会世界看作一种完全外在于个人的独立的、既定的实在,实际上是现代资本主义社会中孤立的个人对其所处的世界进行认知的结果。"呈现给资本主义社会成员的、在传统世界观里得到说明的整个知觉世界,被知觉者看作是事实的总和;它是存在的东西,我们必须接受它。"[2]而实际上,这种被看作事实总和的知觉世界其实只是个人观察的结果。这个"呈现给个人的、他必须接受和重视的世界,在其现有和将来的形式下,都是整个社会活动的产物"。"感官呈现给我们的事实通过两种方式成为社会的东西:通过被知觉对象的历史特性和通过知觉器官的历史特性。这两者都不仅仅是自然的东西;它们是由人类活动塑造的东西,但个人却认为自己在知觉活动中是接受的、被动的。然而,在知识理论中以感—知觉和理智的二元论形式出现的被动和能动的对立,却不像适用于个人那样适用于社会。个人认为自己是被动的、依附的,但社会(虽然它由个人构成)却是主动的主体,尽管是一个无意识的、因而是不太恰当的主体。"[3]霍克海默认为,这种人的存在和社会存在之间的差异,表明了资本主义这种社会历史形式的内在分裂。

---

[1] 参见霍克海默:《批判理论》,第187—188页。
[2] 同上书,第191页。
[3] 参见上书,第192页。

霍克海默还认为，"事实"不仅是由社会实践生产出来的，而且还是由既有的观念和概念规定好了的。"社会活动总是包含着可得到的知识及其应用。因此，甚至在进行认识的个人有意识地从理论上阐述被知觉的事实以前，这个事实就由人类的观念和概念规定好了。"[1] "虽然理智对现实进行的整理和对对象作出的判断通常是一个先行的结论，并在特定社会的成员之间具有惊人的一致性，但知觉和传统思想之间的和谐一致以及单子之间或个别认识主体之间的和谐一致却不是一个形而上学的事件。人类健全理智的力量或毫不神秘的常识的力量，以及在与阶级冲突没有直接关系的领域（如自然科学领域）里对相同观点的普遍承认都是由下述事实决定的：被判断的对象世界在很大程度上是由一种活动创造出来的，而这种活动本身又是由那些帮助个人以概念的方式认识和把握那个对象世界的观念规定的。"[2]

霍克海默进一步指出，理论与社会实践之间的关联方式具有一定的阶级性质。"正如我们已经指出的那样，把事实综合到现有的概念系统中去的活动和通过省略或排除矛盾来修正事实的活动，都是一般社会活动的组成部分。既然社会划分为集团和阶级，那下面这一点就是可以理解的了：由于理论构造物的作者所属的社会阶级不同，它们与一般社会活动的关联方式也就不同。因此，当资产阶级首次出现于封建社会的时候，随之出现的纯粹科学理论主要倾向于摧毁现存状况，攻击旧的活动形式。"[3]

第三，从理论及其理论观所具有的社会后果方面来看，建立在前述理论观基础上的"传统理论"实际上发挥着维护和肯定现实的社会作用，它很容易造成一些灾难性后果。霍克海默举了两个假想的例子来说明这一观点。

一个例子是："假定有个关了数百人的监狱。监狱只由一个大厅构成。生活必需品由外面提供。没有足够的食物，提供的床位也远远少于囚犯的数目。有些人获准携带乐器，其他人唱歌并不时喊叫；结果，房内的

---

[1] 霍克海默：《批判理论》，第192页。
[2] 同上书，第194页。
[3] 同上书，第196页。

喧嚷声几乎持续不断。有理智的犯人将不得不警惕地维护他的福利。他将不得不观察他的同伴，研究他们行为的所有方面，以便在食物到来时弄到他应得的那份。他将不得不计算出何时最不吵闹，何时最有可能找到空铺，然后仔细地权衡这些因素，确定何时睡觉最好。他将不得不研究心理学和社会学，研究每门能够对他有用的经验科学。人们可能结成党派，出现斗争并达成妥协。各人将根据自己的力量或利益参加或脱离这个党派或那个党派。最后，他们可能服从最强大和最凶狠的一些个人，这完全是因为他们不能独自组织和计划行动。他们特有的理智品质将是精明、经验合理性和计算。但是，不管这些能力可能得到多么辉煌的发展，它们仍然只是思想的一个特殊种类。就人类事务来讲，计算是一种可怜的权宜之计。……对于心灵孤独的犯人来说，天天抢夺食物的生活、别人的好战态度及交替出现的喧闹和平静，都是决定他的生活的无法逃避的自然力量。他除了以尽可能合理的方式服从这些事实之外，别无选择余地。它们是现实，正像狱墙和供给监狱的食物数量一样。"[1]

另一个例子的情形实际上与此相似，只不过是发生在一个更为广阔的空间范围里："设想在一个特定时代的特定国家里，关于人的科学——经济学、历史学、心理学和社会学都与经验主义原则完全一致。这个国家的人民小心观察，拥有高度完善的符号逻辑系统，并对某些事情作出了十分准确的预言。他们如实地记述经济和政治生活中发生的日常事件，甚至预先精确地计算出市场波动情况（虽然只是短期的）。他们细心观察人类从幼年到老年的各种反映和反应，并把所有的情感都与可测量的生理过程联系起来。这就有可能使他们对这个国家大多数居民的行为作出正确的预言，例如关于居民遵守严厉的规章的情况，关于居民在战时食物短缺期间的节约情况，关于居民对其至亲好友遭受残害屠杀的容忍情况，以及居民在公共节日和选举凶狠狡诈的官僚机构获得有利结果时的欢乐表现，等等。"然而，这样的一些科学研究能够起什么样的社会作用呢？霍克海默说，假如"那个国家的居民由于受制于摧毁每个人内心自由的经济机器，

---

[1] 霍克海默:《批判理论》，第 174—175 页。

由于被狡诈的教育和宣传方法阻止了智力发展，也由于他们被恐怖和畏惧弄得不知所措，他们可能会受歪曲的印象的支配，作出违反他们的真正利益的事情，从而在每种感情、每个表达和每个判断中，都充满着欺骗和谎言。他们的所有行动和表达可能都被控制住了（就控制这个词的严格意义而言）。因此，他们那个国家既像一个精神病院又像一座监狱，而那个国家顺利进行的科学研究却不会注意到这一点。他们的科学能够发展物理学理论，既能在食物化学和战争化学方面又能在天文学方面起到突出的作用，并能在创造使人类精神错乱和自我消灭的方法方面达到前所未闻的高度。不过，它也可能会完全看不到关键之处。它可能没注意到，它老早就变成自己的对立面了。尽管它的某些分支会取得极高的名望，但科学本身却将变得野蛮愚昧、粗俗浅薄"。尽管如此，"经验主义可能不得不抬高那种冷静地发现事实、给事实贴上标签并分类、预言事实的科学。归根结底，人们若不从科学本身、不从从事科学活动的人那里学习科学，还会从别的什么地方学习呢？而这些人都完全赞同每个事物都是有秩序的这一点"。[1] "但是，一个人若在碰到取决于人的环境时还把环境看作是异己的和不可改变的，那他的思想就必定是虚弱的和抽象的。今天只有从属关系的地方，可能会代之以范围极广，以致会改变理智行为特征的建设性决定。计算思想是单纯的'头脑'思想，它尽管具有十分勤劳的品质，但只适合于那种仍然处在相对软弱无力阶段的人类，适合于那种仍然消极地对待重大争论问题的人类。结果，经营管理职务越来越成为最有势力的人的独占特权。在我们这个两极分化的世界里，经营管理职务呈现出来的顺应性和技巧性远远多于它们的合理性。既然较高的主动性的发挥要视合理社会的创造情况而定，所以对个人来说，仅仅颁布前者是办不到的。正如在监狱那个例子里可能看到的那样，这个目标的前提条件是那个人必须放弃单纯记录和预言事实的做法（即放弃单纯计算的做法），必须学会看出事实后面的东西，必须在不低估任何一方的条件下区分开表面现象与本质的东西，必须提出并非对既存的东西进行简单分类的思想，必须不断使自己

---

[1] 参见霍克海默：《批判理论》，第154—156页。

的全部经验适应确定的、没有弄错的目标，简言之，必须学会辩证地思考。与符号逻辑结合在一起的现代经验主义是一种单子逻辑，由于它的'唯我论'而引起的对它的批判是有充分的根据的。"[1]

二、"批判理论"的特征

霍克海默以及阿多诺、马尔库塞等人通过将"批判理论"与"传统理论"进行比较，进一步详细讨论了"批判理论"的基本特征。

第一，"传统理论"的目的是维护和肯定现实，"批判理论"的目的则是批判、改造现实。霍克海默指出："有一种以社会本身为对象的人类活动。这种活动的目的不是简单地消除一种或另一种滥用，因为它认为这类滥用与社会结构的组织方式有必然的联系。尽管它本身产生于社会结构；但它的目的却不是帮助这个结构的任一要素更好地运行；不管从它的主观意图还是从其客观意义来说，都是如此。相反，当较好的、有用的、恰当的、生产性的和有价值的范畴被人们在现存社会秩序中加以理解时，它怀疑它们，并拒绝承认它们是我们对之无能为力的非科学的先决条件。一般说来，个人必须坦白地承认他存在的基本条件是给予的东西，他必须努力完善它们。由于完成了和能够完成与他的社会地位有联系的任务、由于勇敢尽职（虽有尖锐的批评，他可能仍愿意去做某件事），他得到了满足和赞赏。但我们说的批判态度却根本不相信现存社会为其成员提供的行为准则。个人承认给他的行动规定的限度是自然的，因为个人和社会是分离的。批判理论把这种分离看作是相对的。它认为，由个人活动之间的盲目作用决定的整个社会结构（现存的劳动分工和阶级划分）是一个起源于人类活动的函数，因而是一个能够有计划地决定并合理地规定目标的对象。"[2]

除了霍克海默，阿多诺和马尔库塞也对"批判理论"的"否定"或

---

[1] 霍克海默：《批判理论》，第 174—175 页。
[2] 同上书，第 198 页。

"批判"特性作过明确表白。马尔库塞说:虽然马克思的理论是对黑格尔辩证理论的继承,但"在黑格尔的体系中,所有的范畴终止于存在着的秩序中,与此同时,在马克思的理论中,所有的范畴则是触及这些存在着的秩序的否定,即使在描述普遍流行的形式时,它们的目的都在于社会新形式的确立。它们都把自身说成是只有通过市民社会的否定才能获得的真理。就所有的概念都是对现存秩序总体的一个谴责而言,马克思的理论是一个'批判'的理论"[1]。

第二,"传统理论"把事实当作既定的、外在于人的实践的东西。霍克海默指出:"在传统的理论思想里,个别客观事实的起源、思想借以把握事实的概念系统的实际应用以及这类系统在活动中的地位,都被看作是外在于理论思想本身的东西。"[2]"批判理论"则认为事实不是外在于社会实践的东西。"由于事实是从社会劳动中产生出来的,所以,对具有批判思想的人来说,事实不是外在的东西,不像学者或其他跟狭隘的学者一样思考的专门人才所认为的那样。后者期待一种新型的劳动组织。但就知觉给予的客观实在被认作是原则上应该由人类控制的产物,或至少在将来会实际上由人类控制的产物而言,这些事实已经失去了纯粹事实的特征。"[3]

霍克海默还说:"永远会有外在于人的智力活动和物质活动的东西存在,就是说,永远会有社会必须对付的、包含着尚未受到控制的成分的自然总体存在。可是,当完全取决于人的情况、人的劳动中的关系和人自己的历史进程都被当作是'自然'的组成部分时,作为结果出现的外在性就不是超历史的永恒范畴,而是可鄙的弱点的标志。屈服于这种弱点就不是人、就失去理性了。"当然,霍克海默也澄清,这里所讲的"人"不是孤立的个人,也不是孤立的个人之总和,而是"处在与其他个人和群体的真实关系之中的、与某个阶级相冲突的、因而是处在与社会整体和与自然的关系网络中的特定个人"。这种个人是思维和实践的主体,但"这种主体

---

[1] 马尔库塞:《理性和革命——黑格尔和社会理论的兴起》,程志民等译,重庆出版社,1993年,第235—236页。
[2] 霍克海默:《批判理论》,第199页。
[3] 同上书,第200页。

和资产阶级哲学中的自我不一样,他不是一个数学点",而是一种能够通过自己的活动构成当前社会的主体。即使是作为思维的主体,他也不是简单地将知识和客体一致起来,而是对现实进行批判性解释的场所。这种批判性的解释"不只意味着一个逻辑过程,而且也意味着一个具体的历史过程。在这个过程里,整个社会结构和理论家与社会的关系都发生了变化,即主体和思想的作用都发生了变化"。[1] 各种社会事实其实就是这种处于社会整体与自然关系网络中的个人通过自己的实践活动构造出来的,而非自然形成的。这也意味着,以自然科学为模型构建出来的"传统理论"并不能把握社会发展的真理。马尔库塞明确说:"科学的客观性本身并非真理的充分保证,尤其是在那种真理与事实截然对立的境遇中,在那些真理像今天被事实掩盖的境遇中。科学的可预见性并不适应真理借以存在的那种未来派方式。即便生产力的发展和技术的进步,也不可能告知人们存在着任何从旧社会到新社会的不间断的进步。"因为,"这里,仍然是人自身决定着进步";"既然科学和技术的前景依赖于人,因此,科学和技术就不可能作为批判理论的先验概念模型"。[2]

第三,"传统理论"把理论看作对事实的把握,"批判理论"则把理论视为构造了各种"事实"的社会实践的重要环节之一,并看到了理论对实践的推动作用。霍克海默说:"人类的未来依赖于现存的批判态度。"[3] 人们常常机械地理解"社会存在决定社会意识"的命题,像各种经验主义那样以为"意识(或理论)"总是跟在"存在(或事实)"后面亦步亦趋。像卢卡奇和葛兰西一样,霍克海默明确指出,实践本身不会自然产生与其总体目标相一致的理论(即使无产阶级的实践也不行),这种理论只能来自少数站在无产阶级立场上的有知识、有教养的先进知识分子。由于自己在资本主义社会里所处的特殊境况,无产阶级获得了其他阶级不能获得的生存体验,但这种特殊体验并不能保证无产阶级获得与社会历史总体目标一

---

[1] 参见霍克海默:《批判理论》,第200—202页。
[2] 马尔库塞:《哲学与批判理论》,载马尔库塞:《马尔库塞文集·现代文明与人的困境》,李小兵译,上海三联书店,1989年,第202页。
[3] 霍克海默:《批判理论》,第229页。

致的理论意识。"无产阶级可能确实体验了它自己生活中持续不断、越来越多的苦难和不公正的无意义性,但这种意识没有变成一种社会力量,它被仍然强加于无产阶级身上的社会结构分化和只在极特殊的场合才被超越的个人阶级利益之间的对立阻止住了。"[1]因此,建构了这种理论的知识分子一开始不仅会与其要批判改造的社会处于对立之中,甚至可能与其所要依靠的阶级(无产阶级)群众通行的观点处于冲突之中。教育群众,"减轻本人见解与他想要为之服务的被压迫人民之间的紧张关系,是批判理论家的任务"[2]。而独立于所有的阶级,却是传统社会学中知识分子的根本特征,批判理论家绝不像自由主义知识分子那样"超然物外"[3]。

与此类似,马尔库塞也明确批评了将主观意识视为社会存在之机械反映的观点,反对对马克思"社会存在决定社会意识"的观点作命定论的解释,指出了社会主义革命理论在无产阶级革命过程中的关键作用。他认为,"革命确实需要依靠一系列客观条件:需要某些已具备的物质和文化发展条件,需要国际范围内使工人阶级有组织的意识,需要尖锐的阶级斗争。然而,只有依靠一个有意识的已在头脑中具有了社会主义目的的活动的指导,这一切方能成为革命的条件。从资本主义向社会主义的转化不存在任何一点自然的必然性或自主的必然保证"[4]。

第四,"批判理论"与"传统理论"具有不同的研究模式和逻辑结构。阿多诺明确指出,在社会研究领域,"批判理论"与"传统理论"有着完全不同的研究程序。"传统理论"的研究模式是以自然科学为模型建构起来的一种经验研究模式,是将直接呈现在人们面前的个别经验事实看作孤立的、同质性的东西,通过对直接观察到的个别经验事实逐级抽象概括的研究模式而形成的。"批判理论"的研究模式则是源自哲学但又克服了哲学形而上学幻想的一种理论研究模式,是以关于社会总体的辩证理论为中介,将直接呈现在人们面前的个别经验事实看作随其在社会历史过程

---

[1] 霍克海默:《批判理论》,第204页。
[2] 同上书,第211页。
[3] 同上书,第213页。
[4] 马尔库塞:《理性和革命——黑格尔和社会理论的兴起》,第287页。

中所处历史形式的变化而变化的东西，通过将个别经验事实置于社会总体的历史进程之中，借助分析与综合相结合、逻辑和历史相结合的方法来对其重新加以建构的方式而形成的。阿多诺指出，"传统理论"将自然科学的研究模式沿用于社会研究的做法是错误的，因为社会学的研究不具有自然现象那样的同质性，不能通过简单地加以归纳、概括的方式从个别现象中推论出一般规律，而必须置于历史的总体中加以考察。阿多诺说："在社会科学中，我们不能像我们在自然科学中所做的那样，从部分去推出整体，因为在其逻辑延伸和任何个别要素的特征（它构成整体）的统一中，它是某种概念的、总体上不同的东西。"[1]

不同的研究模式也导致了"传统理论"和"批判理论"之间在逻辑结构上的区别。霍克海默指出，"传统理论"的逻辑结构是一种归纳—演绎系统。在这种系统中，"普遍命题"、"特殊命题"与"个别事实"之间是一种具有从属关系的种和属的等级系统。"在这个系统的个体之间，不会由于时间而造成区别。"[2] "批判理论"则是一种与历史相一致的"从抽象上升到具体"的逻辑结构。在这种结构系统中，批判理论在形成个别陈述时也要使用归纳或演绎的方法，但在将这些命题构成系统时却要遵循"逻辑与历史相一致"（或"从抽象上升到具体""从简单上升到复杂"）的方法。"试图从简单商品经济模型中推导出自由资本主义复杂现实的理论的个别组成成分，不能像分类的演绎体系那样对时间要素漠不关心，……概念的发展如果不与历史发展相平行，那它至少也与历史发展有实实在在的关系。"[3] 在批判理论的逻辑系统中，每个概念（如"企业家""劳动"等）和命题都有其特定的历史含义。

---

[1] T. Adorno, *The Positivist Dispute in German Sociology*, Heinemann, 1977, p.81. 转引自郑一明：《阿多尔诺:〈德国社会学中的实证论之争〉》，见谢立中主编：《西方社会学名著提要》，江西人民出版社，2007年，第 385 页。

[2] 霍克海默：《批判理论》，第 213 页。

[3] 同上书，第 221 页。

三、对当代资本主义社会现实的批判

如前所述,正像卢卡奇、葛兰西等人一样,霍克海默等人也反对实证主义等"传统理论"将社会现实视为一种像自然界一样外在于/独立于人的实践的"第二自然"的看法,认为社会现实是人们在特定理论或意识指导下展开集体实践的产物,理论或意识在人们的实践即社会现实的形成和发展过程中具有重要的,有时甚至是决定性的作用。与卢卡奇、葛兰西等人一样,霍克海默等人也用这种观点来对发达资本主义社会里无产阶级革命的形势和前景进行分析,用发达资本主义国家无产阶级及人民群众革命意识的衰减或阙如来解释这些国家从资本主义制度向社会主义制度转变所遇到的困难或挫折。

在《批判理论》一书的序言中,霍克海默简略地回顾了该书所包含的那些文章产生的社会历史背景。他写道:"20世纪上半叶,在那些经历着危机和萧条的欧洲国家里,本可能指望出现无产阶级的造反。"然而,与人们的期待相反,"二战"结束后,"那种认为工人的贫困在不断增长的观念(马克思由此发现了反抗和革命,认为这些反抗和革命可以导致向自由王国的过渡),早就成为抽象的东西或幻想,至少被年轻人鄙弃为过时的意识形态。《共产党宣言》时代劳工和雇主的生活条件是赤裸裸压迫的结果。今天,它们则成了工联组织的主要课题,以及占统治地位的经济和政治集团之间讨论的话题。无产阶级的革命冲动,早就变成了在社会框架内的现实主义行为。至少在人们的心目中,无产阶级已被融合到社会中去了"。[1] 这种与人们的革命期待相反的结果到底是怎么出现的呢?霍克海默说,批判理论要回答的其实就是这样一个问题。

在霍克海默、阿多诺和马尔库塞等批判理论家看来,发达资本主义国家里无产阶级革命意识的衰减或阙如,在很大程度上是以实证主义为代表的科技理性高度发展导致革命意识所需要的批判理性逐渐泯灭的一个结果。

---

[1] 参见霍克海默:《批判理论》,第2页。

在《科学及其危机札记》一文中，霍克海默就明确指出，在发达资本主义社会里，虽然"科学作为生产力和生产手段对社会生活有所贡献"，但与此同时，现有的科学像哲学的、道德的、宗教等活动一样也发挥着一种维护资本主义秩序的意识形态功能。霍克海默写道："不仅形而上学，而且还有它所批评的科学，皆为意识形态的东西；后者之所以也复如是，是因为它保留着一种阻碍它发现社会危机真正原因的形式。"[1] 说现有的科学也是一种意识形态，并不是说它的参与者不关心真理，而是因为它在社会研究领域的运用发挥着掩盖社会真实本质的作用。科学本是一种理性的事业，它在资产阶级兴起之初反对教会束缚的斗争中，曾经将"在不脱离科学考察的条件下去描述事实，以及建立这些事实之间的联系类型"确定为自己的目标。以这种目标来界定的科学在资产阶级冲破教会束缚的斗争中当然起到了重要的进步作用。但由于把科学活动限定在对现象简单地进行描述、分类、概括上，并不注意把本质的东西和无关紧要的东西区分开，因此，从19世纪下半叶开始，对科学所作的这种界定就开始失去其进步的特性，尤其是当它被运用于社会研究领域时就更是如此。"社会实在，即活动于历史中的人的发展，具有一种结构。欲把握这种结构，需要在理论上厘定使所有文化关系发生革命变革的那些深邃的转换过程。欲驾驭这种结构，并不在于简单地记录那些正在出现的事件。"[2] 在处理社会问题方面科学所表现出来的肤浅性，严重地阻碍了人们对发达资本主义社会里各种经济、社会危机之根源的正确认识，从而阻碍了对这一社会进行变革的社会实践的发生，维护了资本主义制度的存在。舍勒等人试图用一种新的形而上学思想来对抗和矫正现有科学的这些弊端，取得了一定的成绩，但由于这些形而上学思想不仅完全否定科学理性的作用，并且同现有的科学一样把人当作一种抽象的、孤立的存在而非一种"在其历史发展中，处于真实、活生生的社会中的东西"[3]，从而同样不能帮助我们去正确地理解社会历史的进程，不能帮助我们去实现对现存社会现实的变革。要

---

[1] 霍克海默:《批判理论》，第5页。
[2] 同上书，第3—4页。
[3] 同上书，第5页。

想把握社会历史的总体结构，既不能靠现有的"旧式科学"，也不能靠对科学理性完全加以否定的各种形而上学，而必须依靠通过把科学中所隐含的理性成分向前推进来克服这两种思维方式之局限的新型理论即批判理论才有可能。但资本主义制度正是通过种种机制来对科学理性的进一步发展加以限制，使之停留在"旧式科学"的水平上来阻止这一可能性变成现实。

在霍克海默和阿多诺合著的《启蒙辩证法》中，霍克海默则进一步将上述批判理性泯灭的原因追溯到整个启蒙理性那里。所谓"启蒙"，指的是让人类的理性从关于自然力量的种种神话体系的约束下解脱出来，使人类可以凭借自身的理性来利用和掌握自然这样一种思想取向及过程。这样一种思想取向及过程的目的或纲领本来是"唤醒世界"、"祛除神话"、"摆脱恐惧"、"树立自主"、"用知识来代替幻想"，以便使人类最终可以通过实践去"控制自然"，成为自然界的主人。然而，启蒙给今天的人类实际带来的结果却是，尽管启蒙在上述目标的达成方面确实取得了相当的成就，也确实给人类带来了相当的利益，但"这个彻底启蒙了的世界却笼罩在一片因胜利而招致的灾难之中"[1]。导致这种结果的原因就在于，贯穿启蒙理性的基本精神其实正是贯穿启蒙所要摆脱的种种神话体系的那同一种精神，即主体对客体的统治和支配精神，只不过前者将统治和支配的主体从后者中的神转变成了人而已。一旦我们意识到神话中的诸神不过是人这种主体的映像而已，那么我们就可以意识到在某种意义上神话其实已经是一种启蒙。而一切新旧启蒙，只要其一以贯之地以主体对客体的统治和支配作为自己的精神或目的，最终就必然会成为新的神话。这就是启蒙的辩证法。自古希腊就已经兴起而在近代得到进一步推动的西方启蒙运动就是这种辩证法的一个实例。近代西方最重要的启蒙思想家之一、"实验哲学之父"培根就认为，"人类可以战胜迷信，去支配已经幡然醒悟的自然"。由此，"人们从自然中想学到的东西就是如何利用自然，以此来全面统治自然界和他人"。[2]

为了利用、统治和支配自然界，就必须根除唯灵论等神话观念，把原

---

[1] 霍克海默：《霍克海默集》，渠东、付德根等译，上海远东出版社，2004年，第43页。
[2] 同上书，第44页。

本被认为充满灵性、以其魔力主宰着人类的、多样化的自然世界转变为无灵性、无意义、高度同质的、纯粹客观的,因而人们只要获得了关于它的知识就可以将其作为资源来加以利用的"物质"世界。在根除了唯灵论赋予自然的魔力的基础上,西方启蒙精神的理想是要建立一种可以囊括一切事物的知识体系。在这样一种知识体系中,不仅神被还原为人,"各式各样的形式被简化为位置安排,历史被简化为事实,事物被简化为物质",而且为了有效加以利用,所有这些都被转换为可以精确测量、计算和操控的对象,一切"不能被还原为数字的,或最终不能被还原为太一的",都被视为是一些幻象。[1] "对启蒙运动而言,任何不符合计算与实用规则的东西都是值得怀疑的。"[2] 无疑,启蒙精神确实在一定程度上取得了它所期待的成就,但与此同时,它也使人类付出了惨痛的代价。随着启蒙的进展,"神话变成了启蒙,自然则变成了纯粹的客观性。人类为其权力的膨胀付出了他们在行使权力的过程中不断异化的代价"。启蒙所包含的统治和支配精神可以运用于自然,但也可以运用于人类自身。比较一下人类对自然的统治与人对人的统治就可以看到它们之间的相似性:"启蒙对物的作用正如独裁者对人的统治。独裁者只是在操纵人的时候才了解人,而科学家们只是在制作物的时候才了解它们。"[3] 遗憾的是,这种可以运用于人类自身的潜能最终变成了启蒙精神自身的目标。而且,对自然的统治和对人的统治两者之间最终形成了一种相辅相成的关系,前者正是通过后者来加以实现。审视历史,我们可以看到,"随着支配自然的力量一步步地增长,制度支配人的权力也在同步增长。这种荒谬至极的处境彻底宣布,理性社会已经不合时宜"[4]。"启蒙消除了旧的不平等与不公正——没有中介的君主和雇主,但同时又在普遍的中介中,在所有存在与其他存在的关联中,使这种不平等长驻永存。"[5] 在启蒙世界里,"在其地地道道的纯粹性里,实在虽然清除了鬼魅及其概念派生物,但却呈现出了鬼魅在古代世界里的种种特征"。

---

[1] 霍克海默:《霍克海默集》,第47页。
[2] 同上书,第46页。
[3] 同上书,第49页。
[4] 同上书,第76页。
[5] 同上书,第52页。

并且,"就像巫医在神灵的保护伞下是神圣不可侵犯的一样,社会的非正义以它所衍生出来的邪恶事实为幌子被倍加保护地奉若神明"。

在以启蒙精神为旗帜的现代资本主义工业社会里,人类社会本身变成了一种拜物教流行的物化世界。在这个世界里,不仅人与人的关系物化了,而且人的灵魂也物化了。"泛灵论使对象精神化,而工业化却把人的灵魂物化了。"[1]换句话说,启蒙自身实际上已经逐步转变成了新的具有压制功能的神话,一种对大众彻头彻尾的欺骗。"随着资产阶级商品经济的发展,神话昏暗的地平线被计算理性的阳光照亮了,而在这阴冷的光线背后,一粒新的野蛮种子正在生根结果。在这种强制统治下,人类劳动向来都摆脱了神话;然而,也正是在这种强制统治下,人类劳动却又总是不断返回到神话的管辖范围之中。"[2]霍克海默认为,在这个物化的世界里,精神物化了的劳动人民变得墨守成规,思想僵化,对压迫现象麻木不仁。"世间的人们对其不断创造出来的现成事物的神话般地、科学般地尊重,最终变成了一个确凿的事实:即对于革命幻想而言,这种尊重筑成了压迫者的坚实堡垒。"[3]正是这种"启蒙的辩证法",维护了现存的资本主义制度,使其免遭无产阶级革命的冲击。在《文化工业》一文中,阿多诺则进一步发挥了霍克海默上述关于启蒙辩证法的论述,具体地描述和说明了在现代资本主义社会中已经成为"工业"经济一部分的"文化工业",如何在(已变为科技理性的)启蒙理性的引导下转变成为资产阶级用来欺骗人民群众、维护自身统治的重要工具。广播、电影,尤其是电视这样一些现代文化工业技术的产生,使得大众逐渐失去了独立思考和想象的能力,成了统治阶级通过文化产品来传达的那些标准化的图像、观念和语言的被动接受者,并心满意足地享受这些东西,最终变得"比统治者本身更严肃认真地坚持他们从统治者那里学来的道德","坚定不移地相信统治者用来奴役他们的意识形态"。[4]

---

[1] 参见霍克海默:《霍克海默集》,第66页。
[2] 同上书,第70页。
[3] 同上书,第79页。
[4] 霍克海默、阿多诺:《启蒙辩证法》,洪佩郁、蔺月峰译,重庆出版社,1990年,第125页。

霍克海默和阿多诺对启蒙或科技理性所作的上述批判，在马尔库塞的《单向度的人》一书中也得到了进一步的发挥。在书中，马尔库塞延续法兰克福学派的一贯精神，对科技理性在维护资本主义制度方面所具有的意识形态功能进行了细致的揭露和尖锐的批判。马尔库塞指出，现代资本主义社会总的来说是不合理的，用一种比它更为合理、能为缓和人类生存斗争提供更好机会的社会制度来取代它，本来既是一种现实的需要，也存在着物质方面的基础。然而，发达资本主义社会的实际情况却是，实现这种社会变革的可能性几乎受到了彻底的遏制。"当代社会看起来能遏制社会变革——那种能确立本质上不同的制度、生产过程的新方向、人类生存的新方式的质变。"[1]马尔库塞假设说，发达资本主义社会也许存在两个矛盾的趋势：一是能够在可以预见的未来遏制质变，二是存在着可以破坏这种遏制并炸毁社会的力量和可能。但他认为第一种趋势占据主导地位，"除非对正在做的事情和正防止的事情的认识改变了人的意识和行动，否则任何灾难也不会引起变革"[2]。而导致这种情势的根本原因在于，发达工业社会的技术理性本身已经具备了统治的功能。在发达工业社会，"以技术为中介，文化、政治和经济融合成一个无所不在的体系，这个体系吞没或抵制一切替代品。这个体系的生产力和增长潜力稳定了这个社会，并把技术的进步包容在统治的框架内。技术的合理性已变成政治的合理性"[3]。

在发达工业社会，高度发达的实证主义（操作主义、行为主义等）技术理性不仅贯穿生产过程，用于处理人和自然之间的关系，而且贯穿经济、政治和文化生活，用于处理人和人之间的关系。这种实证主义（操作主义、行为主义）技术在形式上的合理性排除了一切超越现存经验的批判性思维，使人们变成了一种失去了批判性思维能力、只会按现存社会的要求去思维和行动的人。这种实证主义（操作主义、行为主义）技术理性在征服自然和统治人类本身方面所具有的高效率，及其给人们带来的高福

---

[1] 马尔库塞：《单向度的人——发达工业社会意识形态研究》，张峰、吕世平译，重庆出版社，1988年，第4页。
[2] 同上书，第6页。
[3] 同上书，第7页。

利（和以往相比相对轻松的劳动过程、日趋缩短的工作时间、日渐丰裕的日常生活、各阶级之间日渐趋同的生活方式、相对稳定的福利保障等），也使得人们日益认同于这一理性以及建立在这一理性基础上的社会体制，劳动阶级与资本主义社会在社会和文化方面日趋高度一体化。"科学和技术的成就使现状发挥效力，它增长的生产力证明现状合理，所以现状公然蔑视一切超越性行为。"[1]"随着这些有益的产品在更多的社会阶级中为更多的个人所使用，它们所具有的灌输作用就不再是宣传，而成了一种生活方式。它是一种好的生活方式——比以前的要好得多，而且作为一种好的生活方式，它阻碍着质变。"这两方面效果的结合，使得发达工业社会里"出现了一种单向度的思想和行为型式，在这种型式中，那些在内容上超越了既定言论和行动领域的观念、渴望和目标，或被排斥，或被归结为这一领域的几项内容。它们被既定体系及其量的扩张的合理性所重新定义"。[2]因此，发达社会使科学进步本身成为一种统治工具。在工业社会的早期阶段，资产阶级用以对人民进行统治的方式一直带有较明显的强制色彩，如剥夺生计、司法管理、警察、武装力量等。在工业社会的发达阶段，这些统治形式虽然依然存在，但不再是主要的统治形式。主要的统治形式是技术本身。这种技术统治已经有效地窒息了要求解放的需求，"技术的控制像是增进一切社会集团和利益群体的福利的理性之体现——以至所有矛盾似乎都是不合理的，所有反作用都是不可能的"[3]。马尔库塞宣称，"随着技术合理性成为更好的统治的巨大载体，便创造了一个真正极权主义的世界，使社会和自然、心和身为维护这个世界而处于长期动员状态，技术合理性也就显示出它的政治特点"[4]。"发达工业社会引人注目的可能性是：大规模地发展生产力，扩大对自然的征服，不断满足数目不断增多的人民的需求，创造新的需求和才能。但这些可能性的逐渐实现，靠的是那些取消这些可能性的解放潜力的手段和制度，而且这一过程不仅影

---

[1] 马尔库塞：《单向度的人——发达工业社会意识形态研究》，第16页。
[2] 同上书，第12页。
[3] 同上书，第10页。
[4] 同上书，第17页。

响了手段，而且也影响了目的。生产和进步的工具，被组合进极权主义体系中，不仅决定着实际的利用，而且也决定着可能的利用。"[1] 马尔库塞认为，发达资本主义社会相对稳定的局面，正是实证主义（操作主义、行为主义）技术理性的全面统治使无产阶级失去了批判或革命意识，与资本主义社会融为一体的结果。要想变革本质上已经不合理的资本主义制度，就必须从改变人的观念或意识入手，将无产阶级及劳动人民群众的意识从技术理性的统治中解脱出来。"只有当群众已分解成摆脱一切宣传、灌输和操纵，能认识和理解事实，评价可替代的目标的个人时，自觉才是现实的。换言之，只有当社会由一个具有新质的历史主体来组织、维持和再生产时，社会才是合理的和自由的。"[2]

也许我们在已经变得保守的大众之外，还能发现一些亚阶层，如"被遗弃者和被排斥在外者，被剥削被迫害的其他种族和有色人种，失业者和不能就业者"等，由于他们存在于现存的主流社会生活过程之外，"他们的生活最直接最现实地要求结束不可容忍的条件和制度。因此，即使他们的意识不是革命的，他们的敌对行为也是革命的"[3]。也许，我们能从这些亚阶层当中发现实现社会变革所需要的新主体，通过他们的反抗斗争去实现人类解放的理想——当然，这只是"也许"，而不能断定，马尔库塞说。

结　语

综上所述，我们可以看到，霍克海默、阿多诺、马尔库塞等法兰克福学派第一代理论家的思想和卢卡奇、葛兰西等人的思想之间的确存在着相当程度的一致性。与卢卡奇、葛兰西等人一样，霍克海默、阿多诺、马尔库塞等人并没有从根本上否定古典马克思主义社会理论的一些基本原理，如生产力决定生产关系（或生产关系一定要与生产力水平相适应）、

---

[1] 马尔库塞：《单向度的人——发达工业社会意识形态研究》，第214页。
[2] 同上书，第212页。
[3] 同上书，第216页。

经济基础决定上层建筑（或上层建筑一定要与经济基础相适应）、社会存在决定社会意识、阶级斗争推动历史进步等，也没有从根本上否定古典马克思主义关于现代资本主义已经与在它的形式之下发展起来的生产力不相适应，因而应该加以变革，应该由一种比其更为合理、更为进步的社会形式来加以替代的历史判断，而是试图通过自己的理论探索，在坚持马克思主义上述基本原理和历史判断的前提下，指出古典马克思主义在（作为阶级的）人的意识或主观能动性方面的阐释有所不足，认为后古典马克思主义（或对古典马克思主义的机械化、庸俗化解读）过于强调生产力对生产关系、经济基础对上层建筑、社会存在对社会意识的"决定"作用，过于强调社会历史进程的客观性、必然性一面，轻视或忽略了生产关系对生产力、上层建筑对阶级基础、社会（阶级）意识对社会存在所具有的（有时可能同样是"决定"性质的）（反）作用，忽略了人，尤其是人的意识在社会历史进程中所具有的建构性作用，因而不能对发达资本主义社会的无产阶级革命形势作出正确的分析，也不能制定出与现实相符的斗争策略。强调社会历史进程本质上是人的实践过程，人的实践过程本质上是主体与客体之间相互作用的辩证过程，突出人的主体性或意识因素在社会历史进程中所具有的建构作用，以此来弥补古典马克思主义社会理论的不足，是霍克海默、阿多诺、马尔库塞等法兰克福学派第一代思想家与卢卡奇、葛兰西等人共同的思想特征。就他们依然坚持古典马克思主义的一些基本原理和历史判断而言，我们说他们仍是马克思主义者；但就他们特别强调社会历史进程的实践性质，突出人及其意识在社会历史进程中的主体性或建构作用而言，他们与韦伯等非马克思主义的建构论者之间存在着相当程度的一致性。正因为如此，我们才将他们并称为建构论的马克思主义者（马克思主义的建构论者）。

第九章　弗洛伊德主义的马克思主义

"弗洛伊德主义的马克思主义"是西方马克思主义思潮中另一种带有强烈建构论色彩的马克思主义派别。顾名思义，所谓"弗洛伊德主义的马克思主义"，就是一种试图把马克思主义和弗洛伊德主义结合起来，用后者来补充前者的理论立场。而之所以要把马克思主义和弗洛伊德主义结合起来，主要原因就在于，持这种立场的人认为，传统马克思主义（或者对马克思主义的传统解释）过分强调社会历史发展的客观必然性，否定了人的主观因素在社会历史进程中的重要作用，因而不能很好地对西方发达资本主义国家的社会现实及其政治形势作出恰当的分析，不能很好地指导这些国家里无产阶级的斗争实践；而以精神分析见长的弗洛伊德主义，其中的许多概念及命题正好可以用来弥补马克思主义的上述不足，从而完善马克思主义社会理论。由此可知，和卢卡奇、葛兰西及霍克海默等人一样，突出人的主观意识在社会历史进程中的能动作用，将理论考察的焦点从社会历史进程的客观必然性转向人在社会历史进程中的主体性、建构性，也是"弗洛伊德主义的马克思主义"的基本特征。

自称"弗洛伊德主义的马克思主义者"的人数量众多，如英国马克思主义学者 J. 林德西（J. Lindsay）、J. 斯特雷奇（J. Strachey）、R. 奥兹本（R.Osborn）、W. 赖希（W.Reich）、E. 弗洛姆（E.Fromm）等。但其中影响较大者主要有赖希、弗洛姆和处于自己思想演化中期的马尔库塞等。在本章中，我们拟以赖希和弗洛姆两人为代表，来对弗洛伊德主义的马克思主义理论作一简要叙述。

一、赖希与"弗洛伊德主义的马克思主义"

赖希（Wilhelm Reich）是奥地利著名精神分析学家，也是"弗洛伊德主义的马克思主义"最主要的代表人物之一，甚至被认为是弗洛伊德主义的马克思主义者中"最早和最有代表性的一个"[1]。赖希著述颇丰，这一部分主要以其在《法西斯主义大众心理学》一书中的相关阐释为据，来对他的"弗洛伊德主义的马克思主义"理论进行梳理。

在《法西斯主义大众心理学》一书的开篇，赖希就明确说明了该书试图回应的一个重要理论与现实问题，这就是传统的马克思主义社会理论在解释20世纪初期发达资本主义国家里工人运动的屡次受挫以及法西斯主义运动兴起等现象方面的无能为力。按照古典马克思主义的社会理论，在发达资本主义国家里，资本主义生产方式与在它之下发展起来的生产力之间的矛盾已经尖锐到了要爆炸的程度，资本主义的灭亡和社会主义的胜利似乎已是指日可待的事情。可是，在这些国家里实际发生的情况却是，工人运动不仅屡战屡败，而且正是在资本主义世界经济危机最为严重，因而按马克思主义理论来说当是开展社会主义革命运动的客观条件最为具备的时候，反过来还被未曾预料到的法西斯主义运动所压倒。这一严酷的事实，甚至使"那些一再证明自己具有革命坚定性和献身精神的人，也开始对马克思关于社会过程的基本观点的正确性表示怀疑了"[2]。那么，马克思主义的基本理论到底是否存在问题呢？这就是赖希想要探讨的问题。

赖希认为，马克思主义社会学的基本原理并无错误，但却存在着一些不足。这种不足使得一些对马克思主义的庸俗化解释成为可能，而这种庸俗化的解释则可能导致理论和实践方面的重大失误。马克思主义的

---

[1] 徐崇温：《"西方马克思主义"》，天津人民出版社，1982年，第257页。
[2] 赖希：《法西斯主义大众心理学》，张峰译，上海三联书店，2017年，第1页。

基本原理是生产力决定生产关系（或者生产关系一定要与生产力的发展状况相适应）、经济基础决定上层建筑（或者上层建筑一定要与经济基础相适应）、社会存在决定社会意识（或者社会意识一定要与社会存在相适应），这些基本原理本身并无错误，但遗憾的是，马克思对这些基本原理的阐释却存在着一些不足，留下了一些悬而未决的问题。以社会存在决定社会意识这一原理来说，就留下了两个悬而未决的问题：第一，社会存在决定社会意识这一过程是如何发生的，在这个过程中人的头脑中发生了什么？第二，由社会存在而来的社会意识又如何反作用于社会存在？由于马克思没有详细地回答这些问题，而只是反复强调社会存在对社会意识的决定作用（在《政治经济学批判》序言等著述中不仅反复强调"不是人们的意识决定人们的存在，相反，是人们的社会存在决定人们的意识"，"物质生活的生产方式制约着整个社会生活、政治生活和精神生活的过程"，还有"随着经济基础的变更，全部庞大的上层建筑也或快或慢地发生变革"一类的表述）[1]），这就使得一些马克思主义者对社会存在和社会意识之间的关系产生了一种简单的、机械的、庸俗的理解，以为后者是简单的、直接的随着前者的变化而变化的。有些人甚至更简单地将"社会存在"与"经济存在"等同起来，"认为人的'意识形态'和'意识'唯一直接由人的经济存在来决定"。这样就"造成了经济与意识形态之间、'结构'与'上层建筑'之间的机械对立；它使意识形态刻板地、片面地依赖于经济，看不到经济发展对于意识形态发展的依赖性"。[2] 其结果是不能很好地理解和解释工人运动的失利与法西斯主义的兴起这样一些"反常"现象。因为按照马克思主义的基本原理，日趋严峻的经济危机表明资本主义生产方式与生产力之间的矛盾日趋尖锐，表明对资本主义生产方式加以变革已经成为一种必要，而经济基础领域的这种变革要求以及工人阶级在危机时期所受到的伤害（失业、贫困等）都必然会反映到工人阶级的意识中，促使工人阶级形成革命意识，起来反抗资产阶级的统治，推翻资本主义制度。但实

---

[1] 参见马克思：《〈政治经济学批判〉序言》，《马克思恩格斯全集》第31卷，人民出版社，1998年，第412—413页。

[2] 赖希：《法西斯主义大众心理学》，第10页。

际的历史进程却与此相反,发达资本主义社会里日趋严峻的经济危机不仅没有促成社会主义革命的爆发,反过来还在意大利、德国等国家里促成了与社会主义原则和工人阶级根本利益背道而驰的法西斯主义的兴起。"工人运动的失败肯定意味着我们对那些阻碍社会进步的力量的认识是非常有限的,甚至对某些主要因素是完全无知的。"[1]这一阻碍社会进步而我们对其却完全无知的主要因素,在赖希看来,就是人民大众的意识状况。导致马克思主义陷入上述困境的主要原因,就是忽略了对大众意识之社会历史作用及其形成因素的细致考察。受庸俗马克思主义的影响,在危机时期,马克思主义者只注重对客观社会经济过程的考察和分析,而"既不注意也不理解所谓的'主观因素',即大众的意识形态的发展和矛盾"[2]。而这种"大众意识形态的发展和矛盾"正是我们解开发达资本主义国家里社会主义革命运动失利和法西斯主义兴起之谜的一把钥匙。

赖希指出了1929—1933年经济危机期间德国的一个重要事实,即经济形势的发展与包括无产阶级在内的大众意识形态发展两者之间的"断裂"。"非常庸俗的马克思主义认为,1929—1933年的经济危机规模空前,必然会使受伤害的群众产生左派倾向的意识形态。……但现实形势表明,那种指望能导致群众在意识形态上向左发展的经济危机,实际上已使整个人口中无产者阶层在意识形态上走向右的极端。结果是,向左发展的经济基础同向右发展的社会广大阶层的意识形态之间出现了断裂。"[3]选票统计数据表明,法西斯主义政党正是在包括工人在内的千百万底层民众的投票支持下一跃成为德国执政党的。"正是不幸的大众,帮助政治上极端反动的法西斯主义者掌了权。"[4]由此也可见,"就现实政治而言,决定性的不是经济分布,而是意识形态分布"[5]。但更为根本的问题在于:到底是什么造成了经济形势"向左"发展与大众意识形态"向右"发展之间的这种断裂呢?

赖希认为,要想正确理解这种断裂,首先必须完全摆脱前述庸俗马

---

[1] 赖希:《法西斯主义大众心理学》,第4页。
[2] 同上书,第3页。
[3] 同上书,第5页。
[4] 同上书,第6页。
[5] 同上书,第9页。

克思主义关于个人意识直接由其经济存在决定的观念。事实上，个人意识与其社会存在之间的关系是复杂的。首先，"每一种社会形态的意识形态不仅具有反映整个社会的经济过程的作用，而且更重要地，还具有把这个经济过程深植于作为社会之基础的人民的心理结构中的功能。人以两种方式屈从于他的存在的条件：直接通过他的经济和社会地位的影响，间接依靠社会的意识形态结构。……例如，工人既屈服于自己的劳动境遇，也屈服于社会的一般意识形态"。其次，在社会存在和意识形态两种因素中，后者对个人意识的影响应该是更为直接的和稳定的，并且，社会意识形态对经济基础的反作用主要就是通过个人心理结构及其行动这一环节来发生的。"只要一种社会意识形态改变了人的心理结构，那么，它就不仅在人身上再生自身，而且更重要地，还会成为人身上的一种积极力量、一种物质力量，而人则发生具体的变化，并因而以一种不同的矛盾的方式来行动。这样而且只有这样，社会意识形态对它由之而来的经济基础的反作用才是可能的。"[1]"通过形成意识形态，人重新塑造了自身；人的物质核心应到他形成意识形态的过程中去寻找。"[2]再次，由于意识形态变化的速度常常慢于经济基础变化的速度，因此，受意识形态塑造的个人心理结构也可能落后于社会变迁的速度，从而与后者发生矛盾。与某种确定的历史状况相一致的个人心理结构，"是在童年形成的，而且比技术生产力保守得多。由此可以认为，随着时间的推移，心理结构落后于它们由之而来的社会条件的急剧变化，而且后来会同新的生活方式相冲突"[3]。因此，赖希认为，只有对大众心理结构进行深入的考察，我们才能更好地理解上述经济发展形势与大众意识形态的发展之间所产生的断裂现象。

赖希说，"我们现在开始认识到，大众的经济状况与意识形态状况之间不一定一致，的确，两者之间可能存在着相当大的裂隙。经济状况不是径直地、直接地转化为政治意识的。如果不是这样，那么很早以前就会有

---

[1] 赖希：《法西斯主义大众心理学》，第14页。
[2] 同上书，第64页。
[3] 同上书，第14页。

社会革命了"[1]。鉴于社会存在和社会意识之间的这种复杂关系，对个体行动和社会状况的考察就应该循着两条线索进行：一条线索考察社会经济状况，另一条线索则考察社会意识状况。个体行动及由个体行动汇聚而成的社会状况是这两个方面共同作用的产物。这两个方面的作用方向可以一致也可以不一致。当社会意识与社会存在的变化一致（如工人因减薪而罢工或因饥饿而偷盗）时，用社会存在来解释个体意识及其行动似乎就够了。但当社会意识与社会存在的变化不一致（如工人即使减薪也不去参加罢工或即使面临饥饿也不去偷盗）时，用社会存在来解释个体意识及其行动的做法就失效了。此时，就必须求助于对人民大众的心理结构的专门研究，这就是大众心理学的工作。用这种方法去考察工人阶级，我们就会看到，在经济危机时期，工人的心理结构一方面受到于他不利的社会状况的影响（这使他可能产生革命意识），另一方面又受到资产阶级反动意识形态的影响（这使他可能产生反对革命的保守意识）。这使得工人处于一种矛盾的心理状况之中，他既非必然是革命的也非必然是反动的。他最后到底是走向革命还是走向反革命，取决于影响其心理结构的两种因素中何种因素最终占上风。中产阶级的心理状况其实也是如此。

那么，社会的意识形态是通过什么具体机制来影响个体心理状况的呢？赖希认为，弗洛伊德的精神分析理论在这个方面为我们提供了有益的线索。赖希将弗洛伊德精神分析说的主要观点简述如下：第一，意识只是心理生活的一小部分，它本身是由无意识地发生、因而不易自觉控制的心理过程支配的。第二，这种在人的意识背后无意识地支配着人类心理生活的基本力量就是"性"，或者说它的能量即身体的力比多。即使是儿童也是如此（需要注意，性活动与生殖或生殖器并没有关系）。第三，儿童的性活动一般是被压抑的（受到禁止并被从记忆中根除），但这种压抑并未使儿童摆脱性力量的影响，而是强化了性力量并使它通过各种病理失调表现出来。第四，父母对儿童性欲望的压制是借助教化过程来实现的，所谓的道德规范其实就是来自幼年时期父母为压抑儿童性欲望而向其灌输的

---

[1] 赖希：《法西斯主义大众心理学》，第15页。

那些观念。这些观念将儿童的欲望与父母对这些欲望的压制之间的冲突转换成个体本能与道德之间的冲突，并通过儿童对这些道德规范的自觉遵从而维护着这种压制。赖希认为，这些观点对于我们理解人，尤其是具有保守性格的那些人的心理及意识状况，可以提供一把很好的钥匙，因为正是在儿童期的性压抑过程中习得的遵从意识使个体形成了一种保守的心理结构，这种保守的心理结构在很大程度上妨碍着人们对实际社会存在状况的认知，从而阻碍成年个体革命意识的形成。受到剥削和压迫的人民大众要想获得对使自己遭受剥削和压迫的社会状况的真实认知，产生变革社会的意识，就必须首先突破这种保守心理结构的束缚。但要突破这种形成于童年时期家庭生活的心理结构，并非一件易事。赖希认为，弗洛伊德精神分析说的这些见解对于我们理解社会存在和社会意识之间的关系有着重要的价值。如果我们把这些观点结合进马克思主义社会学当中，就能够使（马克思主义）社会学在解释人的行为和社会状况时达到一个更高的水准。

赖希指出，弗洛伊德本人曾经从其精神分析说中引申出一种文明哲学，用来解释文明的形成和发展。这种哲学认为性压抑是人类文明形成和发展的基本前提。但赖希认为，这种文明哲学是错误的。实际上，要求对性进行压制的不是文明或文化本身，而是特定的社会制度。性压抑"这个问题与文化无关，而与社会制度有关"。性压制并非伴随着文明的诞生而出现，而是在人类历史的特定阶段才出现的。"如果人们研究了性压制的历史和性压抑的病因，人们就会发现，不能把它们追溯到文化发展的开端，换句话说，压制和压抑不是文化发展的先决条件。只是到了相对较晚的时候，随着权威主义父权制的建立和阶级分化的产生，性压制才开始表现出来。正是在这个阶段，性兴趣普遍开始服务于少数人对物质利润的兴趣，在家长制婚姻和家庭中，这种状况采取了一种稳固的有组织的形式。随着性的限制和压制，人类感情的性质起了变化；一种性否定的宗教开始出现，并逐渐演变成它的性政治的组织，即有着各种形式的教会，它的目的不过是根除人的欲望以及由此而来的哪怕一丝一毫的幸福。从现在盛行的剥削人类劳动力的角度看，所有这一切都有充分的理由。"[1]因此，我们需要拒斥弗洛伊德的文明哲学，用一种建立在马克思主义社会学和弗洛伊德心理学基础上的"性经济社会学"来替代它，用它来分析人的行动及其社会后果。

《在法西斯主义大众心理学》一书中，赖希详尽地分析了父权制阶级社会借性压制所形成的个体心理结构来维护自身存在的具体机制。赖希指出，父权制阶级社会所要求的那种对父亲、丈夫和君主、国家等其他权威的绝对服从的心理结构，首先是个体在人生最初的四五年里经由父权制家庭培养出来的。这一过程的具体机制如下：首先，是对妇女和儿童的性压制。要维护父权制家庭，单靠妻子儿女对丈夫和父亲的经济依附是不够的，还取决于甚至仅仅取决于尽可能不让妇女儿童意识到自己是一个性存在物。妇女的生育功能得到片面的肯定和强调，而她的性快乐则被绝对地加以否定和压制。[2]同样，对儿童自然的性活动也从道德方面严加禁锢。其次，这种对性的压制很自然地会被扩展到其他方面："既然性是一个被禁止的话题，那么一般的思想和人的批判能力也成了被禁止的。简言之，道德的目的是产生逆来顺受的主体，这些主体不管多么悲伤和蒙耻都要适应权力主义秩序。"再次，在家庭中形成的这种顺从态度将来也会自然地迁移到家庭以外的社会生活中："家庭是小型的权威主义国家，儿童必须学会适应家庭，以便为后来总的适应社会做好准备。"[3]比较一下现代社会中突破了性禁忌的自由妇女与仍然受到性禁忌的保守妇女面对法西斯政党时的观念及态度，就可以看到这一点：保守妇女受到反对性活动的道德禁锢，使得她"害怕性布尔什维克主义"，因此即使法西斯主义与其社会经济利益背道而驰，她也可能投票支持散布"性布尔什维克主义"流言的法西斯政党。[4]而突破了性道德禁锢的自由妇女则不会担忧这类流言，因此不会对违背自己利益的法西斯主义力量加以赞同或姑息。可见，"性禁锢大大改变了在经济上受压迫的人的性格结构，以致他的行动、感情和思想

---

[1] 赖希：《法西斯主义大众心理学》，第22—23页。
[2] 同上书，第85页。
[3] 同上书，第23—24页。
[4] 参见上书第88页的相关论述。

都违背了他的物质利益"[1]。禁锢自由意志的性道德以及顺从权威主义的那些力量，正是从被压抑的性活动中获得了它们的能量。由此，我们可以对"意识形态对经济基础的反作用"过程获得一个更好的理解。

除了父权制家庭本身外，与这种家庭制度相应的父权制宗教对于权威主义人格的形成也起了推波助澜的重要作用。基督教等父权制宗教得以大规模传播的原因，就在于它关于追求性快乐及尘世幸福是一种原罪的学说。这种学说不仅与父权制家庭对性进行压制的氛围高度一致，而且与在这种性压制的家庭氛围中形成的对性快乐等尘世幸福感到厌恶等情感体验相呼应。宗教的心理内容既来自父权制家庭的家庭关系，又为维护这种家庭关系服务。此外，宗教也通过在宗教活动中产生的宗教激动来替代受到压制的性激动而缓解个体由性压抑而来的紧张感或焦虑感，从而以另一种方式维护着父权制家庭。[2]

赖希指出，希特勒及法西斯主义运动取得成功，在很大程度上也正是得益于广大下中层阶级群众的拥护。法西斯主义最初的成功，依靠的就是中层阶级中的广大阶层，即"几百万私营和公营职员、中产阶级商人和下中层阶级农场主"。虽然法西斯主义为了巩固自己得到的权力，上台之后不得不迎合大商业的利益，放弃之前曾经承诺的反对大商业的措施，最终成为"帝国主义和资本主义经济制度的一个极端的辩护士和斗士"，但从其社会基础来看，法西斯主义实际上是一个中产阶级或"下中层阶级的运动，不管在哪里都是这样，不管是在意大利还是在匈牙利、阿根廷或挪威"。[3] 而广大下中层阶级之所以会成为法西斯主义的主要力量，主要原因就在于他们的家庭状况及与之相应的心理结构。虽然这些下中层阶级农场主、公私机构官僚和中产阶级商人在经济状况方面存在着差别，但他们家庭状况的基本性质却是一样的。他们以父权制家庭为组织单位的生产方式（尤其是中产阶级商人和中小农场主）及生活方式要求所有家庭成员结成紧密的家庭纽带，而这个纽带又以性压制和性压抑为前提。在这种父权

---

[1] 赖希：《法西斯主义大众心理学》，第25页。
[2] 参见上书第六、七章的相关论述。
[3] 同上书，第32页。

制家庭中，父亲占据着主导地位。为了维护父亲的这种地位，就必须对妇女和儿童实行严格的性压制。这种性压制和性压抑，一方面如前所述，造成家庭成员自幼形成对权威的遵从心理，另一方面也在儿子心中"产生了一种强烈的同父亲的自居作用，这种自居作用构成了情感上同权威的自居作用的基础"[1]。这种父权制权威主义家庭与范围更大的权威主义国家之间实际上存在着一种结构上的同构性，正是父亲在家庭中的权威地位以及为维护这种地位通过对妻子儿女实行性压制使后者形成的顺从心理，成为包括权威主义国家在内的家庭以外的那些权威结构形成和存在的心理基础。例如，"下中层阶级人士对元首的消极的奴隶态度，就是在[父权制家庭]这些条件下产生的。……希特勒的元首地位就是建立在这种下中层阶级的态度上的"[2]。像法西斯主义国家为维护大众对它的忠诚和顺从所常常宣扬的一些观念，如"个人荣誉、家庭荣誉、种族荣誉、民族荣誉"等，也是建立在父权制家庭对家庭成员的性压制基础上的。"强制性地控制一个人的性活动，坚持性压抑，导致了病态的、有情感色彩的荣誉和义务、勇敢和自制的观念。""那种生殖器无能、性结构充满矛盾的人，一定老想着控制他的性活动，保持他的性尊严，勇敢地面对诱惑，等等。抵制手淫诱惑的斗争，是每一个青少年和每一个儿童都毫无例外地体验到的。反动者的性格的所有因素都是在这种斗争中发展起来的。"[3]与母亲的纽带也是一切家庭纽带的基础，而祖国和民族的概念就是母亲和家庭概念的延伸或继续。同样，儿子同父亲的自居作用则构成了人民大众同元首、国家、民族自居作用的基础。"反动的下中层人士在元首身上，在权威主义国家中领悟到自身。根据这种自居作用，他感到自己是'民族传统'的维护者。"[4]正因为权威主义家庭和国家之间的这种同构性，前者成了后者最重要的基础和工具，成了"再生产每一种反动思想的最突出、最根本的源泉"[5]、"产生反动的男男女女的最重要的核心"，也促使法西斯主义者总是

---

[1] 赖希：《法西斯主义大众心理学》，第43页。
[2] 同上书，第42页。
[3] 同上书，第44页。
[4] 同上书，第50页。
[5] 同上书，第48页。

不遗余力地对父权制家庭加以维护[1]。

产业工人也是在父权制家庭中成长起来的，因此他们在性活动方面也受到压制。但产业工人的生存和生活条件使得他们相对而言比较容易冲破道德主义性意识形态的束缚。对于产业工人来说，他面临着两种可能性：一是以占据更高社会地位的资产阶级自居，从而妒忌、模仿和吸收资产阶级的生活方式（包括性生活方式）；二是以反对资产阶级生活方式的阶级自居，从而拒斥资产阶级的生活方式及意识形态。这两种倾向都强有力地影响着产业工人。他们将受何种倾向影响，既取决于一些客观条件，也在很大程度上取决于无产阶级革命党的领导是否正确。从客观条件上看，在资本主义早期阶段，由于社会政策的缺乏、漫长的工作日、低下的生活水准，工人阶级的心理普遍处于一种麻木不仁、逆来顺受的状态，不仅难以被资产阶级同化，而且易于激发出革命情感。然而，随着资本家和工人斗争的发展，情况则有所变化。工人运动改进了工人的生活状况，如缩短工时、争取到一定的公民权和社会保障等，但也在心理上导致了一个与之前相反的过程："随着生活标准的提高，在心理结构上开始被资产阶级同化。随着一个人社会地位的提高，'他的眼睛开始向上看'。在繁荣时期，这种采取中产阶级习惯的倾向得到了增强，而在危机时期，采取这种习惯的后果却阻碍了革命情感的充分展开。"在这种情况下，工人阶级是否放弃保守倾向，形成革命意识，就"唯一取决于革命党的领导是否正确"了。而所谓"正确"领导，在赖希看来，就是要抛开对马克思主义社会学理论的庸俗解释，认识到影响工人意识及行动的决定因素并不限于社会经济因素，而且还包括心理结构及意识形态，在此基础上制定出相应的革命策略和行动路线：既要注重从客观方面对社会经济形势加以考察以准确把握革命时机，又要注意从主观方面对包括工人阶级在内的人民大众的心理结构及意识状况加以考察以推动他们形成必要的革命意识。20世纪30—40年代意大利、德国等西方发达资本主义国家里法西斯主义政党的崛起，很大程度上正是由于这些国家里的工人阶级政党（如德国社会民主党）只

---

[1] 赖希：《法西斯主义大众心理学》，第84页。

注重了前一方面的工作，而忽略了后一方面的工作。而"国际革命运动如果想给法西斯主义以致命打击的话，它就必须去解决这个问题"。[1]

不仅如此，赖希认为，既然法西斯主义政权乃至一切剥削制度都是建立在父权制家庭及其塑造的权威主义心理结构的基础之上，那么，要想推翻法西斯主义以及一切形式的剥削制度，实现人类的解放，就不仅要努力创造消灭这些剥削制度所需要的社会经济条件，而且还要让人的心理结构发生根本变化。赖希指出，实践证明，"创造社会民主的经济前提，与使群众的性格结构发生彻底变化的任务相比，是一件小事"[2]。列宁领导的俄国革命是这方面最好的一个实例。列宁领导的俄国革命给自己确定的任务是建立一个"既不需要警察力量也不需要强制性道德的非权威主义的自我调节的社会秩序"[3]。列宁将这一任务分解为两个环节：首先是建立起"无产阶级专政"，作为从传统的权威主义国家向非权威主义的自我调节社会秩序过渡的社会形式；其次是"用社会的自我管理来取代无产阶级国家机构"。赖希说，这两个环节的第一个环节早就完成了，但第二个环节在俄国革命胜利27年后却还没有实现。不仅没有实现，而且这个国家看上去还退回到了从前权威主义的体制当中。这是怎么回事呢？有人将这归罪于斯大林的个人品质，但赖希认为这与斯大林的个人品质无关，而应归因于广大人民群众在旧制度下形成的那种权威主义心理结构的顽固性。由于这种顽固性，人民群众仍然不得不生活在一种权威制度之下，而没有能力实行自我管理，最终"迫使苏联倒退到权威主义形式"[4]。要想真正实现非权威主义的自我调节社会，就必须改变人民群众在旧社会里形成的权威主义心理结构，用一种更为健康的、符合社会自治需要的心理结构取而代之。赖希心目中的理想社会是一个爱情（性）、劳动和认识活动都不再受任何权威的压制，而由劳动人民自由加以调节的社会（他把这样一个社会称为"劳动民主社会"）。在这样一个社会，一切人的所有能力——爱的能力、

---

[1] 参见赖希：《法西斯主义大众心理学》，第57—59页。
[2] 同上书，第192页。
[3] 同上书，第191页。
[4] 同上书，第180页。

劳动的能力和认知的能力，都将得到自由的、合理的、全面的发展。而这样一种理想社会的最终实现，除了一些社会经济方面的先决条件之外，最重要的条件就是人的心理结构的变革。因此，赖希说："在争取真正民主的和社会自治的斗争中，至关紧要的是重视并强调人的性格结构的作用和人的责任心转向爱情、劳动和认识过程。"[1] 而其中的一个关键因素，则是人们性压制和性压抑现象的彻底消除，性活动自由的真正实现。无论是从广义上还是狭义上的"性"来说都是这样。从广义上说，所有这些自由活动都将给人带来快乐，这些快乐本质上都是一种"力比多"性质的，因此和狭义的性满足一样都是自己生物能量方面的满足。从狭义上说，狭义性生活的满足也会促进其他两方面活动的开展和快乐。例如，"一个人的性生活越是满意的，他的劳动就越是有成果的和快乐的。被满足的性能量自发地转化为劳动的兴趣和活动渴望。与此相反，如果一个人的性需要未被满足，而是被压抑，那么他的工作也就在各方面受到干扰"。因此，赖希明确地宣称，劳动民主社会的一个基本原则是："不仅有必要建立最好的劳动外部条件，而且有必要创造内部的生物前提，以便最充分地实现生物的活动渴望。所以，保证劳动群众有完全满意的性生活，是快乐劳动最重要的前提。在任何社会里，劳动扼杀生活乐趣的程度，劳动被当作义务的程度，是衡量这个社会的统治阶级反民主特点的确切尺度。'义务'、'国家'、'纪律和秩序'、'牺牲'之类的东西是彼此密切联系在一起的，而'生活的乐趣'、'劳动民主'、'自治'、'快乐的劳动'、'自然的性活动'也是不可分割地结合在一起的。"[2] 单纯从社会经济方面去考虑创造实现人类自由解放的条件，忽略从人的心理结构的变革方面去创造这种条件，也是传统马克思主义的一个重要局限。赖希认为，他的性经济学理论弥补了马克思主义的这一局限。

---

[1] 赖希：《法西斯主义大众心理学》，第 228 页。
[2] 同上书，第 239 页。

二、弗洛姆与"弗洛伊德主义的马克思主义"

弗洛姆是法兰克福学派第一代的重要成员,也是"弗洛伊德主义的马克思主义"的重要代表人物。在法兰克福学派学者中,他被认为是受弗洛伊德影响最深的一个人。弗洛姆也是一个著述丰富的学者,其中许多如《逃避自由》《为自己的人》《被遗忘的语言》《健全的社会》《爱的艺术》《马克思关于人的概念》《在幻想锁链的彼岸》等都是在欧美国家具有广泛影响的作品。在其早期的作品如《逃避自由》《为自己的人》《被遗忘的语言》《健全的社会》等书中,虽然弗洛姆的许多论述也受到了马克思主义的影响,但他并没有将自己定位为一名马克思主义者,而是定位为一个用一般社会学的视角(如涂尔干等人的社会学视角)补充、修正过的弗洛伊德主义社会心理学家。尽管在这些著作中有时也会提到马克思的思想,但主要是作为评论的对象而非援引的理论资源。在《在幻想锁链的彼岸》一书以及作为这本书副产品的短文《人道主义精神分析学在马克思理论中的应用》等著述中,弗洛姆才对自己关于马克思主义和弗洛伊德主义之间相互关系的看法进行了一次提纲挈领的叙述,被认为是其试图综合马克思主义与弗洛伊德主义理论的纲领性作品。因此,在这一部分,我们以这两部作品为主,以其他相关作品为辅,来对弗洛姆的"弗洛伊德主义的马克思主义"思想作一简要梳理。

在《在幻想锁链的彼岸》一书中,弗洛伊德首先详细地比较了弗洛伊德的精神分析理论与马克思的社会分析理论之间的异同。他认为,弗洛伊德的精神分析理论与马克思的社会分析理论之间至少有以下几个方面的共同之处:以批判精神进行思考,坚守真理能给我们带来自由的信念,以及对凡人皆有共同的本质这一人道主义观点的认同。弗洛伊德的精神分析理论与马克思社会分析理论之间的这些共同之处正是我们可以将它们结合起来的基础。弗洛伊德的理论与马克思的理论之间也有许多不同之处,如对人的本质的理解不同:弗洛伊德关注的主要是人的生物本质,马克思关注的则是人的社会本质。与此相应,弗洛伊德侧重从人的生物本性及其与社会或文明的关系中来描述个体人的进化，马克思则侧重从社会历史的进程中来描述人的本质的演变；弗洛伊德从"生命本能"与"死亡本能"一类生物力的矛盾中来理解人的行为动机，马克思则从经济基础和上层建筑、社会存在和社会意识之间的矛盾中来理解人的行为动机；弗洛伊德提出了一套关于个体精神病的学说，马克思则提出了一套关于异化社会的社会病理学说；弗洛伊德认为个人精神疾患的根源在于个体的心理结构，马克思则认为个人精神疾患的根源在于社会结构；弗洛伊德因此对彻底消除人类精神疾患的前景感到悲观，马克思则对此前景感到乐观；等等。弗洛伊德理论和马克思理论之间的这些差别，也正意味着存在着将它们加以结合的必要性。当然，作为一个信奉马克思主义的人，弗洛姆更注重用弗洛伊德的相关概念和理论来补充马克思主义的社会理论。在该书中，弗洛姆主要是尝试用弗洛伊德理论来补充深化马克思主义关于经济基础决定上层建筑的理论。

弗洛姆指出，马克思认为社会的"经济基础"决定着包括政治法律制度以及哲学、艺术、宗教等意识形态在内的"上层建筑"，但是，马克思及恩格斯都没有具体地说明经济基础是怎样决定上层建筑的。譬如说，他们并没有具体地"说明经济基础是怎样转变成意识形态这种上层建筑的"。弗洛姆认为，运用弗洛伊德精神分析理论"就能弥补马克思主义理论中的这一不足之处，就能阐明经济基础和上层建筑的各种纽带"。[1]

按照弗洛姆的见解，连接经济基础和上层建筑的纽带主要有二：一是"社会性格"，二是"社会无意识"。

依据弗洛姆的解说，所谓"社会性格"指的是"对于某个群体（例如，民族或阶级）来说……共同的性格特征，它有效地决定着该群体成员的各种思想和行为"。[2] 社会性格不同于个人性格，但弗洛姆指出，"社会性格也不是指一定的文化时期内，绝大多数人身上所体现的性格特征的总和。因此，社会性格不是一个统计学上的概念"。"社会性格"是"同属于

---

[1] 弗洛姆：《在幻想锁链的彼岸——我所理解的马克思和弗洛伊德》，张燕译，湖南人民出版社，1986年，第75页。
[2] 弗洛姆：《人道主义精神分析学在马克思理论中的应用》，载弗洛姆：《人的呼唤——弗洛姆人道主义文集》，王泽应等译，上海三联书店，1991年，第15页。

一个文化时期绝大多数人所共同具有的性格结构的核心"。[1] 弗洛姆认为他的"社会性格"概念是对弗洛伊德"性格"概念的特殊发展。在弗洛伊德之前,许多行为心理学家要么将性格特征和行为特征混为一谈,认为性格特征即是行为特征,要么强调性格特征的意识因素。弗洛伊德一方面指明性格和行为是两个不同的东西,行为特征不等于性格特征。例如,"勇敢"这种行为的特征是勇往直前、不怕牺牲,但是产生"勇敢"这一行为的动机或性格特征却可以是完全不同的。勇敢行为可能是出于想要获得虚荣或赞誉的"野心",可能是出于"自杀的冲动",也可能是出于对所面临危险的"无知",还可能是出于对某一理想或目标的"忠诚"。另一方面,他认为性格也不同于思想意识,相反,是性格决定了人的思想意识。换言之,无论是人的行为还是人的思想观念,都是由人的性格决定的。动物的行为是由其本能决定的,人的行动和思想观念却是由自己的性格决定的。"性格结构既决定了一个人的思想和观念,又决定了一个人的行为。"例如,对于具有肛门—囤积型性格的人来说,对他最有吸引力的理想就是储蓄。他将储蓄视为主要的美德之一,喜欢鼓励储蓄、禁止浪费的生活方式。而一个具有嘴巴—接受型性格的人则认为,一切善的根源都是外在的,他想得到自己所需东西的唯一方法就是从外在来源获取。在思想领域也是如此,他们倾向于接受别人的想法,而不是提出新想法。具有征服型性格的人则倾向于通过武力或机智来夺取别人的东西,他们认为,从别人那里拿来的东西似乎总是比自己所创造的东西好。如此等等。总之,按照弗洛伊德的看法,性格通过决定一个人的思想意识来决定他的行为。所以,要想理解一个人的行为,可能确实需要了解他的思想观念,但要了解他的思想观念,就需要了解他的性格特征。弗洛姆认同弗洛伊德的这种看法,并将其进一步扩展到对群体和社会的认识,认为不仅对于个人来说是如此,对于一个群体、一个社会来说也是如此。弗洛姆指出,尽管每个人的性格结构总会有一定的差异,但如果我们撇开这些差异不谈,我们就会发现人们之间在性格结构方面的一些共同之处。我们会发现,"尽管许

---

[1] 参见弗洛姆:《在幻想锁链的彼岸——我所理解的马克思和弗洛伊德》,第82—83页。

多人的性格结构并不符合作为一个整体的大众所共有的结构的主要模式，然而，各个民族、社会和阶级仍然有一个表明各自特点的性格结构"，我们可以"把这种典型地表明一个社会的性格叫作'社会性格'"。[1] 就对社会现象的理解而言，这种"社会性格"的重要性远远超出了个性。

弗洛姆认为，就像个人性格一样，社会性格也是把能量引向某一方向的特殊方式。"这也就是说，如果一个特定社会中大多数人的能量被引向同一个方向的话，那么，这些人的动机都是相同的，而且他们还会接受同样的思想和理想。"因此，"'社会性格'既是在社会中起作用的一个主要因素，同时也是社会经济结构和普遍盛行的思想之间互相转化的纽带"[2]。每个特定的社会都有一定的结构并以某种特定的方式存在和运行，这不仅要求具备一些特定的客观条件（包括特定的生产方式，以及特定生产方式所依赖的地理、气候、人口、技术、政治、文化传统等），而且要求这一社会的成员按照这一社会制度所要求的那种行动方式去行动。社会性格的作用首先就在于以社会所要求的方式去形成社会成员的能力，使这些社会成员的行为能够自然地符合社会的要求，而无须他们经常有意识地去思考他们的行为是否符合社会模式。例如，现代工业社会要求每个人都守纪律、守秩序和守时间，但如果每个人每天都要有意识地去遵守这些规矩的话，那是不行的，"因为任何有意识的思考将会产生更多的例外"。现代社会强调自由，因此也不能使用暴力去强制人们遵守这些规矩。为了使这些行为规矩能够比较顺畅地为每个社会成员所遵守，最好的办法就是让社会成员形成无须强制也不必思索就去遵守这些规矩的机制，这一机制就是社会性格。换言之，"在一定的社会中，为使这个社会能继续发挥作用而改变和操纵人的能力，这就是社会性格的概念之所在"。[3] 社会性格不仅以社会所要求的方式去形塑社会成员的行动模式，而且是社会成员形成某些思想和理想的基础。正是从社会性格中，各种思想和理想才得以获得自身

---

[1] 弗洛姆：《在幻想锁链的彼岸——我所理解的马克思和弗洛伊德》，第 82 页。弗洛姆关于社会性格的这些论述，在其先于《在幻想锁链的彼岸》一书的著述《健全的社会》（孙恺祥译，贵州人民出版社，1994 年）中就已有比较接近的论述，参见该书第五章第一节的内容。

[2] 同上。

[3] 同上书，第 83—84 页。

的力量和吸引力。如前所述，一个囤积型性格的人热衷于储存并反对各种被他认为浪费的主张，一个创造型性格的人则会接受那些强调创造性的思想等。

当然，由上我们也可知，社会性格归根结底是由社会的经济结构决定的，是一个社会的经济基础与作为其上层建筑的思想观念之间的中间环节。正是因为资本主义社会要求社会成员形成守纪律、守秩序和守时间这样的行为模式和思想观念，社会才采取让社会成员形成相应社会性格的方式来做到这一点。早期资本主义需要以储蓄的方式来促进资本积累，因而也就使其社会成员逐渐形成了囤积型的社会性格。只要社会的经济结构不变，与之相应的社会性格就会占据支配地位。但社会性格一旦形成，也会具有相对的独立性和反作用。当社会经济结构发生了变化而社会的性格类型没有跟上这种变化时，这种滞后的社会性格就会对新社会经济结构起不利的反作用，甚至使后者崩溃。因此，经济结构和社会性格之间的作用是相互的。社会性格与思想观念之间的关系也是如此。虽然思想观念的形成常常以某种特定的社会性格为基础，但思想一旦产生，同样也能影响社会性格，并进而影响社会的经济结构。由此可见，经济基础和作为上层建筑的思想观念之间的相互作用要经由社会性格这一中间环节："社会性格正是社会经济结构和一个社会中普遍流行的思想、理想之间的中介。它在这两个方面，即将经济基础变为思想或将思想变为经济基础的过程中都起到了中介作用。"[1] 由于这一中间环节的存在，一个社会的经济结构和作为其上层建筑的思想观念之间的相互作用远比通常认为的要更为复杂。弗洛姆以下图来表述这一思想：

---

[1] 弗洛姆：《在幻想锁链的彼岸——我所理解的马克思和弗洛伊德》，第92页。

弗洛姆指出，在社会生活中使人们不得不按照社会所要求的模式来行动和思考的"社会性格"，只是社会经济结构与思想观念之相互联系的一个环节。除此之外，经济基础和思想上层建筑之间还存在着另一个中间环节，这就是社会的"无意识"。每一个社会都存在一定的机制来"决定哪些思想和感情能达到意识的水平，哪些则只能继续存在于无意识的层次"[1]。正像存在着一种社会性格一样，也存在着一种社会的无意识。

弗洛姆说，他所谓的"社会的无意识"，"是指那些被压抑的领域，这些领域对于一个社会的绝大多数成员来说都是相同的。当一个具有特殊矛盾的社会有效地发挥作用的时候，这些共同的被压抑的因素正是该社会所不允许它的成员们意识到的内容"。[2] "社会的无意识这个概念是与压抑的社会性格这个概念一起提出的，它意指人的经验的某个部分，一个给定的社会是不允许达到对这个部分的认识的；社会使人疏远的也正是人的这一部分；社会的无意识即是普遍精神在全社会中被压抑的那一部分。"[3] "社会的无意识"不同于个人的无意识。个人的无意识指的是个人特有的处境对人造成的压抑使个人意识不到的那些经验内容，社会的无意识则是社会大多数成员共同的社会处境对他们造成的压抑使他们意识不到的那些经验内容。个人的无意识主要用于说明在个人的行动和思想背后存在的一种隐蔽地支配着个人思想和行动的动机力量，而社会的无意识概念则可以用来说明在一个社会多数成员背后存在的那种隐蔽地支配着多数成员思想和行动的动机力量。

"无意识"是弗洛伊德精神分析说的核心概念，也是弗洛伊德最大的贡献之一。弗洛伊德的理论正是建立在关于无意识的假设之上，这一假设认为：首先，我们的思想和行动并非完全由我们能够明确意识到的那些动机因素决定的；在我们的思想和行动背后，存在着一种我们意识不到的动机因素，在很大程度上正是这种我们意识不到的动机因素决定了我们的思想、感情和行动。这种我们意识不到但实际上却支配着我们的思想、

---

[1] 弗洛姆：《在幻想锁链的彼岸——我所理解的马克思和弗洛伊德》，第93页。
[2] 同上。
[3] 同上书，第119页注释①。

感情和行动的动机因素，就是"无意识"。由于无意识这种隐蔽因素的存在，我们在意识层面对自己的行动所作的很多解释很可能是不真实的，因为"我们本身内在大部分真实的东西没有被意识到，而许多被意识到的却是不真实的"，因此"即使我们真诚地相信我们所意识到的一切，我们也可能是在说谎"。[1] 例如，一个新闻检查员可能会特别积极地留意书刊上出现的色情照片，因为他认为这是他的职责所在，但其实促使他这样做的隐蔽动机却可能是他自己对观看这些照片的欲望。其次，"无意识"这种动机因素得以存在主要是因为我们对某些经验和欲望的压抑，而促使我们对某些经验和欲望进行压抑的主要原因则是这些经验和欲望与我们认同的某些社会规范产生了冲突，以及由此在我们内心深处引发的对来自社会的惩罚的恐惧。与社会规范之间的冲突状况决定了将要受到压抑的经验和欲望的具体内容。例如，文明社会中遭到最为严重压抑的欲望就是性欲，尤其是乱伦的欲望，因为这与文明社会的规范是相冲突的。弗洛伊德认为，不管被压抑的具体内容是什么，它总是代表了人的那尚未被升华的、反社会的原始特征。对社会惩处的恐惧则是使压抑成为可能的具体心理机制。例如，小男孩对同自己母亲乱伦之欲望的压抑就是因为害怕来自父亲的惩处（例如割掉自己的生殖器）。"害怕割雄"被弗洛伊德认为是"导致压抑的最基本的一种恐惧，其他如害怕失去爱，害怕被人杀害或被人抛弃，都与对原始割雄的恐惧一样具有同样的力量，它迫使人们压抑自己最深切的欲望"。[2] 再次，对自己欲望的压抑又可能导致精神病，治疗这种精神病的方法就是将无意识变为意识，使病人认识到自己疾病产生的根源。"我们压抑了最有意义的经验的意识；我们内心的无意识的实在与我们意识中对这种实在的否定之间的冲突往往会导致神经病，因此只有将无意识变为意识，这种神经病的症状才能得以消除。"[3] 精神分析疗法就是要通过对梦的分析以及对"自由联想"等无拘束之自发思想的理解，来使精神病患者认识或者说"直观"到自己无意识的经验、思想或感情，从而对自我和世界

---

[1] 弗洛姆：《在幻想锁链的彼岸——我所理解的马克思和弗洛伊德》，第94页。
[2] 同上书，第97页。
[3] 同上书，第94页。

产生一种全新的认识,"并把自己从一个受无意识力量操纵的、无能为力的木偶改造成为一个能决定自己命运的、有自我意识的、自由的人",最终达到治愈精神疾患的目的。弗洛姆认为,弗洛伊德的精神分析说正是以这些假设为依据建立起来的。

当然,弗洛姆指出,弗洛伊德在自己的实践中关注的主要是个人的无意识,虽然当弗洛伊德说对乱伦欲望的压抑是一切文明的特点时,他已经涉及了这种"社会的无意识",但他在实践中对此关注不多。其他的精神分析学家也很少注意研究"社会的无意识"。对社会无意识的思考可能更多地需要从马克思关于意识形态的论述中汲取营养,因为马克思在这方面的论述关注的不是个人的意识而是社会的意识。和弗洛伊德一样,马克思也认为人的意识大多是一些"虚假的意识"。人们的意识是由人们的社会存在决定的,是对人们社会存在状况的反映,但出于这样那样的原因,人们对社会存在的意识可能也不是完整的、真实的,而是有局限的甚至虚假的,这种虚假的意识就是所谓的"意识形态"。这种虚假的意识形态妨碍了我们对社会存在的完整的、真实的认识,在我们的生存经验中留下了一个"无意识"的领域(未被我们意识到的那些客观社会因素),尽管这个未被我们意识到的"无意识"领域事实上决定着我们的思想和行动,从而限制了我们思想和行动的自由。和弗洛伊德一样,马克思也相信只要我们意识到现存意识形态的虚幻性质,通过对现实的逐渐全面的认识,我们就能够把自己从一种不自由的、被决定的、有依赖性的、被动的人改造成为一种觉醒的、有意识的、能动的、独立的人,从而扩大自己的自由。马克思的意识形态理论与弗洛伊德的精神分析理论之间不同的地方是:"第一,马克思认为,人的存在及其意识是由社会结构决定的,人是社会结构的一部分;弗洛伊德则认为,社会只是通过对人的内在的生理和生物机制的或强或弱的压抑来影响人的存在的。第二,弗洛伊德相信,人能克服压抑,而不需要社会变革。马克思则是第一个认识到只有伴随社会变革才能真正产生着普遍地、全面地觉醒了的人的思想家,因为社会变革能产生一个崭新的、真正的人类经济和社会组织。"[1]不过，有所不足的是，马克思只是说明了人的意识是由社会力量决定的，但没有具体说明社会力量是如何决定人的意识的（包括如何使得人们不能意识到某些现实状况的）。弗洛姆认为，我们必须对此作出必要的补充。

在《在幻想锁链的彼岸》一书中，弗洛姆揭示了社会力量决定社会意识的三种基本途径。第一，社会是通过对语言范畴的控制来决定人们的社会意识的。人类是通过特定的范畴来理解和组织自己的经验的。"我只有与自己所感到的范畴体系联系起来的时候，方能认识到我自身之内或我自身以外的任何事物。"[2]人类的任何经验要想成为被意识到的经验，就必须能够顺利通过语言范畴这一过滤器。这些被人类用来理解和组织经验的范畴，有些是普遍的，如时间和空间范畴，它们是一切人所共有的范畴。另一些范畴如因果性等，则可能是许多有意识的知觉形式的有效范畴，但不是一切知觉形式的有效范畴。还有一些范畴是随着文化或社会的变化而变化的，如商业社会里的"价值"范畴等。社会正是通过这样一些范畴来对经验未被意识的过程加以控制的。虽然有些经验，主要是一些肉体的经验，如饥饿、性欲、痛苦等，比较容易被每个人感觉到，但对于一些比较复杂微妙的经验来说，它是否能够成为意识，则取决于特定社会或文化中这些经验被语言词汇发掘的程度。如"清晨，空气中仍带有一丝凉意，太阳正冉冉升起，一只小鸟在歌唱，这时你看到了一朵含苞欲放的玫瑰花，上面有一滴露水"，在某些文化如日本文化中，这一经验很容易转变成意识，但在另一些文化如欧洲文化中同样的经验就并不能成为意识。除了词汇之外，语法和句法也对经验成为意识的过程起着过滤的作用。第二，社会也通过逻辑思维的规律来对人们的意识进行控制。例如，在西方流行的是亚里士多德的逻辑学。这种逻辑学是以同一律（A是A）、矛盾律（A不是非A）和排中律（A不能既是A又是非A，也不能既是非A又是A）为基础的。按照这一逻辑，一事物就不能同时既是A又是非A。然而，在另一些社会如中国和印度，流行的逻辑（"悖论逻辑"或"辩证逻辑"）

---

[1] 弗洛姆：《在幻想锁链的彼岸——我所理解的马克思和弗洛伊德》，第119页。
[2] 同上书，第120页。

则认为事物可以同时既是 A 又是非 A，A 和非 A 两种状况并不是相互排斥的。对于生活在西方社会中的人来说，"意识到与亚里士多德的逻辑学相矛盾的经验是极其困难的"。例如，像弗洛伊德所说的那种一个人可以同时体验到爱与恨两种经验的情况，对于生活在悖论逻辑下的人来说，是合乎逻辑因而能够理解的，但对于生活在亚里士多德逻辑学下的人来说，这一体验则是荒谬的。第三，社会还通过禁忌来对人们的经验进行过滤。弗洛姆认为这是最重要的一种意识过滤器，因为它直接地"不允许某些感觉成为意识，即使这种感觉已进入了意识领域，它也要使这些感觉脱离这个领域"。这些社会禁忌明确"宣布某些思想和感觉是不合适的、被禁止的、危险的，并且阻止这些思想和感觉达到意识这个层次"。[1]例如，原始部落社会禁止人们对厮杀和抢劫产生厌恶感，因为这种社会的成员正是靠厮杀和抢劫其他部落来谋生的。因此，在原始部落社会，一个人即使厌恶厮杀和抢劫也不会意识到这种感觉，因为这会使他面临被放逐的危险。他不得不压抑自己的这种感觉，尽管这可能导致他产生诸如呕吐等身心疾病（而在农业社会情况则正好相反）。再如，在当今工业社会中，社会禁止人们对不断追赶时髦（如过一两年就买一辆新车）的做法产生反感，因为这是消费社会赖以存在的基础。因此，生活在当代社会里的人，即使有这种反感也必须尽量压抑住，久而久之他就不再会意识到这种反感（尽管他也可能因此产生一些心理疾病），否则他就可能面临社会的孤立和排斥。

弗洛姆认为，社会正是通过上述三种机制来控制人们意识的形成，使一些经验成为意识，另一些经验则受到压抑而成为社会的无意识。他指出，在阶级社会中，被压抑的经验往往是那些对社会不合理之处的体验。"任何一个特定社会中的不合理之处都必然会导致该社会的成员对自己许多感觉和观察意识的压抑。"而且，"一个社会越是不能代表该社会成员的利益，这种必然性就越大"。[2]因为，"在整个人类史中，除了某些原始社会以外，酒席总是为少数几个人准备的，大多数人吃到的只是残羹剩饭。如果大多数人都彻底意识到自己被欺骗了这个事实的话，那么，就会

---

[1] 弗洛姆：《在幻想锁链的彼岸——我所理解的马克思和弗洛伊德》，第 126 页。
[2] 同上书，第 128 页。

产生这样一种怨恨,这种怨恨将会威胁到现存的秩序。因此,这些思想不得不遭到压抑,那些还没有充分意识到这一压抑的人则陷于生命或自由的危险之中"[1]。表面上看,在当代世界,各国人民似乎都已觉醒,人们正在获得日益普遍的自由,压抑现象似乎不再存在。但弗洛姆指出,这只是一种幻象。事实上,当今世界依然存在着许多矛盾和不合理之处,如千百万人在挨饿,另一些人却在储存剩余物资;我们的文明正在被武器摧毁,文明却还在不断增加军费以制造武器;我们的生活非常富有,可我们却没有欢乐;等等。然而,所有这些不合理之处都被认为是理所当然的,几乎未被人注意。弗洛姆认为,这不能单纯归因于人们批判能力的缺少,而是社会及我们自己进行压抑的结果,只不过当代社会对人们施以压抑的方式更为精巧而已。当然,作为这种压抑的一种补充,意识形态(如我们是基督徒;我们是个人主义者;我们的领袖是英明的;我们的敌人是邪恶的;我们的制度是成功的;等等)对上述幻象的形成也起了重要的作用。

弗洛姆指出,在当代社会中,对某些思想和感觉的压抑主要是通过让人们对孤立和排斥(而非对杀害、监禁或饥饿等肉体惩罚)产生恐惧这一心理机制来实现的。作为社会人,人必须与他人发生联系,与他人保持一致乃是人最强烈的愿望。"正是对孤立和排斥的这种恐惧,而不是'对阉割的恐惧',使人们压抑了对那些被禁忌的事情的认识,因为这种认识意味着差异,意味着被孤立,被排斥。正是因为这个原因,……人们把社会所承认的那些陈腐的思想视为真正的、现实的、健全的思想,那些不符合这种陈词滥调的思想却被当作是无意识被排斥在意识之外。"[2]

弗洛姆说,把排斥视为压抑的一个基础,这似乎会使人感到绝望,因为任一社会都会以一定的排斥方式来维护自己的特定秩序。弗洛姆认为,这只是看到了事情的一个方面。事情的另一方面是,人不仅是特定社会的一员,人也是整个人类的一员。"当他害怕与他的社会集团彻底隔离的时候,他也害怕同自己内在的,代表自己的良心和理性的人性相分离。"当他由于自己智力和精神的发展感到自己是与许多人休戚与共的话,他就可

---

[1] 弗洛姆:《在幻想锁链的彼岸——我所理解的马克思和弗洛伊德》,第129页。
[2] 同上书,第132—133页。

能不再害怕被所在社会排斥。"人根据自己的良心行动的能力取决于人能超越社会局限性,成为世界公民的程度。"[1]在这种情况下,他就可能勇于去探索处于社会无意识层面的那些东西。这些社会的无意识其实正代表了完整的人的潜能:"无意识是一个完整的人——减去了他与社会相一致的那部分。意识代表了社会的人,代表了个人所处的历史状况所造成的偶然的局限性。无意识代表了植根于宇宙中的普遍的人、完整的人。……认识到人的无意识意味着接触到了人的完整的人性,抛弃了社会设在每个人身上的、最终设在每个人与他人之间的种种障碍。"虽然要达到这一点并不容易,但"每个人都可以接近这个目的,因为它确定了人类的解放,即人从与自己、与人类的异化这种社会状况下解放出来"。[2]

弗洛姆认为,和弗洛伊德的个人无意识理论相比,源于马克思的社会无意识理论能够更好地揭示社会性的压抑,而正是这些社会性的压抑才真正关系到对社会矛盾、社会产生的苦难与不满等感觉与认识的压抑。只有通过对社会无意识的分析,我们才能够超越特定的社会,认识到真正的人性,最终实现人性的彻底解放。但正如社会性格概念是对弗洛伊德理论中的性格概念的发展一样,如果没有弗洛伊德提出的无意识概念及相关理论,我们也就不能在马克思的基础上形成一种关于社会无意识的理论。因此,无论是社会性格概念还是社会无意识概念,都是我们将马克思和弗洛伊德的思想相结合的产物。而正是通过这种结合,我们对社会存在与社会意识之间的关系,以及前者对后者的决定作用,才获得了更为精致、更为深入的认识。

结　语

在梳理和分析弗洛伊德精神分析学派之社会理论那一章的结语中,我们在对弗洛伊德的社会理论进行评价时曾经说道,弗洛伊德的社会理论所

---

[1] 弗洛姆:《在幻想锁链的彼岸——我所理解的马克思和弗洛伊德》,第134页。
[2] 同上书,第135页。

具有的独特意义在于：其一方面通过强调本能等无意识因素在人们思想、行动和社会生活过程中的重要作用甚至决定性作用，而与韦伯、舒茨、布鲁默等人所倡导的建构论社会学理论形成了相对的一致性，同时也就与主要关注、强调社会结构相对个体心理和行动而言不仅具有独立性而且具有制约性的结构论社会学理论拉开了距离；另一方面，由于主要是从本能等无意识因素而非意识因素相对社会结构所具有的自主性来理解或解释个体行动的建构性，又在一定程度上与韦伯、舒茨、布鲁默等人的建构论社会学理论拉开了距离。毫无疑问，对弗洛伊德社会理论所作的这一评论，同样也适用于赖希、弗洛姆等的弗洛伊德主义的马克思主义社会理论。区别主要在于：作为一个非马克思主义者，弗洛伊德的社会理论是从非马克思主义的角度，强调本能等无意识因素在人们思想、行动和社会生活过程中的重要作用甚至决定性作用，质疑单纯用结构因素来解释人的思想和行动的结构论社会理论立场，因而是一种与那些试图通过强调意识因素的自主性来"矫正"结构论社会理论之缺陷的诸理论有所不同的非马克思主义建构论社会理论；而自称为马克思主义者的赖希、弗洛姆等人，则是自觉地站在各自所理解的"马克思主义"立场上，试图用从弗洛伊德精神分析理论当中借鉴而来的有关本能等无意识因素对于人们思想、行动和社会生活具有重要甚至决定性作用的观点来"弥补""矫正"结构论马克思主义社会理论的"偏差"，以推进和发展马克思主义的社会理论，因而属于一种与卢卡奇、葛兰西、霍克海默等人所倡导的试图通过强调意识因素的自主性来"矫正"马克思主义结构论社会学理论之缺陷的诸理论有所不同的马克思主义建构论社会学理论。

第十章 埃尔斯特与理性选择论的马克思主义

在马克思主义社会学理论的发展脉络中,埃尔斯特倡导的"理性选择论的马克思主义"具有和霍曼斯的社会交换理论在非马克思主义社会学理论的发展脉络中大体相似的意义和价值。和霍曼斯的社会交换理论一样,理性选择论的马克思主义也具有一种矛盾的属性:一方面,和所有马克思主义建构论者一样,在社会/结构和个体/行动的关系问题上,埃尔斯特也是站在突出强调个体/行动的主观能动性的理论立场这一边,主张要将古典马克思主义所关注的那些社会结构层面的现象还原为个体行动层面的现象,通过一种"方法论个人主义"的途径来对前者加以解释,试图为马克思主义关于宏观的社会结构—制度现象的描述和分析提供一个微观形成和运作机制方面的理论基础。另一方面,理性选择论的马克思主义者在对个体行动的理解问题上,又与韦伯、舒茨或卢卡奇、葛兰西、霍克海默等强调从观念或意识的内容入手,运用诠释学、现象学或辩证方法来理解行动及主观能动性的非马克思主义或马克思主义建构论者不同,埃尔斯特和霍曼斯类似,主张诉诸实证主义的方法[1],以理性行动这样一种相对简洁的模式来对行动者的行动加以描述和解释。埃尔斯特以理性行动模式来修正马克思主义社会学理论的有关论述主要包含在其代表作《理解马克思》一

---

[1] 埃尔斯特明确提出,为了拯救马克思主义,"似乎应诉诸一副无情的实证主义的解药"。见埃尔斯特:《理解马克思》,何怀远译,中国人民大学出版社,2008年,第232页。

书以及该书的简写本《马克思引论》一书中。本章即以这两本书为据对其倡导的理性选择论的马克思主义作一简要梳理。

一、方法论的个人主义

在《理解马克思》一书的开篇，埃尔斯特就明确提出，会有人说马克思著述中今天仍然有效的东西主要是他的方法而非任何实质性理论，这种说法并非完全正确，但马克思的著述中的确有一种特殊的社会研究方法值得我们加以关注。埃尔斯特写道："我相信，有一种特殊的、研究社会现象的马克思主义的方法，即一种可以被广泛运用甚至能为那些不赞成马克思的基本观点的人所运用的方法。实际上，这种方法在今天得到了如此广泛的运用，以致很少有人想起提到它是'马克思主义的方法'。然而，历史地看，马克思是运用这种方法论的一个先驱。甚至在今天，他的全部洞见仍未曾枯竭。"[1]这种被埃尔斯特认为一定程度上承自马克思的特殊社会研究方法就是"方法论的个人主义"。

埃尔斯特解释说，所谓"方法论的个人主义"，是一种与"方法论的集体主义"相对应的社会研究方法论主张。后者指的是这样一种方法论主张，它认为社会是一种先于个人的实体性存在，它不仅独立于/外在于人类个体的行动，而且对人类个体的行动还有着决定性的约束或支配作用。因此，在对社会现实和个体行动进行解释时，我们首先需要确定的是先于个体而存在的社会现实及其发展规律，然后以这些规律来解释个体的行动。用埃尔斯特的话来表述就是："方法论的集体主义假定，在解释的次序中，存在着各种先于个人的超个体的实体。解释始于自我调节的规律或这些较大实体的发展规律，而个人的活动则源于集合的模式。"[2]埃尔斯特指出，尽管这种解释和社会科学中流行的功能解释之间并不存在逻辑上的密切关联，但事实上它却经常采取功能性解释的形式，在马克思的著述中

---

[1] 埃尔斯特：《理解马克思》，第3页。
[2] 同上书，第4页。

也是如此。"方法论的个人主义"则是指这样一种方法论主张,即反对将社会现实视为一种先于个人、独立于个人行动的,有着自己独特的结构和发展规律的实体性存在,认为在社会现实中实际存在着的只是许多有着自己的信念和意识的个体行动者,社会现实不过是许多在自身信念和意识的指引下进行的个体行动的一种聚合而已。因此,在对社会现实和个体行动进行解释时,我们要做的应该是将前者还原为后者,用后者来解释前者而非相反。用埃尔斯特的话来说就是:"全部社会现象——其结构和变化在原则上是可以以各种只涉及个人(他们的性质、目标、信念和活动)的方式来解释。"[1]因为"进行解释就是提供一个机制,即打开一个黑箱并显示那些引起了聚合这一结果的螺母和螺栓、嵌齿和齿轮、欲望和信心"[2]。这种方法论的个人主义可以被视为在科学研究中被广泛使用的还原论方法的一种形式。由于能够提供一种在解释者和被解释者之间的连续因果链,这种还原论方法能够比一般的比较或相关分析更好地避免虚假解释。

不过,埃尔斯特补充说,作为社会研究的一种方法,他所谓的方法论个人主义具有以下几个特征:首先,这种方法论主张并不在个人行动层面上预设一种自私自利的动机。虽然它将个体行动设定为一种理性的行动,但这纯粹只是一种基于方法论考虑的假设,而非关于人性的实质性假设。其次,可以把客观上作为个体行动之聚合的社会现实还原到个体行动层面,但不可以把人们对于这一聚合的某些"超个人实体"(如"社会""阶级"等)的信念还原成对于组成这一想象的"超个人实体"的个体行动者的信念。如可以将"资本家的利益受到了工人阶级的威胁"这一陈述中的"工人阶级"还原为许多个别工人,但不能将"资本家害怕工人阶级"这一陈述中的"工人阶级"还原为个别工人。再次,个人之间在许多性质上是相关的,因此,对个人的描述必然涉及其他人。最后,不能把这种方法论个人主义简单化为一种机械的还原论,试图根据个人的动机和信念来对复杂的社会现实作出各种随意的解释。

埃尔斯特指出,在马克思的著述中,并存着方法论的集体主义和方法

---

[1] 埃尔斯特:《理解马克思》,第4页。
[2] 同上书,第5页。

论的个体主义这两种方法论实践。例如，马克思、恩格斯在《德意志意识形态》中对社会现实所作的分析，很大程度上就"依赖于对历史的一种强烈的个人主义和反目的论的研究方法"。所以，将马克思社会研究的方法论立场归结为方法论的集体主义是不完全符合事实的。不过，在这两种方法论立场中，前一种在马克思那里是比较自觉地得到运用，后一种则是不太自觉地被运用，这也是合乎事实的。在马克思主义者当中，存在着对方法论个人主义立场的广泛抵制，其原因大概正源于此。但是，埃尔斯特认为，马克思和马克思主义者著述中的许多错误或缺陷正是来源于对方法论集体主义方法的使用，而这些错误和缺陷都可以通过方法论个人主义方法的使用加以消除。《理解马克思》一书的一个主要目的就是，采用方法论个人主义方法来对马克思著述中原来基于方法论集体主义方法而形成的一些理论观点加以重构。

埃尔斯特提出，在马克思的著述中存在着一个由三个层次构成的社会科学解释框架：首先，是一种对人的欲望和信仰等精神状态的因果性解释；其次，是一种对支撑着欲望和信仰等精神状态的个人活动的意向性解释；最后，是一种对个人活动融入其中的聚合现象的因果性解释。最后一个层次乃是马克思主义对社会科学方法论的独特贡献。埃尔斯特首先讨论了第二个层次即对个人活动之意向性解释的性质和特征，然后讨论了第一个层次和第三个层次解释的性质和特征。

意向性解释主要是用来对个人活动加以解释的一种模式。这种解释模式的特征是，用个体行动的目标或目的来解释某一个体行动或集体行动的发生。"当集体活动通过其目标或目的得到解释时，这种活动或者必须被个别地理解（在该群体中的每个活动者都为实现那个目标而活动的意义上），或者必须指向领袖们（他们能够引导或强迫他人执行其政策）的目标或目的。一种意向性解释的关键步骤在于阐明活动借以进行的目标——将来事态，因此，这种活动也才能通过意向的结果即那种状态的实现得到解释。"[1] 意向性解释的一个重要类型就是理性选择解释，即将行动者视为一

---

[1] 埃尔斯特：《理解马克思》，第7页。译文略有修改。

种能够对自身行动的成本和效益进行计算的理性行动者，进而用将某项行动视为从理性行动者的角度来看是其选择用来实现自身某一目标的最佳途径这一方式，对该行动的出现加以解释。在埃尔斯特的著作中，当他提到意向性解释，包括他认为在马克思的著述中存在的意向性解释时，主要指的就是这种理性选择解释。埃尔斯特指出，尽管数量不多，但在马克思的著述中还是可以找到一些采用理性选择解释的例证，如《1857—1858年经济学手稿》中关于工人消费行为方面的论述，以及在其他地方关于资本家如何在利润最大化驱动下追求技术创新、统治集团的成员如何基于自身的利益组织国家活动等方面的论述。

就对个人行动所作的解释而言，意向性解释与功能性解释是非常不同的。"意向性解释引用行为的意向结果来解释它，功能性解释则是引用行为的实际结果以说明它。更特别的是，要在功能上解释行为涉及证明它对某人或某物具有有益的结果。"功能解释面临的一个困境是，如何能够根据后于一个行动而出现的结果来对这项行动进行解释。"答案在于：被解释者不可能是一个个别事件，而必须是一种持续的行动模式，所以，在 t_1 时间发生的行为具有有助于其在 t_2 时间发生的结果。换言之，功能性解释预设了从解释者到被解释者的反馈回路的存在。"[1] 埃尔斯特承认，马克思在自己的著述中强烈地倾向于使用一种不太成熟的功能性解释，这种解释试图采用指出某项行动对于某个或某些行动者具有有益的结果这一途径来解释这一行动及其意图。但埃尔斯特认为，这是一种令人极不满意的解释。因为"许多活动的有益结果是以一种纯偶然的、非解释的方式产生的。而且，通过对时间（其中，结果的链条被割裂了）的适当选择和对活动者群体（他们受益于这种行为）的适当选择，人们将能够对同一个被解释者做出无数的'解释'"[2]。马克思的社会历史理论中存在的部分矛盾和困境正是源于其对社会历史现象所作的这种功能性解释。而如前所述，这些理论上的矛盾和困境可以通过对社会历史现象的意向性解释来加以消除。

---

[1] 埃尔斯特：《理解马克思》，第23页。
[2] 同上书，第24页。

意向性解释是方法论个人主义的核心部分。除了意向性解释之外，在马克思的著述中还存在着两种因果解释，即对行动偏好和信念、情感等精神状态的因果解释，以及对作为许多个人活动结果之聚合的社会现象的因果解释。埃尔斯特将前一种解释称为"亚意向性因果性解释"，后一种解释称为"超意向性因果性解释"。

所谓"亚意向性因果性解释"，即对偏好、信念、欲望、情感等不属于有明确意图的"亚意向性"因素产生的原因及其导致的结果进行解释。一方面是对这些亚意向性因素形成的原因进行解释。在马克思和马克思主义者对影响个体偏好、信念、情感等亚意向性因素形成的原因所作的各种相关解释中，一个主要的解释是认为个体的偏好、信念等源于其所处的社会环境，尤其是阶级地位：因为其所处的社会环境或阶级地位使得某种特定偏好、信念等能有更多的机会得以实现，而使另一些偏好、信念等缺乏实现的机会，久而久之便使得有更多机会实现的那些偏好、信念相对稳定下来，被称为某种偏好、信念。另一方面，则是对这些亚意向性因素可能导致的结果进行解释。例如，马克思就曾经对英国工人阶级对爱尔兰人的偏见及其后果进行过描述和分析。马克思写道："普通的英国工人憎恨爱尔兰工人，把他们看作会使自己的生活水平降低的竞争者。英国工人觉得自己对爱尔兰工人来说是统治民族的一分子，正因为如此，他们就变成了本民族的贵族和资本家用来反对爱尔兰的工具，从而巩固了贵族和资本家对他们自己的统治。他们对爱尔兰工人怀着宗教、社会和民族的偏见。他们对待爱尔兰工人的态度大致像以前美国各蓄奴州的白种贫民对待黑人的态度。而爱尔兰人则以同样的态度加倍地报复英国工人。同时他们把英国工人看作英国对爱尔兰的统治的同谋者和盲目的工具。报刊、教堂讲坛、滑稽报刊，总之，统治阶级所掌握的一切工具则人为地保持和加深这种对立。这种对立就是英国工人阶级虽有自己的组织但没有力量的秘密所在。"[1]

所谓的"超意向性因果性解释"，则是对超出行动者个人有意识的行

---

[1] 马克思：《马克思致齐·迈耶尔和奥·福格特（1870年4月9日）》，《马克思恩格斯全集》第32卷，人民出版社，1974年，第655—656页。

动目标的那些行动后果进行解释。在现代社会科学中，有许多说法可以用来描述这种超意向性因果性现象，如孟德维尔的"私罪公益"、亚当·斯密的"看不见的手"、黑格尔的"理性的狡计"、默顿的"潜功能"等。"这些观念的共同核心是个人，他们为了其自身的某种目标而活动，但却导致了并非其意向的组成部分的某物。"[1] 从方法论个人主义的角度看，这种超出行动者个人行动意向的后果，很大程度上是诸多个人行动相互作用或者说聚合的结果。因此，"超意向性因果性解释"的任务就是要从方法论个人主义的立场出发，对诸多个人的意向行动通过聚合作用而形成超出行动者意向之结果的途径进行解释。埃尔斯特认为，行动者的意向行动与其聚合结果之间的关系可以有以下几种：第一，行动者都知道其行动的结果，他们中的每一个人都依据自己对他人的行动和相关手段—目的关系的正确假定而选择了自己的行动。第二，行动者的行动产生了令人满意的结果，但却是以他们意想不到的方式产生的。第三，行动者的行动产生了未意想到的结果（可能是有益的也可能是有害的），其原因或者是他们对两种结果都作出了错误的假定，或者是对行动与其结果之间的技术关系作出了错误的判断。埃尔斯特指出，这几种情况在马克思的著作中都可以找到例证。不过，在马克思那里，一方面这种超意向性因果性解释与上述亚意向性因果解释常常混杂在一起，并未得到明确区分；另一方面由于在意识层面对方法论集体主义的强烈偏好，这些解释也往往缺乏明确的微观基础。尽管如此，马克思使用这类因果性解释的目的则是明确的，即要揭示一些隐藏在个人有意识的行为目的背后、影响我们的行动努力并导致一些意外后果的因果机制。埃尔斯特认为，这（尤其是其中包含的"超意向性因果性解释"）是马克思主义对社会科学方法论的独特贡献。[2]

基于埃尔斯特的论述，我们可以认为，上述这两种因果性解释模式其实都是建立在意向性解释模式基础之上的，是对意向性解释模式的补充，因而可以被视为埃尔斯特所谓方法论个人主义框架的有机组成部分。在《理解马克思》等书中，埃尔斯特给自己设定的主要任务就是从方法论个

---

[1] 埃尔斯特：《理解马克思》，第19页。
[2] 同上书，第4页。

人主义的立场出发，对马克思主义的许多实质性理论分析加以重构，从而为马克思主义社会理论奠定一个坚实的微观基础。

二、对马克思主义生产方式发展理论的重构

除了关于方法论的一章之外，埃尔斯特在《理解马克思》一书中对马克思主义所作的分析和讨论主要包括两大部分：第一部分是对马克思主义哲学人类学和经济学的分析和讨论，第二部分是对马克思主义社会历史理论即历史唯物主义理论的分析和讨论。鉴于本书的主题是讨论西方社会学理论的逻辑，在以下篇幅中，我们将主要对上述第二部分有关马克思主义社会历史理论的分析和讨论作一简要梳理。在这一部分，埃尔斯特又将马克思主义社会历史理论分成"生产方式"、"阶级"、"政治和国家"以及"意识形态"四个主题来分别加以讨论。以下分述之。

历史唯物主义理论的核心是，用由生产力和生产关系两个方面构成的"生产方式"的发展来解释整个人类社会的发展。因此，关于生产方式的发展理论就构成了历史唯物主义理论的首要内容。在生产方式的发展这一问题上，马克思的基本观点是：生产方式是由生产力和生产关系两方面因素构成，并在生产力和生产关系之间的相互作用或矛盾运动的推动下不断变化发展的。至于生产力和生产关系之间的相互关系或矛盾运动，具体一点说就是：作为生产关系的形式，生产关系和生产力的发展要求一定要相符合；当生产关系与生产力发展的要求相符合时，生产关系就处于稳定状态；在这种生产关系形式下，生产力获得了新的发展，并逐渐达到一种新的水平，使得现存的生产关系逐渐变得与之进一步的发展要求不相符合，从而导致两者之间的矛盾；此时现存的生产关系便开始处于不稳定状态，并迟早会被一种新的与生产力进一步的发展要求相符合的生产关系形式所替代；在新的生产关系形式下，生产力获得了进一步发展的空间，并逐渐达到一种更新的水平，进而又与既存的生产关系产生矛盾……如此循环不已，推动生产方式不断向前发展。

然而，埃尔斯特认为，马克思的生产方式发展理论存在一些问题。

首先，埃尔斯特指出，马克思的生产方式理论中存在着一些基本概念和理论表述方面的问题。例如，"生产力"、"生产力的发展"和"生产关系"等基本概念在含义上模糊不清：科学技术是不是生产力？人口是不是生产力？"生产力发展"的含义或标准是什么？是指生产力发展的水平，还是指其发展的速率，或者指两者的结合？什么是"生产关系"？"劳动分工"是属于"生产关系"，还是属于"生产力"？等等。这些概念在马克思那里都没有得到明确的界定，并且存在着多种不同的说法，使人难以把握。再如，这一理论对于生产力和生产关系之间的"符合"或"矛盾"关系也没有作出过清晰的界定。我们如何来判断生产力和生产关系是处于相符合的状态还是相互矛盾的状态？在有的地方，如《德意志意识形态》或《〈政治经济学批判〉序言》等著述中，马克思似乎认为，只有当生产力的发展陷入停滞状态时，我们才可以说生产力与生产关系处于矛盾状态。但是，在另一些地方，如马克思关于资本主义生产关系与生产力之间矛盾关系的论述，却让人感到，虽然生产力在现存的资本主义生产关系形式下还在发展，但当有其他的生产关系如社会主义生产关系比现存的生产关系能更好地促进生产力发展时，我们就可以说生产力与现存的资本主义生产关系已经处于矛盾状态。还有一些地方，马克思又似乎是把生产力在现存生产关系形式下不适当的运用或非人性的运用，而非生产力本身发展的停滞或相对缓慢视为两者处于矛盾状态的根据。再如，对于生产力与生产关系中谁是第一性（或决定性）、谁是第二性（或被决定）这一问题，在马克思的著作中也没有一个清楚、一致的解说。一方面，马克思认为生产力具有第一性，是生产力的发展水平决定了生产关系的状况；但另一方面，马克思又认为生产关系对于生产力的发展具有促进或阻碍作用，因而必须与生产力的发展要求相适应。埃尔斯特认为这两种说法之间存在着明显的矛盾。

这些概念和理论表述方面的问题在马克思主义者当中引发了一定的思想混乱和理论争议。柯亨等人曾经试图从其功能分析的马克思主义立场出发，对马克思社会理论中这样一些概念和理论问题进行分析和重构，以使这些概念和理论方面的问题能在一定程度上得到解决。但埃尔斯特认为，由于其功能分析立场本身的局限，柯亨所作的那些分析和重构依然未能使这些问题得到相对彻底和合理的解决。例如，为了澄清"生产力"概念的含义，柯亨提出了鉴别一个因素是否属于"生产力"范畴的四个标准，即自主性（可以自主发展）、发展性（能够通过自身的发展来推动全部历史发生变化）、解释性（可以解释各种生产关系的形成）和被束缚性（可能为这些生产关系所束缚）。但埃尔斯特指出，这些判准依然不能彻底澄清马克思著作中使用的"生产力"概念在含义上的一些模糊或矛盾之处。比如，马克思曾经认为科学知识属于生产力，但数学和自然科学中的一些基础知识却不具有柯亨所谓的"自主性"这一特征，因而按照柯亨的标准它们就不应该属于生产力范畴，由此柯亨对生产力的界定与马克思对生产力的实际用法之间产生了冲突，柯亨的解释依然不能彻底解决马克思著述中"生产力"概念的模糊性或多义性问题。再如，为了澄清"生产关系"概念的含义，柯亨提出要区分"物质的劳动关系"和"社会的生产关系"：前者是指人们以一定生产技术为基础而形成的那些生产关系（如劳动分工关系），虽然形式上表现为任何人之间在生产过程中的相互关系，但实际上属于生产力范畴；后者则是指人们以对生产资料的所有权为基础而形成的那些生产关系（即财产关系，如"资本主义生产关系"），这才是马克思所说的那种与"生产力"范畴相对应、由生产力发展水平决定的"生产关系"。埃尔斯特认为，这一区分对于我们更好地理解马克思主义社会理论中的"生产力"和"生产关系"概念确实具有一定意义，尽管如此，我们在柯亨对后一种生产关系的具体界定中还是可以发现一些局限，使之在外延上不能完全涵盖马克思主义社会理论所涉及的所有"生产关系"类型（如亚细亚生产关系和行会制度等）。再有，为了解决马克思关于生产力和生产关系何为第一性的论述中存在的矛盾，柯亨提出可以用功能解释命题来阐述生产力和生产关系两者之间的相互关系，即生产力之所以对生产关系具有第一性或决定作用，或者说生产关系之所以必须与生产力的发展状况相符合，正是因为生产关系具有促进或阻碍生产力发展的重要功能。埃尔斯特指出，这种以功能解释来对马克思主义社会理论的基本命题加以重构的做法，是柯亨最大的成就之一。但是，埃尔斯特认为，这种功能解释其实可能更适用于"物质的劳动关系"即技术关系，而不适用于"社会的生产关系"即所有制关系。埃尔斯特举例说："让我们来考察一下计算机革命的社会后果。人们可能以一种宏大方式论证说，计算机技术第一次使一种计划经济适合生产力的发展，而且事实上将导致一种新的生产关系出现。不过，由于计算机的'社会后果'，人们还可能提到劳动习惯、公司中雇主与雇员关系中正在发生着的广泛变化。在某种程度上，这些变化可以在功能上得到解释：它们对适当使用新的技术来说是必需的。但是，这一过程和所有制的经济关系中的变化对这种技术的适当发展来说是必需的这种观点毫无关系。"[1]

其次，埃尔斯特指出，马克思关于生产方式发展的一般理论与其对人类历史上各种生产方式（亚细亚生产方式、奴隶制、封建制、资本主义等）实际变迁状况的具体描述也并不相符。例如，按照马克思的描述，前资本主义社会的一个重要特征就是生产力长期处于停滞状态（亚细亚社会无论在生产力还是社会结构方面都是长期处于停滞状态，奴隶制则更是阻碍着生产力的发展）。这与马克思关于生产方式发展的一般理论是矛盾的：按照这种一般理论，在前资本主义历史时期，无论是从原始社会生产关系向奴隶制生产关系的转变，还是后者进一步向封建制生产关系的转变，都是生产力在前一种生产关系形式下进一步发展到与这种生产关系形式相矛盾的结果。但是，如果在前资本主义历史时期生产力处于长期停滞状态的话，那如何遵照这种一般理论来用生产力的发展状况解释从原始社会到封建社会生产关系的发展呢？关于生产方式发展的一般理论在说明封建主义向资本主义的转变中也并没有得到证明。马克思的许多具体研究都更多地表明："资本主义生产关系的出现乃是因为它们允许更多的剩余，而非它们倾向于生产力更迅速的发展（尽管它是一个实际的后果）。"[2] "生产力的变化速率在马克思对资本主义生产关系的产生的解释中并不起作用。……马克思并没有发现他的一般理论——生产力变化的速

---

[1] 埃尔斯特：《理解马克思》，第255页。
[2] 同上书，第269页。

率处于真正的核心——借以可能得到贯彻的任何一种特殊机制。资本主义生产关系的兴起必须通过它被引入时所创造的所得来解释，而不能通过生产率（它是不可预测的，几乎肯定是不可预测的，总之，它太遥远以致不能激励那些自利的个人）中后来的所得来解释。"[1] 再者，对于从资本主义生产关系向共产主义生产关系转变的必然性，马克思在许多地方的具体论述与其关于生产方式发展的一般理论也是不一致的。在很多地方，按照马克思的论述，从资本主义向共产主义生产关系的转变并非因为前者不适合于生产力的发展，而是因为在前者那里，已经发展到可以使人们的个性全面自由发展的生产力水平没有得到合理的使用。而在其他一些地方，马克思又提供了向共产主义转变的其他理由。最后，马克思以各种生产方式类型为依据而构建的一般历史分期框架，即从原始公社制生产方式依次经过奴隶制生产方式、封建制生产方式、资本主义生产方式最后发展到共产主义生产方式这一一般历史分期框架（另外两种简洁一点的表述是：从无阶级的原始公社生产方式经过阶级社会生产方式再到无阶级的高级共产主义生产方式；或者，从以人的依赖性为基础的生产方式到以对物的依赖性为基础的生产方式再到以个人的全面发展和共同占有财富为基础的生产方式），与其对人类历史所作的具体经验研究也不完全一致。例如，马克思后来的研究发现，在一些东方社会，紧接着从原始公社制生产方式中演化出来的就不是奴隶制生产方式而是所谓亚细亚生产方式，并由此导致了与西方社会完全不同的历史演化路径。除此之外，埃尔斯特还发现，马克思关于人类社会历史演进的具体论述还隐含着一种与上述一般历史分期框架完全不同的分期框架。按照这种框架，人类迄今为止的生产方式发展史是由相继的两轮历史进程构成，这两个历史进程又都由三个阶段构成，这三个阶段就是：为使用而生产的阶段、为交换而生产的阶段、为剩余价值而生产的阶段（由于从第一阶段向第二阶段的转变是以外贸的出现为中介，第二阶段向第三阶段的转变是以内贸的出现为中介，因此也可以将这个三阶段框架表述为五阶段框架）。第一轮这种由五阶段构成的历史演变首先

---

[1] 埃尔斯特：《理解马克思》，第 270 页。

从东方公社开始,然后在早期古希腊罗马社会一次完成了后面几个阶段,最后导致了以获取剩余价值为生产目的的商业奴隶制生产方式的出现。具体演化方式大致是:最初的原始公社是处在为使用而生产的阶段;之后各个公社之间发生冲突,结果是在某些情况下导致了战争以及战胜者对战败者的奴役,在另一些情况下则导致了公社之间的外部贸易;对于那些既成功地奴役了其他公社同时也与另一些公社发生了贸易往来的公社而言,这种外贸最后会反作用于内部生产,引发内部贸易,进而导致其成员将奴隶用于从事以获取剩余价值为目的的生产。第二轮此类演变则是以一种完全不同的方式出现的:它也始于原始公社为使用而进行的生产,然后出现了公社之间的外贸,并同样反作用于内部生产而引发了内部贸易,但因为没有奴隶制存在,结果导致的是为市场交换而生产的独立工匠和农民阶级的出现;这些小商品生产者之间相互竞争,产生分化,导致了部分生产者和生产资料之间的分离,最终导致了资本主义生产方式的出现。这样一种以五阶段循环展开为特征的生产方式演化框架,是一种与上述诸种生产方式以线性方式演进的一般历史演化框架完全不同的新历史框架。但马克思并没有对这两种不同框架之间的关系作过明确讨论,从而给我们留下了另一个理论难题。

然而,埃尔斯特认为,马克思关于生产方式发展的一般理论中存在的一个根本问题是,缺乏一种对生产方式变化发展之微观机制的描述。马克思从来没有告诉过我们那些在适应生产力发展方面表现欠佳的生产关系,是如何促使个体行动者为建立一套新的生产关系而采取集体行动的[1],从来没有解释过生产关系对生产力的促进或阻碍倾向如何转化成由个体行动者的行为动机来加以维持的社会力量[2]。由于缺乏对宏观历史进程背后的微观基础的描述和分析,马克思的生产方式发展理论即使没有前面所说的那些概念和理论表述方面的问题,也只会是一种无法用来解释具体历史事实的东西。[3]而马克思关于生产方式发展的一般理论与其关于生产方式演变的

---

[1] J. Elster, *An Introduction to Karl Marx*, Cambridge University Press, 1986, p.108.

[2] Ibid., p.193.

[3] Ibid.

具体历史研究的不协调，很大程度上也是由于前者单纯从宏观层面来考察生产方式的发展，对生产方式发展的微观机制缺乏分析。事实上，和任何宏观历史进程一样，生产方式的发展也是无数个体行动者出于个人动机而从事的那些行动聚合而成的结果。"从单个经济主体的角度来看，财产制度的变革所带来的利益在时间上遥不可及，易受不确定性的影响，并且独立于其对集体行动的参与状况。即使确有对新生产关系的'需求'，但如果没有进一步的论证，人们也不能假设它必将实现。人非历史的玩偶。他们只为自己的目标和动机而行动。"[1]如果我们能够将生产关系的演变过程还原为个体行动的聚合，从个体行动层面来对其加以考察，我们就能够相对合理地解释人类历史上各种生产关系的实际演变过程。而如果我们真的这样做了，我们就会发现，推动生产关系演变的动力并非抽象的"生产力"，而是个体行动者追求利益或剩余价值最大化的动机；因此，决定生产关系变化的主要因素是促进或阻碍个体行动者利益或剩余价值最大化的趋势，而非促进或阻碍生产力发展的趋势。以资本主义生产方式的出现为例。即使按照马克思的研究，资本主义生产方式也是按以下机制出现的：在16世纪或17世纪，由于人口增长、新大陆的发现、现代战争技术的发展以及封建贵族军事力量的破坏等因素的作用，欧洲的经济环境发生了重大变化；"在这个新的环境中，商人和生产者发现，他们可以通过在资本主义基础上组织生产来增加剩余价值。其必要条件一方面是建立自由的无地无产阶级，另一方面是通过海外活动积累资本。剩余价值的获取则基本上是通过降低实际工资、增加工作强度、延长工作时间等方式来达到的。为此，将工人集合在一个地方（工厂）是最有效的。而这种制度一旦建立起来，就会导致技术的变革，先可能经过一段时间的徘徊，然后便以越来越高的速率变化"[2]。在这个故事中，作为资本主义生产关系形成之前提的那些历史转变并不包括生产力（在封建制度下一定程度）的发展，资本主义生产关系也并非由于其能更好地适应新的生产力水平或促进生产力的进一步发展才取封建制度而代之，而是因为它能在给定的技术水平上为商人

---

[1] J. Elster, *An Introduction to Karl Marx*, p.108.
[2] Ibid., p.109.

和生产者提供更高的剩余价值。生产力随后的发展只是作为资本家追求剩余价值这一行为的副产品而发生的，而非作为可以用来解释资本主义生产关系形成之动力的前提因素而发生的。这种从行动者出于个人追求更大利益或更大剩余价值的动机出发，而非从抽象的生产力出发，来说明生产关系变化的解释模式，同样适用于解释其他类型生产关系的变化。

三、对马克思主义阶级和阶级斗争理论的重构

马克思主义既主张历史就是生产力的发展史这一观点，但又有"至今所有一切社会的历史都是阶级斗争的历史"这种说法。埃尔斯特认为，如何将这两种说法整合起来，是马克思主义社会历史理论中的另一个难题。正如在马克思的生产方式发展理论中并没有一种对生产力推动生产关系发展之微观机制的说明一样，在马克思关于阶级和阶级斗争的理论中也没有一种对阶级斗争促进生产力和生产关系发展之微观机制的说明。

首先的一个问题是：什么是阶级？众所周知，对于这个问题，马克思并没有给出一个明确的答案。但是马克思在自己的著作中却提到了许多被他称为"阶级"的群体，也有许多与对阶级一词的理解相关的论述，如不能根据收入来源方面的差别来界定阶级、在一切社会制度中占统治地位的阶级总是占有生产物质条件的阶级等。这些内容都有助于我们去推测马克思所称"阶级"一词的含义。在《理解马克思》一书中，埃尔斯特从马克思有关阶级的论述中归纳出被马克思认定为属于阶级的 15 个群体，如亚细亚生产方式下的官僚和僧侣，奴隶制下的奴隶、贵族和平民，封建制度下的地主、农奴、行会师傅和帮工，资本主义制度下的工业资本家、金融资本家、地主、农民、小资产阶级和雇佣劳动者，以此作为马克思使用的"阶级"概念的外延范围，再参照马克思关于阶级的一些理论论述，并结合马克思在其著述中使用阶级概念所欲达到的理论目的——"阶级必须被定义为潜在的集体行动者，而且，他们作为集体行动者所具有的旨趣必须

在某种程度上基于其经济状况而显现"[1]，分别从财产、剥削、市场行为和权力四个方面的差异入手来讨论阶级的四种可能的定义，最终得出了一个他认为既与马克思著作中提到的那些"阶级"的外延范围，也与马克思的诸多相关论述及其理论旨趣相对而言最为协调的阶级定义（尽管可能还是存在着一些缺陷）。这个定义就是："一个阶级就是这样一群人，他们借助其占有的东西被迫从事同样的活动，如果他们想要最大限度地利用其资源禀赋（endowment）的话。"[2]这里的"资源禀赋"既包括有形的资源如土地、生产工具等物质资料，也包括无形的资质如技能和文化素质等；"活动"则包括劳动或不劳动、出卖或购买劳动力、借出或贷入资本、出租或租赁土地、发出或接受指令等。根据这一定义，阶级是由具有相同资源禀赋的个体行动者欲使其资源禀赋得到最大利用而必须从事（但不一定真的从事）的相同活动来界定的。据此，因收入水平上的差异而形成的不同群体不是阶级，因族群、宗教或语言方面的差异形成的不同群体也不是阶级，但不仅基于对物质生产要素（生产资料和劳动力）占有方面的差异而被迫从事不同活动的那些不同群体，如奴隶主、奴隶、地主、农奴、资本家、雇佣劳动者、工业资本家、金融资本家、小资产阶级等，属于阶级，而且基于对技能或文化素质占有方面的差异而从事与其他群体不同活动的那些群体，如师傅、徒弟、官僚、僧侣等，也可以被定义为阶级。

马克思使用阶级概念的一个重要目的是说明阶级斗争。阶级斗争指的不是被认为属于某个阶级的某个或某些成员的某种抗争行为，而是指被认为属于某个阶级的诸多成员联合起来开展的集体行动。但这种集体行动只有在该阶级的成员具有了阶级意识的条件下才有可能。在阶级成员尚不具备阶级意识时，一个阶级的成员虽然由于其共同的"资质"或"禀赋"而在个人行动方面表现出一致性，但这只是无数个体行动者的行动在外在形式上的一致性，而非作为一个集体行动者的行动所表现出来的一致性。埃尔斯特指出，从马克思主义角度来看，阶级只有在这样一种意义上才是一个现实的阶级，"即在一定条件下，它们倾向于体现为集体行动者，即

---

[1] 埃尔斯特：《理解马克思》，第307页。
[2] 埃尔斯特：《理解马克思》，第313页。

具有阶级意识"[1]。马克思曾经将尚不具备阶级意识的阶级称为"自在的阶级",将具备了阶级意识的阶级称为"自为的阶级"。英国马克思主义史学家汤普森则认为只有后者才是真正现实的阶级,前者只是名义或形式上的阶级,实际存在的只是许多具有一定共同外部特征的个人而已。但无论是作为马克思说的"自为的阶级"也好,还是作为汤普森说的现实的阶级也好,阶级意识的形成都是至关紧要的条件。

所谓阶级意识,即一个阶级的个体成员对于本阶级所有成员作为一个具有共同利益之整体,并愿意为实现这种整体利益而共同奋斗的一种意识。埃尔斯特认为,从方法论的个人主义立场出发,对于阶级意识的形成来说,核心的一个问题是个体成员如何克服搭便车的心理。因此,埃尔斯特提出,我们可以"把阶级意识定义为克服搭便车问题以实现阶级利益的能力"[2]。这里有一个重要问题需要讨论,即一个阶级的个体成员所欲实现的阶级利益到底是指这些成员的实际偏好及目的,还是指在某种程度上被灌输给阶级成员的那些偏好及目的。埃尔斯特认为,在马克思看来,阶级意识的形成包括两个阶段:在早期阶段,阶级成员追求的是实际的利益,但随着阶级斗争的进一步发展,阶级成员就会逐步意识到超出其个人短期实际利益的更为根本的整体利益。

在阶级意识形成之后,一个阶级能否真的作为一个集体采取行动,也取决于很多因素。从方法论个人主义的立场来看,其中最主要的因素便是阶级成员个人参与集体行动的动机。埃尔斯特分析了影响个体参与集体行动之动机的一些直接因素和间接因素。直接因素主要有:首先,是使集体行动得以发生的认知条件,即阶级成员对于自身阶级状况、阶级行动及其后果之间的因果关系,以及与自己对立的那个或那些阶级都有明确的认识。为了获得这种明确的认识,工人阶级需要有知识分子的教育和领袖的领导。其次,是阶级成员个人对于参与集体行动之得失的计算。影响个人得失计算的变量主要有三:一是合作所得,即所有人都参与集体行动时自己的所得与所有人都不参与集体行动时自己的所得之间的差异;二是搭便

---

[1] 同上书,第325页。
[2] 埃尔斯特:《理解马克思》,第327页。

车所得,即除了自己之外其他人都参与集体行动时自己的所得与包括自己在内的所有人都参与集体行动时自己的所得之间的差异;三是单独行动的所失,即所有人都不参与集体行动时自己的所得与只有自己或少数几个人参与集体行动时自己的所得之间的差异。一般说来,集体行动会随着上述第一个变量的增加而增加,而随着第二和第三个变量的增加而减少。再次,是作为集体行动之源泉的贫困和苦难程度。极端的贫困和苦难既可能因为个体所有的能量都要被用于维持当下的生计而降低集体行动的发生率,但也可能由于减少单独行动的损失而提升集体行动的发生率。最后,是相对的福利等级。个人成员相对于其他人的福利等级差别越大,个人产生不满的可能性就越大,因而参与集体行动的可能性就越大。间接因素则主要包括以下五个变量:一是群体的规模。一般而言,群体规模越大,搭便车者的收益就越大,而其损失则会减少。二是群体成员之间的隔离程度。隔离程度越高,集体行动的可能性就越低,反之则越高。三是群体成员的流动率。流动率太低会使人觉得阶级壁垒难以打破而放弃集体行动,太高也会使群体成员转换率太高而妨碍集体行动的持续性。四是群体成员的同质性。同质性越高,形成集体行动的可能性就越高,反之则越低。五是集体行动的技术因素,即集体行动的总参与状况与集体行动之个人利益之间的函数关系。显然,这种函数关系也会对阶级成员参与集体行动的动机产生影响。

  埃尔斯特揭示,任何一个试图将自己组织起来采取集体行动的群体都会面临一个基本问题,即博弈论中经常被人提出的囚徒困境问题:当其他人都参与集体行动但我不参与时,我便可以获得搭便车的收益;当别人不参与集体行动而我也不参与时,我也能够避免单独行动带来的损失;因此,不管其他每个人做何选择,选择不参与集体行动对我来说都是有利的。这样,任何一种集体行动都将是不可能的,因为"既然这一推理适用于每一个处在'我'的位置上的当事人,那么都将决定不参加集体行动,因而也就不会有集体行动"[1]。埃尔斯特指出,如果(1)这种博弈只进行一

---

[1] 埃尔斯特:《理解马克思》,第336页。

次；（2）行动者仅仅依据博弈论所设定的那种报酬（物质报酬）而行动；（3）行动者是完全理性的行动者：那么，上述逻辑推理就是毋庸置疑的。但是，在现实生活中，情况并非完全如此。在以下情况下，集体行动就是有可能的：第一，行动者之间的博弈并非只发生一次，而是多次重复发生。在这种情况下，人们就会推论，如果我通过一次搭便车获得了一定收益，那下一次别人也会期待通过搭便车来不劳而获，其结果就是集体行动不再发生，大家都得不到集体行动所产生的收益，据此人们便不会再为了搭便车而逃避集体行动。但这也有一些问题，例如：在最后一次集体行动的时候，人们可能还是会选择不参与集体行动；此外，只有当我相信别人和我一样是理性的和信息充分的行动者时，上述推论才是有效的。如果我怀疑他人的理性和信息充分程度，那我可能依然会选择不参与集体行动。因此，光靠重复博弈并不能确保集体行动的发生。第二，行动者可以近距离相互观察，致使行动产生外部性。在这种情况下，行动者或者考虑到自己的选择会违反某种社会规范，或者发现如果自己参与集体行动将会增加行动的效益，或者出于对平等一类价值理念的认同等而对自己不参与集体行动感到羞愧和自责，抵消了搭便车可能给他带来的收益，由此倾向于选择参与集体行动。但这并没有减少行动者单独行动可能给他带来的损失，因此，即使在这种情况下，行动者可能会出于对他人参与集体行动之积极性的怀疑而不愿意过早参与集体行动，以免自己成为唯一的参与者而受到惩罚。此外，有些行动者也可能完全不理会上述外在性。因此，行动的外部性也只是促使集体行动发生的可能条件，而非充分条件。第三，有一些行动者要么是基于某种伦理的动机，要么是基于从参与集体行动这一过程本身（而非结果）获得的收益而参与集体行动。毫无疑问，这种人即使存在也是少量的，因此，这种情况也可能导致两种不同的结果：一是给了统治者以镇压的借口而使集体行动失败，二是由于存在着数量虽少但却意志坚定的中坚力量，可以减少其他行动者对于单独行动给自己带来的损失方面的顾虑，从而以滚雪球的方式逐步吸引越来越多的行动者参与集体行动。另外，埃尔斯特认为，这些中坚力量能靠自己的伦理动机或过程收益坚持多久也会是一个问题。因此，这类行动者的存在同样只是集体行动得以发生的可能条件而非充分条件。最后，埃尔斯特还指出了领袖人物在集体行动的发生过程中所具有的作用，认为领袖可以通过协调集体行动、促进行动者相互信任、消除行动者的冷漠态度，以及通过奖优罚劣来激励人们为集体目标行动等途径，推动和促进集体行动的发生。

埃尔斯特指出，上述分析都为我们理解作为一种集体行动的阶级斗争赖以发生的微观机制提供了一个基础。借此我们便可以更好地解释和预测阶级斗争的发生和发展状况。这种微观机制在马克思的著述中基本不存在，因而需要补充甚至用它来替代传统的马克思主义阶级斗争理论。

四、对马克思主义政治和意识形态理论的重构

除了生产力决定生产关系、阶级斗争推动历史进步等基本原理之外，马克思主义社会理论的另一个基本原理就是经济基础决定上层建筑。按照马克思在《〈政治经济学批判〉序言》中的表述，一个社会中各种生产关系的总和构成了这个社会的经济结构，这个经济结构构成了该社会的政治法律制度及意识形态等现象赖以形成和存在的"现实基础"，这些政治、法律和意识形态现象被称为该社会的"上层建筑"；马克思认为，这些上层建筑现象是人们基于从政治、法律和意识形态方面来维护特定经济基础的需要而形成的，是为特定经济基础服务的，因此在性质或功能上必须与竖立其上并必须为之服务的经济基础相适应，必须随着经济基础的变化而变化。柯亨曾经同样用功能解释命题来表述经济基础和上层建筑之间这种决定与被决定的关系：经济基础之所以对政治法律和意识形态等上层建筑具有决定性作用，或者说上层建筑之所以必须与经济基础相适应，正是因为上层建筑对经济基础的存在和发展具有重要的维护或阻碍功能。

马克思还认为，在阶级社会，由于构成上层建筑存在之基础的生产关系是一种阶级性关系，竖立在这一基础之上并必须与之相适应的各种上层建筑也必然具有阶级性质。说得具体一点就是，在阶级社会，人们在生产关系当中处于不同的阶级地位，维护现存生产关系的首要任务就是维护

现存的阶级关系及利益格局；这就使得用来为经济基础服务的上层建筑也必然具有阶级性质，即人们在政治、法律和意识形态等上层建筑领域形成的关系和利益格局必须与在生产关系中形成的关系和利益格局保持一致，在生产关系当中占据主导地位的那个阶级也必须在政治、法律和意识形态等上层建筑领域占据统治地位，否则就无法确保上层建筑的运行符合经济基础存在和运行的需要；换言之，在阶级社会，上层建筑必然是也必须是在生产关系中占据主导地位的那个阶级用来维护自己阶级统治的手段或工具。马克思说：在阶级社会中，国家"一直是一种维护秩序，即维护现存社会秩序从而也就是维护占有者阶级对生产者阶级的压迫和剥削的权力"[1]；资本主义社会中的国家则"不外是资产者为了在国内外相互保障各自的财产和利益所必然要采取的一种组织形式"[2]，"不过是管理整个资产者阶级的共同事务的委员会罢了"[3]；同样，在阶级社会，"统治阶级的思想在每一时代都是占统治地位的思想"[4]。马克思有时候甚至认为，确保上层建筑成为统治阶级维护自己阶级统治之工具的最佳途径，似乎就是让在生产关系中占据主导地位的阶级在政治、法律和意识形态等上层建筑领域也直接成为统治阶级。

与之前对马克思主义关于生产方式发展的一般理论的态度一样，对马克思主义的这套有关上层建筑发展的一般理论，埃尔斯特也同样表达了明确的质疑。例如，并非所有政治和意识形态现象都是由经济因素决定因而可以由后者来加以解释的。在《马克思引论》一书中，埃尔斯特明确写道：历史唯物主义"断言，在阶级社会中观察到的特定类型的政治和思想活动可以通过同一特定类型的经济组织来加以解释。这不是一种朴素的常识性真理，而是一种可以进行检验的科学论断，但却是一个错误的论断。政治和思想现象都具有相当程度的自主性，它们甚至可以用来解释经济现象。韦伯发现（在经济因素的影响之外）独立产生的新教对于资本主义的

---

[1] 马克思：《〈法兰西内战〉二稿》，《马克思恩格斯选集》第3卷，人民出版社，2012年，第164页。
[2] 马克思、恩格斯：《德意志意识形态》，《马克思恩格斯文集》第1卷，人民出版社，2009年，第584页。
[3] 马克思、恩格斯：《共产党宣言》，《马克思恩格斯文集》第2卷，人民出版社，2009年，第33页。
[4] 马克思、恩格斯：《德意志意识形态》，《马克思恩格斯文集》第1卷，第550页。

发展具有因果性影响就是一个实例。新教的产生无须用经济因素来解释，这已经在一定程度上证明了上述断言的不正确性；而如果它还可以反过来被用于对经济现象加以解释，则使这一证明变得更为有力"[1]。再如，也并非所有可以由经济因素来解释的现象都对后者的维持具有积极的影响和功能。埃尔斯特指出，在人类历史上可以观察到这样一类现象：虽然政治权力的分配直接源自经济资源的分配，即经济上占优势的阶级将全部政治权力集中在自己手中，但令人惊讶的是，这种权力安排并不一定有利于统治阶级的利益。例如，在古罗马，强大的议会土地所有者利用国家税收来作为自己额外收入的一个来源，结果是使自己沦为短期贪婪的受害者，损害了公共利益和国防力量，最终因滥用政治权力而破坏了自己的经济实力。就此而言，像柯亨那样将经济基础和上层建筑之间的关系表述为一种功能关系似乎也并不完全恰当。在埃尔斯特看来，和马克思主义关于生产方式发展的一般理论一样，马克思主义关于上层建筑发展的一般理论除了一些概念和理论表述方面的问题之外，最为根本的问题也是缺乏一个各种上层建筑现象发展过程之微观机制的解释性理论。这种缺陷同样需要理性选择这种方法论个人主义的视角来加以弥补。

以国家这种上层建筑现象为例。在《理解马克思》一书中，埃尔斯特具体地分析和说明了在国家及其政策制定过程中可能存在的自主性空间。在该书中，埃尔斯特先是针对某些人认为国家及其政策难以与经济现象完全分开因而是一个缺乏自主性的概念这一异议，论证了"国家"这一概念作为一个在逻辑上可以与经济现象分离和对应的自主概念的合理性。在这之后，埃尔斯特便进一步分析和说明了国家及其政策制定过程相对于经济结构所具有的自主性。他将前一个问题称为国家在概念上的自主性问题，将后一个问题称为国家在解释上的自主性问题。埃尔斯特说："当国家在其结构和政策不能通过在经济上占统治地位的阶级的利益得到解释时，具有解释的自主性。"[2]在这种情况下，可以用来解释国家及其政策制定过程的主要因素将在其他地方发现，如统治集团（直接治理某个社会的那些人

---

[1] J. Elster, *An Introduction to Karl Marx*, p.113.
[2] 埃尔斯特：《理解马克思》，第384页。

组成的集团而非某个阶级）的利益或社会整体的利益，或者作为一种官僚机构的国家自身内部决策机制（其本身不以取得任何明确的利益为目的）等，但只要国家及其政策制定过程不是由某个阶级的利益来直接决定的，那我们就可以说国家具有自主性。当然，承认国家的这种自主性并不等于要完全否定阶级利益对于国家及其政策制定过程的影响和约束作用。承认国家的自主性和承认国家及其政策制定过程要受到阶级利益尤其是在经济结构中占主导地位的那个阶级的利益影响和约束，这两者并不是完全对立或相互排斥的。原因就在于一个阶级用来影响国家及其政治抉择过程的方式可以是多种多样的，而并非只有通过自己直接掌握国家权力及政治抉择过程这一种。埃尔斯特指出，人们通常觉得一个群体如果想让各种政治抉择总是基于自己群体的利益来进行，那它就必须把所有政治决策权都掌握在自己手里。但事实上，影响政治抉择的权力有两种：一是直接用来进行政治抉择的能力，二是用来对政治抉择行为加以约束的能力。这就意味着一个群体如果能够具有后一种能力，那么，即使它并不掌握直接用来进行政治抉择的能力，也能够在一定程度上让政治抉择符合自己的群体利益。正是这样一种可能性的存在，为阶级社会中的国家及其政策制定过程留下了一定的自主性空间。

至于一个阶级到底应该采用何种方式来影响国家及其政治抉择过程，则在很大程度上取决于这个阶级所处的社会历史情境，以及在这一特定社会历史情境条件下该阶级的多数成员对采取何种方式来影响国家及其政治抉择过程更为符合自身利益的考量。埃尔斯特以具有浓厚方法论个人主义色彩的博弈论方法来论证这一点。他写道：假定有两个当事人A（资本家）和B（政府），他们需要在一些既定的政治方案中进行选择。后者具有在这些方案中直接进行选择的权力，前者则具有排除某些选择的权力或能力。现在假定，在A看来，某些选择非常糟糕因而必须极力排除，剩下的选择虽然也有好坏之别但差别不大，因而无论B作何选择都无关紧要。A甚至可能无须将自己对较差选项的排除意愿告知B，因为基于以下一些原因，B的选择在很大程度上将会与A的意愿相一致：第一，依据经验B知道如果他选择了那些可能被A视为较差的选项，A也有权排除它；第二，如果 B 的利益取决于 A 的利益，那么被 A 视为不好的选项也会被 B 同样看待；第三，A 可能欢迎 B 将那些在自己看来属于最佳选择的选项加以排除，如果 A 不希望自己被视为当权者等；第四，即使 A 对于 B 没有作出被自己视为最佳的选择不满，但考虑到以下这点，即如果自己亲自掌握抉择权的话，虽然可以作出更好的选择但需要付出的代价可能会更大，A 可能也会倾向于将 B 的选择作为可以容忍的"次要的恶"而加以接受。因此，无论 A 是否明确将自己对较差选项的排除意愿告知 B，B 都可以享有某种程度的自主权（对政治方案进行直接选择），而这些选择最终也都可以被视为与 A 的利益或意志一致。这样，人们可能会说，"B 由于来自 A 的一块封地而具有自主性"[1]。不管如何，在这种情况下，A 和 B 两者都具有同样实质性的权力，尽管他们各自享有的权力数量不一样。在这种情况下，B 在行使政治决策权时尽管要尽量考虑 A 的利益和意志，但其行为并非仅仅是 A 的利益和意志的表达，而是可以与 A 之间形成一种博弈关系。至于 B 所获得的自主空间到底有多大，则是一个经验的问题。结果有可能是："对资产阶级来说，行使权力的政治风险如此之大，以致它可能接受一种对其利益极为不利的政策，同时接受一种使国家收入最大化的政策（它完全不同于一种使资产阶级利润最大化的政策）。"[2] 在这种情况下，国家就可能比经济上占统治地位的阶级更有权。但结果也可能是："基于其私利的国家被迫接受了一种在资产阶级看来最理想的政策"[3]，这表明资产阶级实际上拥有比国家更大的权力。

那么，A 为什么不愿意直接掌握政治选择权呢？埃尔斯特提出，这可能有以下一些理由：第一，可能在 A（如资产阶级）和 B（如政府）之外还有一个第三方 C（如工人阶级）存在，且这个 C 已经与 A 发生了冲突并反抗一切具有直接决策权的人。因此，在 A 看来，如果让 B 行使直接决策权将有利于让 C 的注意力指向 B。第二，A 可能认为如果自己直接掌权将会使自己受到眼前短期利益的驱使而滥用权力，从而损害自己的长远

---

[1] 埃尔斯特：《理解马克思》，第 385 页。
[2] 同上书，第 398 页。
[3] 同上书，第 398—399 页。

利益。与其如此，不如让 B 在自己的约束下行使直接选择权。第三，A 认为直接掌握决策权会耗费较多时间和其他方面的成本，从而影响自己追求私利，尤其是当人们相比长远利益更为重视短期利益时，就更是如此，因为从事政治决策活动可能给自己带来的利益多是一些远期利益（这也会促使 B 尽可能地去增加从事政治活动的成本，同时也尽可能地确保 A 的利益得到尊重，以使 A 出于成本—效益的计算而始终不选择直接掌握政治决策权）。等等。

埃尔斯特认为，在 1850 年之后的著作中，马克思实际上也意识到了在资本主义社会中国家不只是直接表达和维护资产阶级利益的工具，而是具有一定的自主性，但囿于其关于经济基础和上层建筑之间关系的一般理论，包括其中的功能解释方法（用国家及其政策客观上具有的有利于资产阶级的结果即功能来解释国家的性质和发展），马克思始终不肯彻底放弃"工具"说，始终坚持以各种方式来论证国家依然是资产阶级的代理人，而忽略了国家自身在利益和意志方面可能具有的自主性，从而使他的国家理论不能不具有某种局限性。

再以意识形态这种上层建筑现象为例。埃尔斯特指出："和马克思主义的其他组成部分相比，意识形态的理论更需要微观基础。"[1]在马克思那里，对意识形态的解释也和前面对国家的解释一样，主要是依据其与经济基础——在阶级社会，则是依据其与在经济结构中占据主导地位的那个阶级的利益——之间的功能关系作出的。在阶级社会，意识形态既被视为和国家等上层建筑一样是特定经济基础的稳定存在和运行所必需的，因而也被视为必须与特定经济基础的性质和类型相符合、随经济基础的变化而变化的一种现象，就此而言，不具有自主性。埃尔斯特认为，这种观点不易让人接受，因为人们很难排除这样一种异议，即人在建构世界图景时并非从零开始，他们总是要以前人已有的想象为基础来进一步前行，因此，随着一种新生产方式的产生而产生的新意识形态也总是会受到在前一种生产方式基础上形成的意识形态的影响或约束，"一种后笛卡尔式的哲学必须

---

[1] 埃尔斯特：《理解马克思》，第 437 页。

把它自身和笛卡尔联系起来，无论同时发生什么样的经济变化"[1]。作为一种妥协，人们可以提出两种新的意识形态理论模式来替代上述强功能解释模式。一种模式假定，各个时代的思想家提供了各种具有内在连贯性的理论，而包括统治阶级在内的各个阶级则依据这些理论与经济和社会结构之间的适应性来对其进行选择。埃尔斯特将这一模式称为"意识形态的渗透性模式"。另一种模式则假定，统治阶级首先确定了一个最基本的原则，即只有符合统治阶级需要的理论才能被接受，然后在符合这一基本原则的那些理论范围内，再依据其理论上的内在连贯性状况对其加以选择。埃尔斯特认为，马克思后来接受了后一种修正模式，但其实前一种才是更为恰当的模式。按照前一种模式，和国家的自主性一样，意识形态的自主性既是现实存在的，又是有限的。各个时代的意识形态理论家基于自身在理论方面的追求建构出各种不同的理论，而统治阶级则基于自身的利益需求到处寻找自己的意识形态代言人，直到发现某个理论家所建构的理论有足够的威望又最能符合本阶级的利益需求，从而选择该理论作为自己的意识形态，并采取各种方式来支持这一理论的传播和发展。但受到统治阶级认同和支持的理论家并不一定会完全按照统治阶级的利益和意志去发展自己的理论。当意识形态理论家的观点与其被选择来代表的阶级成员的观点之间产生了分歧时，意识形态理论家并不一定会因为受到过后者的支持而立即改变自己的观点（当然，也可能会，但不一定会），在这种情况下，统治阶级就有可能需要去寻找新的意识形态代言人。这种可能性典型地表现了意识形态的相对自主性。

和国家获得其自主空间的原因一样，意识形态之所以能获得一定的自主性，其原因也主要是统治阶级的多数成员没有时间和能力来建构意识形态，以及统治阶级发现让其他人去直接掌握意识形态的建构权对自己其实更为有利（例如，可以更好地掩盖自己所认同和支持的那种意识形态与自身阶级利益的一致性，或者转移其他阶级对这种意识形态的敌意）等。

但是，埃尔斯特指出，这里还有一些问题需要讨论："统治阶级是如

---

[1] 埃尔斯特：《理解马克思》，第444页。

何确信在理论上占统治地位的观念至少最低限度地符合了其自身的'物质利益和社会地位'的呢？问题不在于一个阶级如何选择其意识形态家，而在于被选择的意识形态家是如何凭借这个阶级的经济权力获得精神霸权的。占统治地位的观念何以应该是统治阶级的观念呢？""各种符合统治阶级的观念何以应该为一些知识分子所接受？"[1]对于这些问题，马克思并没有作出很好的解释。马克思主义者有时似乎像在解释具有一定自主性的国家为何会为经济上占统治地位的阶级服务时所做的那样，用经济上占统治地位的阶级在物质利益方面对意识形态形成和发展过程的支持和约束来对上述问题加以解释，但埃尔斯特认为，意识形态理论家与经济方面占统治地位的阶级之间的利益关系同国家与后者之间的关系并不完全一样，国家的存在和运行会更多地受到物质利益的约束（如高度依赖来自经济上占统治地位的阶级的税收），但意识形态家在这方面受到的约束相对较少。这不仅是因为观念的传播相对廉价，而且因为得到较多私人支持的理论观念其效果往往会受到质疑。埃尔斯特指出，要对这些问题作出更好的解释，我们就需要探讨意识形态形成和发展过程中的一些更为微观的认知机制。

在《理解马克思》一书中，埃尔斯特考察了意识形态形成的几种主要认知机制，如颠倒物质和意识之间的关系或意识和存在之间的关系（或用马克思的术语来说颠倒"主词"和"谓词"之间的关系，像黑格尔那样将从具体的物质存在中抽象出来的观念意识说成是存在本身，而把具体的物质存在反过来说成是观念意识的表现或派生物，或者像费尔巴哈所分析的那样将人的本质投射成上帝的本质，将人创造上帝表现为上帝创造人）；再如将某个阶级的特殊利益表述或想象为社会的普遍利益；还有，将某种被证明为在局部有效的因果关系推广到全局，例如从个别的奴隶、农奴或雇佣工人在其所处的社会环境下离开他的主人或雇佣者就无法生存这一点，推论出一个没有主人或雇主的社会也是不可能的这样一种结论，或者从单个资本家可以单纯依靠货币生息来增值，推出所有资本家都可以通过

---

[1]　埃尔斯特：《理解马克思》，第447页。

货币投资来增值这一结论等；最后，将符合自己所在社会结构的概念、范畴推广应用于理解其他社会结构，或将符合社会某一部分（如资本主义经济部分）的概念、范畴推广应用于社会的其他部分（如非资本主义经济部分），或将适合于现时代的概念、范畴推广应用于过去时代，或者反过来将符合过去的概念、范畴推广应用于现在和未来等，形成各种形式的"概念帝国主义"立场。这些认知机制事实上揭示了意识形态形成的认知根源。如果我们遵循上述意识形态形成的渗透性解释模式，我们就可以对诸多意识形态理论的具体形成方式作出一种较为充分的解释。

结　语

综上所述，我们可以看到，埃尔斯特倡导的理性选择论的马克思主义确实具有自己的特点：

首先，与所有结构论社会学理论家不同，埃尔斯特反对单纯用一种或多种宏观的结构性现象来解释另一种宏观的结构性现象的方法论集体主义立场，主张要将所有宏观的结构性现象都还原为微观的个体行动现象，用微观的个体行动来对前者进行解释，从而为宏观结构性现象的解释提供一个微观的解释基础。就此而言，埃尔斯特的理论立场与所有被我们称为建构论社会学理论家的理论立场是完全一致的。正是基于这一点，我们可以将其列入建构论社会学理论的范围。

其次，正如我们在本章导语部分已经指出的那样，与韦伯、舒茨等建构论社会学理论家不同的是，埃尔斯特又没有采用从观念或意识的内容入手，运用诠释学、现象学或辩证方法来对个体行动进行考察，而是和霍曼斯一样，主张从个体行动的理性选择特征入手，诉诸实证主义的方法来对个体行动进行描述和解释。基于这一点，我们又可以将埃尔斯特的社会学理论与韦伯、舒茨等人的建构论社会学理论区分开来，而与霍曼斯的社会交换理论归在一起，视其为一种特殊的建构论社会学理论，即强调个体行动之理性计算和选择特征的建构论社会学理论。

再次，埃尔斯特的社会学理论与霍曼斯的社会学理论之间又存在着明显的区别：霍曼斯是将自己的社会学理论置于帕森斯结构功能主义等非马克思主义社会学理论发展的脉络中，通过与帕森斯结构功能主义等非马克思主义结构论社会学理论的对话，对非马克思主义社会学理论传统所关注的那些问题（如一般意义或抽象层面的个体行动、互动、群体结构与过程、社会分层等问题）进行考察，来构成自己的社会学理论。因而无论是在所关注的核心问题方面，还是在所采用的基本理论立场上，都是属于非马克思主义社会学理论发展的一个部分或环节。与此不同，埃尔斯特则是将自己的理论置于马克思主义社会学理论发展的脉络中，通过与结构论马克思主义社会学理论的对话，对马克思主义理论传统所关注的那些问题（生产力和生产关系之间的相互关系、经济基础和上层建筑之间的相互关系、阶级和阶级斗争、从资本主义向共产主义社会的转变等问题）进行考察，来构成自己的社会学理论。因而无论是在所关注的核心问题上，还是在其所采用的基本理论立场上，都是属于马克思主义社会学理论发展的一个部分或环节。埃尔斯特在自己的理论探索过程中针对马克思主义社会学理论所提出的许多质疑，如推动生产关系变化发展的动力因素是否真的是"生产力"，推动政治和意识形态等上层建筑变化发展的主要因素是否真的是所谓的"经济基础"，社会历史实践的真正主体到底是"阶级"还是组成阶级的个人，等等，对于我们深入思考马克思主义社会学理论的一些基本命题，推进马克思主义社会学理论的发展也具有重要的启发意义。不仅如此，也正是将自己的问题意识和理论立场明确地置于马克思主义社会学理论的发展脉络中，埃尔斯特才会在采用方法论个人主义立场来解释社会现象时，特别关注韦伯、舒茨和霍曼斯等方法论个人主义者一般不太关注的一个问题，即个人意向行动的非意向性后果（如商人和生产者出于自己理性获利的主观动机采用了资本主义方式来组织生产，但在实现这一意向目的的过程中却也导致了推动生产力发展这一非意向性的结果），从而使得自己的方法论个人主义能够更好地解释作为个体行动之非意向性后果而出现的那些社会现象。正是基于此，我们才可以毫不犹豫地将其归入马克思主义建构论社会学理论之列，尽管埃尔斯特本人对马克思主义理论多有异议。

　　由此可见,埃尔斯特倡导的理性选择论的马克思主义社会学理论的确应该在西方社会学理论的发展历史和总体结构中拥有自己的一席之地,值得我们关注。

本卷小结

和第一卷一样，在本卷中，我们也是分别从"非马克思主义建构论社会学理论"和"马克思主义建构论社会学理论"两个部分，对西方建构论社会学理论进行了一个简要的梳理。在"非马克思主义建构论社会学理论"部分，我们选择了韦伯的"理解社会学"、舒茨的"现象学社会学"（及加芬克尔的"常人方法学"）、米德和布鲁默的"符号互动主义"理论（及戈夫曼的互动理论）、弗洛伊德的精神分析学说的社会理论、霍曼斯的社会交换理论来作为这一派社会学理论的主要样本；在"马克思主义建构论社会学理论"部分，我们也选择了卢卡奇的物化与阶级意识理论、葛兰西"实践哲学"中的社会理论、霍克海默等人的"批判理论"、赖希和弗洛姆"弗洛伊德主义的马克思主义"社会理论、埃尔斯特"理性选择论的马克思主义"理论来作为主要样本。通过梳理，我们可以看到：

首先，在关于社会现实的本质及社会研究的方法论问题上，非马克思主义和马克思主义两大理论阵营之间的对立依然存在。我们可以很清晰地看到，在关于社会现实的本质及社会研究的方法论问题上，非马克思主义建构论社会学理论和马克思主义建构论社会学理论两大理论阵营之间存在着根本性的区别，并且这种区别在一定程度上延续了非马克思主义结构论社会学理论和马克思主义结构论社会学理论之间的区别，即这种区别仍然主要基于对"社会生活本质上是物质性的还是精神性的"这一问题的不同回答：和非马克思主义结构论社会学家一样，所有非马克思主义的建构论社会学家，如韦伯、舒茨、加芬克尔、米德、布鲁默、戈夫曼、弗洛伊德主义者和霍曼斯等，也都认为人类主要是借助特定的精神纽带（宗教、道德、神话等观念或心智结构）而结合起来的，因此，人类社会生活本质上是一种精神性的存在，为了把握社会生活，我们就必须深入人们的精神世界；自然环境、人口状况、作为工具或手段的各种物质资料等"物理性"因素对于人类的生存来说虽然也非常重要，但只能被视为社会生活正常存在和进行所需要的各种条件。反之，和马克思主义结构论社会学家一样，马克思主义的建构论社会学者，如卢卡奇、葛兰西、霍克海默、阿多诺、马尔库塞、赖希、弗洛姆、埃尔斯特等（至少在字面或形式上）则依然坚守马克思主义关于社会生活本质上是一种物质性存在的基本理论立场，认同要把握社会生活就必须从人们的生存需要及其为满足生存需要所进行的物质生产活动入手的看法，认为宗教、道德、神话等意识形态及相应的政治法律设施等精神性的社会现象，归根结底不过是为满足物质生产方面（包括处理和协调物质生产过程中形成的社会关系）的需要产生和发展出来的，是为物质生产过程服务的，是社会物质生产过程得以正常运行和发展的基本前提或条件等。马克思主义社会学理论的这些基本概念和信条，无论在马克思主义的结构论社会学家那里，还是在马克思主义的建构论社会学家那里，都是获得了一致认同的，至少从字面或形式上看两者之间并不存在重大差异。也正是基于这样一种区别，我们才得以且有必要在建构论社会学理论的范畴内进一步区分出马克思主义的建构论社会学理论与非马克思主义的建构论社会学理论两大阵营。

其次，尽管在关于社会现实的本质及社会研究的方法论问题上，非马克思主义建构论社会学理论和马克思主义建构论社会学理论两大理论阵营之间的区别依然存在，并且这种区别依然建基于对"社会生活本质上是物质性的还是精神性的"这一问题的不同回答，但和结构论社会学理论相比，所有这些被我们归入建构论社会学理论范畴的社会学理论（包括构成它们内部不同成分的那些具体社会学理论体系）却都具有一个新的共同之处，即在有关社会现象的本质这一问题上，它们都对作为结构论社会学基本理论预设的"社会实在论"立场在不同程度上进行了批评和拒斥，认为社会现象（无论其本质被认为是精神性的还是物质性的）不是一种像自然现象那样完全外在于社会成员个人主观意识，有着自己独立的结构、机制和规律，在社会成员面前呈现出给定性质的现成实在，而是社会成员通过有意识的行动参与建构的结果，是一种可以随社会成员思想和行动的变化而变化的、不断生成的存在；人们的意识不仅不是对社会存在的机械反映，不仅不是完全由外在于它的社会存在所决定，相反，还是社会存在形成和变化过程中的一个重要的、在一定条件下甚至具有决定性意义的中介因素，因而具有相当程度的自主性、能动性，是我们在理解和解释社会现象的产生和变化过程时不可忽略的重要力量。具体而言，对于非马克思主义建构论社会学理论的倡导者来说，虽然他们和非马克思主义结构论社会学家一样，都主张社会生活本质上是一种精神性的而非物质性的存在，但和非马克思主义结构论社会学家不同的是，他们不认为这些本质上属于精神性存在的社会现象是一种外在于社会成员个人主观意识，有着自己独立的结构、机制和规律的现象，而认为"社会"不过是一种虚名，实际存在的只不过是无数个体有意识的行动或互动而已；对于马克思主义建构论社会学理论的倡导者来说，虽然他们也和马克思主义结构论社会学家一样，反对将社会视为一种精神性的存在，主张社会生活本质上是一种物质性的存在，但和非马克思主义建构论社会学家相似，他们也反对将本质上被他们视为物质性存在的社会现象看作一种完全外在于社会成员个人主观意识的给定的实在，而赞同社会是由社会成员通过自己有意识的实践活动建构起来的、处于不断生成过程之中且在一定条件下必须以社会成员意识状况的变化为前提才能发生变化的存在这样一种看法。与此相应，在有关社会研究的认识论、方法论方面，他们也都坚持一种与结构论社会学非常不同的理论立场，认为社会研究的主要任务不是（或不仅是）去尽可能准确地反映、再现独立于我们社会成员主观意识的那些宏观和客观的社会结构、机制和规律，并用它们来解释各种社会现象的产生和变化以及社会成员的个人行动，而是应该尽可能准确地去把握或再现通过自己的行动参与建构了某种社会现象的那些社会成员的主观意识（或无意识），并以这些社会成员的主观意识（或无意识）去理解和解释他们的行动以及作为他们行动之后果的相关社会现象。换言之，对于被我们归入建构论社会学理论范畴的社会学理论（包括构成它们内部不同成分的那些具体社会学理论体系）来说，尽管它们之间可能存在着这样或那样的差别，但它们在上述理论立场方面却并无太大差异，共同构成了一种与结构论社会学理论完全相反的社会学理论类型。正是因为如此，我们才把它们放在一起，共同置于"建构论社会学"理论这个范畴来加以理解。

最后，无论是"非马克思主义建构论社会学理论"，还是"马克思主义建构论社会学理论"，都不是某种内部高度统一的、单一的社会学理论体系，而是由诸多观点和立场有所不同的学术取向或曰理论形态所构成的理论阵营。例如，非马克思主义建构论社会学理论就是由韦伯的理解社会学、舒茨的现象学社会学、米德和布鲁默等人的符号互动主义社会学理论、弗洛伊德主义的社会学理论以及霍曼斯的社会交换理论等具体社会学理论构成的，和我们在非马克思主义结构论社会学理论阵营内部所看到的一样，这些具体社会学理论相互之间在社会本体论、认识论或方法论取向方面尽管存在着如上所述的那种共同性，但在这些方面也存在着一定的差异。例如，在关于社会生活的本质这一问题上，虽然这些理论的倡导者都称人类社会本质上是一种由社会成员个人有意识的行动或互动建构出来且只存在于社会成员个人主观意识当中的精神性世界，因而都将社会成员个人行动得以引导的主观意识作为自己关注的焦点，但各自所关注的具体层面和问题也有所不同：韦伯关注的主要是个体赋予行动及其他事物且可以借助理性或拟情式理解方式加以把握的那些主观意义；舒茨则力图更进一步地深入个人主观意识内部去探索这些主观意义本身得以被建构出来的过程及其机制；米德和布鲁默等人则将关注点转换到个体行动者互动的层面，试图通过对个体之间符号互动过程的探索来把握个体赋予行动及其各种客体的主观意义；弗洛伊德又将关注点转换到个体的无意识层面，试图把握影响个体行动的无意识动机；霍曼斯关注的则是个体行动当中"刺激—反应"之类可以通过实证科学方法来加以考察的那些高度理性化、规则化的心理活动。在社会研究的认识论或方法论方面，虽然这些理论的倡导者都强调要从行动者的主观意识（或无意识）出发来理解或解释行动及作为行动之后果的社会现象，但各自的具体主张又有所不同：在韦伯那里，只要把待解释的社会现象还原到行动者自己赋予行动的主观意义层面，用后者来解释这一现象的发生即可；在舒茨那里，则要求将待解释的社会现象还原到行动者赋予此一现象的主观意义得以被建构出来的初始元素即"现象性"经验层面，试图通过对行动者以这些最初的"现象"材料为基础一步步地将其相关主观意义建构出来的过程及方法进行考察，来理解人们的行动及其世界；米德和布鲁默则将待解释的社会现象还原到行动者的符号互动过程，试图用符号互动作为自变量来解释行动者赋予行动以及其他客体的那些意义，即行动者所处的意义世界（及其成分）的产生和变化；弗洛伊德则试图以个体的无意识作为主要变量来解释行动者的有关行动及作为其后果的那些社会现象；最后，霍曼斯则将待解释的社会现象还原到"刺激—反应"一类可以用实证科学方法加以考察的个体心理过程，用后者来对前者加以解释。

同样，马克思主义建构论社会学理论也是由卢卡奇的物化与阶级意识理论、葛兰西实践哲学中的社会理论、霍克海默等人的"批判理论"、赖希和弗洛姆等人的弗洛伊德主义的马克思主义理论、埃尔斯特"理性选择论的马克思主义"理论等具体社会学理论构成的，这些具体社会学理论虽然在社会本体论、认识论或方法论取向方面存在着上述共同之处，但也存在着一定的差异。例如，在关于社会生活的本质这一问题上，虽然这些理论的倡导者都强调人类社会本质上是一种通过社会成员有意识的实践活动建构起来的物质性存在，都将主客体之间相互作用的辩证过程作为自己理论考察的主题，将自己关注的焦点集中在社会意识的形成和发展机制以及社会意识对于社会历史过程所具有的能动作用方面，但各自所突出关注的具体方面也有所不同：卢卡奇关注的主要是阶级意识与物化过程之间的辩证法；葛兰西则特别关注"文化领导权"在社会意识和社会发展过程中所具有的重大影响；霍克海默等人则特别关注"科技理性"和"文化工业"对于社会意识的影响；赖希和弗洛姆关注的是"社会无意识"；埃尔斯特关注的则是个体在社会生活中有意识进行的理性选择过程。因此，在社会研究的认识论或方法论方面，虽然这些理论的倡导者都强调要从主客体之间的辩证关系入手来解释社会历史进程,但各自的具体主张自然会有所不同:卢卡奇侧重于从阶级意识与物化过程的相互作用来解释两者的形成和变化;葛兰西侧重于以"文化领导权"来解释相关社会意识和社会历史现象;霍克海默等人侧重于从"科技理性"和"文化工业"的影响来解释相关社会意识和社会历史现象;赖希和弗洛姆侧重于以"社会无意识"来解释相关社会意识和社会历史现象;埃尔斯特则以个体的理性选择行为来解释生产力和生产关系的变化、阶级和阶级斗争以及政治和意识形态的变化等社会历史现象。毫无疑问,和我们在梳理结构论社会学理论时遇到的情况一样,注意到这两大理论集合或理论阵营内部各种具体理论体系在社会本体论、认识论和方法论取向方面的差异,对于我们准确地理解这些具体社会学理论体系的异同以及由它们分别构成的两大理论集合或理论阵营之间的关系都具有重要的意义。